中国社会学
经典文库

社会变革与婚姻家庭变动

20世纪30—90年代的冀南农村

王跃生 著

生活·讀書·新知 三联书店 生活書店出版有限公司

图书在版编目（CIP）数据

社会变革与婚姻家庭变动：20世纪30—90年代的冀南农村 / 王跃生著. -- 北京：生活书店出版有限公司，2019.10（2025.6重印）
ISBN 978-7-80768-312-4

Ⅰ. ①社… Ⅱ. ①王… Ⅲ. ①农村－婚姻社会学－研究－河北－20世纪②农村－家庭社会学－研究－河北－20世纪 Ⅳ. ① D669.1

中国版本图书馆CIP数据核字(2019)第199818号

丛书策划　杨震林
责任编辑　何剑楠
装帧设计　罗　洪
责任印制　孙　明
出版发行　生活书店出版有限公司
（北京市东城区美术馆东街22号）
邮　　编　100010
经　　销　新华书店
印　　刷　天津睿和印艺科技有限公司
版　　次　2019年10月北京第1版
2025年6月北京第7次印刷
开　　本　635毫米×965毫米 1/16　印张 29
字　　数　390千字
印　　数　18,001-21,000册
定　　价　54.00元
（印装查询：010-64052612；邮购查询：010-84010542）

目　录

第一章
绪　论

20世纪40—80年代是中国社会变革最剧烈的历史时期。其突出标志为40年代末50年代初的土地改革、50年代后期人民公社制度的建立和80年代初家庭联产承包责任制的实行。我认为，一种社会变动若能称为变革，那么所受影响或冲击最大的还是生活在变革时代的人以及人的生活方式，因为取代旧制度的新制度必然要重新规范人的行为，新制度给社会经济发展带来的变化将直接影响人的行为。本书将主要观察婚姻和家庭行为在社会变革中所发生的变化，以求比较深入地认识社会变革对婚姻和家庭乃至人口发展所产生的作用。

要对20世纪40年代末以来中国农村婚姻和家庭变动有深切了解，离不开对这之前婚姻、家庭等人口行为特征的掌握。因而，本书努力以土地改革这一划时代的制度变革为基点向前追溯和向后推衍，试图对婚姻和家庭变动的脉络认识得更为清楚一些。这一课题的研究难度很大，进行全国性考察更非短时期所能做到的。因此，本书的分析范围限定在华北地区，特别将焦点置于冀南农村。

一、研究对象的基本说明

（一）关于“变革”“变动”及“制度”的认识

“变革”和“变动”是本书使用频率较高的词语。这里有必要把作者对其内涵的理解加以简单说明。就一个社会而言，“变革”要比“变动”的幅度大、范围广。“变革”有革故鼎新之意。或者说，变革常指社会所发生的比较重大的变化，些微的变化则不能称为变革。“变动”是使用广泛的词语，并且主要针对发生频度较高的变化，因而它难以指代大的社会变迁。若用“变动”来说明具有深远意义的社会变化，则需加上形容程度的修饰词语。而“变革”一词则可将大的社会变化直接表达出来。所以，在本书中，我用“变革”来表述重要的社会变迁，用“变动”说明婚姻和家庭这些具体的人口行为所发生的变化。

对“制度”的理解。就目前而言，制度的概念体系有两种。一是从社会的角度去认识，表现为一种社会制度和政治制度。这也是人们惯常理解的制度，实际是指制度结构：它是指社会中所有制度安排的总和，包括组织、法律、习俗和意识形态。在经济学家那里，制度一词被广泛使用。不过它有自己的概念体系，实际指制度安排。一项制度安排是指特定领域内约束人们行为的一组规则。同样，在经济学家那里，制度变迁通常指某一制度的变化，而不是指整个结构中所有制度安排的变迁。[①]

就我们考察的历史时期而言，若将其视为制度安排的变化显然是不够的。从整体看，它是指社会制度结构的变革。如土地改革看似制度安排的变化，实际是在政治斗争背景下政权更迭后新政府所采取的带有革命性的行为。此后的集体经济制度建立也不是简单的制度安排。不过在新的制度结构建立和巩固过程中，内部规则的调整也在不断进行。人民公社就有“一大二公”的高度集体经济与“三级所有、队为基础”的集体经济。因而，只从制度结构或制度安排角度认识婚姻和家庭的社会背景，显然是不全面的。所以本书中，我将既从制度结构变革的大背景下认识婚姻和家庭行为的演

---

① 林毅夫：《再论制度、技术与中国农业发展》，北京大学出版社，2000年，第16—17页。

变，又着力关注制度安排的变化对人口行为的作用。

（二）研究对象的时段划分

众所周知，中国农村三大社会变革发生于20世纪40—80年代。本书研究对象的具体时间范围却是20世纪30—90年代。确定这一时段主要出于对社会变革时期特征的考虑。那么，与婚姻和家庭有关的时期特征是什么呢？

第一，完全私有制下的婚姻和家庭。1949年前的中国农村是以土地私有制为核心的社会。如果以1949年为观察起始点，那么就不能真正明了私有制状态下的婚姻和家庭特征，只能看到新制度出现时传统婚姻方式和家庭形态受冲击之后的状态。另外，我所考察的冀南农村，土地改革始于1946年。（1945年日本投降后不久，共产党解放了该地。本书中如无特别说明，“解放前”“解放后”等均指该地解放时间。）按照土地改革政策规定，对家庭人口、财产、劳力等状况的评估以土改前三年为依据。由此，就需向前推至1944年或1943年。因而，以1940年为研究起点比较切合实际。当然，搜集资料时，很难以某一时间点为准。20世纪40年代，战乱频仍，能够撷取的婚姻和家庭材料相对较少；20—30年代则留下较为丰富的调查资料。如果考虑到土改前中国社会，特别是农村社会的经济、社会变动相对缓慢，将20世纪30年代纳入本书的观察范围，更能加深对私有制下婚姻和家庭行为特征的认识。

第二，过渡时期的婚姻和家庭。从土地改革到高级社之前可称为过渡时期。按照官方表述，土地改革实现了从地主土地所有制向农民土地所有制转变这一政治目标。在“耕者有其田”原则指导下，无地、少地农民获得了基本可赖以生存的田亩和房屋。相对来说，过渡时期持续时间较短，婚姻和家庭变动的特征可能并不十分显著。然而，值得注意的是，虽然这一阶段土地制度带有农民私有性质，但政权性质却发生了变化。

第三，集体所有制下的婚姻和家庭。集体所有制运动始于初级社的建立，其完成标志是高级社的成立。各地农民加入高级社的时间有先后之别，大体在1956年。随着1958年人民公社的建立，集体经济制度被完全确立下来。其下限一直延伸至1980年、1981年土地联产承包责任制实行之时。这二十余年中，农民家庭的生产功能基本丧失，原有土地、牲畜和大型农具均归集体所有。全社会普遍的集体经济制度是中国农村历史上前所未有的，其对婚姻和家庭的影响是深远的。

第四，家庭联产承包责任制实行以来的婚姻和家庭。1981年迄今，农村的土地所有权仍属集体，但土地的使用权或经营权由原来的生产队组织下放给农民，每个家庭成为相对独立的生产单位。除土地之外的各种生产要素均在农民自己掌握之中。家庭的生产功能复归到集体经济前的状态。同时，农村的组织结构与集体经济之前大不相同，农民日常行为所受约束大大降低了；农民以往单纯依赖土地生存的环境也在发生改变。他们的婚姻和家庭这一时期又有何变化？这是值得进一步观察的。

虽然这五十年内中国社会制度发生了上述四个时期的变化，但基本的变化有三种，即土改前的私有制经济制度、土改后逐渐确立的生产资料集体所有制下的集体经营制度和1981年后土地集体所有制下的家庭经营制度。从政权形式上看，中国共产党掌握政权之后对农村和农民的管理方式不同于旧政权。这一制度变革不仅限于经济领域，而且深入农村社会生活的各个方面。

笔者之所以想把婚姻和家庭变动与社会、经济变革联系起来，是因为人是一种社会的人，社会的人受制于一定的社会组织方式；同时人是一种经济的人，他要借助于一定的经济组织来进行生活资料的生产，或通过某种经济组织获取生活资料。社会、经济组织方式的变化，将为人的生存方式带来直接的影响，首先受到触动的是人的婚姻和家庭行为。

有一点需要提及，本项研究以从纵向角度考察婚姻和家庭变动为主，因而对时期概念的界定要尽可能清楚。为了既简明，又能反映时期特征，在行文表述中，我将土地改革前视为传统时期；土地改革后至高级社前为过渡时期；集体经济时期以 1966 年“文化大革命”开始为界分为前后两期；20 世纪 80 年代初农村土地承包责任制实行迄 90 年代末以“土地承包时期”称之。

（三）本书研究的具体内容

在这一社会变革时期，中国农村的婚姻、生育和家庭中有许多内容值得探讨，同时对此也有多种观察视角。我将研究视野聚集在初婚年龄、婚姻圈、生育、家庭结构、家庭规模、分家行为和家庭人口的生存条件等人口学特征明显的方面。

（四）本书研究的意义

① 从财产所有制类型上看，20 世纪 30—90 年代是中国历史的高度浓缩，它涵盖了多种社会形态。通过前面的阶段划分可以得出此种认识。观察这一诸多变革集中时期的婚姻和家庭变动，不仅有助于认识特定阶段的婚姻、家庭状态和特征，还可以加深对中国近代之前婚姻和家庭表现形式的理解。

② 本项研究总体上是对“当代”中国农村婚姻和家庭变动进行研究，而在“当代”框架内，又注意将历史（相对处于现代之前的婚姻和家庭）与现实（目前的婚姻和家庭）结合起来，从而建立中国婚姻、家庭变动的逻辑关系，为把握中国婚姻、家庭的变动轨迹和特征以及发展趋势打下基础。

③ 经历了六十余年的社会变革洗礼，中国农村婚姻和家庭发生了重要变动。但现时的婚姻和家庭状态并非终结形式。特别是在中国社会转型和体制转型并存的今天，在农民非农化速度加快的时代，婚姻和家庭行为还在发生变动。今后的婚姻和家庭将以什么形式表现出来？通过对这一典型时期的研究，人们可能会从中获得有益启示，为认识的提升创造条件。

（五）本项研究的主要思路、研究方法

通过对婚姻和家庭的研究，力图揭示伴随着中国六十年的社会变革，特别是政治经济制度的改变，婚姻和家庭所发生的诸多变化。因而纵向考察婚姻、家庭变动是本项研究的特点，同时也注意与同质、不同质地区婚姻和家庭变动进行比较。

本书的研究方法是：将实证研究与理论分析结合起来，在事实基础上建立概念并形成认识模式。

我认为：①婚姻和家庭变动很大程度上受制于制度环境和社会发展水平，社会变革、制度变化将直接影响民众的婚姻和家庭行为。②农村集体经济制度对婚姻和家庭的影响在于：分配的平均化倾向使家庭维持其成员基本生存的能力增强。中国集体经济时代人口的迅速增长同制度的作用密切相关。③家庭私有财产范围缩小（特别是土地的集体所有），家庭生产功能被剥离出去，大大削弱了家长地位和其对成年子女的约束能力，进而对家庭形态、家庭规模、家庭代际关系等产生作用，农村家庭结构、代际全面趋向简单化。

（六）本书研究的重点和难点

① 土地改革是中国当代具有重要意义的事件。土改前以土地私有制为基础的小农经济是中国传统社会长期保持的经济类型。当时的婚姻和家庭行为有较典型的传统意义。那么其表现如何？同样一批人在土改后不同时期，婚姻和家庭行为又有哪些新的变动？这是本项研究将要重点观察和分析的方面。由于资料缺乏，这一研究受到诸多限制。因而，选择一些地区进行典型调查，获取第一手数据资料具有十分重要的意义。从调查角度看，这一选题具有抢救性质。因为完整经历过 20 世纪 40—80 年代社会变革，其婚姻和家庭行为受到直接影响的这一批人，到 20 世纪末已多是古稀以上的老者。随着时间的推移，其数量日趋减少，从中可选择的调查对象越来越少，

调查的难度越来越大。

② 纵观20世纪30—90年代，中国农村的生产方式经历了家庭—集体—家庭这样一种变动轨迹。揭示不同制度背景下婚姻和家庭的特征、内在联系，制度因素对婚姻、家庭的影响程度，这是本书研究的重点，但它也是颇有难度的。

总之，20世纪30—90年代的社会环境是中国历史上极富代表性的时期，它提供给研究者观察一个古老国家社会变革下婚姻、家庭变动的最好时段。因而很值得当代学者在这段历史尚未尘封之前对其进行多侧面的了解。

二、20世纪30—90年代农村社会变革刍议

如何看待中国六十年间农村的社会变革？它涉及对这期间农村婚姻和家庭变动的认识和评价问题。

（一）土改前夕能否被视为传统农村有代表性的时期？

前面已经谈到，我试图把土改前，主要是20世纪三四十年代作为传统农村的一个代表时期来观察。那么，这个阶段有代表性吗？

1．就整体而言，20世纪三四十年代中国农村的生产力水平与传统社会典型时期，特别是与明清相比，没有显著不同

人们耕作所使用的仍是锄、镐、犁等与秦、汉时期无本质差异的生产工具。尽管西方国家早已完成工业革命，并且近代机器也传入我国，但广大农村能够代替人力的仍只有骡、马、牛、驴等牲畜。吴承明指出：在生产技术上，（我国）近代农业仍然停留于铁犁、牛耕的传统时代。[①] 珀金斯（Dwight Perkins）的论述更具体："在华北平原，20世纪使用的绝大多数工具早在北魏时期（公元5世纪），甚至汉朝就已

① 吴承明：《中国近代农业生产力的考察》，《中国经济史研究》，1989年第2期。

驰名。尤其令人吃惊的是，至少 14 世纪以后，中国任何地方使用的工具都没有什么明显的变化。”[①]还有人指出：1949 年以前，农业部门没有什么重大的技术改进。[②]按照毛泽东 1949 年在中共七届二中全会讲话中的分析：中国的工业和农业在国民经济中的比重，就全国范围来说，在抗日战争以前，大约是现代性的工业占百分之十左右，农业和手工业占百分之九十左右。他进一步指出：中国还有大约百分之九十左右的分散的个体的农业经济和手工业经济，这是落后的，这是和古代没有多大区别的，我们还有百分之九十左右的经济生活停留在古代。[③]

与此相适应，新的研究未能证实 20 世纪三四十年代单位劳动力的生产率和收入有所改进。黄宗智认为，尽管明清时期出现了蓬勃的商品化，处于糊口水平的小规模家庭农业一直持续到新中国成立前夕。[④]当然，不能否认，近代新的耕作方法和技术已经开始传入，然而它们对传统农业的整体影响是有限的。夏明方对此这样概括：完全否认民国时期农业的近代化因素显然有悖于事实，这样的近代化农业尽管昭示了中国农业发展的新方向，有着不可低估的深远意义，但在当时却还是微不足道的。[⑤]诺贝尔经济学奖获得者西奥多·W. 舒尔茨对传统农业社会特征的概括颇为精炼：完全以农民世代使用的各种生产要素为基础的农业可以称为传统农业。[⑥]基于上述认识，单从生产方式上看，20 世纪 30 年代华北地区农民使用的生产要素与其祖辈没有实质区别。

---

① 德·希·珀金斯：《中国农业的发展（1368—1968）》，宋海文等译，上海译文出版社，1984 年，第 68 页。

② 费正清主编：《剑桥中华民国史》，第一部，章建刚等译，上海人民出版社，1991 年，第 76 页。

③ 中华人民共和国国家农业委员会办公厅编：《农业集体化重要文件汇编（1949—1957）》，中共中央党校出版社，1981 年，第 1 页。

④ 黄宗智：《长江三角洲小农家庭与乡村发展》，中华书局，2000 年，第 4 页。

⑤ 夏明方：《民国时期自然灾害与乡村社会》，中华书局，2000 年，第 163 页。

⑥ 西奥多·W. 舒尔茨：《改造传统农业》，梁小民译，商务印书馆，1999 年，第 4 页。

当然，也有学者对近代华北农村进行研究后强调其发生的变化，认为：先进的农业生产力和资本主义农业生产关系已经出现，近代化的趋向也比较明显；直隶、山东、河南和山西等省的农业改良和专门化农业区域出现，以及垦牧公司的建立等，在一定程度上反映出农业经济近代化的状况。[①]需要指出的是，这里对农业的近代化重在说明“出现”，而不是普遍推广开来。从这一角度看，它与上述对农村现状传统因素的强调并无本质差异。

我们也应承认，土改前华北农村的外部环境毕竟与18世纪之前有了不同，近代新的生产力形式和技术的出现给人以发展的希望。但农村社会的普遍凋敝、农民的贫穷等，都构成生产力发展和提高的障碍。

2．中国20世纪初至土改前农村的生产关系，特别是阶级关系，与明清时期相比没有实质区别

黄宗智对18世纪以来华北农村土地占有状况曾做过系统研究。他指出：18世纪的“土地所有权已高度分化，大片土地变成许多差距不大的小块地，一如二十世纪的模样”[②]。如果反过来表述就是，20世纪的土地占有方式，一如18世纪的模样。姜涛对这一判断表示赞成，指出：20世纪土地改革前的中国乡村尽管人均耕地已呈减少趋势，但仍保持了和18世纪十分相似的土地占有状况，亦即保持了十分稳定的人口阶级结构。[③]我在对18世纪婚姻和家庭档案的考察中也发现，当时民众的阶层结构与谋生方式与20世纪上半叶非常相近。[④]通过对20世纪40年代华北地区农村阶级状况

① 陈振江：《近代华北社会变迁与农民群体意识》，载冯尔康、常建华主编：《中国历史上的农民》，馨园文教基金会（台北），1998年。

② 黄宗智：《华北的小农经济与社会变迁》，中华书局，1986年，第107页。

③ 姜涛：《中国近代人口史》，浙江人民出版社，1993年，第336页。

④ 拙著：《十八世纪中国婚姻家庭研究——建立在1781—1791年个案基础上的分析》，法律出版社，2000年，第268页。

资料的进一步梳理，我们的这一认识更趋明确。

结合以上两点，我认为，20 世纪三四十年代与以往传统时代的重要共性是：土地私有制度在生产力水平低下和雇佣、佃耕关系发达的基础上继续维持。

3．土改前的华北农村，在财产继承和分家方式等重要家庭事务上，起支配作用的是传统民俗而不是新式法律

虽然 1929 年生效的《民法》赋予男女同等的继承权，但它对农村社会继承行为并没有产生明显影响。费孝通在 1936 年江村调查研究中指出："……就这个村子而论，虽然新法律已颁布七年，我尚未发现向这一方向发生任何实际变化的迹象。"[①]实际上岂止是江村，华北农村也基本上沿袭着父系单系继承原则。根据黄宗智的研究，在华北地区，直到 20 世纪 40 年代，村庄里财产继承的原则还是原来的一套。这一原则适用于土地和几乎所有其他的不动产，特别是住宅，以及所有的动产如农具、家具和耕畜，只有明确属于个人所有物的东西除外，如妇女的嫁妆和她个人的零花钱，夫妇的卧房用品和个人的衣物。[②]或者说，农村社会中真正的分家仍是诸个兄弟按"股"分割祖遗财产，姐妹无论出嫁与否，均不能作为一股参与分配。这些都表明，法律对家庭男女成员继承权的普遍维护并没有被农村民众所接受，习俗的力量仍占主导地位。

4．农村社会的管理仍以传统方式为主

民国时期华北农村的治理方式同清朝一样，乡村社会基本上是自我管理，或者至多是政府指导下的民间管理——乡村自治。宋代以降，中国的村庄曾设有保甲组织，它主要负责社会治安、清查户

---

① 费孝通：《江村农民生活及其变迁》，敦煌文艺出版社，1997 年，第 66 页。

② 黄宗智：《民事审判与民间调解：清代的表达与实践》，中国社会科学出版社，1998 年，第 27 页。

口等工作，并不参加经济管理活动。明清时期还在村落中建立里甲组织，负责调查田粮丁口，编制赋役册等。这些民间组织无强有力的人担当，如里甲之长由被编者轮流充任，成为一种负担。[①]在乡村社会中，士绅仍是最具影响力的人。在民众与官府沟通方面，他们起着关键的作用。尽管20世纪30年代后区（区公所）乡（乡与大村相当）制开始推行。它使乡村权力有逐步整合的趋向，但其对村庄民生的影响很小，[②]对民众家庭事务介入的程度很低。如河北省磁县20世纪三四十年代的每个区（共有五区）平均辖87个自然村，[③]区公所只有不足10人，显然难以顾及诸多村庄事务。

那么，村庄中对民众最具影响力的组织是什么？可以说，20世纪三四十年代，家族血缘组织对村落百姓仍最具凝聚力和约束力。吉尔伯特·罗兹曼（G. Rozman）等国外学者认为，大多数非现代化社会的大多数统治形式，从最终意义上来说，都依赖于家庭和宗教的团结一致，依赖于地方自给自足的理想。[④]这一判断符合土改前的中国乡村社会状况。

我认为，土改前中国社会表现为一种块状结构，即城乡社会的分割。如果城市人口比重大，经济发达，其先进的物质条件和新颖的文化形态将瓦解农村传统习惯和意识的存在基础。而事实上，广大农村像海洋一般包围着以消费为主、工业生产并不发达的城市。农村人口中90%以上是文盲。近代以来城市已出现新的传播手段，如报纸、广播等，但它对农民的日常生活影响很小。

---

① 拙著：《中国人口的盛衰与对策——中国封建社会人口政策研究》，社科文献出版社，1995年，第66—68页。

② 河北多数县每县设五个区，由区长一人，助理三四人，书记一人和杂役二三人组成，总共不超过十人。区长从本地人中推选，兼理全区司法、行政和建设诸事，管辖范围超过后来的四五个人民公社之和。

③ 磁县地方志编纂委员会编：《磁县志》，第一编，政区建设，新华出版社，2001年，第71页。

④ 吉尔伯特·罗兹曼主编：《中国的现代化》，国家社科基金“比较现代化”课题组译，江苏人民出版社，1998年，第595页。

确切地说，20 世纪初以来的中国社会具有明显的二元特征。绝大多数农民仍依照传统方式生活，简朴而落后；城市（主要是比较大的城市）随着近代工商业的发展出现了新的消费趋向。它对个别走出农村天地前去接受新式教育的青年精英有所触动，但对耕垦于田野，以土地为生的前辈、同辈甚至晚辈来说，影响甚微。

通过以上分析，我们的总体认识是，土改之前的中国农村社会，特别是广大内地农村，无论是生产力水平、生产关系状态，还是乡村事务管理以及风俗、习惯乃至观念，基本上保留了传统时代的特征。所以，将 20 世纪三四十年代农村民众的婚姻和家庭行为作为传统社会的类型，与实际不会有很大出入，至少在华北农村如此。

（二）土地改革之后农村社会的变动

客观上讲，中国农村从土地改革直到 20 世纪 80 年代家庭联产承包责任制实行，生产力水平同样没有发生令人耳目一新的明显变化。但在政治力量作用下，生产关系发生的变化是巨大的，农村社会和生产管理方式也与以往大不相同，人们的观念和意识发生了重要变化。考察农村婚姻和家庭状况时，这些都是不可忽视的。或者说，正是上述变化的发生，当代农民婚姻和家庭行为才表现出与传统时代的差异。

1．传统土地制度发生深刻变革

1946 年后至 80 年代初期，农村土地制度的变革有三次。三次变革的性质有所不同，但对农民生存条件的影响却很大。

① 第一次变革废除了沿袭两千余年、建立在租佃和雇佣劳动基础上的地主土地所有制。新政权将没收所得地主土地、富农及富裕中农等阶级的多余土地无偿分配给占人口多数、无地、少地的贫农和下中农（房屋及牲畜、大型农具等也采取与土地相类似的分配方式），实现了“耕者有其田”。农民几千年来追求的“均田”目标基本达到。按照印度学者苏布拉塔·加塔克和肯·英格森特的定

义："土地改革"通常是指土地所有权由传统的封建地主到其先前的佃农和工资劳动者的再分配。但从原则上讲，土地改革的含义可以扩展到包括国家农业土地所有权和租佃制中任何社会利益的变化。[①]中国20世纪40年代末、50年代初的土地改革是社会革命的产物，而不是改良的产物。它是对地主所有土地和富农等阶级多余土地的剥夺，并将其无偿地分配给无地和少地农民。并且，中国的土地改革已经超出了"土地"的范围，扩展至房屋和生产工具方面。[②]从而使无地、少地农民获得完整的生产和生活条件。

需要指出的是：土地改革后农民所获土地具有完全私有性质。1948年7月25日新华社社论对土地性质做出这样的阐述：在这样的地区，就应当以户为单位最后确定各阶层（包括土地改革前的地主、旧式富农在内）一切男女老少人口的地权财权，保障其不受侵犯。各解放区最高行政机关应当统一颁发土地执照，依级转由各县、市政府负责填发，交各户主收执，以后遇有土地转移买卖、分家、嫁娶等情形时，准予分领或换取土地执照。[③]1949年9月29日中国人民政治协商会议第一届全体会议通过的《中国人民政治协商会议共同纲领》第二十七条指出：土地改革为发展生产力和国家工业化的必要条件。凡已实行土地改革的地区，必须保护农民已得土地的所有权，[④]以保障其私有财产权的实现。

就实际情形而言，分得土地或拥有土地的农民均持有土地证。

这些都表明，土地改革维护了土地的私有产权。但这种私有性质与以往有所不同，它是在农民相对平均占有土地基础上的私有。新的政权既然要保护农民已得土地的所有权，那么就意味着存在抑

---

① 苏布拉塔·加塔克、肯·英格森特：《农业与经济发展》，吴伟东等译，华夏出版社，1987年，第230页。

② 按照规定：没收地主的土地、耕畜、农具、多余的粮食及其在农村中多余的房屋。见《中华人民共和国土地改革法》，第二章，土地的没收和征收。

③ 新华社社论：《把解放区的农业生产提高一步》，转引自《农业集体化重要文件汇编（1949—1957）》，第18页。

④ 《农业集体化重要文件汇编（1949—1957）》，第5页。

制土地兼并、雇佣劳动产生的政策环境。因而，土改后的土地私有性质与传统时代有着重要不同。新政府对租佃和雇佣行为是持否定态度的。它鼓励和保护人人自食其力的私有土地经营方式，鼓励农民之间进行生产协作。这种特征将给农民的家庭生产和生活带来影响。

② 为防止“均田”农民出现贫富两极分化，产生新的剥削阶级，土改后不久，政府不断向个体农民灌输互助和集体经营意识。不同形式和不同层次的生产协作组织相继出现。在此基础上渐次形成初级社、高级社和人民公社三种生产和组织模式。建立在“一大二公、政社合一”基础上的人民公社是政治狂热的产物，难以激励农民的生产热情。它最终被“三级所有、队为基础”形式的集体组织结构所代替。这一结构中，数十户农民组成一个生产队，若干个生产队形成村级生产大队，多个生产大队形成人民公社。对农民行为影响最大、利害关系最密切的是生产队。农民家庭是组成生产队的基本单位，但对于生产队这个集体组织来说，家庭仅仅是农民的生活单元（当然也曾出现取消家庭生活功能的短暂时期）。中国历史上，单纯剥夺有产者土地分给无地、少地的农民运动曾经出现过多次。宋代以后土地兼并加剧引发的一些农民起义就曾对土地实行过重新分配。但将土地改革与集体经济制度结合起来却是史无前例的。从毛泽东在中共七届二中全会所做报告看，集体化并非鉴于土改后农民可能产生新的分化而制定的对策，而是早有考虑：占国民经济总产值百分之九十的分散的个体的农业经济和手工业经济，是可能和必须谨慎地、逐步地而又积极地引导它们向着现代化和集体化的方向发展的，任其自流的观点是错误的。[①]但新中国成立后对集体所有制的表述比以前更全面。1953 年 12 月 16 日中共中央《关于发展农业生产合作社的决议》中指出：孤立的、分散的、守旧的、落后的个体经济限制着农业生产力的发展，它与社会主义的工业化之间日益暴露出很大的矛盾。这种小规模的农业生产已日益表

① 《农业集体化重要文件汇编（1949—1957）》，第 3 页。

现出不能够满足广大农民群众改善生活的需要，不能够满足整个国民经济高涨的需要。为进一步地提高农业生产力，党在农村中工作的最根本的任务，就是要善于用明白易懂而为农民所能接受的道理和办法去教育和促进农民群众逐步联合组织起来，逐步实行农业的社会主义改造，使农业能够由落后的小规模生产的个体经济变为先进的大规模生产的合作经济，以便逐步克服工业和农业这两个经济部门发展不相适应的矛盾，并使农民能够逐步完全摆脱贫困的状况而取得共同富裕和普遍繁荣的生活。[①]实行集体经济的思路和行为是对传统家庭生产和生活的直接冲击。或者说，土改以后农村家庭的突出变动主要体现在这一制度背景下。

由于集体经济是中国历史上从未有过的组织形式，其成败功过也引起人们广泛而深刻的反思。

比较积极的评价是集体化起到抑制两极分化的作用。

杜润生认为：就农村来说，实行合作化制度，保证了生产的发展，已初步解决了10亿人口吃饭的问题，避免了农村两极分化，防止了大批破产、流离失所和大批饿死人等现象的发生。人口的死亡率由20‰降到6‰。文盲大大减少。[②]这里所列举的功绩也是事实。按照这一认识，集体经济不仅会对农村的家庭结构、规模产生影响，而且对农民家庭人口的抚养能力也具有提升作用。不过对此所做的深入论述还是比较少见的。

一些国外学者则强调集体经济具有平均化倾向，通过废除土地私人产权，改变经营和分配方式，达到了抑富扶贫的目的：集体化最终仅在限制两极分化方面获得部分成功。土改已经将农村最有价值的资产——土地做了有利于农村社会中最贫穷的阶层的重新分配。初级社的成立可能对收入分配影响不大，因为社员把土地和耕畜等资产上缴合作社后仍能获得资产租金。高级社的成立标志着土

---

① 《农业集体化重要文件汇编（1949—1957）》，第215页。

② 杜润生：《中国农村经济改革》，中国社会科学出版社，1985年，第28页。

改后向分配更为平等的方向迈出了重要的一步。因为它取消了对原上缴合作社的土地和其他资产的租金支付，而且其劳动报酬的支付也是以众多家庭的集体产量为基础的。[①]

集体经济在追求分配的公平时（实际是低水平的公平），忽视了生产效率，最终阻碍了农村经济发展。不少经济学家认为集体经济的低效和对资源的浪费是严重的。林毅夫对人民公社制度做这样的评价：产权残缺必然导致存在劳动监督成本过高和劳动激励过低的问题。[②]对此，陈吉元等指出：人民公社产权制度安排，对任何单个社员来说，他都不拥有相对于其他成员的对生产资料排他性使用权、收益和处置权。在这种背景下，公有财产的收益与损失对每个当事人都有很强的外部性，这种外部性随集体经济组织扩大而导致劳动监督成本过高；另外，人民产权制度的目标是追求将社区内的不平等减少到最低限度。这种制度不提供劳动激励规则，在有限监督的情况下，个别农民增加劳动供给的结果，不但只能得到分配的平均产品，甚至劳动的边际成果也得平均分配。既然规则不允许个人努力实现收益最大化，那么便出现了劳动激励缺乏问题。[③]

集体经济人为地将大量民众束缚在土地之上，使中国经济的二元特征进一步突出。农民的婚姻、生育和家庭行为在形式上保持一些传统特征，而实际表现却是空前的、独一无二的。

由此看来，集体经济对农民及其家庭的生产和生活的影响具有两重性：一方面为弱者提供了基本生存条件，另一方面降低了效率，最终影响了民众整体生活水平的提高。这种制度特征对中国当代农村家庭人口的发展具有重要影响。

③ 第三次变革是在集体土地产权制度不变条件下，改变农业

---

① 查尔斯·R. 罗尔：《中国农业收入的分配》，转引自费正清、罗德里克·麦克法夸尔主编：《剑桥中华人民共和国史（1949—1965）》，王建朗等译，上海人民出版社，1990 年，第 162 页。

② 林毅夫：《制度、技术与中国农业发展》，上海三联书店，1992 年，第 45 页。

③ 陈吉元、韩俊等：《人口大国的农业增长》，上海远东出版社，1996 年，第 21 页。

生产和分配方式，即家庭的生产管理职能被恢复。家庭承包责任制作为需求诱致性制度变迁，从 1979 年起步，到 1982 年迅速获得成功，就更直接的农业生产而言，这是由于家庭经营可以有效克服外部性，增加努力供给程度以及将劳动的监督成本降低到零。[①]杜润生认为：1956 年高级社之后，农民中间始终存在着对分田单干的留恋心态，并且每当经济困难时期，集体经济条件下的包产到户便会被作为一种激励方式加以采用，而一当局面稍为好转，则又过分强调这种做法对集体经济基础会产生瓦解作用。[②]可见执着于一种空幻的理想目标，把现实的物质进步看得并不重要，最终使民众失去对远景规划的憧憬，进而诱导和推动一种新的变革的产生。

新的经济制度不仅改善了农民的生存条件，而且释放出大量剩余劳动力，在很大程度上改变了农民，特别是年轻一代农民的谋生方式。代际之间的收入水平发生了转换，从而对农村家庭产生深远影响。一些中国学者指出：20 世纪 70 年代末以前，农村内部存在着大量边际生产率为零的过剩劳动力。由于劳动效率低下甚至存在大量无效劳动，农业劳动力过剩的真相被掩盖了，甚至造成劳动力不足的假象。由于农业中劳动力过剩是以隐蔽的形式存在，因而，过剩劳动力难以向农业外部释放。70 年代末，家庭联产承包责任制推行以后，各种形式的农业剩余劳动力占农村劳动力总数的 30%—50%。农业经营方式的变革赋予了农民较大的择业机会。这就使得农业的大量过剩劳动力向农外释放成为可能。[③]或者说，只有到了这种状态，中国农村家庭才有了与经济发展和进步相互协调的变动。

就纵向过程考察而言，农村集体经济的基础是不稳固的。但如果从 1956 年算起，至 20 世纪 80 年代初，集体经济制度在农村维持了至少四分之一个世纪。若着眼于这一过程，集体经济又并非

---

① 陈吉元、韩俊等：《人口大国的农业增长》，第 23 页。

② 杜润生：《中国农村经济改革》，第 14—15 页。

③ 韩俊："我国农业劳动力转移的阶段性及其特点"，《人口研究》，1990 年第 5 期，第 34 页。

昙花一现。约有两代人的日常生活和行为受到其影响。像传统时代有诸多文化现象积淀、存留至当代社会，持续影响民众的行为和意识一样，集体经济时代特有的观念和意识不仅影响了那个时代的民众，而且它也有诸多遗产保持在当代社会中。在婚姻和家庭的分析中，这是不可忽视的。

若从以上三次变革着眼，可见，农村社会至少有三代人被卷入不同形式和程度的集体化运动之中，其生活受到特定的制度环境浸润、熏陶，他们的婚姻、家庭和生育行为被校正、重塑。在我看来，其影响既有直接而深入的特征，又有间接而广泛的表现，总体上则是一种立体的、全方位的作用。我将通过各相关章节具体加以说明。

2．基层管理方式的变化

土改之后，国家在乡一级（集体经济时代为公社）建立起政权。[①]一个乡管辖约 10 个村庄，可以有效地发挥管理职能。其管理者与本地利益脱离了关系，他们代表政府，以维护国家和政府的利益为目标。这是中国乡村政权组织的重大变化。如从党的系统看，乡或公社设立党委，各村庄（公社时期为大队）设立党支部，党支部书记是大队或村的最高领导者；村党支部对公社党委负责。集体经济时期，党的一元化领导被一再强调。这就使公社对大队的管理更加直接，或者说，村也被纳入政府管理体系之中。有学者指出：村级行政虽然大多不在国家委派的干部手中，但他们也算是集权体制权力金字塔中最低一级行政机构，具有村一级的行政职能，掌握着村里的政治和经济权力。[②]还有学者认为，在乡村，行政组织、行政权力、行政体制和行政指挥等环节的确立，使乡村有了完整的正式组织。同时，这种正式组织又同国家权力相衔接，有着强有力

① 1955 年河北磁县设 80 个乡政府和一个城关镇政府，平均每个乡辖 5 个村；1958 年设 35 个人民公社，平均每个公社下辖 11 个村。参见《磁县志》，第一编，政区建设，第 73—74 页。

② 李银河：《生育与中国村落文化》，牛津大学出版社（香港），1993 年，第 62 页。

的后盾，成为乡村生活中不可替代的权威。[①]

由此，新的乡村基层政权取代传统时代民众的自我管理模式。乡一级干部完全纳入政府工作人员系列之中。费正清认为：整个土改过程就是中共干部取代下层士绅旧的残余分子的过程。在实质上和生命力上，他们代表一个新的政权。但是从结构上讲，他们更深地渗透到农村生活中。下层士绅们在当地地位的提高，在某种程度上带有自发性，而中共干部则因代表更高的权威达到控制的地位。[②]这一分析是深刻的。将乡村社会由土著精英自我管理改变成受命上级的外来干部直接管理，将松散无序的农村社会通过政府机构整合成一体，进而使农民个体都被纳入新的社会体系之中，这是土改前传统社会与土改后，特别是与集体经济时代农村社会重要的区别。

在村一级，集政治、经济等事务于一身的大队和生产队取代一切血缘的、自治的组织形式。集体经济时期，大队和生产队"对家庭活力和集体资源进行控制和协调，这在以前的中国是没有的"[③]。"土地改革给了血亲和家长式联盟以沉重打击，把家庭从旧的地方束缚中部分地解放出来，开始了由互助组和初级生产合作社到建立新联盟的过程，集体化引起了来自下面的改组冲击，几经变化之后终于以生产队的形式固定下来，受到较大地区实体的有克制的但随时都可能是无限的约束。生产队建立在共同的土地利益基础之上，它作为使用和酬付劳动力的主要结算单位行使各种功能，把由三四十户人家组成的农村集体整合起来。它在集体的基础上调动人力，按照中央关于平衡各类消费和投资需求的方针制定自己的重大决策。它鼓励农户独立地从事辅助性的经济活动和其他事项，以改善生计，提高利益"；"总的来看，共产党改造了乡村，实现了外来控

---

① 王沪宁：《当代中国村落家族文化——对中国社会现代化的一项探索》，上海人民出版社，1991年，第57页。

② 费正清：《伟大的中国革命（1800—1985）》，刘尊棋译，国际文化出版公司，1989年，第292—293页。

③ 吉尔伯特·罗兹曼主编：《中国的现代化》，第463页。

制，将之整合成为一个较大的地区体系，并在某种程度上把这种外来控制永久地渗透进去了”。[①] 可见，集体经济时期，政府对农村的管理是全面的，而对农村生产活动的直接组织是最有特点的方面，对生产活动的直接管理实际上是对农民生存条件的控制。

20 世纪 80 年代家庭联产承包责任制实行后，农村生产队被村民小组取代，大队被村委会代替。“三级所有、队为基础”这种政社合一的组织体制被改变。集体的生产组织职能大大削弱，实际它完全回复到家庭之中。黄宗智认为：今天生产队长的权力，只剩下集体农业时代的一枝半叶。从这个角度来看，国家政权的触角已从每家每户向上抽回。同时，自由市场经济和农民家庭决策的部分恢复，也显示了国家权力的横向收缩。在某种程度上，农民家庭现在离群孤立，一个个单独站在国家权力机构面前。新中国成立前的同族集团和新中国成立后的集体组织都大大衰萎了。随着新的社会经济变化，国家政权和农民的关系将成为何种状态，至今还未见分晓。[②] 这一分析是符合农村社会实际的。按照一般认识，集体经济组织被取消后，家族组织力量将有可能重新产生。这种情形在一些地区的确出现了，但家族组织功能却很难达到新中国成立前的状态，特别是从农村社会管理角度看更是如此。这不仅与土地所有制的集体性质仍然保持有关系，而且在长期的集体经济环境下，人们的观念发生了变化。家庭组织对族人的传统约束方式已不再为家族成员所认同。还应看到，家族组织的建立和发展与村庄公共权力的缺乏有关。现在尽管生产队这一管理单位已不存在，但村一级组织（相当于原来的大队）仍然健全，村委会和党支部是对村庄事务决策的主要组织形式，是政府扶持和依赖的力量。其职能是家族组织难以取代的。当然，在婚丧嫁娶等民间或非公共事务中，家族组织会发挥一定作用。

---

① 吉尔伯特 · 罗兹曼主编：《中国的现代化》，第 464 页。
② 黄宗智：《长江三角洲小农家庭与乡村发展》，第 322 页。

上面我之所以花费笔墨对乡村管理体制的变化加以说明，在于它与民众的婚姻和家庭行为有直接关系。在这一体制下，传统时代孤立的、分散的小农被正规的组织管理起来，政府通过制度安排、调节民众的生产乃至生活，这是任何传统时代不可比拟的。

3．社会文化形态的变化

土改前农村的社会文化形态基本上是传统的，婚姻缔结中恪守“父母之命、媒妁之言”的原则，生育行为中的重男轻女意识十分浓厚，家庭成员关系中仍然要求子女对父母等长辈的遵从和孝顺。

集体经济时代，新的意识形态提倡婚姻自主，要求社员把对家庭事务的关注和对家长的忠诚转向集体。它减少了家长对子女行为的束缚，以传统家法处置成员的做法被彻底否定；传统时代对孝行、多代共爨的旌表变为对生产劳模的表彰，推崇爱护集体行为。总之，在原则上集体经济文化倡导所有成员都是平等的，家庭内不同代际、长幼成员亦无尊卑之别。

但对集体组织在家庭方面所起的作用也有不同看法。罗兹曼认为，公社最直接的效应是改变了过去那种地方和家庭高于一切利害关系的局面，而未直接改变基本的日常生活方式。农村日常生活方式的环境改变很大，但其实质内容却变化很小。[①] 这一判断是似是而非的。尽管集体经济没有改变家庭的饮食起居，但家庭的组织类型、家庭成员关系都在发生着变化。所以罗兹曼等又说，1949 年前，中国传统家庭结构是现代化的一个障碍，它为裙带关系创造了条件，阻碍了较大的中间组织的形式。中国农村家庭所发生的变化，与城市里早期的情形大同小异，造成这些变化的压力确实并非来自行政，基本上来自社会习俗。人们发现以前的家庭开始解体，兄弟间的团结削弱了，远亲间的合作减少了，妇女参与工作的多

---

① 吉尔伯特・罗兹曼主编：《中国的现代化》，第 610 页。

了，嫁妆少了，对新娘态度变得好了，老人的权力下降了。[1]这一切都是制度变革所带来的观念和习惯的变化。

男女平等观念和意识的培养在土改后，特别是集体经济期间是突出的。私有制经济条件下，富裕家庭妇女是不参加农业生产的；中等经济条件以下家庭一般实行男外女内的劳动分工，妇女农忙季节也参加庄稼收获等田间劳动。土改后，家庭占有土地财产的相对均等化使雇佣劳动失去了基础；特别是集体经济时期，农民不仅失去了对土地的支配权，而且大型生产工具等都归集体所有。每个人所能凭借的就是自己的劳动力。工分是个人劳动报酬的唯一体现。为增加收入，青壮年妇女普遍参加生产队劳动。由于集体经济时期劳动效率低，生产队对劳动力投入的依赖很大，因而所有有劳动能力的妇女被鼓励和要求参加各种形式的生产活动。尽管男女劳动一日的工分并不一样（如男劳力全天劳动可挣 9—10 分，女劳力则在 7 分左右），但男女同工同酬的提倡成为新的观念。

当然，在今天看来，集体经济时代官方意识中也有不少落后内容。在新的社会规范建立过程中，阶级观念和标识受到特别强调。土改时基于家庭经济条件和当时政治需要划分的阶级类型，土改后特别是集体经济时期本已失去存在的经济基础。但政府消灭了物化的阶级，却又把观念的阶级保存下来，并将其附着于土改时所认定的阶级成分者及其后代身上，进而为不同阶级成员的社会地位和发展机会给予了不同的设定，继承了封建血统论的思维方式。由此导致不同阶级出身者而不是私有财产所有者社会地位的差异，从而对其婚姻和家庭产生影响。

以上对集体经济环境下新意识形态出现及其影响只是择其要者予以说明。我认为，单纯的文化形态对婚姻和家庭的影响力是有限的。但若是在变革的社会经济基础上产生或形成的新的意识形态，其相应影响将是巨大的。当然正统的说教不一定都能成为真正

---

① 吉尔伯特·罗兹曼主编：《中国的现代化》，第 472 页。

的民间实践。如传统时代对“节”“孝”行为的宣扬，并未使中青年丧偶妇女都保持不再婚状态。根据我的研究，在18世纪，育龄丧偶妇女守节和再婚是并存的两个方面。社会中上层家庭中，守节行为比较普遍；而中下层家庭中，由于经济条件的限制，为生存考虑而再婚的妇女不在少数。这说明，道德的宣传对民众行为是有作用的，尽管不像以前所说的那么大。从形式上看，集体经济制度将民众的经济地位均等化了，然而它试图通过人为造成不同阶级出身者社会地位的差异和以思想觉悟、劳动态度等作为指标划分先进与落后，从而对人们形成压力和激励，矫正妨碍集体事业的行为。总之，生产方式的变革给婚姻和家庭所带来的影响是全方位的。

三、社会变革与婚姻家庭变动研究评述

人类社会在不断变革中前进。变革源于发展的积累。因而尽管社会总在发展，但变革并非经常发生。只有当积累达到一定程度，它才能引起新的变革。正因为如此，人们对社会变革中的人口行为更想倾注精力进行研究。作为学者，研究变革中的人口，对变革前后婚姻和家庭表现进行比较，是提升相关研究理论水平、认识水平的重要途径。只有对变革中的婚姻和家庭行为着力考察，才能对其发展状态和时期特征认识得更加清晰。

土改及土改以后各个时期中国社会的变革对民众生活的影响程度是巨大的。正像前论，在如此短暂的历史时期，中国人口行为受到至少三种变革的作用。若从所有制角度看，中国这一时期剧烈的社会变动对婚姻、家庭的影响要远高于西欧工业革命对本地婚姻、家庭的影响程度。当然，工业革命最终通过经济手段对生产关系乃至民众生活所起的改变作用是空前的。工业革命后，大量农村人口向城市迁移，城镇人口急增，给传统农村婚姻和家庭行为带来巨大冲击。中国则主要是政治力量的作用，民众婚姻、家庭行为在世代居住的农村开始发生转变。

在对家庭研究中，一些学者从家庭的产生和发展史上对家庭进行探讨。不过相对来说，论述比较宏观。有的虽试图对新中国成立前后的家庭变动特征进行分析，但缺乏阶段性系统数据，只是在全国广大地区选取为数有限的数据加以概括，[①]因而意义受到限制。

有学者对婚姻和家庭的某一方面，循着制度的变动轨迹进行了纵向考察。费孝通曾对江村家庭结构从 1931 年到 1984 年的变动特征做过分析，从社会经济环境和制度的影响上探讨了其中核心家庭、主干家庭的构成变动。如他认为，主干家庭稳定性增加的趋势和当时鼓励离土不离乡的政策是相适应的。[②]但这一趋势究竟是某一地区的特征，还是具有普遍性的表现？有待进一步研究。

还有学者对农村集体经济制度在人口增长过程中的促进作用做过宏观性分析。翟振武着重从集体所有制下家庭经济、农村就业和分配制度、子女的经济效用等方面分析这一制度对人口增长所产生的促进作用。他指出：生产资料所有制从个体到集体的变化，相应地将农村家庭的生产职能转移出来。但农民家庭生产职能的转化并不彻底。他认为，集体所有制关系下的农民家庭比个体小农经济下的家庭更富有刺激人口增长的机制。理由是，小农家庭增加人口时并不能相应增加土地，或者说，小农家庭增加劳动力是以降低家庭人均土地面积为代价的。但在集体所有制下的农村，农民家庭增加人口，不仅获得了所需的劳动力，而且自留地面积也相应增加。人均自留地面积并未降低。[③]而这方面的实证研究，即把不同变革时期结合起来对人口行为，特别是针对婚姻和家庭行为变化进行的分析还比较少见。

---

① 这方面的研究见潘允康：《家庭社会学》，重庆出版社，1986 年。

② 费孝通：《三论中国家庭结构的变动》，载乔健主编：《中国家庭及其变迁》，香港中文大学社会科学院暨香港亚太研究所出版，1991 年；《论中国家庭结构的变动》，《天津社会科学》，1982 年第 3 期。

③ 翟振武：《中国农村人口增长的经济机制（1949—1979）》，《人口研究》，1991 年第 4 期。

一些研究者从文化角度探讨了传统文化对婚姻、生育行为的深层影响。李银河的《生育与中国村落文化》一书是在典型村落调查的基础上写成的，对农民的生育行为进行了深入的探讨。[①] 但她对不同所有制下农民生育行为的变动缺少纵向认识，因而没有历史感；过分强调文化积淀对民众行为的束缚作用，对社会变革中文化的变异和重塑认识不足。

相对来说，国外研究中国问题的学者（包括华人学者）对社会变革中的婚姻和家庭等人口行为更为重视。

李中清和王丰将中国近代以来历史人口变动同社会变动结合起来所做的分析值得关注。他们撰写的《人类的四分之一：马尔萨斯的神话与中国的现实（1700—2000）》一书就体现出这一分析思路，书中指出："农村人口的大规模增加似乎并非完全是经济机会的反应，更多的是人民公社时期，农村集体化导致的家庭集体和家庭控制弱化的结果。40 年代末 50 年代初（20 世纪。——笔者注）实施的土地改革，使大批农民摆脱了传统中国家庭的集体束缚，形成了结婚和分家的普遍高潮。……家庭权威进一步衰弱。父母不再对其孩子的财产或人身拥有合法的权利。新婚姻法明确反对包办婚姻，主张婚姻自主。……参与集体生产的报酬都与个人相联或直接发给个人，不再归其家庭。……紧随土地改革而来的是建立农村集体经济体制，1958 年成立农村人民公社是其高潮。在这个包括了 99% 的农村人口，持续到 1978 年才结束的农村集体体制中，中国农民家庭不必再像以前那样计划其人口行为。集体化和公有化意味着食物、住所和工作从根本上不再是家庭的责任。……人口控制的传统集体单位——家庭的瓦解和传统生育抑制行为的崩溃，导致了中国有史以来最快的人口增长。"[②]可见，他们对社会变革在婚姻和家庭

① 李银河：《生育与中国村落文化》，牛津大学出版社（香港），1993 年。

② 李中清、王丰：《人类的四分之一：马尔萨斯的神话与中国的现实（1700—2000）》，陈卫、姚远译，生活·读书·新知三联书店，2000 年，第 173—174 页。

行为变化中所起的作用是充分肯定的。核心是强调传统时代家庭集体对家庭人口行为的限制，社会变革则冲破了这种限制，为小家庭和个人的发展创造了条件。这项研究旨在通过微观人口来对一个时代人口行为的总体状况加以说明，但选择的调查范围有待进一步扩大。这样，理论性概括才更具普遍意义。

一些学者则指出社会变革对婚姻和家庭的作用具有双重性，即既有对传统影响削弱的一面，也有加强传统影响的另一面。戴维斯（Deborah Davis）和郝瑞（Stevan Harrell）指出，1949 年后的十年中，与中国家庭有关的新的制度和道德环境被国家创造出来。经济集体化和私有制的消除毁坏了以往形成的从多方面对家庭表现忠诚的经济动机，对祖先崇拜和宗族组织的正面批判直接冲击了扩大家庭的文化和宗教核心。然而，问题并不像许多预言那样简单，如，说共产主义摧毁了传统的中国家庭等。相反，许多重要政策实际稳定和加强了家庭。例如，公共健康和饥荒救济制度大大减少了死亡率；婴儿死亡率降低了，更多的孩子能活到结婚；长寿成为一种普遍现象。这就使各个社会阶层的人比 1949 年时更可能有较为复杂的亲属网络。与此相类似，对国内迁移的严格限制不仅服务了政府控制个体者行为的利益，而且加强了代际互助行为，因为绝大多数成年人（及其儿子）被禁锢在其出生的村庄。这样，新的意识形态创造出矛盾：一方面，它削弱了父系的权力和权威，损坏了家庭农业的经济逻辑；另一方面，它创造了与近亲具有广泛经济和社会关系的大的、多代家庭的人口条件和物质条件。总之，1950—1970 年的中国家庭继续生存和繁殖在一个自相矛盾的环境中：经常受抑制的平均主义容许更多的中国父母和孩子，甚至比先前容易实现传统家庭主义者的核心理想；与此同时，革命消除了原先努力实现这些理想的刺激。[①]这一分析注

① Deborah Davis, Stevan Harrell, "The Impact of Post-Mao Reforms on Family Life", *Chinese Families in the Post-Mao Era*, edited by Deborah Davis and Stevan Harrell, University of California Press, 1993, pp. 1–2.

意到两方面影响因素的存在。但在实际生活中，新制度的双重作用不可能相互抵消。在农村集体经济时期，随着生育的增加，预期寿命的延长，从直系（以本人为基准，上溯一代或两代，下延一代或两代）的角度看，具有这种关系的成员数量要明显高于土改前的传统时代，因而更有条件产生大的家庭形式。实际情形是，家庭的裂变频率不断加快。可见社会变革对传统的冲击力量要超过保留传统的力量。

也有一些国外学者对中国的村落家庭和婚姻以土改以来社会变革为背景做了纵向考察。马克·赛尔登（Mark Selden）的研究则更具有实证性质。他以河北饶阳县五公村为具体观察对象，探讨两代以上人的家庭策略和结构对社会经济和政治变化的反应。该项研究的焦点是，农村家庭对 20 世纪 50 年代以来宏观政治和经济变化的应对方式，特别是在政府强有力的非市场的集体化和户口控制制度实施之下以及 80 年代以来契约制和源于市场的改革、生育控制措施等制度变革背景下的家庭行为。①

有的学者虽非专门研究人口或家庭和婚姻，但其立足于近代以来中国社会的变迁，探讨人口活动的社会、经济环境，这对本项研究也有重要借鉴价值。黄宗智所著《长江三角洲小农家庭与乡村发展》②一书的历史跨度从明清到农村实行家庭联产承包责任制之后，对传统时代的分析重点是清末以来的中国农村社会。他对不同时期农业生产方式、阶级关系、农民家庭生活，特别对农业的过密化、集体经济时期农业有增长无发展的论述颇有见地。这对我们认识中国近代以来农村社会变动有重要参考价值。此前他所写的《华北的小农经济与社会变迁》是对传统社会晚期华北地区农村经济分析的经典性研究，在认识土改前中国农村社会和人口环境时不可或缺。

---

① Mark Selden, "Family Strategies and Structures in Rural North China", *Chinese Families in the Post-Mao Era*, p. 139.

② 黄宗智：《长江三角洲小农家庭与乡村发展》，中华书局，2000 年。

以上研究从总体看，基本上肯定社会变革环境下新制度的建立对婚姻和家庭变动所起的推动作用。与此同时，还有学者认为中国近50年社会变革对婚姻和家庭等人口行为的影响是有限的，有如下几个角度。

否认或低估土改以来社会变革对传统家庭的冲击作用，如认为父权制在农村社会未被削弱。朱迪斯·斯泰西（Judith Stacey）（1983）指出：经过三四十年社会主义革命后，中国家族制度特征之一的“父权制”（父家长制）不但没被削弱，反而加强了。中国共产党进行人民战争时，并没有给“父权制”带来任何影响。土地改革时，与其说所推行的是“耕者有其田”，倒不如说是“耕者之家有其田”政策。[①]这一分析恐怕缺乏更多的实际依据，或者说对土地所有制性质的变动对家长权力和地位的影响缺乏应有的认识。

集体经济未改变婚姻和家庭中的多数传统习惯。杰克·波特（Jack M. Potter）1979年后到广东省做过三次调查。其结论是35年来的社会主义集体生活并没有改变旧社会保留下来的基本的亲属关系结构。父系继承制、从夫居制的家庭以及妇女外婚制，都从宗族村庄原本照样搬到集体单位。大队的户口登记簿几乎与旧族谱一模一样。土地改革期间，土地按人口分配，可是土地使用权仍由男性家长掌握，家庭成员的收入（工分）仍归家庭的家长所掌握。[②]如果他的分析建立在对土地改革初期中国家庭形态、家长权力和家庭管理方式基础之上，尚有与实际相符之处。但若将分析对象延伸至集体经济时期，便是错讹之论。大队的户口登记簿与旧家谱完全不同。旧家谱不仅要记载宗族成员的生卒年月、婚姻和生育状况，而且重在揭示宗族成员的代际关系和传承脉络。户口簿只是对以户为单位的成员加以说明，所记录只限于姓名、年龄及与户主关系等有

---

① 转引自王崧兴：《中国人的“家”（Jia）制度与现代化》，载乔健主编：《中国家庭及其变迁》，第10页。

② 同上注书，第11页。

限的几项内容。每一户之间是相互割裂的。成员的工分虽仍归家长掌握，但它与私有制下家长对其成员劳动的管理权和收益的掌握方式已有不同。这时的家长更多地起着一个户主的作用。

吉尔伯特·罗兹曼也强调社会变革对农村婚姻和家庭触动的有限性：中华人民共和国成立差不多30年之后，农村改造的成果，能超过1949年以前就已明显地出现在城市里的那些变化的，实为凤毛麟角；已经形成了领导避免使用行政高压来改变家庭结构，以便和群众相安共处的局面。20世纪50年代初，刚刚赋予公民的择偶、结婚、离婚的权利，曾经在短期内大力推行过一阵子，“大跃进”时期刮过蛮干风，企图改变家庭职能。“文化大革命”中亦曾先后在城乡对旧式礼仪风俗和行为方式偶尔发动过攻击；但是除此以外，没有在很大程度上触动家庭结构。政府继续使用习俗的压力，不无成效地控制住了家庭扩大的因素，同时又容忍婚姻和家庭中与政府所主张的目标明显抵触的行为。使用说服动员的办法来解决这个问题，基本上于事无补。新娘彩礼、离婚、生儿育女、住房、财产和遗产继承方式以及许多现象都表明，在农村，人们予以优先考虑的，仍然是对抱成一团的大家庭所负担的义务。[①] 客观上讲，政府没有对家庭结构采取过任何直接触动的措施。但土改和集体经济对一些大家庭存在基础的削弱作用却是不可否认的。罗兹曼的结论多限于现象描述，没有对深层因素加以分析，因而往往经不起推敲。

当然，应该承认，上述学者对中国土改以来婚姻和家庭变动的否认或低估尽管与我们的认识之间存在分歧，但不少分歧并非完全针锋相对，只是观察的角度不同而使强调的方面有差异。如人类学家所侧重的外婚制或从夫居制，男系继承为主等，的确在土地改革后，甚至在20世纪90年代以后仍然没有实质性的变化。如果将视角专注于这些方面，对农村婚姻和家庭变动的认识就会变得迟钝。

必须指出，以往人们对变革背景下婚姻和家庭的研究都是比较

---

① 吉尔伯特·罗兹曼主编：《中国的现代化》，第472—473页。

初步的。我认为，20世纪40年代以来中国社会变革之大是任何历史时期都难以相比的。但既然是变革，它所触及的方面是广泛的，其中的内容是复杂的。同时，中国本身就是一个发展水平不一、习俗有别的社会，各地差异很大。因而，只有进行更多的地方层次的研究，才能提升总体研究的认识水平。

虽然国内学者的研究有待加强，但也应看到，即使那些长期关注中国近代以来社会变革的外国学者，也有不少与实际不符的见解，只有进一步加深分析才能避免偏颇。如罗兹曼将集体经济以来中国家庭与日本德川时期的家庭做比较，指出：中国创造出了堪与日本德川时期家庭特征相媲美的家庭机制。首先，尽管没有国家干预，在日本，一个村庄应有多少户人家是通过村社和家庭活动而得到有效的制约和调节的。中国的农业集体化，依靠严格控制每个家庭能分到的土地面积和其他生产工具，可能也依靠限制新房的建筑，创造了难以组成新家庭的客观条件。其次，每个日本家庭的规模趋于恒定，而家庭规模的扩大则视现有的经济条件而定。在中国，为了达到同样的结果也施加了大量的压力；每个家庭所得的实益极大地取决于劳动人手对人口的比率；他们做了不少的努力来把这个比率尽快提高到最大限度。再次，在日本，结婚的时机和年龄都曾被调整，以便使国家现有的财源和实际的家庭人口相匹配。而中国的政策则是通过减少生育和更充分地使用妇女劳动力，以达到节省集体资源的目的，这不失为当初日本做法的翻版。[①]对于日本德川时期的家庭，笔者没有做过研究，不便妄言。而罗兹曼对中国集体经济时期家庭特征的归纳，在很大程度上是不符合实际的。从第一点上看，中国集体经济时代，特别是在60年代末期以后，对符合条件要求建新房的家庭并没有限制，甚至划拨宅基地成为村民从集体经济资源中得到的一种变相的福利，以致出现建房甚至抢建住房的高潮。第二，虽然每个家庭在生产队的分红取决于其劳动人

① 吉尔伯特·罗兹曼主编：《中国的现代化》，第474页。

手对人口的比率，但这并不能完全代表家庭的收益。

由于对地区之间社会经济差异状态下的婚姻和家庭行为考察不够，因而一些认识有待完善。李中清、王丰认为在婚姻和生育等人口行为上，中国的个人总是根据集体环境调整他们的人口行为，以使集体功效最大化。[①]这一认识也过于绝对化。还有，他们指出：中国传统时代婚姻市场的性别失衡所导致的结果是：女性普遍都结婚且结婚较早，而男性往往结婚较晚，甚至根本不结婚。[②]我认为其对女性结婚的判断是符合实际的，而对男性所下结论则值得商榷。我的研究表明，在中国传统时代，男性中早婚和晚婚是两种并存的行为，即中上层家庭的普遍早婚与中下层家庭的相对晚婚。

上述分析和判断的差异都表明，中国20世纪初期以来，特别是30年代以来，社会变动背景下的婚姻和家庭研究有待学者下更多的功夫。

概括起来，应注意弥补以下几方面的不足：

① 当代的婚姻和家庭研究往往将集体经济时代的家庭生育行为视为传统阶段，将家庭联产承包责任制后的家庭生育作为非传统的阶段考察。或者将家庭联产承包责任制之前视为传统时期，其后为后传统时期。由此难以把握真正传统意义上的婚姻和家庭行为，从而使认识水平难以提升。

② 国内学者对中国当代社会变革下人口行为的变动给予了关注，特别是农村实行家庭联产承包责任制后婚姻、婚姻和家庭所发生的变化一直有人研究，然而却缺少将现代与传统结合起来这种较长时段的考察，因而限制了研究的深度。

③ 对不同时期所有制的特征，特别是对集体经济时期财产所有制的双重性质（土地、大型农具为集体所有，房屋和多数生活物品为私人所有）缺乏足够的认识。因而不少研究者在对家庭生活形式

---

① 李中清、王丰：《人类的四分之一：马尔萨斯的神话与中国的现实（1700—2000）》，第10页。

② 同上注书，第8页。

和家长权力的分析上难以抓住要点。此外，对婚姻和家庭的形式和内容未能结合起来加以分析。形式不变并不意味着内容不变。一些学者常常以家庭和婚姻形式中对传统因素的保留而否定内容的变动。

我认为，中国农民是在传统乡土社会中面对社会变革的冲击的。他们不可能摆脱乡土社会的习俗影响，但却不能因农民乡土生活的形式保留而忽视其内容的变化。而只有通过更多的区域研究，在此基础上进行整合，才能对社会变革与婚姻和家庭变动的认识更清楚一些。

四、冀南农村自然和人文环境

正如上述，20世纪30年代以来中国农村社会发生了巨大的变动。但中国疆域如此辽阔，各地经济发展水平高低不同，民风、习惯互有差异。若在缺乏对区域婚姻、家庭变动研究之时进行全国整体的分析将是比较困难的，甚至是危险的，因为它会使研究失去坚实的基础，从而导致竖立于其上的框架发生扭曲和坍塌。马若孟在做河北和山东1890—1949年农民经济研究选题时指出，由于中国的辽阔国土和复杂多变的地理环境，在我们目前的认识水平上，要研究这整个国家显得过早。[①]对20世纪30—90年代中国婚姻、家庭变动进行研究同样存在这个问题。所以，我认为，选择典型区域进行研究是有实际意义的。

本书将重点放在华北地区。为使论述对象更具体，便于把握一个较长历史时段内婚姻和家庭的演变轨迹，笔者主要分析冀南地区农村。我做调查时所选择的村庄集中于河北南部的磁县，同时又在与磁县相邻、社会经济背景比较接近的县份，如河北邯郸县等县收集了相关的资料。因而我将考察地区以冀南农村称之。

本地区处于河北与山西、河南三省交界，其西部山区与山西省接壤，南部跨越漳河即为河南省，东部距山东省比较近。就地理位

---

① 马若孟:《中国农民经济——河北和山东的农民发展，1890—1949》，史建云译，江苏人民出版社，1999年，第3页。

置而言，它是区域人口研究比较理想的地区。无论从历史还是现代区划上看，该地均属华北地区，且位于解放后所确定的华北大区南部。其民俗具有中原风尚的诸多特征。因而，研究这一区位特殊环境中的婚姻和家庭，更具典型意义。

（一）生存环境及生存条件（以磁县为主）

本地属温带大陆性季风气候，四季分明，年平均气温13.2摄氏度；平均年降雨在500毫米左右，且集中于夏秋季。因而春天比较干旱，常出现“春旱夏涝”的灾害天气。粮食作物以冬小麦、玉米和谷子为主，此外还有红薯、大豆等。集体经济时期棉花种植比较普遍，是居民衣着的主要来源。

地形特征：磁县地处漳河北岸，东部为河北平原南部，属山前冲积平原；西部为太行山东翼，地势西高东低。全县山区、丘陵和平原约各占三分之一。我在调查点的选择上充分考虑到自然地貌对民众生活的影响。三种地形特征村庄均被纳入考察的视野之中，以增加本项研究的表现力和代表性。

1．解放前民生

（1）人口状况

1936年，磁县全县有442个村，共54840户，275966口。户均5.03口。平均每个村庄有124户，624人。全县男151801人，女124165人，性别比为122.26。[①]1941年（民国三十年）所修方志（日伪统治时期）“疆域、人口”篇中这样记载：全县442村划分五区，共计56647户，男163860口，女136882口。[②]以此可知，该县人口总数为300742口，户均5.31口。平均每个村庄128户，680人。性别比为119.71。两个时期统计人口性别比均比较高。不

① 冀察政务委员会秘书处第三组编：《河北省磁县地方实际情况调查报告书》，人口。

② 1941年（民国三十年）《磁县县志》，第一章，疆域、人口。

过山区、丘陵和平原之间也有区别。以1941年为例，平原性别比为112—113，丘陵为120，山区为131。[①]1941年河北全省性别比为118，山西省则为130。[②]可见本县总的性别比与河北全省基本相同，而其山区性别比则与以黄土高原和山区为主的山西省相近。

本县平原区村庄分布密度很高，相邻村庄距离以三华里为多；丘陵区村庄距离相对较大，但也多在五华里以内；山区村庄分布不规则，以三四华里居多。

（2）生存条件

民国年间所修方志对磁县的生存环境做如下描述：西部多山（属太行山脉），不宜耕种；东部沙漠横亘（实际是各个历史时期漳河泛滥后所形成的沙滩），交通困难；南北多平原。漳流界其南，滏水贯其中，东南二部间有盐碱之地。县城附近经滏水灌溉，尚称膏壤。[③]

总体上看，土改前，本地山区、丘陵村落百姓基本上靠天吃饭。山区民生艰难，但因有煤、铁等矿和陶瓷作坊，本地不少无田、少田农民前往做佣工为生。丘陵区因地广人稀，若非极其干旱的年景，广种之地尚可维持生存；若风调雨顺，中农以上之家生活可称丰裕。不少丘陵村落有占地数百亩（1亩约为666.67平方米）、家境殷实的大地主。但若遇上连年干旱，中农以下之家将难免出外逃荒求生。"凡中下农户，每至青黄不接之时，辄感艰穷。"[④]平原地区有地之家水旱无忧，很少远走他乡谋生；不少山区、丘陵或受灾地区民众来此地做农业佣工。

本地交通颇为便利，平汉铁路（即现在的京广铁路）纵贯南北，20世纪三四十年代县境内设有四站，民众出入便捷。水道则循滏河而下，东至大名，沿滏水而下可达津沽。故居民远行或乘车，

---

① 1941年（民国三十年）《磁县县志》，第一章，疆域、人口。

② 国民政府行政院编：1943年（民国三十二年）《国民政府年鉴》。

③ 1941年（民国三十年）《磁县县志》，第一章，疆域、地势。

④ 冀察政务委员会秘书处第三组编：《河北省磁县地方实际情况调查报告书》，村庄经济。

或坐马车，或骑畜，今复多骑自行车者，故行路无大困难。[①]

因而解放前本地生存环境并不算恶劣。但民众以农为主，有余财者购置土地为上策，无经商之习，风尚比较保守。

（3）阶级结构

1936年，本县自耕农户约32574户，耕地约958980亩；半自耕农户约16572户，耕地约406840亩；佃农约4277户，耕地87180亩。[②]借此可以算出三种身份者的构成比例：自耕农、半自耕农和佃农分别占60.97%、31.02%和8.01%。

但若以土改时的阶级成分标准来划分，则有差异。我没有得到全县土改时阶级成分统计资料。根据五个村庄“阶级成分登记表”统计，成分构成如表1–1。

表1–1 调查村庄土改前阶级成分构成

成分	西大庄村（平原）		双寺村（半平原半丘陵）		庆有庄村（丘陵）		上寨村（山区）		曲河村（半平原半丘陵）	
	户数	%	户数	%	户数	%	户数	%	户数	%
贫农	130	68.4	110	62.1	128	77.6	123	59.4	211	61.2
下中农	3	1.6	21	11.9	6	3.6	51	24.6	28	8.1
中农	15	7.9	22	12.4	16	9.7	17	8.2	45	13.0
上中农	8	4.2	16	9.0	2	1.2	15	7.2	40	11.6
富农	15	7.9	5	2.8	9	5.5	1	0.5	17	4.9
地主	19	10.0	3	1.7	4	2.4			4	1.2
合计	190	100.0	177	100.0	165	100.0	207	100.0	345	100.0

资料来源：根据1966年村庄“阶级成分登记表”整理，该档案现存磁县档案馆。

说明：表格中的百分比数据均保留小数点后一位，表格对齐方式为小数点对齐，全书余同。

从构成上看，各村贫农所占比重基本上在60%以上。但村庄之间地主和富农比重差异很大，平原区西大庄村最高，接近18%；山区上寨村最低，只有0.5%（无地主，只有1户富农）；丘陵和半丘陵村在4.5%—8%之间。

① 1941年（民国三十年）《磁县县志》，第一章，疆域、地势。

② 冀察政务委员会秘书处第三组编：《河北省磁县地方实际情况调查报告书》，农业。

1933年全国六省（陕西、河南、江苏、浙江、广东和广西）农村土地调查显示：地主户数占3.50%，富农占6.40%，中农占19.60%，贫农70.50%。[①]表1-1的村庄数据与其相比，差距并不明显。

按照姜涛对土改前全国部分地区资料的抽查统计，地主、富农合计占户数的6.84%，贫雇农占66.21%。[②]在陈吉元等人的研究中，土改前全国农村阶级构成如下：贫、雇农70%，中农20%，富农6%，地主4%。[③]总体上，磁县同全国水平相比，差距不大；从村庄之间看，阶级成分构成差异是一种客观存在。因而选择成分构成不同的村落进行分析将更有典型意义。

本地平均土地占有水平与华北其他地区比较相近。根据黄宗智的研究：20世纪30年代，冀—鲁西北平原上，大部分小农家庭土地面积已降至一般农户维持生计所需的15亩以下。[④]本调查中的五个村庄，西大庄村户均和人均占有土地面积分别为16.70亩和3.02亩，双寺村为14.93亩和3.71亩，庆有庄村为24.84亩和5.02亩，上寨村为6.49亩和1.35亩，曲河村为13.06亩和2.47亩。本地只有丘陵区的庆有庄村户均土地面积超过20亩，山区的上寨村户均和人均占有土地面积最少。

2．解放后人口变动及民生状况

（1）人口变动状况

1949年至1982年磁县人口年均增长18.3‰，在河北省140个县级单位中排在第29位（最高县份为33‰，最低为2.43‰）。[⑤]其

---

① 国民党行政院农村复兴委员会1933年六省农村调查总结：《农村复兴委员会会报》，1934年。

② 姜涛：《历史与人口——中国传统人口结构研究》，人民出版社，1998年，第199页。

③ 陈吉元等主编：《中国农村社会经济变迁（1949—1989）》，山西经济出版社，1993年，第88页。

④ 黄宗智：《华北的小农经济与社会变迁》，第193页。

⑤ 王明远主编：《中国人口——河北分册》，中国财政经济出版社，1987年，第75页。

人口年均增长属于中等偏上水平。

各村庄之间同一时期人口变动是有区别的，同一村庄不同时期也有较大差异。人口增长的总体水平都比较高。1944—1990年，各村庄人口年均增长均超过了13‰，多数村庄超过15‰。西大庄村、双寺村和庆有庄村1990年人口总量比土改前增加1倍以上；最低水平也在80%以上。实际上，1982年西大庄村和双寺村38年内人口便实现了倍增。可见，该地人口增长速度是比较强劲的，特别表现在1955—1990年。与此相对应，人均占有土地面积大大下降。1990年平原为主的西大庄村和双寺村人均分别为1.46亩、1.13亩，丘陵区的庆有庄村为2.70亩。（见表1–2）

表1–2 调查村庄不同时期人口变动

时期	西大庄村		双寺村		庆有庄村		上寨村		曲河村	
	人口数	家庭数	人口数	家庭数	人口数	家庭数	人口数	家庭数	人口数	家庭数
土改前（以1944年为准）	986	190	923	177	776	165	934	207	1744	345
高级社前	1165	230	1050	208	852	188	976	242	1801	378
1944—1955年自然增长率（‰）	15.3		11.8		8.5		4.0		2.9	
1966年	1463	301	1199	245	986	223	1253	305	2009	430
1955—1966年自然增长率（‰）	20.9		12.1		13.4		23.0		10.0	
1982年	1889	427	1677	410	1307	297	1464	396	2924	616
1966—1982年自然增长率（‰）	16.1		21.2		17.8		9.8		23.7	
1990年	2316	572	1870	415	1567	365	1693	450	3414	770
1982—1990年自然增长率（‰）	25.8		13.7		22.9		18.3		19.6	
比土改前净增加	1330	382	947	238	791	200	759	243	1670	425
1944—1990年净增（%）	134.9		102.6		101.9		81.5		95.8	
1944—1990年自然增长率（‰）	18.7		15.5		15.4		13.0		14.7	

资料来源：本表1944年、1955年、1966年数据来自“阶级成分登记档案”，1982年、1990年数据为人口普查资料（由磁县统计局提供）。

（2）生产条件和民众生活

土改后近20年，本地农业生产环境并无很大变化。但从20世纪60年代开始，地方政府组织农民兴修水利。至70年代初，丘陵区和部分浅山区田地实现引水灌溉，生产条件有了重要改变，从而使民众的生存条件改善。另外，山区不少青壮年农民到附近煤矿当矿工，缓解了土地不足的压力。客观上讲，平原地区并没有从水利兴修中获得很大益处，相反，由于上游水库截流水源，传统的灌溉渠道失去效用；80年代以后，农田灌溉几乎完全仰仗抽取地下水，生产成本提高。

但总的来看，解放后的冀南农村，粮食种子得到改良，化肥广泛使用，粮食产量大幅度提高。夏秋两季亩产（以小麦和玉米为主）由解放前的250斤左右增加到90年代的1500—2000斤。70年代中期以后，多数村庄人均占有口粮超过400斤，温饱问题初步解决。80年代以后，随着家庭联产承包责任制的实行和粮食亩产的增加，农民的温饱问题彻底解决。

（二）社会状况及其变革

1．家族环境和特征

本县村庄以多姓村为主，一般中等村有三四个大的宗族，夹杂若干小姓人家。宗族中唯同宗有服之人来往密切，其他同宗无服者关系淡薄。宗族维系的外在形式比较少见。如设立祠堂、定期续写家谱等并不为人所重。这种风尚也有历史的原因。明代王士性（万历时人）万历二十五年（1597年）成书的《广志绎》中对元末明初战乱给中原一带造成的影响这样描述："胜国以来，杀戮殆尽。郡邑无二百年耆旧之家，除缙绅巨室外，民间俱不立祠堂，不置宗谱。争嗣续者，止以殓葬时作佛超度所烧瘗纸姓名为质。庶民服制外，同宗不相敦睦，惟以同户当差者为亲。同姓为婚，多不避忌；同宗子姓，有力者蓄之为奴。此皆国初（指明初）徙民实中州时各带其五方土俗而来故也。”[①]清中期官僚学者纪晓岚对河北家族形式做过概括性说明：“今一邑一乡之中，能建庙者万家不一二，能立祠者千家不一二。”[②]它与南方宗族多有祠堂的状况形成反差。在本地百姓中间，也像华北其他地区一样流行着“问我故乡在何处，山西洪洞老槐树”的民谣。可见，若从明代来看，本地也是一个移民社会。至民国年间，修宗谱只限于极少数人家，建宗族祠堂更属少见之举。由民国逆推三百、二百年前的记载仍然可以在 20 世纪 30 年代得到印证，变异很小，风尚之难移可见一斑。但切不可认为土改前这一带民众没有或缺乏家族观念。婚丧嫁娶活动操办时，人们所依赖的帮助主要来自有服属关系的族人。在与其他家族发生矛盾时和村庄治安防范活动中，有服属族人对同一家族整体利益的维护意识和作用将表现出来。杜赞奇对华北农村的宗族功能这样概述：尽管没有庞大的共同财产，宗族成员之间在社会和经济活动中有不少协作，这在祭祖、借贷和土地买卖上表现得最为明显。[③]

2. 土改前夕和土改初期社会变动

冀南农村当代社会变革的滥觞始于 20 世纪 30 年代末 40 年代初。磁县当时处于共产党和日伪政权激烈争夺的要冲。西部山区是共产党领导的解放区——太行区的一部分。解放区实行了“二五减租”（将原租额减去 25%）等减轻佃耕农民负担的做法。以县城为中心的东部地区则在日伪政权控制之下。1945 年 8 月日本投降后，国民党接收县城。内战之初，八路军即迅速解放县城，全县成为晋冀鲁豫解放区的组成部分。

这一背景决定了冀南农村土地改革工作进行得较早。磁县土改的序幕在 1945 年 11 月拉开。当时全县实行“二五减租”，并制

---

① 王士性：《广志绎》，卷三，中华书局，1981 年，第 43 页。

② 纪晓岚：《纪晓岚文集》，第二册，第十一卷，河北教育出版社，1995 年。

③ 杜赞奇：《文化、权利与国家——1900—1942 年的华北农村》，王福明译，江苏人民出版社，1996 年，第 92 页。

定新的租额，以此限制地主的剥削率；开展各种形式的“反奸清算运动”。在政治压力下，地主、富农等献出部分土地、房屋等财产；有的则因被斗，土地、房屋等被没收，由农会负责分给贫农。这一运动一直持续到1946年4月，属于土改的第一阶段。1946年5月4日，中共中央发布《关于清算减租及土地问题指示》，即“五四指示”。1946年秋天（8月2日至9月30日），全县开始以斗地主、分浮财、划分阶级成分为内容的“四十天运动”，土地改革进入全面展开的第二阶段。这一时期土改的范围和强度比第一阶段大。1947年2月，在平分果实的基础上，全县开展“填平补齐”运动，即根据农户实际财产情况分配果实，困难大的多给，困难小的少给。1947年10月根据中共中央颁布的《中国土地法大纲》，磁县县委开始在全县整顿“填平补齐”后的果实分配情况，进行土地复查工作。对运动中错划为富裕中农的家庭在经济上给予补偿，吸收中农加入农会，丈量每户土地，确定地亩数，发放土地证。1948年12月，全县的土地改革运动结束。[①]磁县的土改虽然持续三年（1945年11月—1948年12月），每一时期都涉及对土地等财产的重新分配问题，但由于本地有关土地改革的事件主要发生在1946年的各个月份，所以若以一个具体时间来说明，我认为，将1946年作为磁县土地改革的发生年代是比较准确的。在当地民众眼中，土改的发生时间实际是指1946年秋天的“四十天运动”。

相对于1949年后新解放的地区，冀南农村土改运动的激进色彩更为浓厚。有的学者认为，在北方，由于旧社会阶级差别比较明显，因此，土改采取比较暴烈的政治手段。在南方，由于家族势力的存在部分限制了地主经济的扩张，因此，土改的手段也比较温和。[②]但激烈和温和的差异最主要是由土改政策的执行力度所决定

---

① 《磁县志》，农业编。

② 王铭铭：《社区的历程——溪村汉人家族的个案研究》，天津人民出版社，1997年，第104页。

的。当然，解放前阶级对立程度高的地区，土改中贫农情绪化的做法比较突出。

3．集体经济时期社会变动

可能是因为本地属于老解放区，在新中国成立之前就开展了以土地改革为中心的各种运动，因而民众政治热情很高。土改以后历次制度变动中，干部和民众中“左”的意识和倾向比较突出。这种民情也与本地区土改前的经济状况有关。本地山区相对比较贫穷，百姓生存能力低，对新制度寄予极大希望；平原地区两极分化现象突出，占人口比重较大的贫困群体土改中获得较多的物质利益，成为新制度的积极拥护者和新政策的响应者。

土改后不断升级的政治运动在本地推行过程中较少遇到阻力。从互助组、高级社到人民公社以及后期的农业生产中的学大寨运动、“文革”，本地民众易于被发动，特别是各级干部表现得相当积极踊跃，农民中更是不乏狂热情绪。集体经济时期，农业生产受到当地各级政府最大程度的关注，非农业活动常被视为“资本主义倾向”，以高压措施加以制止。即使是集体经济组织所进行的工副业经营活动也受到排斥或压制。相对于其他地区，政府土改后不同时期制定的具有“左”的色彩的政策对本地民众的影响程度可能更高。

4．土地承包时期社会变动

20世纪80年代初期，随着家庭联产承包责任制的推行，家庭的生产功能被恢复，农民的劳动生产率提高。村民生活水平有了进一步的改善，绝大多数家庭一日三餐以馒头为主食。被调查的农民告诉我，土改前只有地主、富农家庭中的家长才能享受这种生活待遇或水准。然而，作为一个以农业为主的地区，冀南农村发展经济的不利因素凸显了出来。尽管每个农户都储藏有大量粮食（如果自己食用，足够吃两年），但却因粮食价格低迷，卖不出好价钱，难以增收。乡镇企业基础薄弱，农业剩余劳动力找不到有效的转移途径。多数农民缺少提高收入的稳定方式。当然，出外打工者有之，在本地从事粮食、水果、蔬菜贩运活动者也有不少。

从婚姻和家庭方面来看，该地 80 年代以来有两个现象比较突出：一是民众对高标准住房的追求形成风气；二是婚姻费用不断攀升。其中女方家庭索要高额彩礼并要求男方提供时新样式的住房成为新的习俗，这对娶妻家庭构成极大压力。但这种做法却产生了一个意想不到的“副作用”：计划生育工作好做了。如一些头胎生育男孩的夫妇在过去肯定还想违例再生一胎，但现在却有再生出男孩的隐忧。若有两个男孩，父母的经济重负难以摆脱。他们不得不在盖房—娶儿媳—盖房—娶儿媳的循环之中惨淡经营，劳累终生，这样的结局令人生畏。土改前私有制下曾有一部分农民因家境贫穷，难以备得起聘金和完婚所需基本条件，不得不推迟结婚，甚至终身不娶，导致对人口增长的某种制约。而五十余年后，在人口政策之外，对人口增长的抑制又以类似的形式重现出来，这是很发人深思的。当然，就目前而言，绝大多数家庭只要有人提亲，即使举债，也要勉力为儿子完成婚事。

五、本项研究所用资料

本书使用的资料主要有四类：一是通过典型问卷调查获得的婚姻生育和家庭变动资料（实际调查问卷共有 560 份，共得到有效问卷 545 份）；二是 20 世纪 60 年代中期“四清”运动中进行的阶级成分登记资料[①]；三是有关调查村庄的社会、经济资料，其中主要是人民公社期间各大队、生产队农业生产经营和分配统计资料；四是访谈资料。

① 这些资料非常完整地保存在磁县档案馆。

（一）关于典型问卷调查资料

典型问卷调查与抽样调查不同之处在于，它不是随机的。为了考察不同时代的生育特征，需要让调查对象回答其父辈或祖辈生育状况。因而，为避免信息重复，同一曾祖父之下只能调查一个家庭（同一曾祖下，以长子为主要调查对象）。在村庄范围中，只有典型调查才能实现这样的目的。我在时庄和讲文两个乡调查了 7 个村，获得有效问卷 545 份。

为了对不同时期家庭人口特征有所认识并做出比较，在同样内容的问卷中，笔者分五个年龄段，即 70 岁以上、60—69 岁、50—59 岁、40—49 岁和 30—39 岁进行调查。调查内容主要有以下几个大的部分：①婚姻状况，包括本人和配偶初婚年龄、再婚年龄、婚姻范围等。②生育状况，涉及生育子女的数量、性别和活至 16 岁及以上子女的数量、性别等内容。为弥补土改前生育信息的不足，我们请受访者回答本辈和父辈兄弟姐妹数量。受访女性不仅要说明丈夫本辈和父辈的兄弟姐妹数量，还要回答娘家本辈和父辈兄弟姐妹数量。这是了解传统时期家庭子女数量水平的间接方式，借此可以认识妇女生育子女活至成年的数量状况。③家庭变动状况，了解被调查者是否与父母、兄弟分家以及分家背景等信息。从实际选取的样本比例来看，五个年龄段中，70 岁以上者所占比例最大。我将这一组作为调查的重点，因为他们的婚姻、家庭生育行为具有跨时代性。其中绝大多数人的婚姻缔结在土改以前或土改初期，一定程度上可以反映传统时代的婚姻特征。进一步看，这一组人的生育又多从土改前一直延续到 20 世纪 50 年代甚至 60 年代。调查进行时他们多进入老龄阶段，其与子女的关系可以完整地显示出来。

（二）阶级成分档案资料

需要指出的是，调查问卷设计有本家土改前土地、房屋等经济状况的问项。实际调查时发现，70 岁以上的受访对象中多数人已不能准确地说出 54 年前（1999 年调查之年距 1945 年已有 54 年时间）本家拥有的土地、房屋等财产数量。特别是老年妇女，由于当时多不参加家庭生产管理，不清楚娘家和婆家的土地等财产数量。另外，在调查村庄，土改前及土改初期的家庭人口、财产资料已很难找到，甚至土改时全村户口数资料也不易查到。一些年长老者只能提供近似的说明，这对我们来说是不够的。

以往有关土改前传统时代的家庭研究多是针对特定社会阶层，或者是在一个大的范围（如一个省抽查若干县）进行抽样调查。我觉得，若能进行整村家庭类型的观察和分析，既可避免大范围抽样调查相对粗疏对实际状况反映产生偏差，还会弥补着眼特定群体难以揭示全体的不足。遗憾的是，跨越多个历史时期的完整村落资料比较少见。

在磁县档案馆收集资料时，我发现“四清”运动期间所留下的阶级成分登记档案可以弥补村落家庭人口资料的不足。20 世纪 60 年代中期的“四清”运动①，不少人还记忆犹新。“四清”中有一个重要内容是对每个家庭土改前的阶级成分进行重新审核，并填写“阶级成分登记表”。这些登记表基本上是在 1966 年“四清”运动结束时填写的。它能系统地显示每一个具体家庭土改前、土改后、高级社时期和“四清”时期的人口、经济变动状况，是研究家庭人口规模、家庭人口数量与家庭经济条件等问题的重要材料。

由于“四清”运动与每个家庭、每个人的命运密切相关，并且又是在来自党政军等部门干部组成的工作队指导下进行的，它的严肃性是不言而喻的。因而，我觉得，“阶级成分登记表”上的内容比较准确。况且，在冀南地区，“四清”运动距土改只有二十年，经历过土改的成年人大部分还活着，其对土改前的家庭经济状况是比较熟悉的。

---

① “四清”分为前“四清”和后“四清”。前“四清”实行于农村，包括“清理账目、清理仓库、清理财务、清理工分”；后“四清”为城乡一体的“清政治、清经济、清组织、清思想”（一般所说的“四清”运动是指后“四清”）。参见薄一波：《若干重大决策与事件的回顾》，中共中央党校出版社，1993 年，第 1105 页。“四清”是一场波及每一个人的群众运动，是“文化大革命”运动的前奏。

为了对这个山区、丘陵和平原各占三分之一县份的婚姻和家庭变动有比较全面的反映，我从磁县档案馆的阶级登记档案中选了五个村庄，其中，山区村一个，丘陵村一个，平原村一个，半丘陵半平原村两个。然后对每村每户的登记表进行初步分析，在弄清各个家庭之间和家庭内部成员关系的基础上录入电脑，形成数据库。五个村涉及的"原始家庭"数为1085个。所谓"原始家庭"指土改前已存在的家庭，它是我们认识村落土改前家庭状况的基础。这些原始家庭有的在土改后各个时期不断裂变。至1966年，村庄家庭数增加到1504个。

"阶级成分登记表"分正反两面。正面有以下内容：

① 户主基本状况：包括性别、年龄、出身、家庭人口等内容。

② 家庭经济状况：这是登记表的重点。它分三个时期：一是土改时。其中又分两项：一是土改前，填写内容为家庭人口数、劳力数、房屋间数、土地亩数、牲畜数、大车数、出租土地数（或租佃于他人土地数）、雇工数以及本人或本家成员为人当长工、短工等状况；二是土改后，基本内容同土改前，但贫下中农要填分得房屋、土地、牲畜、大型农具数量（主要是车辆），地主、富农、富裕中农和部分中农则要说明自己土地、房屋、牲畜、车辆等被分情况。二是高级社时期。实际是本家入社前夕的经济状况，包括人口、劳力、房屋、土地、牲畜、车辆以及入社的生产股金。三是现在，是指填表时期，即1966年本家基本情况，内容比较简单，包括家庭人口、劳力、房屋、自留地数量以及自行车、缝纫机等大件物品的拥有状况。

③ 家庭（户主）主要社会关系：主要记录户主岳父母、外祖父母以及出嫁姑姑、姐妹等关系密切亲戚所属村庄、家庭成分、政治面貌。在分析农村婚姻圈时，这些是很有价值的资料。

④ 家史简述：重点说明户主土改前的家庭人口、产业变动，剥削和被剥削情况。由此可以观察农民家庭昌盛或衰败的变动历程。

该表格背面为家庭成员简况。指填表时的家庭成员，主要是

16 岁以上（含 16 岁，余同）成人的年龄、成分、受教育水平、职业等；15 岁以下（含 15 岁，余同）的小孩，只计入家庭人口总数栏内，不单独填写细目。

“阶级成分登记表”为我们提供了研究土改前后、高级社、人民公社和“四清”时期家庭人口变动的重要信息。更为重要的是，借此可以观察人口与家庭经济状况的关系。但要利用这些资料，还有大量前期工作要做。

一是已分家家庭的复原问题。这些表格填写于 1966 年。当时每户一张，无论父子兄弟，只要分家就是一个独立的户。若上溯至土改前，他们实为一家或一户。为避免重复统计，必须把 1966 年源于一家的数户（有的为二三户，有的为四五户，甚至更多）合并为一户，当然也有个别家庭土改至“四清”时没有变化。这就需要从不同表格内容中找出他们之间的亲属关系。如果父子兄弟分家后在同一生产队尚比较容易发现这种关系，若兄弟数人被分在两个甚至两个以上的生产队，则要费一番工夫。当然第一种情形相对较多一些。

二是户内成员关系确立问题。这一点对家庭结构研究尤其重要。按照“阶级成分登记表”，四个时期家庭人口数是齐全的。但家庭内成员及其关系只显示 1966 年的信息。若不弄清其他三个时期的家庭成员关系，就不可能分析家庭成员关系和家庭结构的变动。对于调查村庄土改前各个家庭成员数量和关系，只有请 70 岁以上老人，特别是土改时的村干部（做过农会会长、村长、支书和会计等工作）进行座谈回忆才能弄清楚。为此，我在 2000 年秋天赴上述五个村庄对土改前及土改以来各户成员关系及其变化做了有针对性的访谈，对各个时期，特别是土改前原始家庭的成员关系逐一核查，获得了比较满意的结果。

三是“绝户”和外迁家庭复原问题。这个问题我在对成分登记资料进行整理的后期才发现。汇总家庭资料时，我感到，从 1946 年到 1966 年的二十年间，肯定有一些户在土改时尚有人，而在以后的时间内，或死亡，或嫁出，或迁往外地，到“四清”时该户实际没有人了。建立在现存户数基础上的阶级成分登记就不可能将他们包括进去。当时我的直觉是这类户一个村中不会很多，并且“绝户”多是土改时的小户。若是自然死亡导致的“绝户”将以土改时处于寡鳏状态或终身未婚的单人户为主。当然无子女的老年夫妇“四清”前也可能成为“绝户”。若将婚嫁和迁移情况考虑在内，只有一个女儿的老年夫妇也可能成为“绝户”。土改后至1966年前全家迁往外地，“四清”时迁出地——原籍村庄不再对其进行登记的情形也存在。我的这些猜测在复查中得到证明。复查的结果是，调查村庄这类“绝户”和迁移户约有10%，其中以“绝户”为多。这显然是一个不可忽视的比例。“绝户”的成分和成员构成状况我在后来的进一步调查中已经弄清楚了，但其家庭经济状况的复原却不甚理想，如这些户土改前有几亩地、几间房，牲畜和车辆状况，剥削与被剥削状况等未能搞得很清楚。但这不影响我们对村庄家庭规模和家庭结构的认识。

（三）社会经济档案资料

为了对冀南农村的社会环境有更多了解，我还收集了大量乡镇（公社）、村（大队）、村民组（生产队）的经济活动资料，包括农作物播种面积与产量报表、农业生产计划表、人口与劳力数量登记表、基本核算单位收益与分配表。此外，还有建房占地申请表、婚姻登记表、民事调解表等。这些资料将帮助我们认识集体经济各个时期民众的生活和生存水平变动状况。

（四）访谈资料

问卷调查重在揭示村庄婚姻、家庭变动的共性，而难以将一些家庭具有特色的东西挖掘出来。为弥补其不足，我在村庄就一些问题与农民进行了深入交谈，形成一批典型个案材料。

进行人口学研究离不开大量数据的支持。美国人口学家W. E.

摩尔谈到人口学研究与社会学研究在资料上的区别时指出：人口学受惠于一个得天独厚的条件，就是，它可以利用由公共基金所获取的大量统计资料；相比之下，其他社会学分支的资料来源并不那么广泛，也没这么可靠，甚至颇为常见的是，其他领域的社会学者要借助实验或耗费惊人的实地调查，自己“生产”资料。[①]然而，由于本项研究的实证色彩更浓，因而很难完全建立在现成的资料基础之上。实际上本项研究的主体资料也是“自己‘生产’”出来的。这里的“生产”就是进行大量的实地调查。它较之从图书文献中获取资料的难度大大增加。

我希望这种建立在实证基础上的分析能起到弥补社会变革背景下婚姻、家庭变动研究不足的作用。即使这一目的没有达到，能够以“抛砖”之劳，收“引玉”之效，我也会聊以自慰。

---

① W. E. 摩尔：《社会学和人口学》，载顾宝昌编：《社会人口学的视野》，商务印书馆，1992 年，第 15 页。

第二章
婚姻年龄

婚姻是一种社会制度。它在一定时空范围内表现出其存在特征。婚姻制度并不是也不可能以固定的程式保持和留传下去，它会随着时代变迁淘汰旧的内容，认可和接受新的做法。20世纪三四十年代以来，中国社会形态发生了重要变化，婚姻行为也受到影响。要对其变动特征有所认识，就必须了解不同时期婚姻的具体状态。本章通过考察冀南农村民众的初婚年龄、夫妇婚龄差异和初婚与初育间隔变动，以求认识和理解社会变革对农民婚姻行为的作用程度。

一、初婚年龄

初婚年龄是婚姻行为分析的重要指标。传统时代，婚姻缔结完全是民间行为，父母更多的是以自己的意愿和习俗安排子女的婚姻；土地改革以后，政府建立婚姻登记制度，强调对法定婚龄原则的维护；20世纪70年代，晚婚政策年龄取代了法定婚龄。下面所要讨论的民众初婚正是在上述社会环境的变化下展开的。这里，我主要借助问卷调查数据对冀南农村初婚年龄变动状况加以分析，以期把握本地民众的初婚行为特征。

（一）资料的基本特征

下面分年龄段观察一下受访者的结婚年代。

依据表2-1，70岁及以上年龄段受访者多数在土改之前结婚，

表 2–1　不同年龄段受访者结婚时间

70 岁以上			60—69 岁			50—59 岁			40—49 岁			30—39 岁		
结婚年代	样本量	%	结婚年代	样本量	%	结婚年代	样本量	%	结婚年代	样本量	%	结婚年代	样本量	%
1920—1924	1	0.5	1941—1945	6	5.0	1951—1954	1	1.4	1969	1	1.4	1980—1984	21	33.3
1925—1929	6	2.7	1946—1949	28	23.3	1955—1959	2	2.9	1970—1974	14	19.4	1985—1989	25	39.7
1930—1934	21	9.5	1950—1954	56	46.7	1960—1964	14	20.0	1975—1979	30	41.7	1990—1994	12	19.0
1935—1939	40	18.2	1955—1959	18	15.0	1965—1969	37	52.9	1980—1984	24	33.3	1995—1997	5	7.9
1940—1945	79	35.9	1960—1964	11	9.2	1970—1974	15	21.4	1985—1989	2	2.8			
1946—1949	65	29.5	1965—1969	1	0.8	1975—1979	1	1.4	1993	1	1.4			
1950—1954	8	3.6												
合计	220	100.0	合计	120	100.0	合计	70	100.0	合计	72	100.0	合计	63	100.0

资料来源：根据作者在冀南地区农村所做问卷调查汇总得到。

约占三分之二；土改后结婚者只占三分之一。若以1950年颁布的《婚姻法》实施为断限，此前结婚者占96.4%。这意味着70岁以上大多数人的婚姻属于传统类型。问卷调查中近一半受访者在70岁以上，这为认识土改前以及土改后过渡时期的初婚行为创造了条件。

60—69岁年龄段者结婚时间跨度较大，从土改前到“文革”初期。比较集中的结婚年份是土改以后至高级社时期，1946—1959年结婚的占83.3%，其中50年代占61.7%。可见这一年龄段的结婚时间既有过渡性质，又表现出以集体经济时代为主的特征。

50—59岁年龄段者多在60年代结婚，占72.9%，处于人民公社时期；40—49岁年龄段者结婚集中在“文革”后期和家庭联产承包责任制实行初期；30—39岁年龄段者则以改革开放后结婚为多。

由上可见，受访对象的结婚时代跨度较大，即从20世纪20年代至90年代，比较集中的时期是土改前后、50年代、60年代、70年代和80年代。通过它们可以认识冀南农村民众不同时期初婚年龄的基本变动。

（二）不同时期男女初婚年龄分析

为了进一步弄清受访者结婚年代与初婚年龄的关系，我将以其初婚时间为主线，观察不同时期结婚者的初婚年龄及其变动。

1．土改前（1946年及以前）初婚年龄

（1）男女初婚年龄（见表2–2）

表2–2　土改前男女初婚年龄构成

年龄段（岁）	女性		男性	
	样本量	%	样本量	%
15以下	38	18.8	45	22.8
16—18	114	56.4	73	37.1
19—20	41	20.3	36	18.3
21—23	9	4.5	16	8.1

（续表）

年龄段（岁）	女性		男性	
	样本量	%	样本量	%
24—26			14	7.1
27—30			8	4.1
31—35			4	2.0
36 以上			1	0.5
合计	202	100.0	197	100.0

资料来源：同表 2-1。

说明：有的调查女性为初婚而其丈夫为再婚，并且调查时其丈夫已经去世，因而无法得到其初婚信息，故只能将女性一方初婚年龄作为样本计入。也有相反情形，即男性为初婚，女性为再婚。这种情形其他时期也存在，下面不再重复本说明。

先看土改前女性初婚年龄。女性最低初婚年龄为 10 岁，最高 23 岁，平均 17.25 岁。20 岁以下初婚样本有 193 个，占 95.5%。与笔者对 18 世纪初婚年龄研究结果相比，二者非常接近。[①]它表明传统社会不同历史时期女性初婚年龄变动非常小。

土改前冀南农村男性初婚年龄最低为 11 岁，最高 40 岁，平均 18.97 岁。20 岁以下结婚样本占 78.2%。按照笔者对 18 世纪后期个案的统计，华北地区男性平均初婚年龄为 20.87 岁，20 岁以下结婚比例为 55.9%。[②]两者的初婚年龄相差近 2 岁。

冀南农村男性和女性初婚年龄构成是有差异的。受访者中，男女 15 岁以下初婚比例很接近。16 岁以上年龄段，女性初婚年龄比较集中，16—18 岁结婚者超过 50%；男性结婚年龄分布则比较分散。女性中没有 24 岁以上结婚者，而男性中则有 13.7% 的人婚龄延至 24 岁以后。

那么如何认识冀南农村男女初婚年龄水平的代表性问题？下面借助该时期华北其他地区的调查资料做一分析。

---

① 根据该项研究，全国女性平均初婚年龄为 17.41 岁，其中华北地区为 17.02 岁。参见拙文：《清代中期婚姻行为分析》，《历史研究》，2000 年第 6 期。

② 参见拙文：《清代中期婚姻行为分析》。

20 世纪 20 年代以后涉及华北地区婚姻状况的调查有多项，其结果是：男性的平均初婚年龄分别为 19.7 岁（7 省 2330 农家调查，1921 年）、20.3 岁（清河镇家庭人口调查，1928 年）、20.2 岁（定县大王耨村调查，1929 年）；女性为 17.9 岁（7 省 2330 农家调查，1921 年）、19.3 岁（清河镇家庭人口调查，1928 年）、19.2 岁（定县大王耨村调查，1929 年）。①还有，黑山扈等村（1929 年）男性为 20.70 岁，女性为 19.20 岁。②上述调查中男性的平均初婚年龄比较接近，与 18 世纪华北地区个案统计也比较接近。它表明土改前华北地区男性的平均初婚年龄是偏低的。针对女性的各调查结果之间有一定差异。

当然越是区域范围较小的调查，差异越大。特别是针对一个村落的调查，与大范围的调查数据相比，差距会明显一些。乔启明 20 年代末、30 年代初对山西清源县 143 个农家的调查（男 95 人、女 94 人）表明：女性平均初婚年龄为 16 岁，男性为 26.2 岁。其原因是：山西女子过少，男子成婚，已成了问题。③它表明，这些地区男性存在婚姻挤压问题，适婚男性难以在同龄女性中选择配偶，只好透支刚刚成年的女性。1926 年李景汉调查的北平郊外挂甲屯村男性初婚年龄为 23.60 岁，女性为 19.20 岁。④

通过以上分析，不难看出，冀南农村被调查者的平均初婚年龄，特别是男性初婚年龄相对较低。它很大程度上与男性 15 岁以下初婚比例较高（占 22.8%）有关；而 18 世纪后期个案统计中，低龄结婚男性只有 7.4%⑤。这或许表明中国传统社会中，早婚行为

---

① 许仕廉：《人口论纲要》，上海中华书局，1934 年。

② 国民政府主计处统计局编：《中国人口问题之统计分析》（下），华世出版社（台北），1978 年，第 94 页。

③ 乔启明：《山西清源县 143 农家人口调查之研究》，载《中国人口问题》，世界书局，1932 年。

④ 国民政府主计处统计局编：《中国人口问题之统计分析》（下），第 94 页。

⑤ 拙著：《十八世纪中国婚姻家庭研究——建立在 1781—1791 年个案基础上的分析》，第 34 页。

存在一定的时期变动。

20 世纪 30 年代河北中东部盐山县的一项调查或可佐证我们的这一判断。该调查说：当地百姓五十年前多在二十三四岁以后始行结婚，较目下为晚。现在则不然，据本调查所得，其结果之平均年龄男为 18 岁，女为 17 岁，约较前差三分之一（应指较以前初婚年龄降低三分之一。——笔者注）。早婚原因，一为男子父母咸愿早含饴弄孙；女子父母或因境遇欠佳，不愿多加负担，偶有机会，即将女子出嫁之故。[①]30 年代所说的五十年前应追溯至清光绪年间[②]。若以该调查推断，盐山县的早婚行为是近五十年因经济凋敝才出现的现象。

费孝通 20 世纪 30 年代对江村的调查发现，近 10 年，“小媳妇”（童养媳）的数字增加了，平均每 2.7 户人家就有一个“小媳妇”，这种状况与经济萧条有关；当地在太平天国运动之后，也曾流行过此类非正常婚姻。[③]当然它主要是对女性的反映，男性早婚没有涉及。这种现象告诉我们，社会环境变化对婚姻行为有直接的影响。

表 2-1 显示，冀南农村 70 岁以上受访者土改前结婚时间集中于 1935—1945 年，即相当一部分是在日本侵华期间结婚。男性婚龄相对较低，特别是 15 岁以下早婚比例高，很可能与兵荒马乱时代人们对未来生活缺乏好的预期有关。当然这仍是一个值得研究的问题。

根据以往的研究（包括本人对 18 世纪后期婚姻行为所做分析），我认为，传统时代初婚年龄的时期变动的确存在，但它很可能只限于一个区域范围，或者只是在某一社会阶层中表现突出，如富裕家庭就有比较大的婚龄调整空间。而在一个地区不大可能出现

① 冯和法编：《中国农村经济资料》（下），华世出版社（台北），1978 年，第 643 页。

② 光绪年号的起止时间为 1875—1908 年。

③ 费孝通：《江村农民生活及其变迁》，第 48 页。

初婚水平的普遍降低和提高。但本项问卷数据提醒我们，即使在传统私有经济和家长包办婚姻时期，初婚年龄也不是一成不变的。根据家庭实际情况和社会环境变动适时调整婚龄的做法是存在的。如在上下2岁左右的范围变动，将是可能的。从这一点看，18世纪后期黄河中下游地区男性初婚年龄（20.87岁）与本项调查中冀南地区男性初婚年龄（18.97岁）的差异，是对不同时期初婚年龄的反映。

关于早婚产生的原因，有各种各样的分析。一些学者强调家庭组织方式在早婚行为中所起作用。布莱克和戴维斯认为：在很强的氏族或联合家庭（或二者兼有）的控制下，婚姻通常是由长辈安排的。这往往是在子女尚未成熟时早早做出安排。[①]实际上，从中国来看，不仅是联合家庭，直系家庭乃至核心家庭都会采取类似的做法。或者说，早婚与家庭类型关系并不密切。

还有人认为传统时代人口预期寿命短，平均出生预期寿命为35岁左右。早婚将能充分挖掘妇女的生育潜力，即通过使其尽早进入婚姻状态增加其生育数量，妇女早婚比晚婚能生育更多的孩子。而丈夫的婚姻年龄也与此有关。在死亡率相对较高的传统社会，如果丈夫明显大于妻子，那么妻子有更大的可能在有生育能力时成为寡妇。[②]为弥补其早亡可能带来的生育损失，唯有早婚。这种看法过于理性，缺少说服力。在欧洲工业革命前，人口的死亡率并不比中国低，但其中男性的婚姻年龄在26岁左右，女性在23岁上下。[③]

在我看来，父母包办是早婚的基础。因生命过程不确定，人们试图通过早婚为某一生育数量目标的实现创造条件，它直接推动了早婚行为。父母包办婚姻的一个重要前提是，中国传统农耕社会父

① K.戴维斯、J.布莱克：《社会结构与生育率：分析框架》，载顾宝昌编：《社会人口学的视野》，第159页。

② Patricia Ebrey, "Marriages Among the Song Elite", *Chinese Historical Microdemography*, edited by Stevan Harrel, University of California Press, 1995, p. 21.

③ E. A. Wrigley, *Population and History*, McGraw-Hill, 1969, p. 104.

子职业相对固定，远距离迁移行为较少，子代很难摆脱父辈控制，因为这一控制建立在掌握财产基础之上。子女没有经济上的独立地位，那么解决子女婚配也成为父母不容旁贷的责任。只有为所有子女完成婚姻大事，父母才算尽到义务，在家庭代际传承链上起到作用。早婚实际是父母为尽快完成所承担的责任而采取的措施。

需要指出，土改前民众婚姻缔结的年龄安排基本上仍处于习俗作用之下。民国政府虽制定有法定婚龄，[①]但同近代以前各个王朝一样，官方规定对民众行为没有约束力。最重要的是，结婚男女当事人不必到政府机构办理登记手续、领取结婚证书。因而男女低龄结婚没有受到任何限制。极端早婚行为也不会被阻止。

（2）初婚年龄的阶级差异

土改前农村所有制的主体形式为私有制，由此形成各个家庭财富等级的差异和生产方式的不同，这成为土改中划分阶级的依据。那么，初婚年龄与家庭经济水平或借此形成的阶级成分关系如何？由于具体的家庭经济水平资料难以获得，在此我以阶级成分作为家庭经济状况高低的一个衡量指标进行分析。

根据本项问卷调查数据，不同成分男性中都有 15 岁以下早婚现象。相对来说，地主和富农成分家庭更突出一些，达到和超过 50%；地主则高达 85% 以上。20 岁以下（含 20 岁）结婚者中，贫农为 69%，地主和富农为 100%，中农为 93.3%。上中农因样本少，说明性不强。总的来看，初婚年龄与家庭经济状况有密切关系。西德尼·甘博（Sidney D. Gamble）等对定县 766 对夫妇的调查也揭示出男性 15 岁以下早婚行为与家庭财产水平的关系：来自占地 100 亩以上家庭者比例达 80.5%，50—99 亩家庭占 48.9%，50 亩以下

① 1925 年北洋政府制定的《民国民律草案》和 1930 年完成的《中华民国民法》亲属编均规定：男未满 18 岁、女未满 16 岁者，不得成婚。见《大清民律草案、民国民律草案》，杨立新点校，吉林人民出版社，2002 年，第 171 页；《六法全书》，中国法规刊行社，1948 年，第 88 页。

家庭占 33.3%。[①]当然 50 亩以下家庭中（比如 10 亩以上与 10 亩以下家庭之间）肯定也有差异。

地方文献资料对出身于不同经济条件家庭者的婚龄也有说明：冀南地区邯郸县“富者订婚多早，贫者订婚多迟”[②]。新河县“结婚年龄，富者率在 20 岁内，贫者则在 20 岁外，或 30 岁不等”[③]。与冀南相邻的山东冠县，“上中家之男子，其结婚年龄多在 15 岁以前”[④]。

据金陵大学农业经济系调查，河南已婚百分比佃农为 58、半自耕农为 77、自耕农为 87。三种身份者的结婚年龄均为 19 岁。[⑤]

可见，土改前冀南农村男女初婚年龄都表现出早婚的特征。它与同期整个华北地区的早婚行为是基本一致的。而不同阶级出身者中早婚行为存在着差异，尤其是男性。经济条件好的家庭，子女更有条件早婚，甚至极端早婚。

（3）男性大龄未婚状况

注意到传统时代早婚现象时，也应看到，经济条件的限制所形成的晚婚和不婚行为。在对 18 世纪后期婚姻行为分析中，我曾指出，中国社会中男性早婚和晚婚是并存的两种社会现象。当然，早婚为人们所推崇，晚婚是不得已的。[⑥]土改前冀南农村同样有这种表现。

在此，我把男性 24 岁以上结婚视为晚婚。根据问卷调查数据，本地区晚婚比例为 13.7%。国家计生委生育回顾调查中同一标准下的晚婚比例在 20 世纪 30 年代结婚者中为 12.7%。[⑦]从调查村庄“阶

---

① Sidney D. Gamble, *Ting Hsien: A North China Rural Community*, Stanford University Press, 1954, p. 44.

② 1933 年（民国二十二年）《邯郸县志》，卷六，风土。

③ 1929 年（民国十八年）《新河县志》，卷二，风土。

④ 1934 年（民国二十三年）《冠县志》，卷一，风俗。

⑤ 国民政府主计处统计局编：《中国租佃制度之统计分析》，华世出版社（台北），1978 年，第 124 页。

⑥ 拙著：《十八世纪中国婚姻家庭研究——建立在 1781—1791 年个案基础上的分析》，第 184—209 页。

⑦ 梁济民、陈胜利主编：《全国生育节育抽样调查分析数据卷（二）婚姻》，中国人口出版社，1993 年，第 58—103 页。

级成分登记表”上可以看出，土改前夕不少佣工和佃农家庭出身者30岁以上仍孑然一身。

依据各村土改时户数和大龄晚婚者在不同家庭的分布状况，可对冀南农村的晚婚形势有所把握。平原地区的西大庄村共190户，有晚婚者家庭占6.3%；丘陵地区的庆有庄村165户，有晚婚者家庭占10.9%；山区的上寨村207户，有晚婚者家庭占14.5%。

另外，不同年龄组的婚姻状态是认识当时大龄未婚形势的途径。然而类似的资料比较缺乏。这里我尝试在村庄总人口基础上间接估计男性年龄构成。土改前，西大庄村人口总数为986人，庆有庄村776人，上寨村934人。通过进一步复原可得到三个村庄25—49岁各个年龄段男性为总数的15%—16%。若以15%为标准，三个村庄本年龄段男性总数分别为148、116和140。这一年龄段的男性未婚比例分别为7.4%、11.2%和17.1%。它与上述以户做基数所得出的比例差距不大。

这些统计表明，晚婚在不同地理背景村落之间是有差异的。相对来说，平原地区晚婚比例较低，丘陵地区上升了，山区则达到比较高的水平。这种差异的实质是家庭经济条件对其成员的婚姻安排具有决定作用。从绝对值来看，25—49岁年龄段男性平均未婚水平超过10%已不算低。1929—1931年华北地区的一项调查显示，30—34岁男性中有近12%是单身。[①]当然华北也有晚婚比例高的数据。根据1935年的调查，山东邹平县30岁以上男性未婚者有2294人，占同龄组男性的23.13%；而30岁以上女性未婚者极少，有21人，在同龄组女性人口中占0.21%。[②]

山区男性大龄未婚者比例高，主要原因有两个：一是性别比失调。根据20世纪40年代初的统计，平原地区性别比为112，山区

① 李中清、王丰：《人类的四分之一：马尔萨斯的神话与中国的现实（1700—2000）》，第103页。

② 鹿立：《山东邹平50年人口变迁》，《中国人口科学》，1989年第4期。

则达到 130 以上。[①]性别比失调与贫困地区存在溺女婴现象有很大关系。二是婚嫁费用高。本地文献记载：山区极少数优裕家庭均随婚书过给（即交付。——笔者注）女家聘礼；其多数人家，均将聘礼折合洋钱每在百元之上、三百以下（亦名聘礼洋）。故中产以下家庭，视子弟婚事，为极大之债务。而女家所备妆奁，其价值有数百元至千余元者，亦有数元至数十元者，随其家境而异。[②]可见，女家的嫁妆是软约束，而男家的聘礼却是硬要求。那些没有财力者将成为婚姻市场的失败者。人口经济学家贝克尔对这种婚姻现象做如是分析：在一个男性供给多于女性的社会，与结婚女性相对应，一部分男性则终身不娶。[③]平原地区性别比基本正常，中等以上家庭所出聘金并不高，甚至只是象征性的。可见，性别比偏高将导致婚姻费用上涨，男性完婚出现困难。

需要指出：西大庄村土改前晚婚男性以外来者为主，占 58.3%（7 人），土著户 41.7%（5 人）。这些外来者多是土改前落户本村，没有或有很少土地和房产，长期为人佣耕。丘陵区庆有庄村晚婚者则以土著为主，占 72.2%（13 人）；外来者占 27.8%（5 人）。他们到这个人均土地亩数较高的村庄，为人佣作并定居下来。山区上寨村晚婚者全部为本地人，这是由于当地自然条件差，没有富裕大户，难以吸引外来人来此求生；相反，本地青壮年男性纷纷下山到平原地区寻找生计。

值得注意的是，这些晚婚者土改后的境遇变化也因村庄而异。西大庄村晚婚者中 9 人先后结婚。进一步看，有 5 人分田后不久即完婚，经济状况改善成为其解决婚姻问题的重要前提；另 3 人在高级社成立前；还有 1 人在 1960 年前后。至 1966 年仍未结婚者有 3 人，此时他们的年龄基本上在 50 岁以上，实际注定要成为终身

---

① 1941 年（民国三十年）《磁县县志》，第一章，疆域、人口。

② 冀察政务委员会秘书处第三组编：《河北省磁县地方实际情况调查报告书》，村庄经济。

③ 加里·S. 贝克尔：《家庭经济分析》，彭松建译，华夏出版社，1987 年，第 97 页。

不婚者。庆有庄村未婚者的境遇较西大庄村稍差，土改后至1960年前有7人完婚，占38.9%，其中4人在土改后不久。但有11人1966年年龄在50岁左右者仍未婚，基本上进入终身不婚之伍。土改后山区上寨村晚婚者结婚比例比庆有庄村低。从土改至1960年有11人结婚，占36.7%，其中3人为土改后不久结婚，比例不高。至1960年仍有19人未婚，占63%，很可能成为终身不婚者。我认为，庆有庄村和上寨村晚婚者土改后结婚比例低，并非制度影响乏力，而是其中不少人土改时已超过40岁。如庆有庄村40岁以上的占55.6%，上寨村为43.3%。若从传统角度看，这一年龄之人属于高龄未婚者。他们在初婚女性中很难找到婚配对象，除非有一定数量丧偶妇女资源可供“开发”。传统时代，妇女丧偶后即使再婚，也多是40岁以下者；40岁以上丧偶妇女再婚比例比较低。所以无论从婚姻资源还是社会习惯上看，40岁以上未婚男性的婚姻机会均比较少。制度变革不能从根本上解决这些问题。况且土改实行的是平均分配财产制度，那些未婚者只是从中获得了基本生存条件，不可能借此成为富有者。因而，他们的经济能力还不足以冲出习惯的障碍。

由上可见，土改前冀南农村男性的确有早婚现象。具体看来，并不是只有早婚一种模式存在，与早婚并存的还有一定比例的晚婚。可以这样说，早婚是人们追求的目标，但并非每个男性都能跻身早婚之列。传统时代婚姻不是单纯以男女及其家长的主观愿望行之，很大程度上取决于家庭财力状况。当然中国社会与西方不同，西方中世纪后期实行财产的不可分割继承，无继承权的儿子将不得不走出家门，通过自己谋生、积攒钱财取得婚姻的条件；中国即使再穷的家庭，父母只要健在，都会竭尽全力为子女操办婚事。它大大减轻了子女独立赚取婚姻费用的压力，从而有利于子女适时完成婚姻。值得注意的是，西方社会有继承权的年轻人，由于其婚姻通常与继承权或者与财产管理权在父子之间的转移相关联（结婚往往是儿子经管家庭事务的开始），其父母常由此利用权力控制子女的婚姻过程。既然农业环境下父亲尽可能将孩子控制在家庭中很可能获得利益，那么推迟子女的婚姻是符合父母的利益的。所以在自由农农业（peasant agriculture）流行地区，晚婚和高比例的不婚成为规则。[①]这与中国家长推动子女早婚形成强烈对比。

2．土改以后至20世纪50年代末期初婚年龄特征

冀南地区多数县份于日本投降后的1945年秋天即获得解放，相应的管理机构随即建立起来，开始实行与以往不同的婚姻制度——由政府负责婚姻登记，并颁发结婚证书。

我在调查中了解到，土改初期（1946年后）结婚者多数曾到区政府去登记，并有结婚证书。新政府实行这一婚姻管理制度具有划时代的意义。在中国历史上政府第一次真正直接介入男女婚姻缔结过程，而不是仅停留在制定法定婚龄的文字表述上。

合法婚姻缔结（marriage formation）从媒人牵线、家长包办形式到社会组织直接介入，世界各国都经历一个很长的阶段。如欧洲中世纪的前半时期，婚姻被认为是个人的（personal）和纯世俗（secular）的事务，完全处于法律之外。[②]1406年随着法国南特（Nantes）地区的主教第一次建立受洗登记（baptismal registry），婚姻和死亡也相继实行登记。[③]由此婚姻受到家庭以外社会组织的一定制约。到1563年，罗马天主教会宣布在婚姻问题上最重要的取决于两个男女相互满意而不是他们的家长，[④]由此大大增强了男女决定自己婚事的能力。相比而言，中国的这一限制性规定出现得太晚了。

我在冀南地区调查时，一些受访者讲，土改初期到区政府部门登记结婚与现代有所不同。这一过渡时期，男女相识仍以传统方式

---

① Kevin McQuillan, "Econimic Structure, Religion and Age at Marriage: Some Evidence from Alsace", *Journal of Family History*, Volume 14, No. 4, p. 332.

② Michael M. Sheehan, *Marriage, Family and Law in Medieval Europe: Collected Studies*, University of Toronto Press, 1996, pp. 12–13.

③ G. Robina Quale, *A History of the Marriage Systems*, Green Wood Press, 1988, pp. 128–133.

④ Ibid., pp. 185–187.

为主，即并非在相识并有一定了解的基础上去登记。通行的做法是，家长通过媒人约定好时间，当事男女由各自亲属陪同前往区政府所在地。当然，男性也有独自前往的。男女第一次见面是在区政府登记部门那里，包办婚姻的遗迹还有所表现，但政府机构的作用已显示出来。因为政府工作人员面对的是婚姻当事人，而不是其亲属。

土改初期冀南解放区所实行的具体婚姻政策，我们已难以洞悉全貌。邯郸市档案馆收藏有一份“邯郸市政府公告”[①]（中华民国三十七年十月，1948 年 10 月）。通过这一公告，可对当时的婚姻形势和婚姻政策有一定认识：

> 近查市区男女结婚尚有沿用旧俗，变相买卖，父母做主，媒人欺诈情事，使婚姻不能自由，造成随便结婚、随便离婚不良现象；农村区更有为添人口，多分土地，及早使唤媳妇，使未成年男女早娶早婚，造成现在和将来青年男女痛苦境地。本府为了保障婚姻自由，严禁买卖婚姻，决定办法如下：
>
> 一、女不到 16 岁，男不到 17 岁，不得订婚；女不到 17 岁，男不到 18 岁不得结婚；
>
> 二、媒人欺骗男女一方或双方而取利者，父母做主不经儿女同意为取利者，一经查出或告发，受法律处分；
>
> 三、凡订婚、结婚男女双方必须亲到区公所登记，经区公所审查批准，发给证书者，方为有效，否则无效。
>
> 自布告之日起，责成各区公所，慎重审查，严格登记，仰我全市人民一体遵照为要。
>
> 此　布
>
> 市　长　袁崇德
>
> 副市长　宋　涛
>
> 中华民国三十七年十月　日

① 邯郸市档案馆藏：“革命历史档案”，全宗 6 号。

本布告所列条款与1943年晋冀鲁豫边区政府所制定的“婚姻条例”有相同之处，也有差异。该规定第二章第四条为：男不及20岁，女不及18岁，不得结婚。第五条为：结婚应有公开之仪式及二人以上之证人，向结婚所在地之村公所或县市政府登记，领取结婚证书。[①]婚龄标准前者比后者男低2岁，女低1岁。根据1949年4月13日“华北人民政府司法部关于婚姻问题的解答”订婚结婚的条件中所言，规则前后不统一现象是存在的：“依前晋冀鲁豫边区婚姻条例第四条：‘男不满17岁，女不满15岁者，不得订婚。’第十一条：‘男不满18岁，女不满16岁者，不得结婚。’又前晋察冀边区婚姻条例第四条：‘男不及20岁，女不及18岁，不得结婚。’两边区规定不一致，在统一的婚姻条例未颁布前，各区可暂分别执行。”从中可以看出，即使晋冀鲁豫边区，法定婚龄也有前后不同。或许男18岁、女16岁是解放战争时期的规定。为什么会将标准降低两岁，不得而知。仅从年龄看，邯郸市的布告规定与晋冀鲁豫边区婚姻条例基本相同，差异是女性提高了一岁。

从该布告中可以看出，新政权所管辖地区，民众婚姻行为并未受到严格约束。民间仍然流行早婚、包办婚、买卖婚等做法。另外，布告所强调的一是要遵守婚姻年龄规定，一是到政府区公所登记结婚。由此政府对民众婚姻行为的约束有具体内容。但要在农村社会完全落实还需有一个过程。不过，它对极端早婚行为的抑制作用已经显示出来。

通过问卷调查数据，可对土改后的初婚年龄有所认识。115名男性受访者平均初婚年龄为19.83岁。从婚龄结构上看，男性最低初婚年龄为13岁，最高为28岁。与土改前相比，土改后（1947—1956年）10年间初婚状况出现以下一些变化：平均初婚年龄上升1.37岁；15岁以下早婚比例下降明显，所占比例仅为2.6%，而土改前为22.8%；大龄结婚比例大大下降，并且仅存在于27—30岁

---

① 韩延龙、常兆儒编：《中国新民主主义革命时期根据地法制文献选编》，第四卷，中国社会科学出版社，1984年，第826页。

年龄段，所占比例为3.48%；另外，20岁以下年龄段结婚者比例从土改前的78.17%，降为土改后的72.17%，由此带动了初婚年龄上升。

这期间，115个女性中初婚年龄最低为15岁，最高25岁，平均初婚年龄19.30岁，较土改前上升2.05岁。与男性相似，土改后女性15岁以下早婚比例下降明显，只占3.50%；土改前占18.80%。土改后20岁以下初婚者占76.52%，土改前为95.54%。土改前女性高峰初婚年龄段为16—18岁，土改后为19—20岁。

这一时期，阶级成分对婚姻的影响不明显。贫农20岁以下结婚者占69.1%；中农占92.3%。其他成分类别样本小，难以据此做出有代表性的说明。但至少有一点可以肯定，富农和地主家庭的财产优势丧失，早婚追求已经受到抑制。

值得注意的是，1950年《中华人民共和国婚姻法》(下称《婚姻法》)颁布。依据这一法律，男20岁、女18岁，始得结婚。结婚男女双方应亲自到所在地（区、乡）人民政府登记："凡合于本法规定的结婚，所在地人民政府应即发给结婚证；凡不合于本法规定的结婚，不予登记。"[①]按照政府之意，法定婚龄提高和实行婚姻登记的目的是为了"免除早婚之害"，认为"早婚对男女双方本人、子女和整个民族的健康都有害处"。[②]然而，《婚姻法》颁布后，"某些地区向群众广泛深入地宣传教育不够，以致尚有未达婚龄而结婚者"。1953年中央人民政府法制委员会在有关婚姻问题的若干解答中指出：对于这些早婚的男女，应向他们进行《婚姻法》的教育，说明早婚的害处，但不得强迫他们分居。至于今后（1953年3月19日）男女结婚时，则应遵守"男二十岁，女十八岁，始得结婚"的规定，不准

---

① 《中华人民共和国婚姻法》，载《中国人口年鉴》(1985年)，中国社会科学出版社，1986年，第65页。

② 《中央人民政府法制委员会有关婚姻问题的若干解答》(1953年3月19日)，《中国人口年鉴》(1985年)，第68页。

早婚。[1]从中可见，婚姻登记制度抑制的重点是早婚现象。

依照问卷调查数据，1951—1953 年，冀南农村 42 个男性结婚样本中，19 岁以下 20 人，占 47.6%；1954—1956 年结婚的 24 人中，19 岁以下 9 人，占 37.5%。可见《婚姻法》颁布初期尚未对低于法定婚龄的婚姻行为形成有效制约。违例结婚所以存在，主要是因为当时男女仍以民间方式订立婚约、举行婚礼，未去政府部门登记；也有个别虚报年龄登记领证者。1953 年政府发出禁止早婚、依《婚姻法》规定年龄登记的指示后，19 岁以下结婚者仍然存在。但 15 岁以下的极端早婚现象已经消失。这不能不说是《婚姻法》和婚姻登记制度所起引导作用的成果。

冀南农村 1947—1956 年女性 115 个结婚样本中，17 岁以下 27 个，占 23.5%；1949—1953 年 45 个女性结婚样本中，17 岁以下 7 个，占 15.6%。而 1951—1953 年 41 个女性婚姻样本中，17 岁以下有 3 个，占 7.3%。这一数字明显较当地男性低于法定婚龄结婚比例小。

同一历史时期，全国女性不满 18 岁结婚比例远高于冀南农村。1949 年全国农村不满 18 岁结婚比例为 51.5%，1952 年为 44.1%。[2]

冀南农村婚姻行为的这种特征与土改前男性早婚惯性有很大关系。正如问卷调查数据所揭示，土改前男性 197 个样本中，19 岁以前结婚 141 人，占 71.6%。这表明这一地区男性早婚行为有一定的社会基础。女性 202 个样本中，17 岁以下 130 人，占 64.4%。若让民众适应比较一致的婚姻年龄标准尚需时日。另一方面，也应看到，上述早婚行为已不同于土改前，只是比政府规定的年龄标准提前 2 岁左右。因而与其说是早婚现象，不如说是违例之举。

本地区违例结婚男性较多、女性较少，说明男女婚姻年龄有趋同特征，即女性倾向于在与男性接近的年龄结婚。

---

① 《中央人民政府法制委员会有关婚姻问题的若干解答》（1953 年 3 月 19 日），《中国人口年鉴》（1985 年），第 68 页。

② 国家统计局社会统计司编：《中国社会统计资料》，中国统计出版社，1985 年，第 31 页。

总之，这一时期政府不仅制定了新的初婚年龄标准，而且直接参与婚姻登记、颁发婚姻证书工作，有效地抑制了土改前流行已久的极端早婚现象。它表现出制度变革对民众婚姻的影响作用。

3．1957—1970 年男女初婚年龄

本期男女受访者各有 78 个。男性最低初婚年龄为 17 岁，最高 33 岁，平均初婚年龄 22.58 岁；女性最低初婚年龄为 17 岁，最高 27 岁，平均初婚年龄 21.04 岁。

与前一时期相比，1958 年人民公社的成立是这一时期的重要事件。在新的制度环境中，政府对民众婚姻管理的职能得到加强，有效抑制了早婚行为。人民公社、大队和生产队三级组织之下，个体农民的行为受到极大限制。这是婚姻登记制度被落实的重要前提条件。

冀南农村该时期男性平均初婚年龄比上一时期提高 2.75 岁。低龄结婚现象基本上消失，20 岁以下初婚者只占 20.05%；高峰初婚年龄段提升至 21—23 岁；27 岁以上大龄结婚比例为 9.0%，较前一时期的 3.48% 有所上升。这表明，1957 年以后，冀南农村男性初婚年龄出现质的变化。

女性初婚年龄较上一期提高 1.74 岁。分年龄看，15 岁以下早婚行为已不存在；20 岁以下初婚比例由前一时期 76.5% 下降为 44.9%；初婚年龄峰值由 19—20 岁提高到 21—23 岁。进一步看，女性 17 岁以下结婚者只有两个，占 2.6%。而全国 1970 年之前一直保持在 20% 以上。[①]

冀南农村本期初婚行为的另一特征是：男性低于法定婚龄结婚的比例降到低水平，其中 1957—1965 年 37 个结婚样本中，19 岁以下者 5 个（17 岁 1 个，18 岁 2 个，19 岁 2 个），占 13.5%；1966—1970 年 41 个样本中，19 岁及以下者 1 个（19 岁），占 2.4%。女性 1957—1965 年 37 个结婚样本中，17 岁以下 2 个，占 5.4%；1966—

---

① 国家统计局社会统计司编：《中国社会统计资料》，第 31 页。

1970 年 41 个样本中，无 17 岁以下结婚者。

4．1971—1980 年男女初婚年龄

1971—1980 年 60 个男性结婚样本中，年龄最低为 19 岁，最高 30 岁，平均初婚年龄 23.56 岁；女性 64 个样本中，年龄最低为 19 岁，最高 27 岁，平均初婚年龄 23.33 岁。

这一时期晚婚比重也有前后之别。

尽管 1964 年磁县政府曾做出在农村提倡男 25 岁、女 23 岁结婚的规定，就问卷调查数据来看，其作用并不明显。这种情况并非政策对民众没有制约能力，而是因为该规定尚处于引导阶段，重在舆论宣传，借以转变民众的观念，并非贯彻落实到位，在农村尤其如此。1973 年，受全国晚婚、晚育形势的影响，磁县强化了农村男 25 周岁、女 23 周岁结婚的政策。由于大队和生产队有相对健全的晚婚落实措施，结婚登记部门严格把关，这一时期晚婚率大大上升。[①]

按照双寺公社结婚登记档案，1972 年 208 对申请者中，男性平均初婚年龄为 21.58 岁，女性 21.56 岁；1975 年 26 对申请者中，平均初婚年龄男性为 24.81 岁，女性 24.23 岁。80% 以上的申请者达到晚婚标准。

集体经济时代，农村社员的行为受到大队和生产队较多的约束。生产队既是社员的就业单位，也是其食物和货币报酬的主要来源（自留地实际也是集体财产的一种形式，社员对其种植只能在生产队劳动之余进行）。大队和生产队有权对行为越轨的成员予以政治和经济惩处。这种组织形式使每个成员处在被严格监视或监督的环境下。由于越轨成本高，社员的违规意识受到压抑，绝大多数在政策面前循规蹈矩。因而从整体上看，政府的晚婚规定易于得到贯彻。20 世纪 70 年代初期的晚婚政策实行得比较好，与这种组织环境有密切关系。

那么，解放以后，重视成分标识是否对出身受贬抑家庭的子

---

① 《磁县志》，第 162 页。

女婚姻产生了影响？这里我想着重对1965年和1975年样本加以观察。这一时期农村的阶级矛盾和阶级斗争观念、意识被一再强调，成分对人的社会地位影响最大。我有这样的感觉，出身地主和富农家庭者，特别是其中的适婚男性常常成为当时婚姻市场的失败者，至少不得不晚结婚。

根据问卷调查数据，1965—1975年男性结婚样本有68个。从出身分布看，这些样本对不同家庭出身者婚姻状况的反映并不全面。因为其中没有来自下中农、上中农和富农家庭者。按照这些数据，26岁以上结婚者中，贫农占12.8%，中农20%。地主只有1个样本（26岁），如果将其考虑进去，那么为100%。这方面的情形有待今后做进一步调查。

赛尔登20世纪70和80年代对河北省饶阳县五公村结婚者的调查也没有表现出阶级标识（class designation）基础上的婚姻年龄差异。因为在当时，无论阶级来源和收入如何，所有人都受到国家晚婚引导的影响。[①]

5．1981—1996年男女初婚年龄

本期男性结婚样本79个，最低年龄为18岁，最高37岁，平均初婚年龄22.48岁；女性结婚样本为78个，最低年龄18岁，最高29岁，平均初婚年龄22.15岁。

与1971—1980年相比，这一时期男女初婚年龄均有下降，男性下降1.08岁，女性下降1.18岁。这种状态与1980年9月10日通过的《中华人民共和国婚姻法》对法定婚龄的调整有直接关系。按照该《婚姻法》：结婚年龄，男不得早于22周岁，女不得早于20周岁。晚婚晚育应予鼓励。[②]依据冀南农村问卷汇总资料，男性

---

① Mark Selden, “Family Strategies and Structures in Rural North China”, *Chinese Families in the Post-Mao Era*, p. 163.

② 《中华人民共和国婚姻法》（1980年），载《中国人口年鉴》（1985年），第73页。

中低于法定婚龄结婚比例明显提高，21 岁以下占 36.7%；女性违例情形较少，19 岁以下占 3.8%。

若从受访者的年龄构成看，30—39 岁结婚样本 63 对。男性平均初婚年龄为 21.67 岁，女性 21.68 岁，男女基本一致。男性平均初婚年龄低于法定婚龄。30—39 岁受访者绝大多数在 1982—1995 年结婚。它基本上反映了家庭联产承包责任制实行初期平均初婚年龄水平。按照这一统计，男性违例结婚（21 岁以下）占 46.0%，可见它已成为一个比较普遍的问题；女性违例婚姻（19 岁以下）只占 4.8%，相差竟如此之大。女性低于法定婚龄结婚比重小，并非当事女性本人及父母法定婚龄意识强于男性，而是由于法定婚龄女性比男性低 2 岁，本地男女婚龄有基本趋同的倾向。当男性试图在法定婚龄之前结婚时，女性多已达到法定婚龄。

在政府实行婚姻登记制度背景下，这一时期为什么有高比例的男性违规结婚？据我了解，这些违规者多履行了婚姻登记手续，但却是通过更改户口本上出生时间来应对法定婚龄的硬性约束。它表明，民众中低于法定婚龄早婚的意识增强了，至少在 20 世纪 80 年代有这样的表现。

那么，为什么集体经济时代违例现象相对比较少？我认为，一是集体经济组织下，不仅大队和生产队对民众行为有较强的监督能力，而且社员之间也容易形成互相制约的氛围。一人违例，其他人并不一定举报，但他会设法效仿，进而导致政策约束力度降低。它促使大队和生产队组织者努力采取相对划一的规定，制止违规行为。二是集体组织环境下，政策具有较强的刚性。不仅社员担心违例被纠，而且从生产队到公社各级负有领导责任者也顾虑为他人出具假证明、更改年龄或出生时间而受到追究，因而总体上法定婚龄和晚婚政策得以有效贯彻。当然这是就我所调查的地区而言。需要指出的是，不同地方政府对晚婚政策的执行力度是有差异的。1982 年之后，集体经济组织解体，这意味着以往监督和抑制违例行为的机制已不存在或受到很大削弱。同时，乡镇职能部门执行政策的原则性降低，甚至基层相关管理人员能从违例者那里得到好处。由此更改出生年龄的做法增多，并能达到早婚目的。

（三）初婚变动特征分析

冀南农村的初婚年龄变动有何特征？我们先看一下全国水平的相关统计。根据国家计生委1982年在全国28个省、市、自治区进行的千分之一人口生育率抽样调查：妇女平均初婚年龄20世纪40年代为18.4岁，50年代19.0岁，60年代19.8岁，70年代21.6岁，1980年提高到23岁。自40年代以来，全国妇女平均初婚年龄一直呈上升趋势。1950年《婚姻法》实施以后，晚婚政策的推行降到次要地位。多数妇女到了法定婚龄即结婚，因此平均初婚年龄有所下降。1981年为22.8岁，1982年又下降到22.6岁。那么这项调查是否能代表冀南农村的状况呢？我觉得，从总体上看，冀南地区妇女初婚年龄变动状况与全国水平有相似之处。由于我们所做的问卷调如图2-1，查着眼于男女双方，因而更易表现出时代特征。

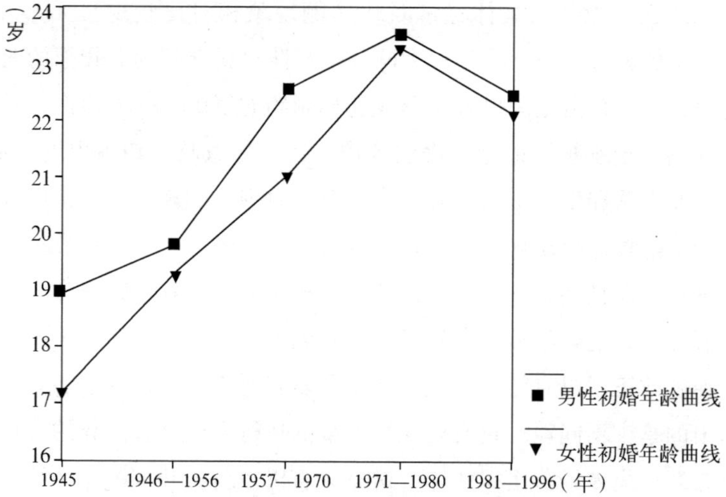

图2-1　1945—1996年男女初婚年龄变动曲线图

冀南农村民众60年间的初婚年龄变动分成比较明显的三个时期：一是土改前低龄结婚占一定比例（男20岁以下，女18岁以下结婚比重大，15岁以下低龄结婚在20%以上），20世纪50年代开始趋向国家法定婚龄。二是70年代在政府晚婚政策约束之下，婚龄明显提高。1975年，男女平均婚龄均达到24岁。三是80年代以后，新《婚姻法》颁布和晚婚政策约束力降低，男女平均婚龄降至22岁。从中可见，男性平均初婚年龄在实行晚婚政策时期较土改前提升了5岁以上，女性则在6岁以上。在这一变动过程中，男女婚龄出现一定程度趋同现象。尽管1950年的《婚姻法》始终规定男女婚龄相差2岁，但它并没有成为民众的实践范式。由于趋同是向男性法定婚龄倾斜，就意味着男性低于法定婚龄结婚比例要高于女性。这种现象与该地传统习俗中倾向于妻大于夫的婚姻心理有一定关系。然而，在现行法定婚龄标准制约下，若妻大于夫，女性的婚龄将会被大大推迟，所以会出现男女婚龄趋同的现象。

纵观冀南男女初婚年龄的变动历程，可见，解放前初婚年龄和时间基本上由父母依照当地习惯和风俗来定，没有外在力量硬性约束。在这一背景之下，婚姻年龄，特别是男性结婚年龄表现出多样化的特征。总体上女性普遍早婚，男性中早婚与晚婚并存。男性究竟早婚还是晚婚，取决于家庭经济水平。早婚为富裕家庭所热衷（而贫穷家庭虽有这种愿望，但却受到经济条件的制约）。土改后，婚姻登记纳入政府管理职能中。特别是1950年，《婚姻法》颁布实施，法定婚龄成为政府控制的主要方面，或者说约束低于法定婚龄的婚姻行为是政府婚姻登记部门诸种职责中最主要的方面。这就使早婚行为失去了广泛流行的条件。尽管《婚姻法》颁布初期仍有低于法定婚龄结婚的现象存在，但15岁以下极端早婚行为成为个别现象。

政府对初婚年龄的控制除了婚姻登记外，还依赖两项重要制度：一是户籍登记制度，一是集体经济制度。通过户籍登记，每个村民的出生时间均在村（大队或生产队）的掌握之中，并在公社派出所备案。只有符合条件者，大队才能出具证明（这是婚姻登记部门必须要的凭证）。集体经济组织是婚姻管理实施的基础。集体经济制度下，每个成员，特别是同龄成员的年龄信息，大家彼此熟悉。如果不符合婚龄规定结婚被视为当事者获取的额外利益的话，那么在同一环境下没有享受这种利益的同龄人也会有效仿之心。基层组织若不制止，法律和政策将流于形式。集体经济形成一种成员之间相互制约的环境。更重要的是，集体经济组织具有对违规者处罚的权力。在职业和谋生行为受到严格限制、甚至被禁锢的条件下，成员的越轨成本很高，因而违例行为降低。家庭联产承包责任制下村民的经济活动有了更大的自主性，生产队不存在了，耕垦土地已不是他们唯一的就业和生存依赖，松散的村民小组已很难行使惩戒权力。或者说集体经济组织时期的约束功能逐渐丧失。违例结婚（不到法定婚龄）比例的上升就是约束降低的证明。但对多数人来讲，政府的婚姻登记制度和计划生育组织的存在仍对早婚行为形成重要制约。

二、夫妻婚龄差

传统社会，夫妻婚龄差异同一个时代婚姻习尚和方式有很大关系，还与家庭经济状况有直接关联。男女初婚年龄差距过大，多是父母高度包办婚姻的产物。它不仅对夫妻关系，而且对生育行为产生影响。现代社会中，婚姻自主成为男女结婚者的基本权利，政府通过婚姻登记工作直接介入民众的婚姻缔结活动，对未成年男女结婚形成有效的抑制，从而减少年龄差异过大的婚配（特别是一方尚未成人的婚姻被阻止）。我想通过对冀南农村男女婚姻年龄差距的具体考察，了解社会政治、经济状况变化对婚姻行为的影响程度。

（一）土改之前结婚夫妇年龄差异

民国期间不少地方文献对当时男女婚龄差异有概括性的表述，

比较普遍的是将女大男小作为一种婚姻范式加以渲染，给人留下传统时代夫小妻大是婚姻主流的印象。那么实际情形究竟如何呢？

在冀南农村所做问卷调查中，我们共获得 196 个土改前结婚且夫妻年龄信息齐全的样本，下面按夫大于妻、妻大于夫和夫妇同岁三种类型加以分析。（见表 2–3）

表 2–3　土改前初婚夫妇年龄差异

夫大于妻（岁）	样本量	%	妻大于夫（岁）	样本量	%	夫妻同岁	样本量	%
						0	21	100.0
1	17	17.5	1	16	20.5			
2	25	25.8	2	27	34.6			
3	13	13.4	3	8	10.3			
4	7	7.2	4	20	25.6			
5	7	7.2	5	6	7.7			
6—7	9	9.3	8	1	1.3			
8—9	5	5.2						
10—14	11	11.3						
15—19	2	2.1						
20 以上	1	1.0						
合计	97	100.0	合计	78	100.0	合计	21	100.0

资料来源：同表 2–1。

表 2–3 三种类型中，夫大于妻占 49.5%，妻大于夫占 39.8%，夫妻同岁占 10.7%。虽然夫大于妻比例最高，但妻大于夫比例也是比较高的。当然，在我看来，夫妻相差 2 岁以内都属正常状况。妻大于夫 3 岁以上才有意义。民间俗语云："女大三，抱金砖。"或许经济条件好的家庭才会追求妻"大三"的婚姻。从调查样本中可见，妻大于夫 2 岁以内在本类中占 55.1%，在样本总数中占 21.9%；大于夫 3 岁以上在本类中占 44.9%，在样本总数中占 17.9%，比例并不大。妻大于夫类中，妻子平均比丈夫大 2.72 岁。

夫大于妻类显得比较复杂。夫比妻最多大 23 岁，平均大 4.66 岁；夫大于妻 2 岁以下在本类中占 43.3%，在总样本中占 21.4%。可见大 3 岁以上者占多数，其中大于妻 5 岁以上者在本类中占 36.1%，在总样本中占 17.9%；大 8 岁以上在本类中占 19.6%，在总样本中占 9.7%。即总样本中约十分之一的丈夫比妻子大 8 岁以上。

另外，夫妻同岁占 10.7%。

全国生育节育调查对不同时期夫妻婚龄差异有所反映。依据该调查，20 世纪 20 年代夫大于妻占 49.9%，夫妻同岁 15.9%，夫小于妻 34.0%；30 年代夫大于妻占 58.7%，夫妻同岁 12.2%，夫小于妻 29.1%；40 年代夫大于妻占 64%，夫妻同岁 11.5%，夫小于妻 24.8%。[①]

若就 20 世纪 30 年代而论，冀南农村妻大于夫比例较高。但总体上看，无论全国还是冀南农村，夫大于妻和夫妻同岁之和仍是婚姻的主流。

当然也有夫妻婚龄差异较大，特别是妻大于夫比例高的调查。李景汉对河北省定县 515 家 766 对夫妇年龄差的调查结果是：夫大于妻 189 例，占 24.7%；妻大于夫 533 例，占 69.6%（其中大 1—3 岁 268 例，占 50.28%；4—5 岁 164 例，占 30.77%；6—11 岁 70 例，占 13.1%），夫妻同岁 44 例，占 5.7%。[②]这一调查很可能因选取的样本偏重于条件较好的家庭而出现差异。

那么，不同阶级成分的调查对象夫妻婚龄差距有哪些表现呢？

这里我以男性阶级成分为核心，分“贫下中农”和“中农以上”两类观察土改前结婚的夫妇婚龄差异。

土改前贫下中农样本为 117 个，其中夫大于妻 72 个，占 61.5%；夫小于妻 30 个，占 25.6%；同岁 15 个，占 12.8%。贫下中农中夫大于妻 2 岁以内 29 个，占 24.8%；3 岁以上 43 个，占 36.8%；8 岁以上 17 个，占 14.5%。最多相差 23 岁，显然是一种畸形婚姻。

---

① 梁济民、陈胜利主编：《全国生育节育抽样调查分析数据卷（二）婚姻》，第 58—103 页。

② 李景汉编：《定县社会概况调查》，中国人民大学出版社，1986 年，第 145—146 页。

中农以上家庭64个，其中夫大于妻19个，占29.7%；夫小于妻39个，占60.9%；同岁6个，占9.4%。本类中，夫大于妻2岁以内10个，占15.6%；3岁以上9个，占14.1%，最多相差7岁。而夫小于妻2岁以内24个，占37.5%；小于妻3岁以上15个，占23.4%。

可见，中农以上家庭和贫下中农家庭出身者的婚龄差异出现两种相反倾向：前者夫小于妻是主流，后者夫大于妻占多数。但在总样本中，夫大于妻类仍占多数。它表明只有面向各阶级的调查才能揭示婚龄差异的真实状况。

赛尔登对河北省饶阳县五公村1947年结婚的40个男性调查表明，13个中农和地主出身者中，11个在15—20岁结婚，其配偶比他们大2—5岁；相反，27个贫农中，20岁之前结婚者有4个，妻子中只有4个大于丈夫。[①]

文献资料也说明了这一问题。邯郸县：中上人家，只论门户，不论资财，多妻大于夫（三五岁不等）；贫户，男家得出相当金钱，多夫大于妻（10岁上下不等）。[②]

这些记载反映了家庭经济条件差异对婚姻模式的影响。可见，当时社会百姓中有为子弟娶长妻的心理倾向。民众甚至对此推崇和称羡，视其为及时或适时婚姻；只是经济条件限制，贫穷家庭难以实现这一愿望。中国传统社会中，在表达民众愿望方面富裕之家的行为趋向往往更具代表性。

值得注意的是，冀南农村远距离结姻中往往男女婚龄差距较大，主要是丈夫大于妻子。

根据问卷数据，冀南地区所调查村庄中，本地男性与外县、外省女性所结亲往往与男女较大的年龄差异相联系。贫穷男性因家境

---

① Mark Selden, "Family Strategies and Structures in Rural North China", *Chinese Families in the Post-Mao Era*, p. 163.

② 1933年（民国二十二年）《邯郸县志》卷六，风土。

差在本地找不到配偶，婚姻逾时，只好把目光投向远方，与遭受自然灾害和家境变故、离乡求生的低龄女子结姻。年龄不般配现象比较突出。

按照问卷调查数据，20个与外省结姻样本中，夫大于妻的有16个，占80.0%；而且年龄相差较大，大于妻5岁以上者有9个，占45.0%。进一步了解获悉，其中有的女性因年龄过小先被欲娶之家童养起来，待年龄稍长再行圆房之礼，因而表现出婚配的畸形。这表明，即使是贫穷之家，也把从本地女性中择偶作为首选。只有这一努力难以如愿，婚姻失时，他们才不得不娶远方女子为妻。

综上所述，土改以前男女婚龄差异表现出很强的阶级差异，实质是家庭经济水平差异所致。从男性角度看，贫下中农出身者的婚配以夫大于妻居多，中农以上则多为夫小于妻。由于当时农村贫下中农家庭数量和人口数量占多数，因而总体上，土改前夫大于妻仍是多数人的婚姻模式。在人们的观念中，早婚特别是夫小于妻婚姻受到推崇，因而它常常会被文献记载夸大，造成妻大于夫为普遍婚姻行为的印象。

（二）过渡时期结婚夫妇年龄差异

土地改革是一项综合性社会变革。特别是它推动了农村基层政权建设，社会公共管理领域范围明显扩大。婚姻登记制度使农民感受到外在力量对传统私人生活的影响。一当婚姻登记制度被实施，建立在家长包办基础上的婚姻尽管仍有存在空间，但子女的意愿在一定程度上能得到家长的考虑。这是因为，当事男女要到区或乡政府办理手续，年龄不般配，特别是一方年幼，也难掩人耳目，婚姻申请则会被婚姻登记部门阻止。这在一定程度上有助于消除男女年龄过分悬殊的婚姻组合。

当然，这只是一种假设。实际上，婚龄是否有差异，差异多大，还会受民俗的影响。婚姻登记中主要看双方是否达到法定年龄，而不是年龄差异。

根据问卷调查数据，与土改前相比，土改之后一段时期，夫妻婚龄差异改变很小，甚至妻子大于丈夫成为多数。

1947—1950 年总共 49 个调查样本中，妻大于夫的占 51.0%，夫大于妻的占 40.8%，夫妻同岁的占 8.2%。对此，我的解释是，一些分得土地的贫下中农家庭在经济条件改变之后，也遵从习俗选择年龄大于儿子的女子为媳。

依据问卷数据，夫大于妻类中，夫平均比妻大 4.5 岁，年龄差异仍是比较大的；大 8 岁以上者占 20%。与土改前不同之处在于，夫大于妻 10 岁以上这种比较极端的年龄差已较少见，前一期占 14.4%，本期降为 5%。妻平均大于夫 2.44 岁，前一期为 2.72 岁，稍有下降。另外，妻大于夫 2 岁以内者在本类中占 60.0%，比前一时期提高；大于夫 3 岁以上者占 40.0%，在总样本中占 20.4%，稍有上升。妻最多大于夫 4 岁，前一期为 8 岁。可见畸形的小丈夫、大妻子婚姻类型已不存在。夫妻同岁样本有 4 个，占 8.2%。

土改初期，新制度的作用主要表现为对未达到政策规定年龄婚姻的制约。但农民在具备经济能力后，仍以传统模式择偶，这不是短期内所能改变的。这一时期，政策的作用表现为它抑制了男女年龄过分悬殊的婚姻。

（三）1951—1956 年结婚夫妇年龄差异

1951—1956 年是《婚姻法》颁布实施初期，也是集体经济组织建立的前夜。婚姻行为的一些方面仍遗存着过去的做法。

我们得到这一时期夫妇初婚年龄信息齐全的样本 65 个。其中夫大于妻 25 个，占 38.5%；妻大于夫 21 个，占 32.3%；同岁 19 个，占 29.2%。这与以前明显不同。另外，妻大于夫 2 岁及以下者占 61.9%。

这期间结婚者中，夫大于妻类平均相差 3.44 岁，比前一时期下降 1 岁多；妻大于夫类平均相差 2.38 岁，与前一时期类似；夫妻同岁比例明显提高。

我们或许可以把1951—1955年视为由崇尚妻大于夫传统模式向夫大于妻或夫妻同岁转变的时期。

土改后“贫下中农”与“中农以上”出身者夫妇婚龄差异有何改变?

综合1947—1956年样本，从成分上看，贫下中农家庭共有样本94个，其中夫大于妻的39个，占41.5%；妻大于夫36个，占38.3%；同岁19个，占20.2%。妻大于夫类比例明显上升。中农以上家庭有样本21个，夫大于妻6个，占28.6%；妻大于夫11个，占52.4%；同岁为4个，占19.0%。妻大于夫类比例有所下降。

（四）1957—1970年结婚夫妇年龄差异

这是以人民公社制度为主的集体经济时期。根据问卷调查数据，本期夫大于妻类平均相差2.84岁；妻大于夫类平均相差2.06岁。在总共78个样本中，夫大于妻占64.1%，妻大于夫占21.8%，夫妻同岁占14.1%。可以说婚龄差距已有了根本变化。夫大于妻6岁以上者占14.0%，大8岁以上者占4.0%，最多相差9岁。妻大于夫3岁以内者占88.2%。

应该说，传统的夫妇婚龄模式这一时期有了质的变化，它不仅在于夫大于妻和夫妇同岁占大多数，而且夫妇之间10岁以上的悬殊年龄差异已经很少。

（五）1971—1980年结婚夫妇年龄差异

64个样本中，夫大于妻的占39.1%，妻大于夫占35.9%，夫妻同岁占25.0%。夫妻年龄相差2岁和同岁样本有51个，占79.7%；3岁以内则为59个，占92.2%。它表明绝大部分夫妻年龄差距已控制在较低的范围内，同龄人之间相婚配已成为主流。

夫大于妻类平均相差2.24岁，差异幅度进一步缩小，并且都在5岁以内；妻大于夫类平均相差1.78岁，本类样本中大于夫2岁以内者占78.3%。

（六）1981—1996年结婚夫妇年龄差异

夫大于妻类平均相差1.91岁；妻大于夫类平均相差1.23岁。77个样本中，夫大于妻的占28.6%，妻大于夫占33.8%，夫妻同岁占37.7%。虽然从表面上看，妻大于夫类比例有所上升，但与20世纪50年代以前的婚龄差距已有不同。本类26个样本中，大于夫3岁以上者只有1个，占3.8%。或者说它与传统意义上的婚龄差距已有实质区别。夫妻同岁样本升至第一位。所有样本中，夫妻同岁和年龄差距在2岁以内者共有70个样本，占90.9%。这表明80年代以来，绝大多数男女是在同龄人中选择配偶的。

通过对男女婚龄差异的分析，可以这样认为，从土改前到20世纪90年代，男女婚龄差异，特别是妻子大于丈夫，均在一定程度上存在着。但土改前的特殊表现是，夫小于妻比重相对较高；夫大于妻，特别是年龄相差较多的畸形婚姻在一定范围内有所表现。在当时社会，无论夫大于妻，还是夫小于妻，婚龄相差过大与家庭经济水平或阶级地位有密切关系。其表现方式是，富裕家庭倾向让子弟早婚，娶年龄稍长女子为媳，形成过于急迫的“及时”婚姻；贫穷家庭子弟往往婚配失时，不仅不能娶到长妻，而且难以在同龄女性中找到配偶，不得不以非常方式，如童养等，解决婚姻问题。土改以后随着婚姻登记制度的建立，畸形的男女婚龄差异被逐渐消除，夫妇年龄差总体减小，多处在相对正常范围之内。这种变化是家庭财富水平差异缩小、婚姻登记制度建立和父母对子女婚姻的包办程度降低等因素作用的结果，实际是制度变化的产物。

三、初婚与初育间隔

（一）土改前结婚者婚育间隔

由前面的分析已经看到，问卷受访者土改前的平均婚龄是比较低的。那么，较低的婚龄同生育的关系是什么样的呢？是否早婚必然伴随着早育？至少在人们的印象中，早婚应该取得早育的结果。由于以往对此研究比较少，这种印象对人们的认识影响很大。笔者在对中国第一历史档案馆刑科题本婚姻家庭类档案资料的开发中，对此做了探讨，取得了一些与观念和印象认识不一样的数据结果，即早婚往往难以实现早育，相反，从早婚到生育常有一个比较长的间隔。那么在20世纪前半叶，更具体地说，三四十年代这一传统时期，早婚和生育的关系究竟怎样？我们将进一步对此加以研究。

从冀南农村问卷调查汇总资料中，获得了以下数据。（见表2–4）

表2–4 土改前结婚妇女初婚与初育间隔构成

间隔年限	样本量	%
1年	5	3.1
2年	29	18.2
3年	17	10.7
4年	24	15.1
5年	18	11.3
6—7年	27	17.0
8—9年	21	13.2
10年以上	18	11.3
总样本量	159	100.0
平均间隔	5.5年	

资料来源：同表2–1。

说明：由于一部分妇女婚后没有生育，或者生育数据缺失，故此初婚和初育妇女样本并不一样。本表的平均婚育间隔是根据有生育行为样本汇总得到。

表2–4间隔年限的“1年”可理解为结婚当年或1年以内生育。159个调查对象中，结婚3年以内生育比例并不高，为32.1%。在早婚背景下，婚后1年以上、3年以内生育应该说比较正常。而这一间隔内生育比例未到总数的三分之一，或者说勉强达到三分之一。这表明大多数土改前结婚女性的生育并不是急速到来的。但也要看到，单项生育类型中，结婚2年生育比例最大，占18.2%；若和1年以内生育者合在一起，则占21.4%，其中一部分人的早育愿

望得到了满足。

结婚 4 年以上生育者约占 67.9%。对绝大多数夫妇来说，婚姻与生育之间有一个间歇过程。

结婚 6 年以上生育者占较高比例，为 41.5%。这显然不是个别现象。6 年以上生育已经不是及时生育，而是一种迟育。

根据问卷调查数据，土改前结婚者平均婚育间隔为 5.49 年。

妇女早婚没有带来早育与男女发育问题有关。根据恩格尔曼研究，女性月经初潮的平均年龄受自然环境的影响：热带地区为 12.9 岁，温带地区为 15.5 岁，寒带地区为 16.5 岁。[①]冀南地区属温带，女性月经初潮年龄应该为 15.5 岁。实际上，不仅女性有初潮时间的限制，男性也有发育的问题。另外，即使从生理上看具有生育的能力，男女十六七岁时，也并非完全发育成熟的年龄。加上男女婚龄存在一定差异，一方发育成熟时另一方尚未发育，早婚并不能带来早育就在情理之中。同时也要看到，包办婚姻制度下，夫妻的情感要求也不是可有可无的，但培育过程相对较长，对年幼夫妻尤其如此。因而结婚初期夫妇之间不和谐因素可能较多，对生育会产生不利影响。

一些国外学者也注意到中国传统时代初婚与初育间隔较长的现象。米歇尔·卡尔蒂埃指出：自相矛盾的是，过早的同房似乎并未对生育产生影响。从举行婚礼到第一个孩子降生往往经过数年。这段不育的空白时间，大概是年轻夫妇同父母住在一起，缺乏亲密夫妻生活所致。[②]其对传统时代婚育间隔较长的原因分析并不符合中国大多数地区的实际状况。按照汉族习惯（南方个别地区除外），男女无论结婚时年龄大小，婚后都要离开父母，保持夫妻同居的形式。

我们再看妇女初育年龄构成。根据问卷汇总资料，15 岁以下

① 亚·莫·卡尔－桑德斯：《人口问题——人类进化研究》，宁嘉风译，商务印书馆，1983 年，第 78 页。

② 安德烈·比尔基埃等主编：《家庭史》，袁树仁等译，生活·读书·新知三联书店，1998 年，第 315 页。

结婚女性占 18.8%，而该年龄段生育者没有 1 例；16—18 岁结婚者占 56.4%，生育者为 8.8%。如果把女性 19 岁以下生育视为早育的话，这一部分人在样本中所占比例并不高，为 16.4%。土改前结婚妇女生育的高峰年龄在 21—23 岁，最大初育年龄为 34 岁。因而可以说，尽管调查妇女中早婚行为较多，但早育现象并不普遍。

要了解土改前妇女初婚与初育关系，更多的是看她们初育活产子女的时间。我相信，被调查者中可能有一部分未将所生育子女全数说明，因而，这个结果同真实的初婚与初育间隔有一定距离。不过，从人口代际关系上看，考察初婚与活产子女间隔较之对一般婚育间隔的分析更有意义。特别是在传统社会，较高的死亡率伴随着较高频度的怀孕和生产行为，在回溯性调查中，这是不容易弄清楚的。

值得注意的是，本项研究结果与河北省人口学会在 1980 年对当年全省 4002 名 90—94 岁妇女（实际出生在 1892—1896 年，清代光绪十八年至光绪二十二年）婚育调查的妇女平均初育活胎年龄 22.5 岁非常接近。[①]这至少可以说明，中国传统社会晚期（下限可延至土改前）华北农村妇女的婚育间隔有相同之处。

（二）1947—1956 年结婚妇女婚育间隔

这一时期处于一种过渡状态。初婚与初育是否也发生了相应的变动?

同初婚年龄的过渡性一样，初婚与初育间隔也有这种特征。本期妇女初婚与初育模式同土改前有很大区别。91 个样本中，结婚当年生育比例无大变化，重要的是第 2 年或 2 年左右生育的比例明显上升，由土改前的 18.2% 升至 56.0%；婚后 3 年以内生育的占 75.8%。相应的 6 年以上生育的由 41.5% 降为 14.3%，有生育行为的妇女婚后 10 年以上生育已不存在。平均婚育间隔由 5.49 年

① 张瑞、任立忠、赵晓茂:《清光绪年间出生的妇女婚育状况——河北省 90—94 岁妇女婚育状况的回顾性调查》,《中国人口科学》，1990 年第 3 期。

降为 3.08 年，下降 2.41 年。我认为，新的生育模式同婚龄的提高有直接关系，特别是作为生育承担者的女性初婚年龄提高到 19.30 岁，上升近 2 岁。还有一点是，婚姻登记制度的实行大大抑制了极端早婚行为的发生，男性 15 岁以下结婚比例降至 2.6%，女性降为 3.5%。这就是说，男女发育成熟之后结婚的比例提高，由此带来生育的及时实现。

女性初育年龄更能说明问题。根据问卷调查，妇女平均初育年龄不仅没有提高，反而下降了，即土改后的 22.04 岁较土改前的 22.42 岁减少 0.38 岁。初育年龄分布与土改前相比差异并不大。19 岁以下生育者由 16.4% 上升至 18.7%。最大初育年龄为 31 岁，只有 1 例。

可见，土改后出现这样一种情形：妇女初婚年龄上升，初育年龄下降，从而形成初婚与初育间隔缩短的局面，平均生育间隔缩短 2.41 年。这说明，较之早婚，适时婚姻更能促使生育行为尽快实现。

（三）1957—1970 年结婚妇女婚育间隔

同前一时期相比，本期 76 个样本的变化表现在：妇女婚后两年内初育比例进一步上升，达到 68.4%；婚后 4 年以上生育者只占一个小的比例，为 13.2%。并且婚后多年未育现象大大减少，初婚与初育最长间隔样本是 7 年，只有 1 个。平均婚育间隔降至 2.48 年。

随着 20 岁以下初婚妇女数量的减少，20 岁以下低龄生育比例也由 28.6% 降为 13.2%。最集中的生育年龄段由前一时期的 21—23 岁一个年龄组，增加为 21—23 岁和 24—25 岁两个年龄组，由此直接提升了育龄妇女的初育年龄。

我们从以上三个时期妇女初婚与初育间隔和妇女初育年龄分布中发现这样一种现象：土改前妇女的婚育行为属典型的传统婚育类型，初婚与初育有较长的间隔期。土改后至 1956 年可视为过渡时期，1957 年后初婚与初育间隔则具有现代特征。值得注意的是，尽管这三个时期女性平均初婚年龄有很大不同，但平均初育年龄却基本一致。这说明，在传统时代，当事男女初婚年龄的确立实际是外在因素作用下的结果，表现出家庭和社会力量的影响；生育行为能否发生则受男女自身生理条件的制约，显示出自然之欲的力量。相对来说，传统中国婚姻的社会性更为突出，它并非完全建立在满足男女自然之欲基础之上（中国传统儒家思想甚至视男女自然之欲为禽兽之欲），而将其提高到“上以祀宗庙，下以继来世”的层次。婚姻男女承载着被家庭或家族赋予的这种使命。在这一社会中，婚配对象的选择不是男女自己对特定异性产生好感的结果，而是在“父母之命、媒妁之言”安排下，与从未谋面之人的结合。

即使一些父母希望通过儿子早婚以求早得孙子，而人体自然发育是否成熟决定着能否实现早育，当然还有其他情感方面的限制因素。根据英国人口学家马尔萨斯的观察，在工业革命已经开始且生活环境相对较好的英国农村，农家子弟的发育往往受到营养的阻碍，成熟得晚，看起来十四五岁的孩子，一问往往已十八九岁了[①]。因营养不良发育受阻的情形中国同样存在。近代之前的中国社会中，人体尚未发育下的早婚与父母希图子女早育的愿望之间发生了矛盾。我在对 18 世纪清王朝所留下的刑科题本档案考察中就见到不少这类悲剧性案件：男性未发育成熟而早婚，婚后丈夫不能满足妻子的性要求而产生矛盾和冲突；有的妻子则寻求婚外情等，引发命案。可见，尽管婚姻为满足男女生理欲望创造了条件，但过度早婚也是对自然之欲的违拗，并不一定能带来早育。

从笔者调查中所得到的个案看，那些极端早婚行为中的家长也并不完全以早婚来达到促进子女尽早生育这一单纯目的。在冀南农村，早婚者告诉我这样的理由：一是父母希望以早婚约束未成年儿子的性情。如为其找一个年龄大三四岁的媳妇，希望她代替自己（家长）管束儿子并照顾儿子的生活起居。二是通过娶长媳让其协助料理烦琐的家务，这是更为务实的目的。

① 马尔萨斯:《人口原理》，朱泱等译，商务印书馆，1992 年，第 30 页。

根据生理学家研究，妇女的生育能力从13或14岁时开始逐渐上升，到21岁左右达到生育能力的最高峰；以后逐渐下降，到49岁左右降到几乎为零。这意味着21岁之前结婚妇女中有相当部分尚未达到生育高峰。当然，这是从理论上所做的阶段划分，实际生活中随着环境条件和物质条件的改善，生育能力的高峰也会发生变化。就传统社会而言，上述划分是符合实际的。

（四）1971—1980年结婚妇女婚育间隔

这一时期初婚年龄明显提高。当然这并非父母的意愿，而主要是政府婚姻管理政策限制所致。相对成熟年龄的婚姻会对生育行为产生影响。

根据问卷数据，本期64个样本妇女的初婚与初育间隔，最长6年，平均为2.17年，较前一时期又有缩短。结婚两年以内生育者比例进一步上升，达到81.3%；3年内生育者更提高到92.2%。可以说，本期结婚妇女绝大多数是适时生育的。婚姻与生育时间存在着紧密的联系。虽然这一时期政府提倡控制人口，但它对妇女的初育并没有产生影响。换句话说，初育之前妇女并未有意采取节育措施。依据本调查，妇女最高初育年龄为32岁，平均初育年龄为24.86岁。这也是冀南地区平均初育年龄最高的历史时期。

1971—1980年是提倡晚婚和计划生育时期。从妇女婚育间隔中可以看出，在冀南农村，对同一对男女来讲，晚婚与晚育是对立的，即晚婚与婚后尽快生育是联系在一起的。婚后两年内生育者占81.25%，说明绝大多数已婚妇女并未进一步采取避孕措施，而是希望生育尽快实现。这又印证了我们前面的认识，初婚年龄安排在很大程度上是由社会愿望决定的，而生育的发生则和人的自然发育联系在一起。土改前婚姻时间的安排由家长决定；土改后实际变为由家长和政府共同安排。进入20世纪70年代，提倡晚婚，实行计划生育。政府的干预只体现在对初婚时间的确定和已婚妇女多育的控制上，对初育的影响是很小的。

（五）1981—1996 年结婚妇女婚育间隔

本时期 74 个样本妇女初婚与初育间隔降到历史最低水平，平均为 2.12 年。2 年以内生育者的比例也达到最高水平，为 85.1%。妇女平均初育年龄为 23.62 岁，最低 19 岁，最高为 32 岁。

1980 年以后新《婚姻法》开始落实。在农村，它意味着晚婚政策将难以推行下去。与新《婚姻法》相伴随的另一个重要事件是家庭联产承包责任制在全国农村的实施。我们说，集体经济时代政府对民众初婚年龄、晚婚年龄规定的实行建立在乡村一体化管理网络存在的基础上。特别是生产队组织对民众行为的约束是一切管理的基础。土地承包时期，一体化管理网络由于集体经济组织的解体而被拆散。这意味着乡级婚姻管理失去了基础，农民所受外在束缚减少。他们不仅在生产活动中有了更多的自主权利，而且日常行为的自由空间增大。家庭为单位进行生产使农民的传统婚育观念和意识在一定程度上被重新激起。就意愿而言，农村家长基本上都希望子女在达到甚至早于法定婚龄结婚。客观上讲，新《婚姻法》所定婚龄较民国年间法定婚龄提高 4 岁，较 1950 年第一部《婚姻法》提高 2 岁，绝大多数男女已经发育成熟。加之，传统意义上的父母包办婚姻已经很少（即使农村婚姻中还有包办的表现，但多数要征求子女的意见），情感培养的过程缩短了。因而一旦结婚，生育便会随之发生。根据问卷调查数据，这一时期妇女婚后当年（或婚后一年之内）生育者占 16.2%，2 年内生育者占 85.1%。这是各个历史时期中最高的。

纵观以上不同历史时期初婚与生育关系，可以得出这样的认识，传统时期早婚往往不能带来早育，相反会延长婚姻与生育之间的间隔。适时结婚，或者说人体发育成熟后的婚姻将缩短婚姻与生育间隔。虽然各个不同历史时期初婚年龄相差较大，特别是土改前和土改后过渡时期同 20 世纪 50 年代以后的时期相比是如此，但各个时期初育年龄往往比较集中，即 22—23 岁是冀南地区妇女初育的集中年龄。从这一点看，冀南农村土改后的婚姻登记制度尽管抑制了早婚行为，但婚育间隔的缩短意味着这一制度对已婚妇女的生育数量将不会产生实质性限制。只有将婚龄控制与生育控制结合起来才会收到人口控制之效。不过，解放初期婚姻登记的重点在于控制早婚，目的是使男女在成熟的状态下生养子女。控制人口还没有被列入决策者的议程。

四、结　语

以上主要对冀南农村婚姻行为中的初婚年龄、夫妇婚龄差异和妇女婚育间隔等问题做了考察。这些信息在已婚并有生育行为夫妇中都能表现出来，因而可以从中看到一些具有普遍意义的特征。

土改前，冀南地区农民的初婚年龄普遍较低，早婚现象比较突出。但男性因家庭贫富差异，出现早婚与晚婚并存的局面。男性早婚受到民俗推崇，但它多被富裕家庭所实践。这一现象在华北，甚至全国农村有基本相同的表现。土改后政府通过建立婚姻登记制度，直接参与对民众婚姻缔结的管理，有效地抑制了早婚行为。新的婚姻制度及其有效实施是对中国社会长期流行的父母主婚、婚龄以民间习惯确定方式的根本变革。政府对婚姻行为的干预和调整作用显示出来。并且，在以后的社会变动中，政府依据人口形势的要求调整初婚年龄，甚至以晚婚年龄代替法定婚龄。在政策引导甚至制约下，初婚年龄变动的总趋势呈提高状态。在冀南农村，无论男女，22 岁是土改之后各个时期比较集中的婚姻年龄。

土改前，男女婚龄的差异受到两个因素的制约，一是财产，一是习俗。富裕家庭倾向并有能力尽早为子弟完婚，他们却不愿迎娶缺少生活能力的年幼女性，以免增加养育成本和生活负担，所以把年长于儿子的女性作为婚娶目标。这样，既解决了婚姻问题，又为家庭增添了劳动人手。由此形成一定比例的长妻幼夫婚姻模式。贫困之家尽管也有早婚愿望，但由于经济条件制约，很难实现早婚目标。习俗的影响表现为，人们往往将妻大于夫视为理想模式，因而土改后农民家庭财富之间差异缩小或消除之后，妻大于夫的婚姻类型仍占有比较高的比例。不过与以往不同的是，土改后由于婚姻登记制度的约束，绝大多数婚姻建立在双方都已成人的基础之上，并且婚龄差异较小。整体上同龄男女间的婚姻成为主流。

土改前后初婚与初育的间隔有很大差异。土改前，女性比较普遍的早婚往往不能带来早育，相反会延长婚育间隔。其主要原因一是有一定比例的早婚男女身体尚未发育成熟，二是早婚夫妻感情质量不高，影响夫妻关系。土改后，适时婚姻，或者说建立在人体发育相对成熟基础上的婚姻缩短了婚育间隔。虽然各个不同时期，初婚年龄相差较大，但土改前和土改初期同 20 世纪 50 年代以后的时期相比，初育年龄往往是比较集中的，即 22—23 岁是冀南农村妇女初育的集中年龄。

第三章

婚姻范围

本章所论述的婚姻范围体包含两方面的内容：一是婚配男女双方家庭（实际是其父母家庭）的距离，一是双方家庭的“门户”状况。前者重在表现婚姻的空间关系，这是人们常说的通婚圈；后者体现为结姻家庭的经济条件和社会地位。那么，在 20 世纪 30—90 年代这一社会变动剧烈的时期，婚姻范围有何表现？特征是什么？我以冀南农村为对象，依据所获多项调查资料，对此进行分析。

一、土改前通婚圈

一般而言，以耕作为主、交通落后、缺少迁移流动的农业社会，婚姻圈比较狭小。这种状态受制于以下几种因素，一是婚姻方式和信息渠道限制了婚姻圈的扩展。传统时代，农村民众世代居住一地，职业流动较少。而依照习俗要求和法律规定，婚姻缔结又需要媒介从中沟通和做出保证（即所谓父母之命、媒妁之言）。在正常情况下，能够充当媒介者多为亲戚、朋友和熟人，这是本代或上代所积累的社会关系，他们多居于三乡五里之内。这决定了婚姻圈基本上在这样的空间范围内。二是在“从夫居”为主的婚姻习惯下，对女方来讲，无论家长，还是女性本人，都希望婚嫁行为发生后，相互间仍能经常来往。在交通工具落后的时代，要保持这种密切关系，只有嫁在近处，才能方便走动。杜赞奇认为，出嫁闺女的村庄坐落于婚娶媳妇村庄的“联姻范围”之内，这一范围可能独立于集市圈之外，[①]其辐射半径可能以一定时间内步行可到达的距离为准，亦可以原有联姻范围为准。[②]

土改以后，特别是随着1950年《婚姻法》的颁布，父母主婚权被从根本上取消，婚姻的包办程度降低了。20世纪60年代以来，农村的交通工具有了改善；80年代后更为突出。那么在社会变革和物质进步环境下，婚姻圈是扩大了，还是没有变化?

下面结合调查资料，对20世纪30—90年代冀南农村婚姻圈的总体变动做一探究。

（一）土改前通婚距离基本状况

本次问卷调查中，获得土改前结婚且有距离信息的样本200个。其中县内择偶168个，占84.0%；与外县结姻9个，占4.5%；与外省结姻23个，占11.5%。另外，县内婚中有村内结亲10个，占168个县内婚的6.0%。

本县范围内，除村内婚外，距离最近为0.5公里，最远25公里，平均3.34公里。依据问卷调查数据，1公里以内和5公里以上的样本所占比例都不高。比较集中的是1.5—2.5公里和3—5公里，分别占总数的36.3%和41.1%，两者合计为77.4%。1公里以下近距离的婚姻样本较少的原因是，冀南地区多数村庄间隔在1.5公里以上。以西大庄村为例，它与西、东和南面3个平原村庄相距都是1.5公里，与北面丘陵村庄的距离是2.5公里。

冀南农村省际婚姻表现出以下特征：本地女性基本上没有远嫁外省男性者，全部是外省女子（以来自生存条件较差的河南省中、北部县份为主）被娶进。这些省外女性因家乡遭遇洪涝灾害，逃亡至此，或被贫困父母卖至冀南农村。她们中有些人先被有钱人家收为婢

① 这是针对施坚雅的婚姻圈与集市圈相一致的观点而言。施坚雅认为：基层市场社区中有一种农民内部通婚的特别趋向。见施坚雅：《中国农村的市场和社会结构》，史建云、徐秀丽译，中国社会科学出版社，1998年，第45—46页。

② 杜赞奇：《文化、权利与国家——1900—1942年的华北农村》，第18页。

女，长大后再由主人主婚嫁人；有的则被父母直接卖为童养媳。可以说，远距离通婚多属非正常婚姻。作为来自外省的妇女，她们基本上失去了娘家的保护。当夫妻和婆媳关系不睦时将陷入无助的境地。更重要的是，这种近乎老死不相往来的婚姻难以达到“结两姓之好”的目的。因此，经济条件中等以上的家庭不会把女儿远嫁他乡。

在通婚圈分类中，如果把“县外距离”确定为20—50公里，“省外距离”（主要是与河北南部相邻的河南省）定为50—100公里，那么调查样本的平均通婚距离会大大扩展。然而，这样将难以认识多数通婚样本的真实状态。所以，我觉得，将婚姻圈分成县内、外县和外省分别认识更为合理。

为更清楚地了解土改前冀南农村的婚姻圈的特征，我利用调查村庄的阶级成分登记档案信息对同一时代整村人的通婚距离加以观察。

我将通婚类型分为本县、邻县、远县和邻省。其中本县细分为同村、本乡、邻乡和隔乡。

根据表3–1，调查村庄县内婚占主导地位，绝对比例都超过了80%。其中村内婚在11%以下。相比来看，西大庄村村内婚和与外县、外省人结婚比例明显低于其他村庄，其同村婚只有1.8%，外县、外省婚不足7%。这与该村的经济条件较其他村庄更好有很大关系。就传统时代而论，村内婚或与距离过远的外县、外省结婚，都是不太正常的。

择偶距离体现为适中原则。根据村庄“阶级成分登记表”资料，距离近的本乡、邻乡村庄为首选。行政区划上的本乡村庄并不为人们所看重。整体上，与邻乡村庄结姻占一定优势。这是因为，邻乡范围所涉及的村庄数量较多，即邻乡村庄实际包含着几个乡的村庄，而不是本乡仅指一个乡所辖村庄。另外，土改后的行政区划中，由于乡级单位变小（十个左右村庄组成一乡，后来为一个公社），不少相邻村庄分属不同的乡或公社。但这并未改变人们对邻村、近村婚姻圈的偏好。

调查村庄民众与邻村和近村人结亲最为普遍。但若相邻村庄的

表 3–1　冀南四个村庄通婚距离构成

村名	通婚距离类型																合计
	本县										邻县		远县		邻省		
	本县小计		同村		本乡		邻乡		隔乡								
	样本量	%	样本量	%	样本量	%	样本量	%	样本量	%	样本量	%	样本量	%	样本量	%	
西大庄村	152	93.3	3	2.0（1.8）	56	36.8（34.4）	65	42.8（39.9）	28	18.4（17.2）	4	2.5			7	4.3	163
双寺村	97	81.5	10	10.3（8.4）	36	37.1（30.3）	46	47.4（38.7）	5	5.2（4.2）	7	5.9	3	2.5	12	10.1	119
庆有庄村	111	86.7	13	11.7（10.2）	45	40.5（35.2）	48	43.2（37.5）	5	4.5（3.9）	4	3.1	4	3.1	9	7.0	128
上寨村	124	82.7	10	8.1（6.7）	72	58.1（48.0）	38	30.6（25.3）	4	3.2（2.7）	10	6.7	5	3.3	11	7.3	150

资料来源：根据调查村庄“阶级成分登记表”统计得到。

说明：括号中为该项样本在全村总数中所占百分比。

自然地理环境有差异，进而形成互有高低的谋生条件或穷村与富村之别，那么相邻村庄的通婚障碍将表现出来，从而使通婚优势丧失。以西大庄村为例，结姻村庄中共有同乡村庄 11 个、邻乡村庄 21 个、隔乡村庄 16 个，共 48 个，平均每个村庄有 3.17 个结姻家庭。西大庄村本身是以平原为主的村庄，背靠丘陵区（北面为丘陵），东、西和南面紧邻村庄基本为平原。其婚姻圈的地缘特征是：同平原村庄结亲为主，丘陵为辅，山区则比较少见。具体来看，与其接壤的平原村时庄村有 13 个，冠冕村 11 个，陈村 6 个，东大庄村 8 个，东营村 10 个，共 48 个。平均每个村庄有 9.6 个结姻家庭，高出县内平均水平（3.17 个）两倍以上。这 5 个村庄的结姻数在县内婚中占 31.6%（如果再加上丘陵村庄的 2 个，共 50 个，占比 32.9%）。这说明该村约三分之一的婚姻是与接壤村庄缔结的。接壤村庄地理条件差异对通婚的限制表现在：西大庄村与北部毗邻的丘陵村庄牛角岗和前岸两村各有 1 例结姻。在冀南农村，自然条件好的村庄民众对条件差的村庄存有歧视，从而形成两地民众通婚的藩篱。总起来看，西大庄村与所有丘陵和山区村结亲 13 例，在县内婚中占 8.6%，其余均为与平原村庄结亲。

处于丘陵地带的村庄通婚距离有什么特征呢？丘陵区庆有庄村自然条件虽不及平原村，但却是丘陵村庄中相对较好的。其县内婚中所涉及的村庄有同乡村 14 个、邻乡村 27 个和隔乡村 5 个，共 46 个，平均每个村庄有结姻家庭 2.4 个。其中与接壤的 5 个村庄联姻 36 个，占 32.4%。邻村结姻数量也接近总数的三分之一。从结亲村庄分布范围上看，该村注意发展全方位的婚姻关系。虽然处于丘陵，其与平原村庄结亲占一定比例，有 42 个，为 37.8%。

山区的上寨村结亲村庄共 36 个，其中同乡村 10 个、邻乡村 18 个、隔乡村 8 个。其特征是，结亲村庄更为集中。其四邻有接壤村庄 7 个，结姻家庭 60 个，占 48.4%。与一路之隔的新华村结姻 17 个，邻村北玉村 20 个，西庄村 11 个。这表明其婚姻圈相对更为狭小。

就冀南农村而言，土改前的通婚圈整体上以近村为主，但又避免村内结姻。我们知道，华北地区多数村庄以多姓为主，低比例的村内婚很可能与氏族外婚的传统有关。在早期社会中，氏族聚族而居，内婚是被禁止的。费孝通认为：社会并不是个人的集合体，而是身份的结构。[①]我理解这个身份结构包括多种内容，诸如辈分、长幼、亲疏、贵贱等等。按照费孝通的解释，外婚的意思，并不是生物上的无关，而是向原来没有社会关系，或是本来不属于密切合作的生活团体的人中去建立两性和夫妇关系。这样新的需要就可以不必破坏已有结构而得到满足了。[②]这里的外婚更多地是从族外婚角度去认识。对有浓厚家族意识者来说，村内婚虽与族内婚不同，但它同样会对原有身份结构和家族关系产生影响。

华北其他地区也显示出这种以邻村、近村通婚为主但又避免同村结婚的特征。20 世纪 30 年代对河北省盐山县的 120 个农户的调查显示，村内结婚者只有 8 例，占 6.7%；112 例为与邻近村庄结姻者，占 93.3%。[③]根据杨懋春 20 世纪 40 年代对山东半岛台头村的调查，该村有 4 个不同的家族，却没有村内结婚的先例。[④]这表明村内婚在土改前的华北地区是不受鼓励的。

冀南农村民众与外县、外省人结婚占一定比例。远距离婚姻不仅造成结亲家庭来往不便，而且难以达到通过婚姻建立亲缘关系并利用这种关系资源的目的。虽然此类婚姻并非当事人所愿，却在客观上起到扩大婚姻圈的作用。由于它是建立在非常规基础上，具有偶然性，因而很难使亲缘关系延续下去，更难形成相互吸引、具有反馈性质的婚姻网络。

（二）阶级成分与通婚距离关系

以往对传统通婚圈的认识主要限于纯粹的距离考虑，对不同财

---

① 费孝通：《生育制度》，北京大学出版社，1998 年，第 143 页。

② 同上注书，第 144 页。

③ 冯和法编：《中国农村经济资料》（下），第 638 页。

④ 杨懋春：《一个中国村庄：山东台头》，张雄等译，江苏人民出版社，2001 年，第 116 页。

富水平家庭或不同阶级成分家庭之间通婚圈差异缺少分析。土改前通婚圈与家庭经济水平有无关系？不同成分者的结姻对象或许对此能有所揭示。

根据问卷调查数据，县内婚中，村内结亲7个，其中贫农5个，下中农和中农各1个。而富裕中农、富农和地主中没有村内婚。由此证实了我的推断：村内婚主要限于贫穷的小户之间，富裕户中村内婚比例不高。同样，地主和富农家庭子女中，超过10公里的远距离婚姻也不存在。

县外和省外婚这类非正常婚姻同样集中在贫农身上，9个县外通婚样本全部是贫农。省外通婚有23个样本，其中贫农有18个，占78.3%；下中农1个，占4.3%；中农3个，占13.0%；富裕中农1个，占4.3%。

阶级成分登记档案也显示了这种特征（见表3–2）。

贫农出身男性在本地婚姻市场所受限制因素较多，或者说婚姻机会相对较少，不得不扩大通婚的空间范围，以此突破本地女性资源不足对自身婚姻的限制。家境差男性深知其所处不利处境，所以只要有与外乡女子结姻的可能，他们，当然主要是其父母，都会努力去争取。传统农业社会中，生存条件的欠缺加速了贫穷家庭人口的流动，从而使封闭的乡土村落增加了与外来人口交往的机会。当然这种交往常常是无序的、非正常的。我所调查的平原村庄生存环境相对较好，因而才会有外乡未婚妇女流入，为本地贫家男性提供了婚姻机会。

关于土改前传统时代的婚姻圈，施坚雅在分析四川农民与市场区域的相对固定关系时指出：农民常常在市场社区内娶媳妇；媒人们（在四川，他们常在集镇的某些茶馆中活动）和适龄小伙子的母亲们有相当大的保证，可以在整个基层市场社区中寻找未来的儿媳，但他们对体系之外的家庭缺乏了解，无法从那里寻找候选人。[①]珀金斯也持这种观点：市场是地方贸易的中心，它可能是最大庙宇的

---

① 施坚雅：《中国农村的市场和社会结构》，第45页。

表 3-2　土改前不同阶级成分中村内婚、外县外省婚构成

类型	双寺村						上寨村				西大庄村				
	贫农	下中农	中农	上中农	富农	合计	贫农	下中农	中农	合计	贫农	下中农	中农	上中农	合计
同村	9	3	1		1	14	3	1	1	5	11	1	1		13
%	64.3	21.4	7.1		7.1	100.0	60.0	20.0	20.0	100.0	84.6	7.7	7.7		100.0
外县外省	19	4	4	1		28	18	2		20	9		1	1	11
%	67.9	14.3	14.3	3.6		100.0	90.0	10.0		100.0	81.8		9.1	9.1	100.0
合计	28	7	5	1	1	42	21	3	1	25	20	1	2	1	24

资料来源：同表 3-1。

所在地，同时它也是支撑积极的婚姻的谈判场所。[①]施坚雅的论述是否符合四川的实际还很难说。但可以肯定，他所描述的婚姻圈与华北农村民众缔结婚姻的方式和范围不相符合。杜赞奇通过对“满铁”资料中村际婚姻关系的研究后认为，市场体系理论只能部分地解释联姻现象，集市辐射半径在限定联姻圈和其他社会圈方面有着重要作用，但联姻圈等有着自己独立的中心，并不一定与集市中心重合。[②]我认为，如果用市场体系理论来解释传统社会的婚姻圈的话，这个市场应不完全是地域经济市场，而是一个区域内诸多经济发展水平相当的村落群。距离近而经济水平相当的村庄容易建立姻亲关系。另外，在华北地区，职业媒人的角色不如南方的作用大。尤其是比较富裕的中农以上之家，并不借助职业媒人，而是请亲戚、朋友从中撮合。因而，如果照搬施坚雅的市场体系理论，将难以解释华北地区的通婚方式。

可以说，经济社会条件和地理背景接近的相邻村庄之间结姻，是人们的首要考虑。传统通婚圈并不是在时间横断面上形成的，而是与纵向历史过程所积淀的社会关系紧密相连。前一代所缔结的婚姻就是下一代重要的社会关系资源。这种关系并非简单与两个家庭相对应，更重要的是与两个家族相对应，由此为下一代婚姻的成立奠定了关系基础，从而更加强了这种关系。[③]若两个村庄之间没有这种历史积淀所形成的社会关系，婚姻的缔结是很困难的。即使有，也往往是不正常的、带有一定冒险色彩的婚姻。远距离的婚姻，在很大程度上是由带有牟利色彩的职业媒人撮合成的，婚姻的买卖性质比较突出。

---

① Dwight Perkins and Sbahid Yusuf, *Rural Development in China*, Johns Hopkins University Press, 1984, p. 89.

② 杜赞奇：《文化、权利与国家——1900—1942年的华北农村》，第19页。

③ 杨懋春指出：（在山东半岛地区）媳妇介绍堂妹或她父母街坊的女孩做小叔子的妻子，这种情况很普遍，已婚女儿喜欢给她兄弟介绍她丈夫街坊的女孩。见杨懋春：《一个中国村庄：山东台头》，第116页。

所以，我们总的认为，冀南农村婚姻圈的主流形式是在亲缘圈基础上形成的。市场圈对婚姻的促进作用只有当它与亲缘圈相一致时才能显示出来，从纵向的历史过程去考察更是如此。另外，主流的婚姻要求遵守适中原则，“适中”必然与某种规则和秩序相连接，这就是近距离的门当户对。这种外婚网络（affinal network）的维持不仅考虑当事男女的未来，而且符合家庭的利益。选择一个本村外的配偶对现存外婚网络的保持是有关系的。[①]

二、土改后不同时期通婚圈

（一）土改后至集体化前的通婚距离

在冀南农村，这一时期为1947—1956年。

婚姻圈的形成和家庭之间、村际之间经济状况有很大关系。同样距离下，无差异的家庭和村庄，或者说地理和经济条件一致或相近的村庄之间，最容易建立婚姻联系。土地改革实际是对家庭之间经济差异状况的削弱。虽然形式上它表现为村庄内部家庭之间财产数量的平均，与村际之间关系不大，但在同一地区，村庄内部家庭差异减小，会使村际之间家庭差异相对缩小。从这一角度看，以往因经济条件限制所形成的婚姻障碍将有可能减少，进而对通婚圈产生影响。

根据问卷汇总数据，这一时期县内婚样本有97个，平均通婚距离3.05公里，最远为25公里（只有1例）。与前一时期相比，本期婚姻圈缩小；村内婚比例增加，由6.0%上升至9.3%。

与外县通婚1个，外省通婚6个，多发生在土改初期（其中1947年结婚3个，1948年1个，1952年2个）。

这期间通婚圈所有样本总数为104个，其中本县占93.3%，县外1.0%，省外5.8%。可见，本县近距离的婚姻比前一时期增加近

① G. Robina Quale, *A History of the Marriage Systems*, pp. 166–167.

10个百分点。与县外、省外相对远距离结亲较少，与县外、省外的通婚行为基本上延续了土改前的模式。

下面再依据“阶级成分登记表”对本时期村庄整体通婚状况做一观察。

表3-3中，县内婚比例除双寺村外，均在93%—96%的水平上。这一点与问卷调查结果是一致的。其中，西大庄村和上寨村县内结婚比例明显上升。处于丘陵地带的庆有庄村村内结婚比例大大增加。总体上四个村庄远距离结婚比例降低，只有双寺村稍高一些。

这一时期，问卷调查数据和“阶级成分登记表”数据中的县内结婚比例都在93%以上。这表明，土地改革所引起的家庭财产变化，特别是贫穷家庭减少，促使近距离这种比较正常的婚姻增加，婚姻圈因此而缩小。

那么，同样的人口环境下（如婚龄男女的性别比相对接近等），为什么家庭经济条件的调整会使本地婚姻市场相对平衡——短距离婚配比例增加，从而使婚姻圈缩小？在我看来，这是因为传统时代婚姻机会与家庭财富水平有直接关系。我们知道，土改前的中国社会中，纳妾行为虽不像以前所认为的那样普遍，但富裕家庭出身的男性纳妾占有一定比例。妾既有外地贫穷女性，也有来自本地贫寒家庭者。在性别比相对稳定的环境下，女子为人之妾将直接减少本地其他男性的婚姻机会。此外，土改之前，已婚妇女生育期间的死亡率是比较高的。经济条件好的男性一旦丧偶，会在短期内续娶。出于对生育能力的考虑，续娶对象多是初婚女子。这又成为本地贫穷男性婚姻机会降低的一个因素。还有，尽管一部分育龄丧偶女性会再婚，但富裕家庭妇女丧偶不婚比例是比较高的。这是对特定婚姻资源的一种禁锢，它直接减少了本地未婚男性的婚姻机会。土改以后，纳妾行为被禁止，丧偶妇女再婚增加；多数家庭的经济水平差异减少，以往相对富裕的丧偶男性家庭财力降低，对未婚女性吸引力减弱。另外，解放前一些贫困家庭父母试图通过将女儿远嫁以获得更多彩礼，造成本地婚姻资源的外流。解放后贫穷家庭维持生存的能力提高，买卖婚姻减少。这

表 3–3　土改后至集体化前通婚距离构成

村名	通婚距离类型																合计
	本县										邻县		远县		邻省		
	本县小计		同村		本乡		邻乡		隔乡								
	样本量	%	样本量	%	样本量	%	样本量	%	样本量	%	样本量	%	样本量	%	样本量	%	
西大庄村	55	93.2	2	3.6（3.4）	24	43.6（40.7）	27	49.1（45.8）	2	3.6（3.4）	1	1.7	2	3.4	1	1.7	59
双寺村	19	79.2	2	10.5（8.3）	12	63.2（50.0）	5	26.3（20.8）			1	4.2	1	4.2	3	12.5	24
庆有庄村	28	96.6	11	39.3（37.9）	10	35.7（34.5）	6	21.4（20.7）	1	3.6（3.5）					1	3.4	29
上寨村	30	93.8	1	3.3（3.1）	26	86.7（81.3）	2	6.7（6.3）	1	3.3（3.1）					2	6.3	32

资料来源：同表 3–1。

说明：括号中数据为与本村总样本量相比。

种形势将会使过去被排除在婚姻市场之外的男性婚配机会增加。可见，婚姻距离的缩短同制度变革有关。

（二）集体经济不同时期通婚距离

冀南农村集体经济维系时期为1956—1981年，下面我分两个阶段观察其间婚姻圈的变化。

1．1957—1970年

这一时期，在总共82个样本中，县内婚72个，占87.8%；县外婚8个，占9.8%；省外婚2个，占2.4%。县内婚比例稍有下降，县外婚比例有所上升。

县内婚类中，平均通婚距离为4.22公里，最远50公里，只有1个。本期通婚圈有所扩大，但村内结婚比例上升明显，达到16.7%。西大庄村土改后第一对村内结婚发生在1968年。

表3-4是依据阶级成分登记档案资料得到的通婚距离构成，它与问卷调查结果既有相似之处，也有相异之处。县内婚比重，西大庄村、双寺村上升，庆有庄村、上寨村则有下降。村内结婚比例西大庄村仍保持在低水平上，双寺村和上寨村均有提高。

1957—1970年实际可分为前后两个阶段，1962年前为农村集体经济初步建立时期，之后则为基本确立时期。就整体而言，与土改初期相比，农民生活水平并无明显提高。在生产队为基本核算单位环境下，村内家庭之间生活水平差异缩小，或没有明显差异，但村际之间经济水平的差异并没有消除。这主要表现在工值和口粮标准上。土改前村落之间自然因素造成的生产条件优劣依然存在。如靠天吃饭的山区、丘陵村与可以水浇灌的平原村之间，社员口粮标准和年终分红就不一样。根据“阶级成分登记表”资料，工值和口粮标准比较高的西大庄村县内通婚比例占96%，丘陵地区的庆有庄村和山区的上寨村则有一定比例的远距离婚姻。

表 3–4　高级社至“四清”前通婚距离构成

村名	通婚距离类型																	合计
	本县										邻县		远县		邻省			
	本县小计		同村		本乡		邻乡		隔乡									
	样本量	%	样本量	%	样本量	%	样本量	%	样本量	%	样本量	%	样本量	%	样本量	%		
西大庄村	48	96.0			9	18.8（18.0）	29	60.4（58.0）	10	20.8（20.0）	1	2.0			1	2.0		50
双寺村	44	86.3	4	9.1（7.8）	14	31.8（27.5）	24	54.5（47.1）	2	4.5（3.9）	5	9.8	1	2.0	1	2.0		51
庆有庄村	24	72.7	9	37.5（27.3）	6	25.0（18.2）	8	33.3（24.2）	1	4.2（3.0）	8	24.2			1	3.0		33
上寨村	57	86.4	6	10.5（9.1）	48	84.2（72.7）	3	6.3（4.5）			6	9.1			3	4.5		66

资料来源：同表 3–1。

说明：括号中数据为与本村总样本量相比。

2．1971—1980 年

值得注意的是，这期间 77 个样本中，没有县外和省外这类远距离通婚。平均通婚距离为 3.14 公里，比前一时期缩短；5 公里以上结婚样本只有 6.5%，前一时期为 11.2%。村内婚比例进一步上升，占 18.2%。另外，根据对双寺公社 1972 年结婚登记档案统计，222 对登记者中，村内婚有 39 对，占 17.6%。两项调查结果非常接近。

从经济发展水平上看，该时期调查村庄之间差异减少。1971—1976 年虽然集体经济模式下农民的劳动积极性并不很高，但由于农作物品种改良，地方政府在丘陵地区修建了引水渠道，这为农业产量的提高创造了条件。本地区农村社员家庭的温饱问题基本解决。若着眼于经济条件和生活水平，不同自然环境下村际之间的通婚障碍已经很小。更重要的是，这个时期进入婚龄的男女以土改后出生者为主，没有性别比不平衡问题，因而才会出现短距离结婚增加的现象。

（三）1981 年以后

从土地所有权形式上看，1981 年后的家庭联产承包责任制是集体经济制度的延续。但生产组织方式在间隔四分之一世纪后重又回到家庭之中。这一重要变动对通婚圈是否也会产生影响？

依据问卷调查数据，本期平均通婚距离明显缩短，为 2.14 公里，是各个时期中最短的。村内婚比例上升为 22.5%。总共 93 个样本中，本县结婚 89 个，占 95.7%；县外和省外通婚各 2 个，均占 2.2%。两例省外通婚女性均非邻省之人，而是来自南方，一为广西，一为四川。20 世纪 80 年代初期，南方贫困地区婚龄妇女流入华北地区，与本地婚姻失时男性结婚曾成为一个重要的社会现象。据说，本地男性与南方妇女结婚较之娶本地妇女花费低，因而它也成为经济条件差家庭解决子弟婚配问题的途径。

90 年代以来的乡镇婚姻登记册同样反映出村内婚数量上升状况。

1999年磁县光录乡291对结婚者中，村内婚107对，占36.8%。这意味着当年三分之一以上的结婚男女属于同一村庄；进一步看，其中同姓结婚者不多，只有7对，在村内婚中占6.6%。[①]可以肯定这些村内同姓结婚者的血缘关系已在五服之外，但他们却是同宗之人。

可见，本期村内婚较前一时期进一步增加是值得关注的社会现象。在体制变动、家庭生产功能增强、农民的谋生范围扩大的环境下，冀南农村婚姻圈不仅没有扩大，反而有所缩小，令人深思。

三、通婚的社会范围

婚姻始终意味着具有同样社会地位和经济地位的男女的结合。在家长高度包办婚姻时代尤其如此。尽管集体经济时期男女自由结合受到鼓励，但主流婚姻仍在当事男女家庭的社会和经济地位一致或相近框架内进行，至少20世纪80年代之前的中国农村是如此。那么在社会变革前后，冀南农民缔结婚姻时对社会地位和经济地位的强调体现在哪些方面呢？

（一）土改前结婚男女双方的“门户”特征

土改前的传统时代，通婚双方的“门户”高低主要通过家庭财产水平和社会地位表现出来，而双方家庭财产状况是否相当在门户评价中最为重要。当然，家庭名声，特别是双方家长的职业和人品操守等都是要考虑的内容，但本质上是对家庭经济状况的强调，即要求双方经济条件一致和相近。“门当户对”之所以会被作为一条古训，不断被人们强调，一个重要原因是，传统社会人们追求婚姻稳定，而稳定的婚姻须建立在男女双方家庭条件相对一致的基础上。这样彼此不会被对方及其家庭歧视，有可能将家庭矛盾降到最低。同时，“门当户对”意味着婚配男女的生活水准、习惯不会发生很大改变，对婚后生

---

① 磁县光录镇政府民政股婚姻档案登记表，2000年秋天通过调查获得。

活易于认同。经济背景的一致或相近是实现这一目标的首要条件。由此可见，“门当户对”是对当事男女情感不足之婚姻的重要弥补。

笔者想知道，土改前“门当户对”观念究竟如何体现？若能找到一定数量结婚双方家庭的财产统计资料则可对此有所把握，但这很困难。我认为，土改时建立在财产基础上的阶级成分划分可以弥补这一欠缺。

从阶级的观点来看，土改前所划分的成分很大程度上能够对各个家庭的经济水平加以揭示，它是了解“门当户对”观念的具体途径。以往我们对“门当户对”多限于概念性的认识，或者只有“贫富相当”的笼统认识，没有家庭财富等级的观念。“阶级成分登记表”中对各个家庭户主及配偶成分均有记载，为我们提供了认知方式。

在此将结姻男女双方家庭分成三组：同一阶级、相邻阶级和相差阶级。同时将阶级成分粗线条地划分成三类：一是贫下中农，二是中农（包括上中农），三是地主和富农。若在这三类内部婚娶，则为同一阶级婚姻；结婚男女分属相邻的两类成分（如地主、富农与中农，中农与贫下中农）是相邻阶级；相差阶级是指贫下中农与地主、富农家庭之间的婚姻。（见表 3–5）

表 3–5 土改前结婚男女双方家庭阶级成分构成

两家成分类型	双寺村		庆有庄村		上寨村	
	样本量	%	样本量	%	样本量	%
同一阶级	97	76.4	78	85.7	91	79.8
相邻阶级	23	18.1	11	12.1	17	14.9
相差阶级	7	5.5	2	2.2	6	5.3
合计	127	100.0	91	100.0	114	100.0

资料来源：同表 3–1。

由表可见，土改前冀南地区，三个村庄同一阶级内部的婚姻接近或超过 80%。相邻阶级婚姻在 10% 以上。相邻阶级之间的边缘家庭其经济条件往往是很接近的。如下中农和中农的一些家庭，占有土地数量并无明显差别，不同的只是下中农家庭有人在土改前三年中当过一段时间的长工。从这一点上看，相邻阶级之间联姻并没有背离“门当户对”观念。两者合计，所占比例在95%以上。当然也应看到，相邻阶级间的家庭经济差别是存在的，其婚姻之所以能缔结，可能是别的东西弥补了彼此间的差距，因而心理上能够接受对方。如相对穷的家庭刚刚败落，或有社会名望方面的优势。

再看相差阶级，其所占比重很低，只有5%左右。这种情况多为出身地富家庭的男性与出身贫下中农家庭的女性之间的婚姻。其中最有可能的情形一是富裕家庭男性自身条件较差，难以在家境相当的女性中找到对象；二是男性在正妻之外纳妾，富家女子是不会接受这种婚姻的，穷家孩子（往往非本地人）成为被结合的对象。

根据1966年村庄“阶级成分登记表”，西大庄村地富家庭出身者中，有10个户主在土改前结婚，夫妻出身信息明确。夫妻双方均为地主的有9户，均为富农的有1户，显示出高度的一致。从家史记载上看，这些地富家庭均非暴发户，至少三代以内没有大的变化。阶级成分本是土改时才为大众所接受的家庭财富水平和谋生方式符号，而土改前所缔结的婚姻显示出双方家庭成分的高度一致，这是“门当户对”观念的强烈表现。

李中清和王丰认为，中国人的婚姻带有很强的高攀目的性，至少对女性来说是如此。[①]就冀南农村土改前阶级内婚或经济状况一致和接近的家庭结姻占主流的情形看，正常的婚姻（相对于非正常的纳妾、童养等婚姻行为）中，高攀现象是比较少见的，至少冀南农村是如此。黄宗智依据“满铁”资料对华北地区部分村庄婚姻习俗的分析与我的认识相近：自耕农通常会遵循一般的婚姻习俗，付出一笔可观的聘金，他们的女儿，也会有一份体面的

① 李中清、王丰：《人类的四分之一：马尔萨斯的神话与中国的现实（1700—2000）》，第96页。

嫁妆；他们选女婿或媳妇，多挑与自己门当户对的家庭。[①]从中也可见家庭经济因素在门当户对婚姻中起着关键作用。当然，是否既要在娶亲时付出一笔可观的聘金，又要在嫁女时出一份体面的嫁妆，则不尽然。根据冀南地区的习俗，中等以上之家的婚姻缔结比较规范，“可观”的聘金比较少见，但“体面的嫁妆”往往是必不可少的。

我认为，人们在社会等级一致或相对一致的范围内为子女择偶，目的在于使结姻男女获得同等的家庭地位和社会交往地位。穷家父母若为高攀而嫁女，女儿婚后在婆家往往很难被平等对待。

邯郸县档案馆所藏阶级成分档案中即有这样一个案例。该县兼庄乡北李庄村陈玉珍讲：我自幼生长在一个贫农家庭，家里经常没有吃的。因家穷，父母便使了（地方语，意为索要。——笔者注）40元，把我（当年18岁）许配给苏外乡张庄村袁鸿志，系第三个补后（即续娶。——笔者注），1943年11月结的婚。婚后，因娘家贫穷，婆家人看不起，经常受气，不能与家里人平等生活。即使与长工也不能平等，如中午吃饭时给长工配两个馍，给我配一个。在夏、秋收有活要干时，婆家将我从娘家叫回来下地干活；干完活，又让回娘家去。娘家父母就我这一个女儿，非常心疼，所以常回娘家住。婆家土改时定为富农成分。[②]

这一个案中，夫妻双方一个家里雇有长工，一个过着难以填饱肚子的生活，即使土改前民间没有阶级成分概念，财富差异也是明显的。这正是人们衡量家庭经济地位和社会地位的重要内容。也许为了避免财富差异导致婚后夫妇家庭地位的高低悬殊，正常的婚姻活动中人们将努力把双方家庭财富水平有明显差别的婚配减到最少。它也是传统时代提高夫妻关系质量、维持家庭稳定所必需的。在父母主婚原则之下，婚姻男女缺乏感情基础（至少婚姻初期如

---

① 黄宗智：《华北的小农经济与社会变迁》，第266页。

② 邯郸县档案馆藏：阶级成分全宗。

此），如果没有门户上的匹配，婚姻的维系将无从谈起。

土改前，结姻男女双方家庭以财产为核心的“门当户对”要求实际是阶级内婚意识和行为的表现形式。因而，从总体上看，“婚姻都是由双方的阶级地位来决定的，因此总是权衡利害的婚姻”[①]。“门当户对”婚姻表现出很强的阶级理性。我认为，这种阶级理性只有在父母包办婚姻时代才更具有普遍性。

（二）集体经济时代结婚双方家庭的阶级成分背景

按照一般认识，土改后，建立于土地、房屋等财产基础上的家庭贫富差异已基本上不存在，或者说降低到最低程度。平分土地和房屋政策直接导致了这种局面。但社会地位的差异却未因此消除。与土改相伴随的是阶级成分标记附于在每个人、每个家庭之上。集体经济时期随着政治运动的开展和不断深入，成分标记越来越突出。

按照集体经济时期的阶级理论，阶级矛盾是一种必然存在，并且是不可调和的。根据这种认识，地主、富农和其他剥削阶级虽然被剥夺了财产，但他们并不甘心失败，时刻想恢复失去的一切。更进一步，剥削阶级的思想意识不仅存在于原有剥削阶级身上，而且还可能影响非剥削阶级。因而必须对地主和富农分子等实行长期专政，限制其行为，批判其思想，贬抑其地位。这种方式对广大农民也可起到警示效果。地、富甚至上中农、中农后代因此受到株连，社会地位低下，发展机会被限制。这一政治环境下，阶级符号成为识别人们现实社会地位的明显而重要的标志，同时与个人前途联系在一起。因而通婚的社会范围，或阶级范围是结婚男女必须要考虑的内容。当然，集体经济时代，阶级成分被强调的程度有时期之别。相对来说，20 世纪 50 年代和 60 年代前期稍弱一些，60 年代

① 恩格斯：《家庭、私有制和国家的起源》，载《马克思恩格斯选集》，第四卷，人民出版社，1972 年，第 67 页。

中期以后至70年代前期最为突出。

从20世纪60年代初开始，官方文件中一再进行阶级人口数量的统计。1960年12月中共中央《关于山东、河南、甘肃和贵州某些地区所发生的严重情况的指示》中指出："要知道，中国农村人口中还有百分之八的地富分子及其家属，连同城市的资产阶级分子、资产阶级知识分子和上层小资产阶级分子及其家属，总共要占全国人口百分之十左右"。[①]1963年9月中共中央《关于农村社会主义教育运动中一些具体政策的规定（草案）》说："在农村青年中，地主、富农子女约占百分之十左右"。[②]贫下中农的比例是多少呢？1964年6月《中华人民共和国贫农下中农协会组织条例（草案）》指出："土地改革时候的雇农、贫农和下中农，占农村人口的百分之六十到七十，是农村中的无产者和半无产者。"[③]冀南农村贫下中农比例与此基本相当。[④]

党和政府在农村政权建设中的方针是，依靠贫下中农，团结中农，打击地、富、反、坏、右分子。上述受打击各类分子的子弟则在争取或教育的范围。他们除了从事农业劳动外，在其他非农领域没有发展的空间。费正清指出：一个人的阶级成分，一经50年代初期划定之后（在河北南部则为1946年。——笔者注），世世代代就承袭下去，直到现在差不多变成一种"种姓制度"。[⑤]较之传统社会的阶级和社会流动，这实际是一种倒退。地主和富农子女，特别是其男性后代的婚配遇到很大困难。

下面我们借助"阶级成分登记表"对20世纪50年代和60年代前期婚姻的社会范围做一观察。（见表3-6）

---

① 中华人民共和国国家农业委员会办公厅编：《农业集体化重要文件汇编（1958—1981）》，中共中央党校出版社，1985年，第416页。

② 同上注书，第716页。

③ 同上注书，第721页。

④ 西大庄村为69.5%，双寺村74.2%，庆有庄村80.6%，上寨村84%，曲河村69.5%。

⑤ 费正清：《伟大的中国革命（1800—1985）》，第292—293页。

表 3-6　20 世纪五六十年代结婚男女双方家庭阶级成分构成

两家成分类型	双寺村		西大庄村		上寨村	
	样本量	%	样本量	%	样本量	%
同一阶级	38	62.3	28	58.3	50	64.1
相邻阶级	20	32.8	11	22.9	27	34.6
相差阶级	3	4.9	9	18.8	1	1.3
合计	61	100.0	48	100.0	78	100.0

资料来源：同表 3-1。

这一时期，调查村庄婚配男女来自同一阶级中的比例有所下降，相邻阶级之间的比例有了上升。土改以后的婚姻缔结同土改前建立在财产基础之上的阶级婚姻应该有所不同。不过，新的婚姻又同阶级意识联系在一起，是“门当户对”观念的新的表现。根据表 3-6，在双寺村和上寨村，相差阶级之间婚姻所占比例仍然不高。

就冀南农村而言，20 世纪 60 年代以后，特别是“文化大革命”影响较大的 1966—1976 年，阶级内通婚主要表现为，贫下中农出身者一般不会与地富等高成分出身者结婚。因为他们已经获得了对个人发展有利的先天条件。当时出任大队、生产队干部，获得当兵、招工和大中专招生这些诱人机会，基本只属于贫下中农家庭出身者。若贫下中农子女与“剥削阶级”家庭出身者结姻，将会失去机会，葬送自己的前程。在社会主流意识作用下，占农村人口绝大多数的贫下中农子弟于本阶级内择偶并不难。地主、富农家庭青年女性则希望嫁与贫下中农子弟，跳出本阶级的门槛，但往往比较困难。“文革”期间她们多与中农子弟结姻，即在相邻阶级中间择偶。地富家庭出身的男性会陷入窘境，没有女性愿意嫁给他们。结果他们或者晚婚，或者与自身条件差的女性结婚。更有甚者，其中有些人在父母安排下踏上“换亲”之途。

解放前华北一些农村贫穷家庭不乏换亲之举。如山东荣成，民国期间有换亲和转亲两种形式。[①]两家互换子女成婚称为换亲，三

---

① 山东省荣成市地方史志编纂委员会编：《荣成市志》，齐鲁书社，1999 年，第 1047 页。

家则为转亲。贫寒之家，为子订婚，无力置备财礼，遂有轮转结亲者。例如，甲、乙、丙三家各有一男一女，则彼此相商，互结婚姻，名之曰“转亲”，各家均可减少婚礼上之费用。

然而，冀南农村土改前即使贫寒之家也很少有这种婚配形式。但“文革”时期，换亲成为地富等高成分家庭父母为大龄儿子解决婚姻难题时采用的主要方式。

我所调查的地区，每村都有几例地富家庭子弟以换亲结成的婚姻。其操作方式是，这些家庭的男性到了结婚年龄，多数已逾结婚年龄，却找不到婚配对象（实际是没人愿意嫁给他们），父母为此而着急、忧虑。而比儿子小几岁的女儿也已长大成人。此时，若有人撮合，换亲便会发生。换亲是家长包办婚姻的极端类型。其表现形式是父母通过牺牲女儿的婚姻愿望解决儿子的婚姻困难。或者说妹妹以屈嫁来使兄长得到婚姻机会。若从商品发生的过程看，换婚倒退到最原始的交易状态，买卖婚姻或彩礼必需条件下的婚姻也要高于这种形式。

可见，地富子弟婚配困难既不是婚姻资源短缺所造成，也非家庭经济水平低下所限制，而是政治因素将一部分男性排挤出正常的婚姻市场。家长只有将女儿和儿子搭配在一起才能挽救儿子婚姻彻底失败的命运。其最终结果是降低了女儿的婚姻质量，当然儿子的婚姻水平也并未提高，只是获得了结婚机会。这种婚姻现象表明，即使在民众行为受到高度控制的集体经济时代，不良的婚姻行为也未能彻底消除。扭曲的婚姻方式在民间仍可大行其道。

1976 年以后，因出身不好难以婚配而换亲的举动已很少见。一是由于土改后出生的地富子弟通过各种方式基本上都已完婚；二是随着“文化大革命”结束，阶级斗争的狂热情绪平静下来，带有土改印记的成分鸿沟渐渐消失。政治性和观念性的阶级歧视在新的政策环境下被淡化。但仍有个别家庭因子弟残疾或经济原因而换亲。90 年代以后，本地区无论何种原因的换亲已经基本上不存在了。

一般认为，私有制社会中，自由缔结的契约婚姻在近代资产阶级国家兴起后才出现。它较之封建社会的等级婚姻、包办婚姻是一种进步。但即使如此，“婚姻仍然是阶级的婚姻”。只不过在阶级内部“承认当事者享有某种程度的选择的自由”[①]。集体经济时代的婚姻实际也有这种特征。从法律上讲，包办婚姻已被废除，男女自主婚姻成为可能。但阶级符号将传统时期建立在私有财产基础上的阶级差异继续保持下来，各种政策实际上在引导人们进行阶级内婚。土改前，阶级内婚使社会上的贫穷者失去婚姻机会；土改后，特别是在集体经济时期，财产差异在农民家庭中已很小，社会地位的高低之别却很明显，处于底部的地富后代往往成为阶级内婚的失败者。阶级内婚背景下一些人婚姻失败的原因是：土改前，最贫穷女性家庭往往回避阶级内婚，使本阶级贫困家庭男性难以找到婚配对象；土改后，社会地位低家庭的女性也设法回避本阶级男性，使后者处于不利的择偶境地。

改革开放以后，阶级成分观念由淡化到逐步消除，因而它对婚姻的影响不复存在。这是社会进步的重要表现。当然，人们潜意识中“门当户对”的意识并没有被完全消失。那就是家庭贫富水平仍是家长考虑的方面。只有当婚姻彻底摆脱家长的羁绊而完全由当事男女自己决定，婚姻才会与各自家庭的经济和社会条件脱离干系。然而，从另一方面看，当代“门当户对”观念已降到最低水平。或者说婚姻范围已无硬性的秩序可言，呈现出多样性特征。个人因素而不是家庭背景在男女择偶过程中所起作用日渐重要。如具有经济实力和较好社会职业的男性有相对大的择偶空间，他们中多数人对女性的经济实力和职业看得并不很重。但家庭条件差的女性则有高攀心理和愿望。可以这样说，在男女婚姻自主的社会中，高攀婚的存在空间更大，因为它表现得更为直接。不过，对大众来说，男女自身条件的相对一致是主流择偶方式，对家庭背景的要求已没有了

---

① 恩格斯：《家庭、私有制和国家的起源》，载《马克思恩格斯选集》，第四卷，第 67 页。

固定的标准。相比而言，在传统时代，未婚青年男女的自身条件（如受教育水平、个人能力）差异很小，差别主要表现在家庭上。当代社会，由于教育的发展，青年自身的能力、地位有了差异，这意味着他们的未来生活境遇并不主要取决于家庭，而在于个人能力和条件，它为婚姻男女，特别是女性所看重。这种状况在一定程度上动摇了传统“门当户对”观念的存在基础。

四、通婚的阶级差异与阶级人口变动

就土改前的传统社会而言，婚姻范围的阶级差异意味着不同阶级在婚姻市场上的机会有多少之别，进而对家庭人口发展产生影响。富裕家庭男性适时完婚，将有可能提升生育子女的数量水平；贫穷男性婚姻被耽搁，生育行为也相应推迟，产生“马尔萨斯”式的人口限制（或称预防性抑制）。关于这一点，我在对 18 世纪婚姻的研究中已经做了说明，[①]兹不赘述。

这里，我想对下面的问题加以探讨：土改前建立在“门当户对”基础上的阶级通婚对不同阶级家庭人口的影响。土改以后，特别是 20 世纪 60 年代中期以来，由于阶级观念增强，高成分家庭子女（主要是上中农以上家庭出身者）受到歧视，男性尤其突出，其婚姻年龄与出身贫下中农家庭的同龄人存在差异，即不得不推迟一定时间。而贫下中农家庭子女多能适时结婚。那么这种状况是否带来彼此家庭人口所占比例的变化？在此，我们借助档案资料将土改前夕和 1966 年两个时期村庄不同阶级成分家庭人口总数做一比较。（见表 3-7）

土改前与 1966 年两个时期中，三个村庄贫下中农户数所占比例增加并不明显，甚至下降了。贫下中农户数未增加并不是其家庭

① 拙著:《十八世纪中国婚姻家庭研究——建立在 1781—1791 年个案基础上的分析》，第 182 页。

表 3–7 不同阶级成分家庭人口变动

成分	西大庄村								双寺村								庆有庄村							
	土改前				1966 年				土改前				1966 年				土改前				1966 年			
	户数	%	口数	%	户数	%	口数	%	户数	%	口数	%	户数	%	口数	%	户数	%	口数	%	户数	%	口数	%
贫农	130	68.4	632	64.1	212	70.7	1025	70.1	110	62.1	484	52.4	130	55.1	644	54.1	128	77.6	540	69.6	162	72.6	756	75.5
下中农	3	1.6	10	1.0	4	1.3	31	2.1	21	11.9	115	12.5	29	12.3	157	13.2	6	3.6	43	5.5	7	3.1	30	3.0
中农	15	7.9	65	6.6	21	7.0	99	6.8	22	12.4	154	16.7	34	14.4	182	15.3	16	9.7	89	11.5	27	12.1	119	11.9
上中农	8	4.2	100	10.1	22	7.3	103	7.0	16	9.0	118	12.8	30	12.7	156	13.1	2	1.2	22	2.8	9	4.0	35	3.5
富农	15	7.9	90	9.1	21	7.0	109	7.5	5	2.8	34	3.7	8	3.4	34	2.9	9	5.5	59	7.6	12	5.4	46	4.6
地主	19	10.0	89	9.1	20	6.7	96	6.6	3	1.7	18	2.0	5	2.1	18	1.5	4	2.4	23	3.0	6	2.7	15	1.5
合计	190	100.0	986	100.0	300	100.0	1463	100.0	177	100.0	923	100.0	236	100.0	1191	100.0	165	100.0	776	100.0	223	100.0	1001	100.0

资料来源：同表 3–1。

绝对数减少，而是中农以上家庭土改前保持复合家庭的比例高，土改后和集体经济前期分爨立户比例增加。但前者口数所占比例增加明显。我认为，这一点最有意义。如西大庄村土改前贫下中农人口在全村占65.1%，1966年为72.2%，增长10.9%；地富家庭人口土改前占18.2%，1966年占14.0%，减少23.1%。

西大庄村和庆有庄村中农以上家庭的人口比例都处于减少状态；双寺村中农和上中农变化不大，富农和地主减少明显。

实际上，除双寺村的富农和地主外，其他村庄各类家庭人口数都有增加，但提升幅度有差异。如西大庄村1966年贫下中农人口数较土改前增长64.5%，地富家庭人口数仅增长14.5%。土改前贫下中农家庭人口增长所受限制在土改后被取消，如大龄者的婚姻问题得以解决，为生育创造了条件；土地的获得则为新生人口提供了基本生活资料。地、富两类人口增长缓慢的原因主要是，土改前其家庭成员中老年人比例较高，解放后渐趋死亡；同时年轻女性婚嫁出去，还有一些成员解放初期迁移到城镇工作。在我看来，这一时期地富子弟虽在择偶问题上处于不利地位，但其婚配的困难程度不如60年代中后期至70年代中期之前突出。因而，婚姻障碍对其人口的发展制约作用还不明显。然而，这一时期，因制度变革，贫下中农家庭在婚育中所处优势地位对其人口增长的促进作用却是显著的。

值得注意的是，至1970年，庆有庄村贫下中农口数由786人进一步增加为817人，在全村总人口（1042人）中占78.4%。1976年，西大庄村贫下中农的户数增加为301个，在全村总户数（378户）中占79.6%。[①]这一数字很能说明集体经济以来家庭人口在不同阶级中的升降变动差异。因为它着眼于距离土改较长的时点，同时又集中于阶级意识比较浓厚的时期。由此可见，人口增长的阶级差异是存在的：贫下中农家庭人口比重上升，中农以上家庭人口则下降了。

---

① 磁县档案馆藏：时庄乡1970年生产、分配统计表，永久档案。

一般来讲，在人口活动相对封闭的环境中（因迁移人口比较少而不予考虑），不同阶级人口比例的变化主要由人口的自然增长因素所决定。同一地区，人口的生育水平在不同阶层中差异不大。家庭生存条件的高低不同，导致家庭之间抚养水平的差异。这是传统社会的特征。但在集体经济时代，家庭之间抚养能力的差异是比较小的。因而，我认为，贫下中农家庭子弟在土改后的适时婚姻成为其人口增加的基本前提，而土地的获得、生存能力的提高和在集体经济条件下谋生条件的改善，为其人口的增加提供了物质基础。与此同时，地富家庭子弟婚姻上则处于不利地位，20 世纪 60 年代中期后尤其如此。它在一定程度上会抑制其生育，进而降低其家庭人口的增长能力。

五、讨 论

（一）冀南农村通婚圈特征分析

就冀南农村而言，村际婚姻中，一个重要现象是：既存在“门当户对”，又有“村当庄对”特征。这种情形在 1930—1990 年并无显著变化。“村当庄对”的一个突出表现是，处于平原与丘陵过渡地带的村庄，村际婚姻基本限于平原村与平原村之间，丘陵村与丘陵村之间。久而久之，两种不同地理风貌的村落之间难以建立婚姻亲缘关系。土改后，特别是集体经济时期，丘陵村农业生产条件随着引水灌溉渠道的修建有明显改善，与平原村经济水平的差异已经很小，甚至没有差异。但由于没有以往的关系基础，结姻行为还是很少见。

传统时代的婚姻距离受制于交通工具。婚姻要结两姓之好，正常的来往是必需的。就我们的认识而言，为了方便来往，婚姻距离基本上以能在半天以内到达的路途为主。或者说，若徒步行走或乘非机动车，以 1—2 个小时从容到达为宜。这可能是人们潜意识中所能接受的婚姻距离标准。

那么，为什么土改以后自行车等交通工具普及了，直到今日摩托车或其他机动车辆成为主要的代步工具，婚姻距离不但没有延长，反而缩短了呢？我认为，冀南农村在长期的历史发展中，婚姻的空间距离与心理距离已经重合。交通的便捷，来往时间的缩短，并没有改变人们对婚姻距离的认可方式。另外，人们的活动空间虽有扩大，但其家庭观念并没有改变。农民子弟除个别考上中专以上学校，毕业后分配在城镇工作，有可能脱离父辈的生活环境外，多数人的生存空间仍以世居之地为主。继续务农的子弟择偶方式仍是传统的；出外打工、经商的男性多数在外乡难以立足，婚嫁问题尚需回本乡解决，至少 20 世纪 90 年代末之前如此。最后，农民子弟的婚姻安排总体上还没有摆脱父母操持的遗习，父母所能借助的关系资源仍然是传统的，特别是在与外村结姻中更是如此。

从图 3-1 中看出，冀南地区村内婚土改以来不同时期呈上升状态，县外和省外通婚在土改前和 1957—1970 年这一时期占有一定比例。其他时期或者没有（如 1971—1980 年），或者比例非常小。值得注意的是，与县内其他村庄通婚始终是主流。而同县之内的婚姻距离又局限在 5 公里以内。图 3-2 对此有明确反映。

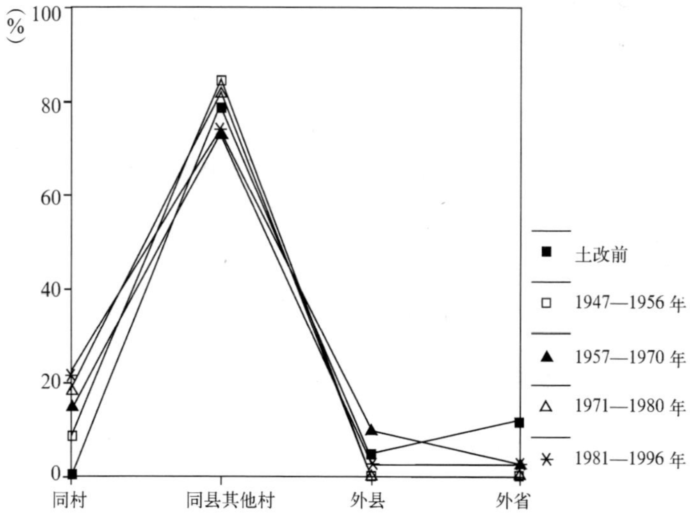

图 3-1　不同时期婚姻距离构成曲线图

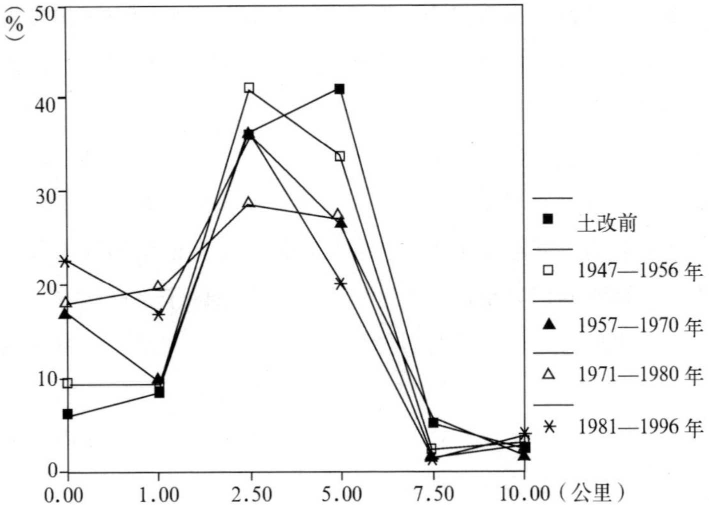

图 3-2　县内通婚距离曲线图

（二）关于村内通婚的几点认识

冀南农村近 60 年的社会变迁中，婚姻圈呈不断缩小之势。婚姻圈缩小的突出表现是村内婚比例由土改前的 6% 上升为 80 年代以后的 22.5%，即超过五分之一的婚配在村内完成。前面已经看到，一些乡（镇）级单位近 10 年的年度婚姻登记记录显示的比例更高。根据笔者调查，大部分村内婚发生在异姓之间，但同宗无服男女结婚在支派较多的大姓中也有体现。冀南农村单姓村比较少见，多数由三四个大姓形成复姓村。由于村内婚配近 10 年才扩大开来，并非有历史传统，因而其对人口身体素质的影响作用有待进一步研究。而它对村民的观念的影响目前即已显现出来。

那么，为什么村内婚土改前比例较低，土改后逐年上升呢?

1. 宗族观念和宗族组织的削弱是一个重要因素

传统时代，虽然冀南农村宗族外在表现形式或符号如祠堂、家谱兴修等较南方地区为少，但宗族观念、意识却很强，特别存在于具有五服关系的族人之间。土改前，一个村庄内同宗有服

（具有五服关系）成员家庭在10户左右。他们形成一个来往密切的血缘群体。传统婚姻并非单纯的男女结合，也不是仅仅当事男女双方家庭形成姻亲关系，而涉及男女所在家族的利益。村内婚极易对家族关系和利益产生影响。由于世居一村，家族整体之间或家族内某个家庭与另一家族某个家庭不可避免存在矛盾。当家族内某一家庭想在村内为子女物色对象时，家族的整体利益将不得不考虑。这种环境下，同村中越是大姓之间，结亲的可能性越小。小姓之间由于顾忌的方面和掣肘的因素较少，倒有可能建立姻亲关系。

杨懋春1945年对山东台头村有类似分析。他认为，台头村没有村内婚的原因可能是大家不喜欢住得太近，住得太近，未婚夫妇很可能会见面，闹出风流韵事；联姻家庭相互间应有所保留，如果住在同一村庄，他们将频繁地见面或拜访；村内的家庭也容易卷进村庄或街坊的争吵，如果姻亲在这种争端中处于敌对位置，将极其为难。[①]他关于同村结婚可能会给家族利益带来影响的认识与本书的分析有相似之处。在强调家族关系的农村社会中，姻亲关系将居于次要地位；杨懋春认为村内关系比一般的姻亲关系更密切。[②]这里的村内关系应更多地体现为家族关系。传统尊祖的社会环境中，姻亲关系不可能超越家族关系。避免同村结婚或许是潜意识上保护家族关系，防止家族内部关系因此受到损伤。

土改后，特别是集体经济建立以来，宗族组织已不存在，宗族观念大大削弱。尽管五服之内的亲属关系仍比较密切，但也只限于婚丧嫁娶的仪式行为，并无更多实质内容。子女嫁娶完全是家庭的内部事务，没有或很少受家庭以外力量的制约和束缚。可以说，选择姻亲时对家庭利益的重视超过对宗族利益的考虑，由传统的结两姓之好，演变为结两家之好（将来的发展则可能完全建立在结两人

① 杨懋春：《一个中国村庄：山东台头》，第116页。
② 同上注。

之好的基础上）。值得注意的是，不仅村内异姓之间结婚增加，同宗无服者之间结婚也已不是个别行为。

2．集体经济以后村内家庭之间的财富差距缩小，相对容易在村内找到经济条件匹配的结婚对象

土改前，私有土地制度下，村内家庭之间财富水平差异很大。土地是财富的主要衡量对象。一个村庄土地总量难以增加，一家占有量增多便意味着另一家拥有量减少，经济状况相匹配的家庭比例相对较低。我们发现，冀南多姓村庄，土地在某一家族中集中的情形比较普遍。如西大庄村，若以有五服关系的家庭作为一个支派，王姓有 6 支。其中 3 支整体比较富裕，以成分论本支内的家庭都在上中农以上。而陈姓有 4 支，只有 1 支相对富裕，其他 3 支多为贫农。韩姓有 2 支，支内家庭均以贫农为主。虽然土改前村外同姓婚并不被禁止，但村内同姓婚是严格制止的。这样，以王姓为例，其中比较富裕的家庭很难在本村其他姓氏家族中找到相互匹配的结姻对象，因而只好将目光转向邻村经济水平相当之家。

土改后，家庭人均土地已基本均等。随着产权制度向集体经济方面变革，村内家庭之间财产差异大大缩小，“门当户对”家庭增加（当然是低水平的）。因财富占有悬殊所形成的婚姻障碍已经基本消除。特别是集体经济时期，每个家庭的成员都是生产队的普通社员，没有地位高低之别（地富家庭出身者另当别论）。我认为，村内婚增加与这种环境有很大关系。

3．家长在村内发展横向关系愿望增强，促使村内婚发生

土改前，在宗族内家庭之间关系相对密切的环境中，各个家庭获得一定的依靠和庇护。本家族的家庭与族外家庭发生纠纷时，能从宗族内其他家庭得到具体帮助。土改后，特别是集体经济环境下，打破宗族界限的生产队组织成为家庭及其成员生存依赖的主要对象。就冀南农村而言，由于家族组织不复存在，家族对家庭的扶助作用已经不大，家族内各个家庭也无或很少共同利益。各个家庭户基本上以独立的姿态面对其他家庭户。这是一种进步。但相对独立的家庭有时会感到孤立无助，因而家长在潜意识中想寻求新的联盟。通过子女村内联姻建立亲缘关系将在一定程度上替代不断削弱的家族关系。

土地承包责任制实行后，村内结婚进入一个新的增长阶段。虽然这一时期宗族意识有所恢复，但已经很难达到土改前的状态。子女婚姻的家庭色彩而非家族色彩非常突出。家长也很务实，为了壮大家庭势力，为了在困难时期或遇到不公正待遇时得到帮助，都会成为村内婚缔结的推动力。

李银河的现代村落研究与本书有相近的认识：在村落调查时得到这样的印象，即族亲之间的关系还不如姻亲，族亲中多有利益冲突，姻亲却是利益加感情的结合；姻亲是夫妻的合二为一，族亲却是兄弟的一分为二。[①]既然姻亲关系优于族亲关系，那么有意发展姻亲关系的愿望就会增强，其途径是寻求村内联姻之家。

另外，家庭子女数量的减少使村内婚的必要性增强。在冀南农村，尽管严格的独生子女政策未得到贯彻，但 20 世纪 80 年代以后，家庭子女数量明显比五六十年代减少。单个家庭人多势众的局面已难再现。对父母来讲，将子女留在身边比嫁往村外更有实际价值：通过村内婚既可达到相互关照的目的，又扩大了村内亲缘网络。

4. 自由恋爱受到鼓励，婚姻自主观念增强

社会变革环境中，特别是集体经济时代，青年男女所受传统约束减弱。他们多数在村内受到小学或中学教育；离开学校后则多在一个生产队劳动，有了相互接触的机会。这为自由恋爱型的村内婚提供了可能。

对女性来说，传统时代的村外婚是无奈的。从熟识的环境进入

---

① 李银河：《生育与中国村落文化》，第 62 页。

一个陌生的世界，将经历痛苦的心理转变和被他人认知的过程。有学者这样描述传统社会妇女的外婚：作为新媳妇，面临着一个再社会化的过程，并需要与新的家庭整合；一般说来，这种过程是通过强制措施来完成的。[①]因而，若无外界强迫，她们也更希望在自小生长的村庄完婚。

整体上看，当代农村严格意义上的包办婚已不多见，当事男女对择偶标准和对象有了更多自己的要求。他们将目光投向同村自己比较了解的异性身上也是合乎逻辑的。根据我的观察，人民公社时期，劳动的集体性质为男女之间自由恋爱创造了条件。这一时期所出现的村内婚与男女之间交往的方便有密切联系。或者说，公社时期村内婚增加是男女婚姻自主行为增强的反映。而集体组织和各级政府也保护这种婚姻，限制家长对子女婚姻的过分干预。但对与父母生活在一起的子女来说，择偶时父母的意见仍是必须考虑的。因为在相对狭小的村庄范围内，村内婚实际是在熟识人中择偶。家长对对方及其家庭是否满意很大程度上影响着这种自由恋爱的结局，甚至说家长的意见是关键的。因而，我认为，村内婚能否实现与家长有很大关系。家长观念的变化是同农村社会现实联系在一起的，土地承包时期尤其如此。男女交往环境的宽松，为村内自由恋爱创造了条件。不过，在冀南农村，这一点不能估计太高。若无父母的首肯，同村男女的自由恋爱将很难进入婚姻状态。

赛尔登通过对河北饶阳县五公村的分析认为，农民在集体化和市场关闭后趋于村内婚有深刻的结构原因。[②]20世纪50年代之前，规范的市场社会（standard marketing community）不仅是贸易和文化活动的所在地，而且是许多婚姻契约谈判的场所。集体化和市场压制相结合实际改变了这种模式。随着1957年村民被组织在很少

---

① 马克·赫特尔：《变动中的家庭——跨文化的透视》，宋践、李茹等译，浙江人民出版社，1988年，第398页。

② Mark Selden, “Family Strategies and Structures in Rural North China”, *Chinese Families in the Post-Mao Era*, pp. 153–154.

保留的市场进行买卖，随着农村庙会和传统文化活动的取消，随着党和国家网络（party state network）渗透进农村生活，随着对传统文化、习俗和思想的批判，包括新娘买卖，大多数人发现他们的活动实际被限制在自然村落之内。与此同时，村外的社会和经济联系被割断，由于活动被限制在队和大队之内，为了家庭生存斗争的最有价值的联合转移到村庄之内。从农活分派到收入，从受比较高教育的机会到获得参军和建房的权利，村民主要依赖握有统治村庄之权的队和大队干部的好感（goodwill）。这是集体经济时代农村村内婚提高的社会经济和政治基础。其对传统时代村外婚的认识与施坚雅婚姻建立在经济市场圈基础上的观点相近，因而也有偏颇之处。赛尔登说集体经济时代民众与村外的社会和经济联系被割断与事实也有不合之处。不过，他关于集体经济时代村民之间的利害关系增加，为建立对自己有利的关系和环境，促使村内婚增加的分析是符合实际的。

若着眼于男女婚姻质量，或者仅从男女的情感培植角度看，村内婚比例提高是社会进步的表现。在家长主婚时代，村外婚建立在男女双方互不接触的基础之上，他们只能听命于父母安排，由此酿成了诸多婚姻悲剧。在相对比较开放的现代社会中，农村村落可被视为一个社区，青年男女有基本的了解。虽然现时村内婚尚难以彻底摆脱父母的影响，但它是在对子女的意见有所考虑的基础上缔结的。因而，对当事男女而言，在同样的婚姻形式中，村内婚比非村内婚有更好的情感基础。

也要看到，农村社会不同于城镇社区，后者由迁移流动人口组成，家庭之间没有或很少有血缘关系。农村则由世代土著居民组成。相对于城市社区，村庄的规模要小得多。一代人之间的婚姻尚表现不出近亲特征，若干代之后近亲婚配色彩将会显著起来。

村内婚弊端还体现在观念意识上。不同于城市这种比较单纯的生活社区，农村村落是集政治、经济、社会于一体的组织。人与人之间有较多的利益纠缠在一起。作为家长，村内结亲的初衷在于建立村内家庭之间的横向关系，因而一旦建立起这种关系，就会适时加以利用。其动机是和社会公平意识的培养相违背的。

20世纪50年代以来，特别是80年代以来，其他地区的资料也反映出村内婚比重提高的趋向。但研究者对其原因的分析各有不同。

一种意见认为，当代农村经济发展产生新的贫富分化，富裕者活动范围扩大，通婚随之增加；穷者出于保障的目的而与相距较近者结婚。张卫国即持这种观点。[①]如果这一论断真的成立，那么就出现与土改前相反的结婚距离模式。实际上，可以说，出外经商和做工使农民获得与外界交往的机会，在婚姻缔结上会有所表现；但这并不意味着贫穷与富裕家庭之间表现出这样两种对立的婚姻距离特征。只能说由于村民的谋生范围发生变化，引起婚姻圈变动。

人口迁移流动增加，活动空间扩大，家族组织的存在基础受到削弱，族人所受规训约束减轻。这有可能为村内婚甚至族内婚产生创造条件。一些学者对南方村内婚增加做如此解释。与北方不同，南方村落以单姓村为主，因而村内婚与族内婚是一致的，新中国成立前被严格禁止。根据梁洪生的研究：江西一些地方，20世纪50年代以来，村内结婚主要表现为同宗结婚，在各地乡村逐渐出现，并因失去了传统家族管理的控制而呈扩大之势。这种婚姻产生的社会背景是：村落民众基本上没有脱离传统的生存空间和生活方式。随着人口密度明显加大，青年男女在其身边这个新的合法“市场”择偶，成为必然和正常。[②]与冀南农村不同的是，江西的村内婚基本上是男女自主恋爱的结果，家长不但没有起推动作用，甚至有阻止措施。

农村经济发达地区，男女自主婚姻意识增强，村内婚增加，婚

---

① Weiguo Zhang, “Dynamics of Marriage Change in Chinese Rural Society in Transition: A Study of Northern Chinese Village”, *Population Study*, 54（2000）, p. 62.

② 梁洪生：《乡村婚姻与社会文化变迁——近50年江西“同宗相婚”现象考察》，载李中清等编：《婚姻家庭与人口行为》，北京大学出版社，2000年，第74—75、82—105页。

姻圈缩小。郑振满对福建沿海一个村庄所做研究表明，尽管多姓村历来都有村内通婚习俗，但新中国成立前为数不多。然而 1994 年因婚姻关系而入户的 64 人中，由村内迁居过户的共有 59 人，占总数的 92.2%。“据说，这主要是由于年青一代往往是先恋爱后结婚，不愿意与不认识的人结婚，而且本村的生活条件较好，年轻姑娘也不愿意嫁去外村。”[①]这可能是经济发达、开放程度高村落的表现。在冀南农村，男女在完全自由恋爱基础上所缔结的村内婚尚达不到这种水平。

从绝对数量上看，土改以后冀南农村人口增长幅度较大，似乎可以印证古德的判断：在其他条件相同情况下，一个群体的成员越多，该群体的成员就越有可能在内部寻找对象，因此，同类婚姻也受到群体大小的影响；如果群体很大，那么每个人最终都能在群体内部找到婚配对象。[②]但实际上，土改之前，这些村庄已经具有了人数众多的规模，但村内通婚没有发展起来。显然，村庄内通婚并非受村内成员数量一项指标的影响，而与村庄不同利益集团对村内婚的约束有关，其中比较明显的是宗族组织的存在并对成员婚姻行为起到某种干预作用。土改以后，尤其是集体经济时期，家族观念虽未完全消除，但家族组织已不存在，婚姻更多的是两个家庭之间的事，甚至以两个男女的交往为基础而建立。家长有了更多不受限制地为子女择配对象的条件。这样，同村结婚才能逐渐增加。

六、结　语

传统时代冀南农村婚姻范围的主体形式是村外婚、亲属外婚和阶级内婚。土改以后，村内婚渐趋增长；亲属外婚得以保存；阶级

---

① 郑振满：《近百年闽东沿海的婚姻、家庭与生育率——连江县浦口镇官岭村调查报告》，载李中清等编：《婚姻家庭与人口行为》，第 75 页。

② 威廉 · J. 古德：《家庭》，魏章玲译，社会科学文献出版社，1986 年，第 90 页。

内婚形式上仍被遵守，但由建立在财产基础上的阶级内婚转变为意识形态上的阶级内婚。

从总体上看，传统时代的婚姻圈是比较狭小的。但主流婚姻行为特征是，既要避免村内结婚，又将近村婚姻作为首选，表现出若即若离的特征。避免村内结婚与传统家族意识和宗族组织的存在有一定关系。在主流婚姻之外，有一定比例的村内和与外县外省结婚现象，特别是与外县、外省结婚往往不是本地礼仪齐备、规范的婚姻形式，可以节省婚姻费用，但也是一种无奈婚姻。从人口学和遗传学上看，这种扭曲的婚姻客观上起到扩大婚姻圈的作用，对人口素质的提高具有积极意义。不过传统社会，包含积极意义的婚姻类型往往以非常规的方式来缔结。土改以后，婚姻圈并没有伴随着私有制的取消，人们经济上平等程度的提高而表现出扩大的趋向。相反，集体经济组织由于将其成员束缚在土地之上，进行单一的农业经营，并没有使成员的职业范围有任何扩展。与此同时，家族组织受到彻底削弱，人们在家庭之间建立联系的愿望增强了，村内结婚有了存在的社会基础。新的制度将男女彼此之间活动范围的藩篱彻底打破了，从而使未婚男女的接触和了解机会增加了。它为村内婚的发展创造了条件。

通婚的社会范围特征是，土改前基本上在门当户对观念影响之下进行，其表现形式为相同经济背景的家庭之间容易结成姻亲关系；土改后虽然消灭了家庭财富高低悬殊的状况，但阶级的标识却在一定程度上被强调，由此对人的社会地位和发展机会产生影响，因而婚姻的门户观念直接演变为阶级观念。与土改前相比，贫下中农家庭的生存条件获得了改善，其子女在择偶上处于相对有利地位，从而为其人口的增长创造了条件。

第四章
生育行为

生育行为比婚姻行为复杂得多，因为它不是一次完成的，而是一个持续的行为过程。如果这一过程在政治、经济和社会变动较小的环境中进行，那么生育行为所受影响将不会很大。中国 20 世纪 30 年代以来社会变动之剧烈是历史上任何时期都难以比拟的。因此，做出时期划分，把握不同历史阶段的生育变动特征是很有意义的，但也相当困难。下面我依据在冀南地区所获调查资料，对这一问题做尝试性探讨。

一、土改前家庭成年子女数量

依据妇女生育数量调查资料观察家庭子女数量水平，应该是比较便捷的方式。然而，我们若用冀南农村问卷调查中的妇女生育信息分析土改前农民家庭的子女数量状况，则有一定缺陷。原因在于，要了解土改前妇女的生育数量，必须选择土改前结婚并在此前完成生育过程的妇女。1999 年笔者所访问的土改前结婚夫妇的年龄大多在 70 岁以上，但其生育行为多数并非在土改前终止，而是跨时段的，即从土改前一直延续到土改后各个不同时期。

139 个土改前结婚并且有明确生育起止信息的妇女中，1946 年前结束生育者只有 3 个，占 2.2%；1947—1949 年结束生育者 10 个，占 7.2%；1950—1959 年结束生育者 33 个，占 23.7%；1960—1969 年结束生育者 71 个，占 51.1%；1970—1974 年结束生育者 22 个，占 15.8%。

所以，若根据她们的生育行为观察传统时代妇女的生育数量，显然不合适。这些妇女的生育可以反映新旧制度转换时期和过渡时期的生育状况。那么有没有解决这一问题的方法？一般而论，土改前以自然状态（而非人为干预）完成生育过程的妇女，至调查时（1999 年）其年龄底线应在 90 岁以上。在一个小的区域范围中，很难找到具有一定数量规模的 90 岁以上妇女群体。

我觉得，受访者对本辈和父辈兄弟姐妹数量的说明，可以被用作家庭子女数量的间接资料。我在调查问卷中设计了这样的问项：受访者本人和父辈兄弟数量、姐妹数量。对 70 岁以上的调查对象来说，本人兄弟姐妹数量一定程度上可以反映土改前其父母活产并养育至成年[①]的子女数量水平（adult offsprings）；而其父辈的兄弟姐妹数量则会对更早一些历史时期，甚至对 20 世纪初期其祖父母的成年子女数量有所揭示。60—69 岁年龄段受访者的父辈兄弟姐妹数量，可对 30 年代前后甚至更早时期妇女的成年子女数量有所反映。我认为，这些指标虽不能对土改前妇女总和生育率予以说明，但却能提供当时妇女终身生育且活至成年的子女数量。在家庭人口考察中，做到这一点也是很有意义的。

（一）70 岁以上受访对象父亲和本人兄弟姐妹数量

1. 父亲兄弟姐妹数量

1999 年年龄 70 岁以上受访对象，出生年代至少在 1929 年以前，其父亲出生时间应在清朝末年、民国初年。把其父亲视为 20 世纪初期出生之人将不会有很大出入。父辈兄弟姐妹大者可能生于 19 世纪末，小者则可能在 20 世纪 20 年代前后。因而，我认为，

---

① 在中国传统时代后期，16 岁（虚岁）为男性的成丁年龄。访问对象没有提供兄弟姐妹的准确年龄。这里将成年子女视为 16 虚岁（或 15 周岁）以上子女；那些虽不足 16 虚岁（或 15 周岁）但有婚姻行为的兄弟或子女也被列入成年之中。

70 岁以上者父辈兄弟姐妹数量大体可反映 1911 年（民国初年）前后一个家庭活至成年状态的子女数量水平。（见表 4–1）

表 4–1 70 岁以上受访者父亲和本人兄弟姐妹数量构成

兄弟姐妹数量（个）	受访男性				受访女性			
	父亲		本人		父亲		本人	
	样本量	%	样本量	%	样本量	%	样本量	%
1	19	11.6	29	13.6	8	8.7	5	3.9
2	27	16.5	45	21.0	16	17.4	24	18.6
3	39	23.8	48	22.4	24	26.1	35	27.1
4	38	23.2	39	18.2	16	17.4	26	20.2
5	23	14.0	25	11.7	17	18.5	13	10.1
6	7	4.3	20	9.3	6	6.5	17	13.2
7	5	3.0	7	3.3	4	4.3	4	3.1
8	5	3.0			1	1.1		
9	1	0.6	1	0.5			5	3.9
合计	164	100.0	214	100.0	92	100.0	129	100.0

资料来源：根据作者所做问卷调查数据整理。

（1）男性父亲兄弟姐妹数量

从表 4–1 可知，民国初年前后，有生育行为夫妇中，拥有 3 个和 4 个成年子女者所占比例最大。而子女 3 个以下者占 51.8%，4 个以上者占 48.2%，拥有 5 个以上子女者占 25%。当然这只是有生育行为且所生子女活至成年的构成状况。此外，若将没有生育，或虽生育但并没有子女活至成年的家庭考虑在内，那么在一个特定时期和地区范围内，家庭平均子女数还要下降。

164 个 70 岁以上受访对象父亲共有成年兄弟姐妹 583 个，平均水平为 3.55 个。

我对 18 世纪中后期（1781—1791 年）个案汇总研究的结果是，家庭成年子女数为 3.59 个。[①]可见两者家庭成年子女数非常

① 拙著：《十八世纪中国婚姻家庭研究——建立在 1781—1791 年个案基础上的分析》，第 248 页。

接近。该项研究主要立足于考察成年儿子数量，对成年女儿数量通过复原得到。本次问卷调查数据结果也在一定程度上印证了档案汇总结果是可信的。这也表明传统社会家庭成年子女数量是相对稳定的。

（2）女性父亲兄弟姐妹数量

92 个受访女性父亲共有 333 个子女，平均 3.62 个子女。可见与受访男性父亲的子女数量非常接近。有 3 个子女的家庭最多，3 个以下子女的家庭比例占 52.17%，同男性父亲基本一致；5 个子女家庭占 30.48%，稍高于男性父亲。

男女父亲辈共有 256 个样本，子女总数为 916 个，平均每个家庭成年子女 3.58 个。男女受访者父辈家庭子女数量分布基本一致。

2．本人兄弟姐妹数量

70 岁以上受访对象本人平均年龄为 76.68 岁。考虑到兄弟姐妹年龄既有比其大者，也有比其小者，将其父母的生育过程确定在 1920—1940 年比较合适。他们应该能够反映 20 世纪 30 年代前后家庭成年子女数量水平。

（1）男性本人兄弟姐妹数量

214 个受访男性兄弟姐妹数量为 722 个，平均每个家庭 3.37 个。这比其父亲辈家庭子女数量稍低一些。这或许与该时期社会不稳定有关，或许是正常状态下的波动。总之，两个时期成年子女数量差距并不大。3 个成年子女以下家庭占 57.0%，稍高于前一时期；5 个成年子女以上家庭占 24.8%，与前一时期基本一致。

（2）女性本人兄弟姐妹数量

129 个受访女性共有 502 个兄弟姐妹，平均为 3.89 个，比前一时期稍有提高。同样，有 3 个子女家庭比例最高，3 个以下子女家庭占 49.6%，5 个以上子女家庭占 30.2%，变动并不大。

男女合计共有 343 个受访对象，1224 个兄弟姐妹，平均每个家庭中有 3.57 个成年子女。与前一代人之间基本没有差别。

（二）60—69 岁受访对象父亲和本人兄弟姐妹数量

1．父亲兄弟姐妹数量

1999 年 60—69 岁受访对象本人出生于 1930—1939 年，其父亲大体生活在 1900—1920 年，父辈兄弟姐妹数量可反映 20 世纪 20 年代家庭成年子女数量。（见表 4–2）

表 4–2　60—69 岁受访者父亲和本人兄弟姐妹数量构成

兄弟姐妹数量（个）	受访男性				受访女性			
	父亲		本人		父亲		本人	
	样本量	%	样本量	%	样本量	%	样本量	%
1	18	19.4	12	10.8	6	16.7	2	4.3
2	13	14.0	23	20.7	4	11.1	8	17.0
3	18	19.4	25	22.5	6	16.7	13	27.7
4	18	19.4	17	15.3	5	13.9	7	14.9
5	14	15.1	18	16.2	7	19.4	9	19.1
6	7	7.5	9	8.1	5	13.9	4	8.5
7	3	3.2	6	5.4	1	2.8	4	8.5
8	1	1.1			1	2.8		
9	1	1.1			1	2.8		
11			1	0.9				
合计	93	100.0	111	100.0	36	100.0	47	100.0

资料来源：同表 4–1。

93 个男性受访对象父辈兄弟姐妹数量为 320 个，平均 3.44 个。3 个以下成年子女家庭占 52.7%，5 个以上占 28.0%。

36 个女性受访对象父辈兄弟姐妹数量为 141 个，平均每个家庭 3.92 个。3 个以下成年子女家庭占 44.4%，5 个以上占 41.2%。

两项合计，受访者 129 个，家庭子女数量 461 个，平均水平为 3.57 个，同前一时期的 3.58 个几乎一致。

2．本人兄弟姐妹数量

前面已经提到，60—69 岁受访对象本人出生在 1930—1939 年，其家庭成年子女数量应该能对 20 世纪 30—40 年代家庭子女数量水平有所反映。

111 个男性受访对象共有兄弟姐妹 398 个，平均 3.59 个。3 个以下成年子女家庭占 54.05%，5 个以上占 30.63%。47 个受访女性的兄弟姐妹数为 182 个，平均水平 3.87 个。3 个以下成年子女数量的家庭占 48.9%，5 个以上占 36.2%。

两项合计共有 158 个受访者，成年子女数 580 个，平均水平为 3.67 个。

（三）50—59 岁受访对象父亲和本人兄弟姐妹数量

1. 父亲兄弟姐妹数量

1999 年 50—59 岁受访对象生于 1940—1949 年，其父亲大体生于 1920—1930 年。父辈兄弟姐妹数量水平可反映 20 世纪 30 年代家庭成年子女数量。（见表 4–3）

表 4–3　50—59 岁受访者父亲和本人兄弟姐妹数量构成

兄弟姐妹数量（个）	受访男性				受访女性			
	父亲		本人		父亲		本人	
	样本量	%	样本量	%	样本量	%	样本量	%
1	4	6.3	4	5.8	7	15.6	2	4.3
2	12	19.0	6	8.7	7	15.6	2	4.3
3	17	27.0	15	21.7	11	24.4	12	25.5
4	14	22.2	11	15.9	6	13.3	11	23.4
5	8	12.7	18	26.1	8	17.8	9	19.1
6	5	7.9	9	13.0	4	8.9	5	10.6
7	1	1.6	5	7.2	1	2.2	5	10.6
8			1	1.4			1	2.1
9	2	3.2			1	2.2		
合计	63	100.0	69	100.0	45	100.0	47	100.0

资料来源：同表 4–1。

表 4–3 中，男性父辈兄弟姐妹数量 230 个，63 个样本的平

均水平为3.65个。3个以下成年子女家庭占52.4%，5个以上占25.4%。女性父辈兄弟姐妹数量157个，45个样本中平均每个家庭有3.48个。3个以下成年子女家庭占55.6%，5个以上占31.1%。

两项合计，受访者108个，子女数量387个，平均每个家庭为3.58个。

2．本人兄弟姐妹数量

1999年50—59岁受访者出生于20世纪40年代，从冀南农村看，具有过渡性质。或者说，一部分人生于土改前，一部分人生于土改后。而其兄弟姐妹出生跨度可能更大。从总体上看，将其家庭成年子女数量视为40年代的类型是比较合适的。

50—59岁受访男性兄弟姐妹总数为292个，调查样本69个，每个家庭平均有4.23个成年子女。其中3个以下成年子女家庭占36.2%，5个以上占47.8%。该年龄段受访女性兄弟姐妹数量为204个，调查样本47个，每个家庭平均为4.34个。

两项合计，兄弟姐妹总数为496个，调查样本116个，平均每个家庭4.28个。

这一年龄组家庭子女数量与前相比有明显不同，首次超过了4个。它表明土改后社会变革对家庭实际拥有成年子女数量产生了影响。

另外，1999年40—49岁年龄段受访对象父辈兄弟姐妹数量也可对40年代前后家庭成年子女数量水平有所体现。（见表4–4）

表4–4　40—49岁受访者父亲兄弟姐妹数量构成

兄弟姐妹数量（个）	受访男性父亲		受访女性父亲	
	样本量	%	样本量	%
1	2	3.0	2	3.8
2	18	26.9	9	17.3
3	17	25.4	16	30.8
4	11	16.4	10	19.2
5	8	11.9	8	15.4
6	6	9.0	4	7.7

（续表）

兄弟姐妹数量（个）	受访男性父亲		受访女性父亲	
	样本量	%	样本量	%
7	3	4.5	2	3.8
8	2	3.0	1	1.9
合计	67	100.0	52	100.0
父亲兄弟姐妹总数	246		194	
平均每个家庭成年子女数	3.67		3.73	

资料来源：同表 4-1。

综上所述，我认为，前五项结果（70 岁以上受访者父辈和本人辈，60—69 岁受访者父辈和本人辈，50—59 岁父辈）揭示出传统生育方式和社会发展水平下家庭成年子女的数量特征。从时间跨度上看，这五项数据涵盖了从 19 世纪末到 20 世纪 40 年代至少 50 年的历程。依据问卷调查统计，在这一相对比较长的传统社会时期，家庭成年子女数量变动很小，可以说不同类型的家庭成年子女数量非常接近，甚至一致。如从男性方面看，五个时期家庭成年子女数量分别为 3.55、3.37、3.44、3.59 和 3.65 个，上下相差最大在 0.28 个。

还有一点值得注意，根据上述五项受访对象统计，兄弟姐妹数量 3 个以下者在同类别中多超过 50%，兄弟姐妹 5 个以上样本数量多在三分之一上下。可见，低成年子女数量家庭占比（3 个以下）比较高。

总的来看，18 世纪中后期个案统计结果与本项调查结果是基本一致的。由此我感到，在出生人口高死亡率影响下，一个地区内各个家庭能够存活下来并活至成年状态的子女虽有一定差异，但从宏观上看，同一地区不同时期的整体成年子女数量水平是相对一致的。这一传统特征在土改以后，特别是新中国成立以后开始出现变化，家庭子女数量增加。上面 50—59 岁年龄段受访对象本人兄弟姐妹数量统计结果带有一定过渡性，差异已经表现出来。关于这一点，我将通过后面的观察来做具体分析。

（四）相关研究的考察

土改前，有关家庭子女数量的调查比较少。不过，民国年间的一些生育调查是观察该时期家庭子女数量水平的重要参考资料。

李景汉在 1930 年的定县调查中有一项对 46 岁以上妇女生育状况的统计。所调查的 366 个妇女一生共生育 1748 个子女，其中死亡 616 个，至调查时尚存 1132 个，平均每个妇女在结婚期内共生育 4.78 个子女，死亡 1.68 个，至调查时尚存 3.09 个。①

从家庭存活子女数量看，定县调查与作者的冀南农村调查有一定差距。其原因是，冀南农村调查中，未生育妇女或者虽生育但没有留下成年子女的妇女，不会有后代成为我们的受访对象。因而这部分已婚妇女不能被统计进来。当然，传统时代其比例是不低的。

冀南农村的问卷调查中，220 个 70 岁以上初婚夫妇中，没有生育者占 7.7%（17 个样本），虽生育但没有成年子女留下者占 3.6%（8 个样本）。这些受访夫妇的生育行为是在解放后完成的。由此可以推断，解放前结束生育的夫妇中，没有生育者将高于这个比例，这里取 9%；虽生育但无成年子女留下也很可能高于解放前结束生育夫妇，在此取 4%。两者合在一起，没有成年子女的夫妇约占 13%。因而，要认识当时夫妇拥有成年子女的平均水平，就需在现有样本量基础上增加 13%，即以原有成年子女总数同增加后的夫妇样本单位数相比，这样平均子女数量将会下降。因此，上述几个时期的成年子女数量将从 3.55、3.37、3.44、3.59 和 3.65 个降低为 3.15、2.98、3.05、3.18 和 3.23 个。可见，将这些因素考虑在内，若从平均水平看，冀南农村和定县两地之间的家庭子女数量差距很小，甚至可以说是基本一致的。

另外，金陵大学农业经济系 20 世纪 30 年代对安徽、江西、湖北和河南的调查显示，四省农户平均子女数在不同阶层之间没有区别，佃农、半自耕农和自耕农均为 3 个；其中河南佃农为 4 个、半

① 李景汉编：《定县社会概况调查》，第 290 页。

自耕农 3 个、自耕农 3 个。[1]或许可以这样讲，在传统农村，无论什么阶层，只要适时完婚，生育子女的数量差异可能并不十分显著（但实际上农村佣佃者适时结婚的比例要低于自耕农以上阶层）。

由此可见，土改之前各个时期，每个家庭平均有 3 个成年子女是比较普遍的现象。那么，要达到这个子女数量水平，妇女实际终身生育的子女数量应该是多少呢？对此所做的系统性调查是比较少的。根据河北省人口学会 1982 年对 90—94 岁妇女（生于 1892—1896 年）的生育调查，平均每个妇女生育子女 6.03 个。[2]长寿妇女是一个比较特殊的群体，其生育行为一定程度上可以反映传统时代妇女的生育特征。但若完全以其生育的子女数量来代表当时已婚妇女整体生育数量，尚有不足。

在卜凯（J. L. Buck）20 世纪 30 年代对中国 10700 个 45 岁以上农村妇女的调查中，每 100 名妇女生育子女数量在不同农场规模中有一定差异：小农场规模家庭为 503 个，中等规模农场为 506 个，中大规模农场为 528 个，大规模农场为 535 个，很大规模农场为 551 个。[3]

卜凯的调查还显示，1929—1931 年全国妇女总和生育率为 499，北方平原地区为 501，山区为 407；全国已婚妇女总和生育率为 565，北方平原地区为 565，山区为 431；45 岁以上妇女曾生子女数全国为 536，北方平原为 499，北方山区为 571。[4]

另外，依据 1936 年（民国二十五年）《中国经济年鉴》，1928—1933 年，中国 45 岁以上农家妇女平均生育数为 5.29，其中淮水以

---

① 国民政府实业部编：《中国经济年鉴》（民国二十五年辑，1936 年），第 7 章，见国民政府主计处统计局编：《中国租佃制度之统计分析》，第 124 页。

② 张瑞、任立忠、赵晓茂：《清光绪年间出生的妇女婚育状况——河北省 90—94 岁妇女婚育状况的回顾性调查》，第 58 页。

③ Olga Lang, *Chinese Family and Society*, Yale University Press, 1946, p. 152.

④ Arthur P. Wolf, "Fertility in Prerevolutionary Rural China", *Family and Population in East Asian History*, edited by Susan B. Hanley and Arthur P. Wolf, Stanford University Press, 1985, pp. 158–159.

北地区为 5.09，淮水以南为 5.50；另外，35—39 岁组全国、淮水以北和以南地区分别为 4.32、4.09 和 4.50，40—44 岁组三项指标分别为 4.98、4.80 和 5.20。[①]

土改前婴幼儿死亡率保持在比较高的水平。

河北省人口学会主要是对长寿妇女生育做的回顾调查，其指标将比一般妇女生育子女数量水平高。而卜凯和 1936 年（民国二十五年）《中国经济年鉴》提供的 20 世纪 30 年代的调查数据可能更有代表性，即妇女平均终身生育子女数量约为 5 个。实际能长大成人约为 3.2 个，死亡 1.8 个，死亡比例为 36%。

1936 年的《中国经济年鉴》载有对江苏江阴县的调查：按农户类别分，婴儿死亡率分别为：自耕农 215.7‰，半自耕农 439.1‰，佃农 364‰。[②]这与上述研究基本吻合。

当然也有不少死亡统计低于这个水平。根据 1938 年（民国二十七年）内政部编卫生统计资料：全国婴幼儿死亡率为 163.8‰；北方平原各省中河北为 175.2‰，山东为 165.2‰，河南为 167.7‰。[③]这里的婴幼儿死亡率主要指 1 岁以下死亡状况。实际上，传统社会 1—4 岁儿童的死亡率仍处于高水平，甚至在 10 岁之前，儿童死亡率也是比较高的。从这个角度看，其累积死亡率达到 300 及以上也有可能。有的学者认为，传统社会中，有一半的儿童会在青春期或成年之前死亡，[④]甚至活到结婚并生育子女者不到半数。[⑤]一些调查也支持了这种看法。根据 1927 年在中国北方对 3390 个育龄妇女进行调查的结果，孩子生下来后不到一个月便夭折的占 12.6%，不到 1 岁死亡的超过 12%；此后死亡率继续下降，然而直到 5 岁死亡的人数

① 国民政府主计处统计局编：《中国人口问题之统计分析》，第 70 页。

② 《中国经济年鉴》（1936 年），第 131 页。

③ 国民政府主计处统计局编：《中国人口问题之统计分析》，第 87 页。

④ 李中清、王丰：《人类的四分之一：马尔萨斯的神话与中国的现实（1700—2000）》，第 85 页。

⑤ William L. Parish, *Village and Family in Contemporary China*, University of Chicago Press, 1978, p. 132.

仍占 21.7%。[①]这意味着同批孩子 5 岁以前累积死亡率接近 40%。

一些学者通过对中国明清时期家族人口死亡率进行研究后指出：弄清 20 岁之前死亡人口的比例可能有重要价值。例如，出生时预期寿命是 40 岁，那么所有个体中的三分之一将死于 20 岁之前；如果出生预期寿命为 20 岁，那么将有一半人死于 20 岁前。[②]

17 世纪西欧农村的婴儿死亡率也很高，这对我们认识中国传统时代的婴儿死亡状况具有参考作用：三分之一的出生婴儿（baby）第一年内死去，只有三分之一的出生儿童（children）能活到成年；多数夫妇在其婚姻因一方死亡解体之前只有一个或两个孩子。[③]而从上面的考察来看，中国夫妇婚姻解体前拥有的子女数要高于西欧。这也表明中国人口具有一定的增长潜能。

通过上述分析，可以得出这样的认识，在土改前数十年中，冀南地区家庭平均拥有的成年子女数量是相对比较稳定的，基本在 3—3.2 的水平上。但要达到这个子女数量水平，妇女平均生育子女数要在 5 个以上。在婴幼儿高死亡率的威胁下，妇女只有提高生育水平，才能保持家庭延续所需人口数量。

二、土改后不同时期妇女生育子女数量

前面主要通过考察受访对象父亲及其本人成年兄弟姐妹数量，间接了解土改前家庭成年子女数量水平，借以观察传统社会妇女的生育特征，以及高死亡率等客观因素制约下，生育子女的成活水平。它可作为认识缺乏可靠资料时期家庭子女数量变动的办法。下

---

① 罗梅君：《北京的生育、婚姻和丧葬——19 世纪至当代的民间文化和上层文化》，王燕生等译，中华书局，2000 年，第 151 页。

② Stevan Harrell and Thomas W. Pullum, "Marriage, Mortality, and Development Cycle in Three Xiaoshan Lineages", *Chinese Historical Micro-demography*, edited by Stevan Harrell, University of California Press, 1995, p. 148.

③ George Huppert, *After the Black Death: A Social History of Early Modern Europe*, Indiana University Press, 1986, pp. 9–10.

面我将对受访对象本人生育子女状况做一分析。这些直接性生育资料能比较准确地反映土改初期到20世纪90年代的妇女生育状况。为了显示生育的时期特征，我将通过分历史时期，而非分年龄的方法来探讨家庭的生育行为。

（一）土改前结婚妇女生育子女数量及其性别构成

土改前结婚妇女并非于同一个时段结婚，因而其生育的延续时间不一。204对土改前结婚夫妇中，1923—1929年结婚者7对，占3.4%；1930—1939年结婚者61对，占29.9%；1940—1946年结婚者136对，占66.7%。

问卷调查样本数据表明，土改前结婚妇女的平均生育年龄为22岁，平均生育时间约为20年。由此可知，这些土改前结婚妇女的生育期绝大多数要延续到土改后。如20年代结婚妇女的生育行为会延续到1950年前后，30年代结婚妇女直至50年代才结束生育，40年代结婚妇女则将生育过程延至60年代。可见，从社会环境上看，土改前结婚妇女的生育行为绝大多数具有过渡性质，既带有传统印记，也具有新时代特征。所谓传统印记是指受早婚、早育影响，土改前结婚妇女的生育将比较密集，但高死亡率（包括婴幼儿死亡率和育龄妇女死亡率）的阴影却难以彻底摆脱，妇女所拥有的成年子女数量并不比后一时期结婚者高；新时代的特征表现为，生存条件改善，死亡率相对降低，妇女生育并活至成年的子女数要高于前一历史时期。

土改前人口的高死亡率对婴幼儿影响最大，但成年人也面临着各种疾病威胁，因而夫妇中一方死亡会使原配间的生育过程终止。尤其是妻子死亡后，丈夫有可能再娶。当然，也有女性丧偶后再嫁。对再婚者，我们只选择一次婚姻中所生育子女进行统计，原则是以初婚生育为主。这里的初婚主要是夫妇双方均为初婚，或称原配夫妇。在具体的样本分析中则以初婚妇女称之。

表4–5中，受访初婚妇女共有成年子女795个，平均子女数

为 4.47 个。其中有 3 个以下成年子女者占 30.3%，5 个以上者为 51.7%。它表明，虽然处于过渡时期，但若与土改前各时期家庭成年子女数量相比，两者有明显不同。标志是：①成年子女平均水平达到 4.47 个，高于此前各期近一个子女；② 3 个以下子女家庭明显减少，土改前 3 个以下子女家庭占 51%。与此同时，拥有 5 个以上成年子女家庭超过 50%，多子女家庭明显提高。

表 4-5　土改前初婚妇女成年子女数量构成

子女数量（个）	样本量	%	儿子数量（个）	样本量	%	女儿数量（个）	样本量	%
1	20	11.2	1	33	20.1	1	45	28.0
2	11	6.2	2	62	37.8	2	48	29.8
3	23	12.9	3	39	23.8	3	39	24.2
4	32	18.0	4	22	13.4	4	17	10.6
5	31	17.4	5	8	4.9	5	6	3.7
6	34	19.1				6	5	3.1
7	19	10.7				7	1	0.6
8	8	4.5						
合计	178	100.0	合计	164	100.0	合计	161	100.0

资料来源：同表 4-1。

那么成年子女的性别构成如何？

在考察被访者父辈和本辈兄弟姐妹数量时，对性别构成的统计，我们是比较谨慎的。这种回溯性调查很容易人为造成性别比失衡。因为，若询问男性父辈和本辈兄弟状况时，不可避免会漏掉只有姐妹的家庭；询问女性时也会出现类似对只有儿子的家庭的漏报。要想避免这种状况，最好选择同样数量的男性和女性来调查。另外，在女性受到歧视的传统时代，夫妇生育男孩的愿望较强烈。很可能会有这种情形，一个夫妇若生育了三四个女孩后可能会继续生育，直到生出男孩为止。而生出多个男孩后，对女孩的追求则没有这么强烈。因此社会上有女无男户要多于有男无女户。即使按完全均等的方式选取样本，也会出现偏高的性别比。所以用这种方式探究家庭成年子女性别比有一定局限性。因而，前面分析中，我没有对性别比进行统计。对有生育行为的夫妇直接调查将会克服上述间接性询问的不足，有可能对其生育子女性别构成进行分析。受访妇女生育儿子总数 402 个，女儿总数 393 个，性别比为 102.29，处于非常正常的状态。不同性别子女的平均构成为儿子 2.45 个，女儿 2.44 个，子女的性别构成也很接近。

这些调查资料还提供了活产子女的死亡信息。初婚妇女中，有活产子女死亡信息的妇女有 42 个，共死亡子女 103 个，平均为 2.45 个。41 个妇女中，有活产生育但无成年子女留下者有 7 个。

这样，所有初婚有生育行为妇女样本共 185 个（将 7 个虽生育但没有留下成年子女的妇女包括在内）。若以此为基数进行计算，其成年子女的平均水平下降 4.32 个。这些妇女夭折子女 103 个，合计共有活产子女 898 个，平均每个初婚有生育行为妇女活产子女数为 4.85 个。

另外，初婚无生育妇女样本 7 个，他们也应被列入初婚妇女总数中。由此，本期初婚妇女样本总量为 192 个，平均成年子女数为 4.14 个。

我认为，本项调查中的成年子女数应该是比较准确的。活产死亡子女可能有漏统现象，因而与实际生育数会有一定出入。就成活子女数量而言，土改前初婚、但生育行为在五六十年代结束的妇女所拥有的成年子女数量，明显高于生育行为结束于土改前各个时期的妇女。从绝对数量上看，无论以有成年子女的初婚妇女为基数，还是以所有初婚妇女为基数来衡量，两者都相差约一个成年子女。当然，从初婚妇女生育的数量构成上看，它还有过渡时期的一些特征。这是因为其中绝大多数妇女的生育始于土改前，婴幼儿高死亡率对初婚妇女子女数量尚有抑制作用。

（二）1947—1956 年结婚妇女子女数量状况

本期结婚妇女生育期主要处于 1948—1976 年，其中大部分妇女在严格的计划生育政策实行之前已完成生育过程，有一部分受到节制生育政策影响。应该说，这一时期妇女的生育环境改善，医疗卫生和保健水平提高，直接降低了婴幼儿死亡率，从而促使家庭拥有成年子女数量增加。当然，单有卫生条件改善这一条是不够的。制度变革后社会中下层家庭养育子女能力有了提高，也会降低婴幼儿死亡率。

这一时期问卷样本为 117 个。初婚拥有成年子女的妇女 103 个，其成年子女分布如表 4–6。

表 4–6　1947—1956 年初婚妇女成年子女数量构成

成年子女数量（个）	样本量	%	儿子数量（个）	样本量	%	女儿数量（个）	样本量	%
1	3	2.9	1	19	18.6	1	20	21.5
2	8	7.8	2	36	35.3	2	23	24.7
3	6	5.8	3	25	24.5	3	13	14.0
4	14	13.6	4	16	15.7	4	22	23.7
5	23	22.3	5	5	4.9	5	10	10.8
6	25	24.3	6	1	1.0	6	4	4.3
7	17	16.5				7	1	1.1
8	5	4.9						
9	2	1.9						
合计	103	100.0	合计	102	100.0	合计	93	100.0
子女总数		535	儿子总数		261	女儿总数		274
平均每个妇女成年子女数		5.19	每个妇女成年儿子数		2.56	每个妇女成年女儿数		2.95

资料来源：同表 4–1。

本期有成年子女的初婚妇女中，其拥有的成年子女平均数量达到历史最高水平（5.19 个）。拥有 3 个以下子女的初婚妇女比重大大降低，只有 16.5%，比前一时期下降 13%；拥有 5 个以上成年子女者明显增加，占 69.9%。从绝对数量上看，这一时期结婚妇女平均拥有成年子女数是冀南地区此前各个历史时期最高的。它成为区域人口增长的主要促进因素，也是人口实现从高出生、高死亡、低增长向高出生、低死亡、高增长转变的重要标志。当然，这些妇女的生育过程并非完结于 20 世纪 50 年代，而是延续到 60 年代，甚至 70 年代初期。因而，若从纵向过程看，40 年代末 50 年代初结婚者成为解放后人口迅速增长的主要推动力量。

这些初婚妇女有成年儿子 2.56 个，成年女儿 2.95 个。儿子数量水平变化不大，女儿数量则有明显上升，家庭拥有女儿数第一次超过儿子。

本期初婚妇女终身无生育样本 2 个，虽生育但无成年子女的 2 个。这样，所有初婚妇女样本应为 107 个，平均拥有成年子女数为 5.0 个。这也是其他历史时期难以相比的。另外，活产死亡子女 19 个，活产生育总数应为 554 个，初婚妇女平均活产子女 5.18 个。尽管活产死亡子女有漏报的可能，但可以肯定其死亡率大大低于土改前初婚、生育过程延至五六十年代的妇女。如果漏报是两个时期都可能存在的情形，那么若根据样本，这一时期的活产死亡水平是比较低的。

成年子女性别比也出现逆转的现象，降低为 95.26。这种状况与社会环境改变有直接关系，即女性受歧视局面有实质性改观，照料女儿受到家庭重视。

我们再看生育子女的性别构成及单性别子女状况。103 个有成年子女初婚妇女中，102 个有成年儿子，占 99.03%。有儿无女比例稍高一些，11 个妇女没有女儿，占 10.7%。这是一个有趣的现象，即在子女性别比女多于男背景下，有儿无女家庭高于有女无儿家庭。它很可能与人们追逐生子有关。本期受访对象最后一胎的性别比说明了这种现象的存在。在总性别比为 95.5 的背景下，最后一胎的性别比高至 119.15。

为了与初婚妇女的成年子女数相互印证，我想进一步就 40—49 岁年龄段受访者兄弟姐妹数量做一观察。1999 年 40—49 岁的受访者出生时间应在 1950—1959 年，考虑到其兄弟姐妹出生时间会有先有后，因而可将其视为土改后至 50 年代末这一时期的类型。（见表 4–7）

表 4–7 40—49 岁年龄段受访者兄弟姐妹数量构成

兄弟姐妹数量（个）	男性		女性	
	样本量	%	样本量	%
1	1	1.4	3	5.7
2	7	10.1	1	1.9
3	10	14.5	8	15.1
4	13	18.8	10	18.9
5	17	24.6	12	22.6
6	13	18.8	10	18.9
7	3	4.3	5	9.4
8	3	4.3	3	5.7
10	2	2.9	1	1.9
合　计	69	100.0	53	100.0
兄弟姐妹总数	325		258	
平均每个家庭兄弟姐妹数	4.71		4.87	

资料来源：同表 4–1。

表 4–7 统计结果将过渡时期的特征表现出来了。男女受访者家庭平均成年子女数量为 4.82 个，与土改前结婚妇女的生育水平处于同一水准。表 4–7 中，以男性为统计对象的类别中，3 个子女以下家庭占 26.1%，5 个子女以上家庭占 55.1%。这一结果基本上可以反映未实行计划生育时期家庭子女的性别构成特征。

这些家庭子女的性别特征如何呢？我们先看受访男性的兄弟姐妹数量。69 个受访者中，每家都有成年儿子；但 8 个受访者家中只有儿子，没有女儿，占 11.6%。或者说儿子在受访男性家庭中的覆盖率达到 100%，女儿则只有 88.4%。从女性受访对象看，53 个样本中，有儿子的家庭达到 98.1%，有女儿的家庭仅为 75.5%。

由此可见，医疗卫生条件改善和生活水准提高使多数农民家庭对儿子的需求基本得到满足。一些夫妇更把生儿子作为目标；多胎是女儿时，将生育出男孩视为理想状态和终止生育的时点。

（三）1957—1965 年结婚妇女子女数量状况

这一时期结婚者基本处于集体经济时期，其生育时间跨度在

20世纪50年代末至70年代末。本期受访妇女样本38个，均为初婚，其中有1个未生育样本。（见表4–8）

表4–8 1957—1965年初婚妇女成年子女数量构成

子女数量（个）	样本量	%	儿子数量（个）	样本量	%	女儿数量（个）	样本量	%
1			1	10	27.0	1	8	22.2
2	1	2.7	2	15	40.5	2	9	25.0
3	2	5.4	3	7	18.9	3	12	33.3
4	14	37.8	4	5	13.5	4	4	11.1
5	14	37.8				5	3	8.3
6	3	8.1						
7	2	5.4						
8	1	2.7						
合计	37	100.0	合计	37	100.0	合计	36	100.0
成年子女总数		174	成年儿子总数		81	成年女儿总数		93
平均每个妇女成年子女数		4.70	每个妇女成年儿子数		2.19	每个妇女成年女儿数		2.58

资料来源：同表4–1。

本期妇女成年子女数量平均水平比前一时期有所下降。3个以下成年子女家庭比例降低了，仅占8.1%；4个以上子女家庭占91.9%，比前一时期提高；5个以上家庭占54.1%，有所下降。由表4–8可以看出，这一时期，夫妇似乎有使家庭子女达到某一理想水平的倾向。这就是拥有4个、5个子女的家庭明显集中，所占比例达75.7%。这或许是人民公社时期人们对家庭子女追求的一种表现。另外，这一时段的后期即70年代以后，政府提倡计划生育，对5胎以上的多胎生育起到一定制约作用。当然，它也与一些育龄夫妇生育观念的变化有关。

根据1985年《中国第一期深入的生育力调查国家报告》，河北省45—49岁组已婚妇女平均生育子女4.28个，而生育妇女平均生育子女4.37个。[①]这项调查可能是因为没有分城乡统计，平均生育

① 张瑞、任立忠、赵晓茂：《清光绪年间出生的妇女婚育状况——河北省90—94岁妇女婚育状况的回顾性调查》。

子女数偏低一些。

本期成年子女的性别构成为，37 个有成年子女者均有儿子。它表明这一时期，一般家庭对男孩的需求都得到了满足。有成年女儿的家庭为 36 个，占 97.3%；1 个为有儿无女的家庭，占 2.7%；儿女双全的家庭达到 97.3%。

这一时期成年子女性别比为 87.10。成年子女性别比偏低值得关注，但这绝对不是人为因素作用的结果，现在尚难给出合理的解释。或许它是自然生育状态下的正常情形。

受访对象中只有 1 例终生没有生育，占 2.6%。如将其考虑在内，初婚妇女平均成年子女数为 4.46 个。

（四）1966—1970 年结婚妇女子女数量状况

本期结婚妇女的生育过程基本上都处于提倡人口控制政策影响之下。问卷样本 43 个，均有成年子女。（见表 4–9）

表 4–9　1966—1970 年初婚妇女成年子女数量构成

子女数量（个）	样本量	%	儿子数量（个）	样本量	%	女儿数量（个）	样本量	%
1	2	4.7	1	19	47.5	1	16	47.1
2	13	30.2	2	15	37.5	2	10	29.4
3	16	37.2	3	6	15.0	3	5	14.7
4	7	16.3				4	3	8.8
5	4	9.3						
6	1	2.3						
合计	43	100.0	合计	40	100.0	合计	34	100.0
成年子女总数		130	成年儿子总数		67	成年女儿总数		63
平均每个妇女成年子女数		3.02	每个妇女成年儿子数		1.68	每个妇女成年女儿数		1.85

资料来源：同表 4–1。

表 4–9 中数据反映出节育政策的效果。其表现是，家庭平均拥有子女数量明显降低；3 个以下子女家庭比例大大上升，占 72.1%；5 个以上子女家庭降至 11.6%。

在子女性别比方面，集体经济时期提倡生育控制对家庭子女性别构成所产生的影响，与传统时代婴幼儿高死亡率所导致的结果有相同之处。这一时期，单性别子女家庭比例上升，特别是有女无儿家庭比例上升明显。表 4–9 中，无子家庭 3 个，占 7.0%；无女家庭 8 个，占 22.9%。这表明，人口控制环境下，夫妇对男孩追逐的愿望增强了，因而绝大多数家庭（93.0%）都能实现生育男孩的愿望。

本期成年子女性别比为 106.3，比前一时期有明显上升。根据妇女生育末胎子女统计，性别比为 100，处于平衡状态。至少从末胎统计结果上尚看不出受访者的性别偏好。

值得注意的是，这一期所调查的 43 个样本中，没有不育者。

（五）1971—1980 年结婚妇女子女数量状况

1971—1980 年结婚妇女处于提倡计划生育向实施比较严格的计划生育政策过渡阶段。其生育数量是否会显示出时期特征？由于这期间妇女所生育子女并非都长大成人，在此主要统计其成活子女数量（以 3 岁为标准）。本期问卷样本 64 个，均有成活子女。（见表 4–10）

表 4–10　1971—1980 年初婚妇女拥有成活子女数量构成

子女数量（个）	样本量	%	儿子数量（个）	样本量	%	女儿数量（个）	样本量	%
1	2	3.1	1	36	61.0	1	29	52.7
2	19	29.7	2	17	28.8	2	15	27.3
3	31	48.4	3	6	10.2	3	8	14.5
4	9	14.1				4	2	3.6
5	3	4.7				5	1	1.8
合计	64	100.0	合计	59	100.0	合计	55	100.0
成活子女总数		184	成活儿子总数		88	成活女儿总数		96
平均每个妇女成活子女数		2.88	每个妇女成活儿子数		1.49	每个妇女成活女儿数		1.75

资料来源：同表 4–1。

计划生育政策的作用已经显示出来，表现在 3 个以下子女家庭比重大幅度上升，占 81.3%；5 个以上子女只是极少数家庭的生育行为。

从表 4–10 可知，有儿无女的家庭为 5 个，占 7.8%；有女无儿的家庭 8 个，占 12.5%。绝大多数家庭都能达到生育 1 个男孩的目标。本期生育子女的性别比出现波动，为 91.67。

（六）1981—1996 年结婚妇女子女数量状况

1981—1996 年结婚夫妇完全处于中国实行严格的计划生育政策阶段，即独生子女政策在城乡被广泛推行。从调查结果中，或许可对冀南农村计划生育政策落实状况和生育控制水平有所认识。

这一时期的问卷样本共 79 个，其中有 2 个未生育样本。

我所调查的村庄不属于享受二胎照顾地区。77 个有生育行为妇女中，只生一个孩子的妇女不到三分之一。25 个生有一孩的妇女中，19 个 1990 年以后结婚，占 76.0%；他们很有可能会再生一个孩子。3 胎以上的占 36.4%，超过三分之一。可见，严格的计划生育政策在本地并未得到真正贯彻。受访者夫妇平均拥有成活子女 2.09 个，处于更替水平上下。另外，3 岁以下（不含 3 岁）死亡婴儿 2 个。妇女实际活产子女 163 个，平均 2.12 个。如果加上 2 例未生育妇女，平均生育数为 2.06 个，稍低于更替水平。

上述调查结果也表明，冀南地区家庭联产承包责任制的实行并没有使农村的生育率出现回升，但这并不意味着二胎以上生育被有效控制住了。

计划生育政策对家庭子女性别构成产生了影响，单性别子女家庭增多。有儿无女的家庭 12 个，占 15.6%；有女无儿的家庭 20 个，占 26.0%。

性别比也出现新变化，明显向高的方向转变。这期间 163 个活产婴儿中，男 95 个，女 68 个，性别比为 139.7。它表明即使在人口控制政策环境下，夫妇对男孩生育的追求也并未放松。

当然，我们也不能就此认为该地性别比出现失衡。根据 1999 年我对四个村庄核心家庭子女构成的统计，性别比高低各有不同。其中西大庄村为 91.6，双寺村为 113.8，庆有庄村为 100.7，上寨村为 113.2。

这些核心家庭夫妇以 50 岁以下年龄段为主，虽然个别家庭有女儿出嫁或儿子结婚后分出的情形，但多数家庭没有已婚子女，因而其家庭子女数与实际生育子女数比较接近。四个村庄中西大庄村偏低，庆有庄村比较正常，双寺村和上寨村偏高，但与正常值差距不大。不过，上述核心家庭子女数具有累积性质，实际是把不同时期核心家庭夫妇所生子女做混合统计，因而对近期出生子女性别构成的揭示可能有一定缺陷。但它也说明，在 15—20 年的时间内，家庭累积生育子女性别比过高的局面还没出现。若就近十年情形看，有偏高倾向。

综上所述，冀南农村土改前由于缺少详细的婴幼儿死亡统计，我们难以准确把握妇女实际生育状况。但通过家庭成年子女数量统计，可以对传统时代本地区生育并活至成年子女数量有基本了解。其间各个时期（主要是 20 世纪初以来），冀南地区家庭拥有的成年子女数量比较稳定，基本在 3.2 个上下。这是高死亡率环境下的家庭成年子女数量水平，由此对人口的过快增长产生了制约作用。家庭成年子女数量上升是在土改之后，特别是 20 世纪 50 年代和 60 年代。根据对土改以后结婚妇女的调查，其活至成年的子女数量上升到 5 个以上，是各个历史时期已婚妇女拥有成年子女的最高水平。正是在这一背景下，不仅区域之内，而且全国范围的人口得以迅速增长。只是到 70 年代，政府提倡计划生育，乃至实行比较严格的生育控制政策，已婚妇女平均子女数量才降到 2 个左右的水平。但独生子女政策在农村地区，特别是中等经济水平以下地区，并没有得到严格落实。

依据图 4-1，在土改前的传统时期，家庭成年子女数量尽管有集中的特征，但相对比较平缓，且 6 个以上明显较低；土改后至 1965 年结婚妇女的成年子女数集中在 5—7 个水平上；1966—1970 年结婚妇女成年子女明显集中在 3—6 个；1971—1980 年结婚妇女受计划生育政策的制约，活产子女集中在 2—4 个。

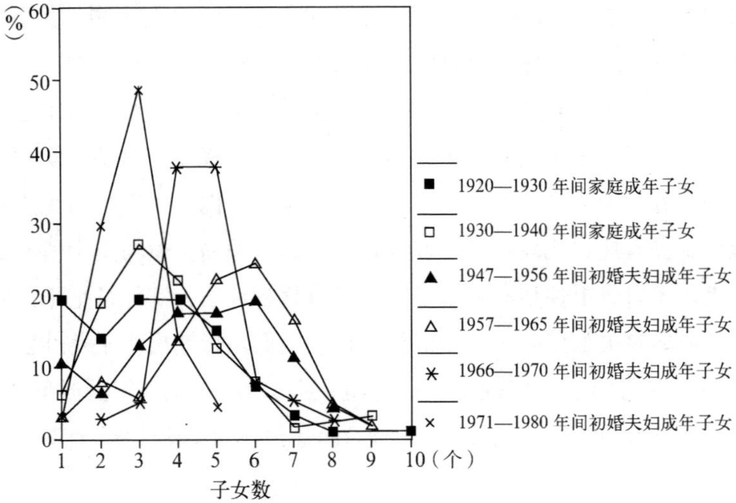

图 4–1　冀南农村家庭成年子女数量变动曲线图

令人欣慰的是，家庭联产承包责任制的实行并未使冀南农村生育率有很明显的回升。不少学者认为，集体经济组织的解体会使农民期望子女数增加。农村地区独生子女政策在集体经济时代曾得到严格贯彻。随着集体经济组织解体，政策制约将会减轻，加之农民家庭对劳动力需求的提高，生育的上升将是不可避免的。而在冀南农村，严格的计划生育政策（一胎化）并没有被农民恪守。二胎和三胎生育仍占较大的比重。集体经济组织解体之后，计划生育政策并没有改变，计划生育机构和网络仍然存在，人口控制氛围对农民的生育行为继续产生作用。需要指出的是：虽然一胎生育难为农民所接受，但二胎生育而不是多胎生育已成为他们新的生育意愿。因而生育反弹在冀南地区是有限的。若从大的范围看，或许在一个较短的时期内曾有过反弹，如全国农村生育率从 1980 年到 1982 年增长了 24%，而到 1984 年降低了 21%。[①]但从较长时期看，波动和

① D. 盖尔 · 约翰逊：《中国现行制度和政策对农村人口增长的影响》，高春燕译，《中国人口科学》，1994 年第 3 期。

起伏则显示不出来。

三、不同时期结婚妇女生育延续时间

这里，我以调查时点（1999年）妇女年龄为主线，认识不同年龄段妇女的生育过程。实际上，年龄段划分也可对不同历史时期妇女的生育过程特征有所显示。

（一）70岁以上受访妇女的生育期

1999年70岁以上受访妇女的结婚时间以土改前为主，其生育过程一般延续到20世纪六七十年代。

70岁以上妇女实际由两大年龄组构成，一是70—79岁，一是80—89岁。由于90岁以上只有两例，所以，我将其与80—89岁年龄组合在一起观察。

153个70岁以上妇女样本中，39岁之前结束生育的占48.8%。29岁之前停止生育的只占5.5%，她们此时一般不会拥有理想的子女数量。45岁以上有生育行为者占一定比例（11.73%），也属少数。50岁以上生育者有两例（1例为51岁，1例为56岁），占1.2%，属于比较少见的高龄生育行为。妇女结束生育的高峰年龄在35—39岁和40—44岁两个年龄段，两者合计占65.4%。特别是40—44岁成为结束生育最集中的年龄段，占39.5%。它表现出部分妇女在育龄后期仍有较高比例的生育行为。从前面对末胎生育年代的统计已经知道，这一年龄组妇女生育行为基本上没有受到政府控制人口政策的影响。不过，有近一半妇女39岁之前就终止了生育，表明她们达到某一子女数量目标后即停止了生育。那么妇女生育间隔有多长呢？

要计算妇女头胎与末胎生育间隔，考察妇女生育的延续时间，只能将有两次以上生育行为的妇女作为分析对象。在153个70岁以上受访妇女中，有3个为只生1胎，这样实际只有150个妇女符合分析条件。其中头末胎生育间隔在9年以下者占13.3%，持续15

年以上者占64.0%。自然状态下，若生育过程持续15年以上，生育5胎是没有问题的。9年之内结束生育则会降低生育数量。根据问卷汇总数据，20个生育持续9年以下的样本中，2胎7个，占35.0%；3胎5个，占25.0%；4胎4个，占20.0%；5胎1个，占5.0%；6胎3个，占15.0%。平均生育水平为3.40个，明显低于该时期5.1个的平均水平。而持续至25年以上者有7个，占4.7%。其生育数量是否相应增多？根据问卷汇总数据，4胎1个，占14.3%；5胎3个，占42.9%；6胎2个，占28.6%；7胎1个，占14.3%，平均生育水平为5.28个，它比这一时期总样本的平均生育水平稍高一些。

完全传统时期的生育间隔调查是比较少见的。河北省人口学会对1892—1896年出生的妇女生育回顾调查结果是，妇女平均末胎生育年龄为35.41岁；头胎与末胎平均生育间隔12.83年。[①]本项问卷调查平均末胎生育年龄比其延长3.32岁，平均生育间隔延长3.21年。这说明过渡时期妇女生育期要长于纯传统时期妇女。

（二）60—69岁受访妇女的生育期

1999年60—69岁妇女多在20世纪50年代完婚。97个样本中，生育末胎的年代分布如下，1961—1969年占42.3%，1970—1979年占56.7%，1980年占1.0%（只有1个）。可见，这一年龄段一部分妇女的生育过程在自由生育期已经完成；另一部分则在国家提倡计划生育，鼓励放弃多胎生育，但尚未实行严格生育控制政策之前实现。本年龄段妇女的生育可以说处于第二个过渡期。

这一过渡期中，多数妇女39岁之前即结束了生育，所占比例达75.26%。当然29岁以前结束生育的比较少见。35—39岁成为妇女结束生育最集中的年龄段，所占比例为49.5%。而40岁以上

① 张瑞、任立忠、赵晓茂：《清光绪年间出生的妇女婚育状况——河北省90—94岁妇女婚育状况的回顾性调查》。

生育者由前一时期的 51.2% 降至 24.7%。45—49 岁生育妇女只有一个（45 岁），属于个别现象，即由 10.5% 降为 1.0%。40 岁以上妇女生育减少或终止对妇女终身生育水平下降起到促进作用。这与 70 年代中后期提倡计划生育政策有直接关系。但值得注意的是，这一年龄段妇女平均结束生育的年龄只减少了 2 岁，即由 38.73 岁降为 36.6 岁。

根据对其中 93 个初育和末胎生育信息齐全样本的统计，本年龄段妇女平均生育持续年限较前缩短 1.1 年，幅度并不大。如果考虑到这批妇女初婚年龄比 70 岁以上年龄提高、初育年龄相对后延，其平均生育间隔仍有约 15 年，那么可知两个年龄段妇女生育过程并无明显缩短。造成这种状况的一个重要原因是，初育和终育间隔 9 年以下的比例由上期的 15.1% 减为 8.6%。虽然这批妇女中没有延续生育 25 年以上者，但初终育间隔 15—19 年和 20—24 年的比例却高于 70 岁以上年龄段者。它意味着妇女低龄和高龄结束生育都比较少，生育年龄集中程度提高。

（三）50—59 岁受访妇女的生育期

1999 年调查样本中 55—59 岁者共有 66 个。其生育终止于 1975 年以前者有 30 个，占 45.5%；1976—1980 年 21 个，占 31.8%。合计 1980 年以前终止生育者占 77.3%；1981 年以后 15 个，占 22.7%。可以说，本年龄段妇女在生育期内基本上都受到计划生育政策的影响，1981 年以后生头胎的妇女更是处于人口控制政策实施的环境之中。

本期妇女生育受计划生育政策作用很明显，表现为平均生育末胎年龄比前一时期下降约 6 岁；高比例的妇女在生育旺盛年龄段（29 岁以下）结束生育，占 43.9%。另外，34 岁以下结束生育者占 75.8%。本年龄段所有妇女都在 39 岁以下结束了生育。

依据对 65 个头末胎信息齐全样本的统计，生育间隔下降十分明显，由 14.9 年降为 8.5 年，降幅达 43.0%；生育持续 9 年以内者占 56.9%，由此直接降低了妇女生育子女数量。当然，本期处于由提倡计划生育向实行严格计划生育政策过渡时期，所以这之前仍有一部分妇女的生育过程持续 15 年以上。

（四）40—49 岁和 30—39 岁年龄段妇女育龄的延续

1999 年 40—49 岁和 30—39 岁年龄段妇女，生育持续时间受到严格的计划生育政策环境影响，因而生育间隔进一步缩短，终止生育年龄也明显提前。

出乎预料的是，40—49 岁年龄段 71 个样本妇女平均终止生育年龄与 50—59 岁年龄段基本一致。它表明 40—49 岁年龄段者的生育并没有提前结束，差异是本年龄段 35 岁以上终止生育者低于 50—59 岁年龄段，由 24.2% 降至 14.1%。其原因我将结合下面的生育间隔来说明。52 个 30—39 岁年龄段样本妇女终止生育明显提前。根据问卷汇总数据，本年龄段妇女最大生育年龄为 30 岁，约 85% 的妇女在 30 岁之前结束生育。

40—49 岁年龄段 68 个头末胎生育信息完整妇女，较 50—59 岁年龄段生育间隔平均缩短 2.5 年，减少 29.4%。那么为什么在终止生育年龄基本一致的情况下会出现生育间隔差异呢？原因是两者的初婚年龄不同。50—59 岁年龄段妇女平均初婚年龄为 21.5 岁，40—49 岁年龄段提高为 23.2 岁。从平均生育子女数量上看，50—59 岁年龄段妇女平均生育 3.3 个，40—49 岁年龄段平均生育 2.9 个。同一地区若妇女生育子女数量一样，结婚年龄不一样，那么后结婚者只有延长生育时间，才能生育同样数量的孩子；若生育子女数量不一样，结婚年龄有先后之别，那么后结婚者减少生育会出现与先结婚者同期终止生育的现象。50—59 与 40—49 岁年龄段生育终止的同步就是这样产生的。

由于生育子女数量减少，30—39 岁年龄段妇女（49 个样本）生育间隔大大缩短。间隔 4 年以下者占 67%。

以上只对妇女生育头胎和末胎间隔做了考察。这里再结合不同年龄段妇女生育子女数量与生育间隔关系，观察活产子女各胎之间平均间隔变动。我们已经知道，70岁以上、60—69岁、50—59岁、40—49岁和30—39岁五个年龄段妇女生育间隔分别为16.0年、14.9年、8.5年、6.0年和3.9年，其生育活产子女数分别为4.5个、5.2个、3.3个、2.9个和2.1个。由此可以算出各个胎次平均间隔分别为3.6年、2.9年、2.6年、2.1年和1.9年。可见，土改以后各时期活产胎次之间的间隔逐步缩短。

综上所述，冀南农村妇女的生育行为从20世纪30年代以来发生了很大变化。末胎生育年龄逐渐提前，头末胎生育间隔逐渐缩短。这种变化的主要原因是，在医疗卫生条件改善的环境下，妇女能够在短期内实现生育子女的数量目标。政府70年代倡导计划生育和控制多胎生育，制约了农村妇女的生育行为，生育末胎年龄明显提前。

四、村落家庭子女性别构成

前面对家庭成年子女数量的分析建立在典型调查基础上，它一定程度上反映了村落多数家庭拥有成年子女及其性别构成状况。那么一个村落各个家庭子女性别实际构成如何呢？这里我利用问卷调查数据和“阶级成分登记表”记载的不同时期家庭成员的数量信息，把村庄作为一个整体，对各个家庭子女构成做一观察。为此，我将家庭子女构成分成五类：①儿女双全，②只有儿子，③只有女儿，④儿女均无，⑤虽生育但无子女留下。

（一）问卷调查资料对家庭子女性别构成的反映

前面妇女生育分析中，对不同时期家庭子女性别构成有一定说明，而对婚后未生育或虽生育但没有子女存活下来的夫妇未做详细了解。这里，对此做一综合分析。（见表4-11、表4-12）

表 4–11 不同年龄段初婚夫妇生育子女性别构成

子女性别构成类型	70 岁以上		60—69 岁		50—59 岁		40—49 岁		30—39 岁	
	样本量	%	样本量	%	样本量	%	样本量	%	样本量	%
儿女双全	162	73.6	95	79.2	56	80.0	53	73.6	31	49.2
只有儿子	19	8.6	9	7.5	10	14.3	13	18.1	18	28.6
只有女儿	14	6.4			3	4.3	6	8.3	13	20.6
儿女均无	17	7.7	15	12.5	1	1.4			1	1.6
虽生育过但无子女留下	8	3.6	1	0.8						
合计	220	100.0	120	100.0	70	100.0	72	100.0	63	100.0

资料来源：同表 4–1。

表 4–12 不同年龄段再婚夫妇生育子女性别构成

再婚后子女性别构成类型	70 岁以上再婚夫妇再婚前儿女性别构成				60—69 岁再婚夫妇再婚前儿女性别构成				50—59 岁再婚夫妇再婚前儿女性别构成		
	只有儿子	只有女儿	儿女均无	虽生育但无成年子女	只有儿子	只有女儿	虽生育但无成年子女	合计	只有女儿	儿女均无	合计
儿女双全*	1	4	9	3	4	10	1	15	1		1
只有儿子						2		2		1	1
合计	1	4	9	3	4	12	1	17	1	1	2

资料来源：同表 4–1。

* 本行数字是指受访者由再婚前非儿女双全再婚后转化成儿女双全。

在此，我们结合表 4–11 和表 4–12 做一探讨。

70 岁以上年龄段受访者的子女性别构成是对过渡阶段的反映，更多的是对土改初期家庭子女构成的揭示。初婚夫妇儿女双全占 73.7%，有儿子的家庭合计占 82.5%，无儿家庭占 17.7%。儿女均无和虽生育但无存活子女两项合计占 11.3%。

60—69 岁初婚夫妇儿女双全和只有儿子类合计占 86.7%，比上一年龄段稍有增加。无子女的家庭占 13.3%。再婚后儿女双全的家庭增加为 91.7%，有儿子的家庭比例为 93.3%。至调查时，只有女儿的家庭和无子女家庭各有 4 个，分别占 3.3%。

50—59 岁初婚夫妇有儿子的比例占 94.3%；无子女的占 1.4%。

再婚对其子女构成影响不大，因为增加余地已很小。有儿子的家庭增加为97.1%。至调查时没有无子女家庭。

40—49岁和30—39岁年龄段情形比较简单，没有再婚夫妇。表4-11中，40—49岁年龄段有儿子的家庭占91.7%；其余为无子有女家庭，占8.3%；没有无子女家庭。本年龄段无儿家庭比例提高。

30—39岁年龄段出现与以往很不相同的状况。儿女双全的家庭明显降低，不到50%；有儿子的家庭比例为77.8%。只有女儿的家庭上升至20.6%。当然无生育的家庭也很少，只有1例，属于生理性不育。

再婚生育时这种缺憾多数得到弥补。按照表4-12，70岁以上年龄段，新增17例儿女双全的家庭，由此儿女双全的家庭增加到81.4%。有儿子的家庭总数增加为89.5%。12个儿女均无和虽生育但无儿女留下的家庭进入儿女双全之列。它意味着调查时无子女的家庭只有13个，占总数的5.9%。只有女儿的家庭减少4个，其比例降至4.5%。只有儿子的家庭减少1个，比例变为8.2%。

需要注意，年龄越高，初婚夫妇子女构成不平衡性越突出。根据对问卷中46个80岁以上样本统计，初婚儿女双全的家庭（24个）为52.2%，只有儿子的家庭（7个）为15.2%，只有女儿的家庭（6个）为13.0%，儿女均无的家庭（3个）为6.5%，生育过但无存活子女的家庭（6个）占13.0%。由此，有儿子的家庭总数为67.4%，无子女的家庭占19.5%。再婚后儿女双全的家庭增加5个，有儿子的家庭增加为36个，占78.3%；无生育和无存活子女的家庭分别减少2个和3个。无子女的家庭有4个，占8.7%。据此可以推断，土改前完成生育的夫妇，其存活子女的性别不平衡状况更为突出。可惜这方面的统计资料难以系统地获得。在下面的村落家庭子女性别构成中，将对此加以分析。

以上变动表明，从家庭角度看，解放后完成生育过程的不同年龄段妇女，生育子女的性别构成各有不同。处于新旧交替时期的初婚夫妇（70岁以上）有四分之一难以做到儿女双全，有的通过再婚加以弥补，这很大程度上与配偶过早亡故有关。60—69岁和50—59岁年龄段妇女的生育过程基本上在集体经济时代度过，儿女双全比例明显提高。由于生育行为没有任何外部约束，这一时期绝大多数夫妇都能实现比较理想的子女性别结构。20世纪70年代初计划生育的提倡和随之而来的生育控制降低了夫妇生育子女数量，由此过去靠多生调节家庭子女性别构成的有效手段受到抑制。单性别家庭比例上升，给农村传统的家庭养老模式和“从夫居”为主的婚姻方式带来了影响。

（二）传统时代村落家庭子女性别构成

通过对70岁以上夫妇生育子女性别构成的分析，笔者感到，土改前的传统时代，家庭活产子女性别肯定存在更为突出的不平衡。但探讨这一问题受到诸多限制，主要是相关资料不易得到。在此，我尝试利用“阶级成分登记表”所记录的信息复原户主成活子女性别构成，借以弥补资料不足的缺陷。

1．土改前完成生育夫妇成活子女性别构成

先看一下1966年年龄在60岁以上户主的子女构成。他们中绝大多数人的生育过程1950年前甚至土改前就已结束，因而其生育状况可以对传统时期家庭子女的性别构成特征有所反映。（见表4–13）

表4–13　1966年60岁以上户主的子女性别构成

子女性别构成类型	西大庄村		双寺村		庆有庄村		上寨村		曲河村	
	样本量	%	样本量	%	样本量	%	样本量	%	样本量	%
记载不详	1	1.8								
儿女双全	30	53.6	27	77.1	23	45.1	32	52.5	30	60.0
只有儿子	10	17.9	2	5.7	16	31.4	19	31.1	5	10.0
只有女儿	10	17.9	1	2.9	6	11.8	7	11.5	11	22.0
儿女均无	5	8.9	5	14.3	6	11.8	3	4.9	4	8.0
合计	56	100.0	35	100.0	51	100.0	61	100.0	50	100.0

资料来源：根据村庄“阶级成分登记表”整理。

表 4–13 中，各个村庄的数据有一定差异。西大庄村儿女双全的家庭比例属于中等水平，若与只有儿子的家庭结合起来，有儿子的家庭总数为 71.5%；26.8% 的家庭无儿子，其比例是比较高的。双寺村有儿家庭比例较高，为 82.8%；无儿家庭达 17.2%；无子女家庭占 14.3%。庆有庄村儿女双全的家庭比例最低，不过，若与只有儿子的家庭合计，总比例为 76.5%；无儿家庭为 23.6%。上寨村儿女双全的家庭与西大庄村类似，但有儿家庭总数为 83.6%，是各村中最高的；其无儿家庭比例为 16.4%。曲河村有儿家庭比例为 70.0%，在各村中比例最低，无儿家庭比例高达 30.0%。以上村庄中有儿家庭的比例在 70%—84%，彼此差异比较大。

有关村庄家庭子女状况的全面探讨是比较少见的，因而对传统时代家庭子女性别构成的认识还比较模糊，缺少相关研究的参照。“阶级成分登记表”中只记载户主目前存活儿子的数量，至于未成年而死亡的儿子，或者虽然长大成人，至 1966 年先于父母而病故的儿子则没有显示。不过，后一种情形一般比较少见。

根据特尔福德（Ted A. Telford）对安徽桐城县家族人口所做调查，明清之际，该地家族中无儿夫妇平均为 17.12%，最低家族为 11.4%，最高为 24.30%。[①]刘翠溶的明清家族人口研究也有比较一致的结果：在其调查的五个家族中无儿家庭所占比例在 17.1%—24.1%。[②]这是一项有意义的研究。它虽不能完全代表村落家庭子女性别构成，但却有借鉴意义。由此可知，传统时代无儿家庭的比例是比较高的。

工业革命前西欧国家约有五分之二的父亲临死时没有活着的儿子，同时有五分之一的父亲根本没有孩子继承其财产。[③]另一项

① Ted A. Telford, “Fertility and Population Growth in the Lineages of Tongcheng County, 1520–1661”, *Chinese Historical Micro-demography*, p. 69.

② Liu Ts’ui jung, “A Comparison of Lineage Population in South China, 1300–1900”, *Chinese Historical Micro-demography*, p. 107.

③ R. A. Houston, *The Population History of Britain and Ireland 1500–1750*, Cambridge University Press, 1995, pp. 72–74.

统计为，工业革命前西欧 60% 的已婚男性临死时至少有 1 个儿子，20% 至少有 1 个女儿或只有女儿，其余的 20% 没有孩子。[①]按此统计，无儿家庭比例达 40%，明显比中国要高。

那么，调查村庄有如此高比例无儿户的原因是什么？

一是女性丧偶早，在其未度过全部生育过程时，丈夫去世，生育儿子的机会因此降低。前面对 70 岁以上受访者子女构成统计中，有 14 个受访者只有女儿，其中 9 个与生育年龄丧偶有关，占 64.3%（27 岁以下丧偶者 5 个）；2 个在生育年龄离婚，占 14.3%；另外 3 个为正常度过婚姻历程。儿女均无的 17 个样本中，有 7 个为中青年时丧偶，占 41.2%；6 个为离婚，占 35.3%；4 个为婚姻维持下去但没有生育。在曾生育但无子女留下的 8 个样本中，丧偶 4 个，离婚 1 个，婚姻维持下来 3 个。由此可见，三项 39 个无儿子初婚夫妇中，20 个与丧偶有关，占 51.3%；9 个与离婚有关，占 23.1%；将婚姻维持下去者 10 个，占 25.6%。

解放前也有一些调查涉及夫妇无子女问题。据 20 世纪 30 年代对北京附近一个村庄的调查，86 个育龄妇女中，12 个妇女没有生育，占 14.0%；40 年代青海的一项小范围调查的结果是：8%—10% 的汉族已婚夫妇没有子女。[②]

二是死亡率高。从妇女活产子女数量上看，土改前传统时代与解放以后没有显著差异，前面的阶段性分析对此已有说明。另外，按照国家计划生育委员会 1982 年千分之一人口生育率抽样调查，妇女平均一生生育孩子数，50 岁为 5.62 个，55 岁为 5.65 个，60 岁为 5.42 个，67 岁为 5.15 个。[③]最高与最低之间相差 0.47 个。但实

---

① S. J. Payling, "Social Mobility Demographic Change, and Landed Society in Late Medieval England", *The Economic History Review*, XLVI（1992）, pp. 52–53.

② 罗梅君：《北京的生育、婚姻和丧葬——19 世纪至当代的民间文化和上层文化》，第 140 页。

③ 国家计划生育委员会：《全国千分之一人口生育率抽样调查公报》（1983 年 4 月 8 日），载《中国人口年鉴》（1985 年），第 940 页。

际存活下来的子女数量差距很大。高死亡率使传统时代不少夫妇或家庭难以达到理想的子女构成状态，甚至没有成年子女存活下来。

对于传统时代家庭子女的性别构成，还可从问卷中受访对象父母和本人兄弟姐妹数量中获得认识途径。（见表 4–14）

表 4–14　不同年龄段受访者祖父或父亲成年子女性别构成

子女性别构成类型	70 岁以上男性祖辈成年子女		70 岁以上男性父辈成年子女		60—69 岁年龄段祖辈成年子女		50—59 岁年龄段祖辈成年子女	
	样本量	%	样本量	%	样本量	%	样本量	%
儿女双全	40	64.5	145	67.8	64	68.8	45	71.4
只有儿子	22	35.5	69	32.2	29	31.2	18	28.6
合计	62	100.0	214	100.0	93	100.0	63	100.0

资料来源：同表 4–1。

从男系角度看，三个年龄段祖辈和父辈中只有儿子没有女儿的比例很高，在 30% 上下。

关于只有女儿的家庭——由于受访者母亲方面的情况没有问及，因而难以获得土改前不同时期有女无子家庭的比例。这里可对 70 岁以上受访女性父亲成年子女做一统计。129 个样本中，儿女双全的家庭（105 个）占 81.4%，只有女儿的家庭（24 个）占 18.6%，较从男性角度所做统计的有儿无女家庭比例低一些，但也是比较高的。

当然，这些统计资料并非儿女双全、只有儿子和只有女儿三种类型组合在一起的实际比例。但它告诉我们，土改前的传统社会，高比例家庭不仅难以实现儿女双全目标，而且还会因没有儿子使家庭延续出现问题。

2．20 世纪 50 年代结束生育夫妇的子女性别构成

1966 年 50—59 岁年龄段户主本身生育行为早已结束。若这部分人一直活至调查时的 1999 年，其年龄应在 80 岁以上。可见，对 70 岁以上人生育行为分析的一些内容是适用于他（她）们的。根据前面对 70 岁以上妇女结束生育年龄的统计，其中大部分 40 岁之

前终止了生育。冀南地区受访者初婚年龄数据表明，男女平均初婚年龄差距并不大。因而可将女性终止生育的年龄视同与男性一样。由此可知，本年龄段户主结束生育的时间约在 1956 年以前，多数应为 1950 年前。其子女构成状况具有过渡性质，更多是对传统时代家庭子女性别构成的反映。（见表 4–15）

表 4–15　1966 年 50—59 岁户主的子女性别构成

子女性别构成类型	西大庄村		双寺村		庆有庄村		上寨村		曲河村	
	样本量	%	样本量	%	样本量	%	样本量	%	样本量	%
记载不详			1	1.8						
儿女双全	47	70.1	30	54.5	34	59.6	30	65.2	46	65.7
只有儿子	6	9.0	11	20.0	20	35.1	8	17.4	8	11.4
只有女儿	11	16.4	10	18.2	1	1.8	2	4.3	13	18.6
儿女均无	3	4.5	3	5.5	2	3.5	6	13.0	3	4.3
合计	67	100.0	55	100.0	57	100.0	46	100.0	70	100.0

资料来源：同表 4–1。

表 4–15 的这一年龄段，调查村庄有儿家庭的总数升降各不相同。西大庄村提高至 79.1%，双寺村下降为 74.5%，庆有庄村上升到 94.7%；上寨村变化较小，为 82.6%；曲河村上升至 77.1%。无子女户除上寨村偏高外，其他村庄均在 5% 上下。

由上面的分析可以得出这样的认识：冀南地区家庭子女性别构成在土改前的传统社会和严格的生育控制政策实行以后都表现为单性别家庭有较高的比例，前者在 30% 上下，后者超过了 40%。但两者的区别是，土改前无子女家庭在 10% 上下的水平，婴幼儿高死亡率是这种性别构成的主要影响因素；生育控制政策下则很少有无子女家庭。位于两者之间的是死亡率降低、家庭生育处于放任状态的时期。这期间不仅历史上民众难以实现的理想生育目标变成了现实，而且家庭子女性别构成也达到了合理的状态。但社会却为此付出了人口增长加快、人口压力加重的代价，生育的外部性充分体现出来。可见，在生育行为上，家庭的理想状态并不是整个社会的福祉。单性别家庭存在，特别是只有女儿的家庭以及无子女家庭存在，给家庭财产继承和婚姻形式都带来了影响。传统时代，由此衍生出过继和招赘等替代方式，但却导致诸多家庭冲突的产生。而当代，单性别中只有女儿的家庭比例增加，它是在计划生育政策对生育行为干预的背景下产生的。在男系传承意识仍然强烈的农村，不少家庭视此为家庭血脉延续的缺陷；招赘婚姻受到歧视。只有努力培育和推进适应现时家庭子女性别构成的新的观念和习惯，中国当代控制人口增长的成果才有可能长久保持下去。

五、讨　论

根据上述研究，在子女数量上，无论传统时期，还是当代，农民所追求的是理想子女数量，而非多子多福。所谓理想子女数量是指能活至成年状态的子女数量，不是出生子女数量。这个理想生育水平在不同社会经济发展阶段，不同生存条件地区之间，不同文化环境下，甚至不同社会阶层（或阶级）之中，是有差异的。

（一）传统时代的子女数量特征

那么传统社会家庭的理想子女数量是多少呢？对于这个问题，由于时代久远，很难通过调查大量具有传统生育行为的夫妇做出解答；即使有条件，对生育意愿进行回溯性调查也很可能失真。

从文献上看，土改前，在冀南地区，与磁县相邻的成安县有以“五男二女七子团圆”为荣耀[①]之说。一些学者在湖北省黄陂地区考察时也听当地农民讲，子女的理想结构模型是“五男二女”。[②]可见，在民间社会这一观念并非个别地区才有。显然，这里的“五男二女”并非仅指生育，而是实际长大成人的子女数量和性别构成。在高死

① 成安县地方志编纂委员会编：《成安县志》，新华出版社，1996 年，第 759 页。
② 胡燕鸣主编：《平峰村的文化转型》，中央民族大学出版社，2001 年，第 135 页。

亡率的传统时代，这一子女数量构成大部分家庭是不可能实现的。

依据对冀南农村1999年70岁以上受访对象的调查，父辈（385个）和本辈（214个）共有599个样本，其中父辈有5子以上样本24个，占6.2%，本辈5子以上样本15个，占7.0%。60—69岁受访者父辈样本92个，其中5子家庭样本有6个，占6.5%。可见，如果将有5子视为理想目标的话，多数家庭是可望而不可即的。而2子以下家庭，70岁受访者父辈有244个样本，占63.4%；本辈有137个样本，占64.0%。60—69岁受访者父辈有61个样本，占66.3%。3组中3子以下样本分别为314个、180个、75个；所占比例分别为81.6%，84.1%和81.5%。多数家庭的男孩数量在1—3个。村庄中只生育女儿的家庭和未生育夫妇也有一定比例，其中有的要从多子近亲家庭中过继儿子。考虑到这种状况，那么5子家庭比例还会下降。传统时代，即使没有婴幼儿高死亡率的威胁，生存条件欠缺对不少中等经济条件以下家庭养育7个以上子女构成障碍。所以我认为，“五男二女”不可能成为土改前传统社会广大农民家庭所希望的成年子女数量和性别结构，或许它只是少数富裕家庭的追求。

就我们对华北地区，特别是冀南村庄的考察来看，民众理想而又有可能实现，并有条件养育的成年子女数量大体上为2男2女或3男2女。当然这是对一个地区大众的生育意愿而言。同时也应看到，即使在冀南内部不同经济水平的村庄之间也存在差别。如生存条件恶劣（人多地少或土地瘠薄）、家庭抚养能力低的山区，2男1女成为一种理想子女数量目标，一旦超过则会被溺死或者送人。

土改前传统时代，多数妇女生育2男2女或3男2女并不困难。但在高死亡率阴影下，将2男2女都养育成人并非易事。因而就需提高生育数量水平，增加拥有理想子女数量的保险系数。即使如此，真正能保持如此数量成年子女的也只是一部分家庭，而不是大多数家庭。从前面的统计可以看到，70岁以上受访男性父辈有3个以下成年子女家庭占51.8%，本辈为57.0%；70岁以上受访女性父辈、本辈的同类数据分别为 52.3% 和 49.2%。另外，从平均水平上看，受访者父辈和本辈土改前各时期的平均成年子女数均未达到 4 个。传统时代的早婚，乃至纳妾行为，一定程度上都与对理想子女数量的追求有关。对此，政府也往往予以协助，因为在劳动力相对短缺的时代，家庭理想子女数量也是符合政府利益的。传统时代，特别是中国宋元以来，高死亡率的一个积极作用是，在节育技术尚未出现或被推行之时，避免了人口的过快增长，一定程度上缓解了生存压力。

除了高死亡率使不少家庭难以实现理想子女数量目标以外，经济条件也限制了一些家庭养育理想子女数量的能力。因为若有活至成年的 2 男 2 女，即使核心家庭其规模至少也要达到 6 人。无地、少地或缺少其他经济条件的家庭，是不具备这个抚养能力的。因而当生育子女过多时，或者溺死无力抚养部分，或者将其送人。多数情况下，经济条件或谋生能力的欠缺制约着多子女家庭：子女营养不良，免疫能力下降，死亡率就会升高，实际存活子女数量减少。

（二）土改后农民生存环境的改变与子女数量的增加

土地改革使贫穷农民获得了达到本地平均水平的田亩。由此，多数家庭具有了养活土改前农民理想数量子女的能力。土改后医疗卫生条件的改进直接降低了婴幼儿的死亡率，为农民实现理想子女数量提供了客观保证。这一点在个案调查中已经显示出来。我国人口此后的较快增长就是这一社会变革的直接后果：更多的家庭能够实现“生”“育”理想子女数量的目标。关于环境与营养改善对人口增长所起的作用，诺斯指出：现代人口的大幅度增长与其说是医学发明与免疫降低死亡率的成就，还不如说是营养与环境改善的结果。[①]当然，并不是说土改后农民家庭一夜之间主

① 道格拉斯 · C. 诺斯：《经济史中的结构与变迁》，陈郁、罗华平等译，上海三联书店、上海人民出版社，1994 年，第 15 页。

客观条件完全具备了理想子女数量的养育条件，而是有一个过渡的阶段。不过，这一过渡期是比较短暂的。中国人口由高出生、高死亡、低增长向高出生、低死亡、高增长转变的态势正是在这一时期（20 世纪 50 年代）形成的。

人们不禁要问，土改后中国农民理想生育子女数量同土改前的传统时代有无区别？我认为，从土改到人民公社初期，或者说 1946—1964 年，农民的理想生育子女数量与三四十年代相比并无很大变化。区别在于，土改前农民家庭为了实现这一目标而不断生育，但多数家庭难以达到这一理想水平。而土改后，特别是 50 年代以后，多数农民能够并不费力地实现这一目标。问题是，过去尽其能力生育却不一定能保证理想数量的子女存活下来；现在正常条件下，子女数量则往往超过以往的理想水平。它意味着农民实际拥有的子女数量要高于土改以前，从而推动中国人口增长速度加快。

当然，集体经济的外部性（externality）一定程度上对生育过多子女的家庭起到了鼓励作用，不少农民生育了超过理想数量的子女。但也有一些农民不愿养育每个出生的子女。这表明其中一些人有节育的愿望，但却得不到政府基层组织的有效帮助。这很大程度上是由于政府对整个人口形势认识不明确、节育工作不到位所致。我们相信那些生育 6 个以上子女的妇女，除了个别是因追求某一理想性别的子女（如有的妇女前 5 个是女儿，仍然为了生出儿子而将生育行为延续下去，也有相反的情形）外，多数是不得已的结果。如果用比例来表述，那么可以说，在这一时期有 20%—25% 的出生人口超过了农民的理想子女数量水平。

可见，在传统时代，因死亡率高、养育能力低，多数家庭难于达到理想子女水平；而在新中国成立以后，死亡率降低、养育条件改善，不仅为农民实现理想子女数量创造了条件，而且因节育措施不力，农民的实际生育数量超出了理想目标。

我认为，当人类能够降低或控制死亡（通过近代药物对疾病进行防治）之时，就应该相应地控制生育水平。为了保持人口数量与资源供给的平衡，这应是不可缺少的举措。然而，一个时期内决策者却没有这种观念。我相信，集体经济时期，特别是高级社以后，政府若实行温和的家庭生育控制计划将会收到积极的效果。集体经济下农民所受高度约束和对约束的遵从是这一政策实行的基础。

那么，集体经济初期缺乏人口控制意识的原因何在呢？我认为，第一，集体经济条件下农业劳动生产率相对低下，人们忽视了人口过快增长的负面影响，以为人口增加将解决劳动力不足的问题。集体经济条件下，成员缺乏劳动激励，降低了生产效率，从而提高了对劳动力的需求。从集体组织的角度看也是如此。第二，集体经济条件下，保证成员人人有饭吃的政策成为一种重要的生存保障。它直接减轻了家庭养育超过理想数量孩子的压力。因此，农民缺少主动采取避孕等措施减少家庭人口数量的意识。

集体经济下家庭抚养孩子的费用降低促使生育数量上升。不少学者持这种观点。按照李中清、王丰的分析，农村集体体制下，中国农民家庭不必像以前那样计划其人口行为，集体化和公有化意味着食物、住所和工作从根本上不再是家庭的责任，通过提供免费的公共教育和健康医疗，公社和国家使家庭抚养孩子的费用大大降低，这些都对人口的发展产生了影响，人口控制的传统集体单位——家庭的瓦解和传统生育抑制行为的崩溃，导致了中国有史以来最快的人口增长。[①]他们就集体体制下抚养孩子的负担减轻对人口增长的促进所做分析是符合实际的。但有一点需要指出的是：集体经济下，住房建设仍是家庭的责任。但宅基地可以免费获得，一旦得到并建有住房，它实际上变成个人私有财产。这在客观上起到鼓励生育的作用，至少减轻了多子女家庭的居住压力。

当然也有学者对集体经济的外部性起到刺激生育作用持不同看法。D. 盖尔·约翰逊认为：虽然一些生产队基于人口数分配收入，

---

① 李中清、王丰：《人类的四分之一：马尔萨斯的神话与中国的现实（1700—2000）》，第 173—174 页。

但有证据表明，大部分收入是根据劳动力的数量分配的；因而，生育孩子并没有使短期的收入增加，直到孩子长到十几岁，并被允许挣工分时，收入的显著增加才出现。[①]言外之意，公社制度对生育的刺激并不大，生育多并没有给父母带来很大利益。这实际上也是事实。但不能否认，尽管孩子在能够挣工分之前没有给家庭带来收入的增加，但在集体分配制度和福利制度下，家长养育孩子的成本也不高。教育免费、基本医疗免费，家长所承担的就是孩子的吃穿之需。除了极少数困难时期外，一般家庭都能承受三四个甚至四五个子女的养育负担。

在死亡率降低的农业社会中，民众是否有生育控制意愿与生育控制成本有一定关系。伊斯特林指出：假如一个社会中孩子供过于求，生育控制是否在实际中被采用，取决于生育控制的动机与代价之比。动机强度一定，若生育控制代价越低，即越是接近心理代价和市场代价为零的“完全避孕”的社会，那么，生育控制就越是被广泛地采用，并且家庭实际拥有的孩子数与父母所愿意要孩子数越是一致；相反，生育控制的代价越高，家庭实际有的孩子数量就接近可能的孩子数量，自愿的生育控制就越少，不愿要的孩子也就越多。[②]我觉得，20世纪50年代的中国社会，尽管随着死亡率下降，不少家庭已有孩子供过于求之感，但集体经济时代的初期和中期，农民很少主动采取生育控制措施。其原因除了上面所说的外部性外，也有生育控制成本高的因素。一些确实想减少生育的育龄夫妇，难以从正规渠道获得避孕和流产技术等的支持。因而不少家庭中，不希望要而生出的孩子占一定比例。

有些学者认为，新中国成立初期，要稳定农村，首先要满足农民的需要，当时农民最大的需要一是土地，二是要多生孩子；土改

---

① D. 盖尔·约翰逊：《中国现行制度和政策对农村人口增长的影响》。

② 理查德·A. 伊斯特林：《生育分析的经济学框架》，载顾宝昌编：《社会人口学的视野》，第229页。

满足了农民的土地要求，“光荣妈妈”则投合了农民多生孩子的传统生育观念；如果当时就采取激烈的人口控制政策，可以想见，因其极大触犯了农民的传统生育观念，会受到广泛激烈的抵制，从而引起农村的普遍骚动。[①]这一分析是片面的。新中国成立后的农民希望获得土地是事实，但若说农民的第二个需要是多要孩子，则有些偏颇。新中国成立前，农民生的孩子并不少，但在高死亡率下难以都成活长大。从生育的角度看，土改前后并无明显变化。差别在于，土改前，贫穷者或者难以适时婚配，没有生育的条件，或者因贫穷难以抚养所有生下的孩子。土改后这一经济上的限制被消除了，或降到了最低程度。客观地讲，若当时在农村实行 20 世纪 80 年代的“独生子女政策”，肯定会出现这种“抵制”和“骚动”局面。但若在农村实行 3 个子女以下的家庭生育控制政策，对抗的局面将可以避免。

（三）20 世纪 70 年代后期以来的家庭子女数量的改变

就普遍的情形而言，20 世纪 70 年代后期以来，农民的理想子女数量有了变化。50 年代高出生期生育的子女陆续进入婚配阶段。集体经济时期，养育子女的成本可以转移给集体组织，但子女的婚嫁费用则是集体组织不能负担的，完全依赖父母。婚娶的重要前提是建房盖屋，对积累有限的农民家庭来说，这是很大的负担，农民开始感受到儿子过多的压力。而集体经济中后期子女结婚即分家成为普遍现象，儿子推诿赡养老年父母责任的现象在农村并不少见。按照生育的成本效益理论，在农村，父母养育子女的成本投入很难得到回报的收益。这必然会对其生育意愿和心理产生影响。

20 世纪 80 年代后，随着集体经济组织的解体，原来养育子女可转嫁出去的外部成本不得不由家庭承担，或者说养育子女的成本

---

① 曹锦清等：《当代浙北乡村的社会文化变迁》，上海远东出版社，1995 年，第 103—104 页。

提高了。如子女上学费用成为一项重要开支，子女结婚费用，特别是儿子结婚费用进一步提高，给父母造成很大的经济压力。农民理想的子女数量降低了。根据不少调查，当时农民理想的子女数量是一男一女，或者不分性别生育两个孩子。当然，计划生育工作的落实，新的生育观念的提倡，也对农民的生育意识转变起到积极作用。

可见，农民的生育意愿与政府的独生子女政策之间仍有不吻合之处。因而，严格的生育控制政策在农村推行时遇到不小的障碍。但农民生育意愿在短时期内由多子女转为少子女，计划生育政策营造的环境和氛围所产生的作用不可忽视。中国人口实现了向低出生、低死亡、低增长的转变。尽管这种转变是在外力作用下发生的，但至20世纪80年代中期，已婚夫妇的少生育观念（生育两个以下）已经形成。当然，严格的独生子女政策在农村并非多数农民的理想。

我认为，中国的独生子女政策实际是近代以来城市文化（相对于传统农村文化）的产物。它是具有社会保障制度环境下的生育行为，是对数千年农业社会生育目的的否定。若没有各种社会保障措施配套，独生子女政策将难以在农村顺畅地推行。或者说，要真正将生育一孩作为农民理想的子女数量水平，就必须对其年老后的生活提供保障，采取补偿措施替代孩子的养老保障作用。一孩政策应建立在将养老行为从家庭转向社会的基础上。问题很简单，每个家庭若普遍只有一个孩子，子女结婚时，将有一半的家庭不可能同已婚子女生活在一起。对缺乏社会保障的农民来说，年老之后会出现无人照料的局面。所以不少农村有这种情形，夫妇头胎生育了男孩，相对比较容易接受独生子女政策。在中国目前情况下，婚姻习惯仍是男娶女嫁或女性随夫居，由此男孩家庭父母较少有无人照顾之忧；若只有女孩，就面临女儿长大出嫁后父母谁来照顾的问题。在农民看来，生育两个孩子，即使两个女孩，也可实现老有所养的目的：女孩中一人出嫁，一人招赘。因而，要推动农村的人口控制工作，建立有效的社会保障体制是当务之急。

可以这样说，人口的增长很大程度上受生存资料的限制。这一认识英国著名人口学家马尔萨斯 200 多年前就已经表述过。[①]但传统时代的大部分时期，由于婴幼儿死亡率高，过多的生育，或者说超过生存资料供给能力的人口因死亡而使平衡得以保持。即使不考虑生存资料短缺问题，疾病等威胁因素也大大增加了将子女抚养成人的困难。因而除了生存条件极其恶劣的山区和南方人口稠密区外，靠溺毙子女减少抚养压力的做法并非十分普遍（冀南平原农村土改前溺婴行为是很少见的，但山区不乏此举）。土改不仅改变了大部分人因占有土地低于平均水平、无力抚养子女的窘境，而且由于政府对医疗卫生和疾病防治的重视，欧洲百年前的近代医学成果得以在我国普及开来，死亡率迅速下降。其直接后果是，自然生育状态下婴幼儿的成活率明显上升。除个别情况外，每对夫妇基本上都能实现传统时代民众一直追求但却难以实现的子女数量目标，人口总量得以迅速增长。生存能力的提高和医疗卫生条件的改善这两个因素在人口增长过程中相得益彰，缺一不可。没有生存条件的改善，因医疗卫生进步所增加的子女家庭很难有能力抚养下来，可能会出现普遍的溺婴现象和其他减少家庭人口的行为；没有医疗卫生的进步，生存条件的改善可能会因营养提高，增强人们对疾病的抵御能力，降低死亡，但难以从根本上减少人口死亡。当全国人口总量上升到一个新水平后，政府终于认识到人口压力的存在，依靠集体组织强有力的控制措施，推行计划生育政策。虽然这是亡羊补牢之举，但其积极意义是应当充分肯定的。

（四）关于多子多福观念的阐释

多子多福是人们对传统生育观念的主要概括，也是现代人口控

① 马尔萨斯的原意为：“获取生活资料的困难会经常对人口施加强有力的抑制。”见马尔萨斯：《人口原理》，第 7 页。

制环境下人们视为落后观念挞伐最多、最集中的方面。这里，我想从社会变革的纵向角度，对多子多福观做一分析。

无疑，传统时代的多子是儿子数量多，而不是子女数量多。从一般意义上讲，多子所以多福主要是因为儿子长大后成为家庭的重要劳动力，是家庭财富的主要创造者。家庭富有是“福”的来源和保证。在我看来，“福”的核心表现为，父母在年老没有能力劳动之后可以坐享儿子创造的成果，衣食无忧，颐养天年。在以田间体力劳动为主要形式的传统农耕社会，妇女之责更多的是操持家务，并不能使财富增值。妇女在家庭之外的活动受到很大限制。无地之家出外佣作更是男性所专有。至于农业之外的工商业活动，妇女更难涉足。在从夫居婚姻传统下，养育大的女儿要嫁出去，父母感到又增加一层损失。不过，土改前，女儿即使不嫁出，对家庭财富的积累也无实质性帮助。父母的损失在于，中等以上家庭要为女儿置备嫁妆，耗费往往不低。所以，传统认识中，多女与父母多福无关。

实际生活中，多子能否多福并不是一个定数。就冀南农村传统时代的诸多个案来看，一个土地不足的家庭想摆脱贫穷，没有2—3个成年儿子是不行的，因为财富的积累需要一定数量强壮劳动力付出更多的劳动。这样，若家长治家有方，儿子勤劳，日常生活节俭，通过做农业佣工或从事非农活动（如贩运货物、做小生意）等积攒钱财，购置土地，家庭境遇将有改变的机会；进而借此成为自耕农，甚至有可能上升到雇工经营状态，多子优势就体现出来。有雇工经营条件的多子之家，财产已有一定基础，子女多缺乏勤奋和吃苦耐劳精神，进一步增加财富比较困难。并且，这样的家庭成员之间矛盾较多，分家不可避免。对此时的家长来说，多子就不一定多福。当然，父母在世时常常设法压抑儿子的分家要求。无地无房的贫穷之家，虽有多子多福的心理预期，但将几个儿子养活成人并非易事，以致出现将儿子送人（实际是卖子）为养子等行为，很难改变贫困处境。因而，我们说，在传统时代，多子多福是有条件的，多子并不能保证所有家庭能收到多福之效。

集体经济时代，建立在土地财产基础上的家庭贫富差距已不存在，通过多子挣得资财购置生产资料的途径基本上已被堵死。当然生产队时期，同龄劳动力中男性工值比女性高，男性参加劳动的时间比女性多，多子家庭的收益要高一些。但由于当时农民生活主要处于生存状态，儿子多的家庭消费量大，并不能使生活水平上升。多子多福的唯一表现是，在养老仍以家庭为主的集体经济时期，父母的保障水平或保障系数要比少子家庭高。但实际情形更多的是，多子家庭对年老父母的照料并不比独子家庭更多。另外，儿子婚配是父母的主要责任，多子家庭父母为此要付出更多的代价。多子多福的收益预期变成多子多累的现实。实际上，20 世纪 50 年代和 60 年代前期的多育行为对家庭、对父母的压力在 60 年代末以后才体现出来。或者说，在当时，农民对儿子还是有比较高的回报预期的。还应指出，生产队分配制度不仅有利于多子，而且也有利于多女。这样，集体经济时期才会出现家庭子女数量增多的现象。

承包责任制实行以后，农村劳动力所受束缚被解脱。其中的剩余劳动力纷纷向非农产业转移。男性的发展机会要多于女性，多子似乎仍可以带来多福。但现代经济的发展更多的是对高素质劳动力的需要，多子家庭对子女素质教育的投入往往不足，就普遍的意义而言，难以收到多福之效。

上面只从儿子创造家庭财富角度对多子观念做了分析。在中国农村社会中，父母对多子的希冀是多方面的。如多子家庭对村庄事务有较大的发言权，多子家庭与其他家庭利益发生冲突时少受欺负等。这些因素无论是在土改前的传统时代还是集体经济时期都存在。土地承包责任制时期一些农民中虽还有多子愿望，但一是计划生育政策抑制了这种愿望（实际上多数农民所希望的是至少有一个儿子，而不是多子）；二是追求多子即使能达到特有的目的，所付出的养育成本也太大，故只好放弃。

六、结　语

本章将 20 世纪分为两个主要时期考察了冀南农民家庭子女数量，一是土改前，一是土改后各个不同时期。

土改前农民家庭的子女数量水平受到传统人口模式（高出生、高死亡、低增长）的影响，平均每对夫妇约拥有成年子女 3 个，超过 50% 的调查家庭只有 3 个及以下的成年子女，有 5 个以上成年子女的家庭在三分之一上下。这既表明高死亡率对人口的增长构成限制，也说明人口有增长的潜能。但在大部分时期这种潜能受到抑制。

20 世纪 50 年代后，农民的生育仍保持着传统的方式，由于死亡率明显下降，平均每对夫妇拥有的成年子女数量增至 5 个以上。由此，区域和全国人口数量迅速增长。在集体经济时期，尽管农民的生活质量仍是低水平的，但生存能力提高了。家庭养育子女的部分成本得以通过集体组织实现外部转移。这是农民家庭子女数量增长的重要原因。当然，医疗卫生条件的改善作用也不能忽视。

20 世纪 70 年代末以来，农民的生育行为开始发生变化。家庭联产承包责任制实行以后，子女养育成本的外部转移遇到障碍，意味着农民家庭抚养子女的成本提高；计划生育政策作为一种制度约束了农民的生育愿望。多数农民家庭的理想子女数量降至 2 个。虽然与政府的独生子女政策有一定距离，但却是缺乏社会保障条件下农民的合理要求。

第五章
家庭结构

受资料不足的限制，对传统时期家庭结构的研究相对较少。新中国成立后，全国性人口普查已进行过多次，小型的抽样调查更多。这些资料为家庭结构分析提供了可能。然而，客观地讲，相对于人口学研究的其他方面，家庭结构分析是比较落后的。对家庭结构的影响因素，目前也缺少系统阐述。要进行私有制时代和集体所有制时代家庭结构比较研究，更非易事。我认为，在缺乏全国性家庭结构资料数据的情况下，进行一些典型调查，以提高对局部地区家庭结构认识，进而对区域性乃至全国性家庭结构有所把握，将是一项比较有意义的工作。

一、家庭结构研究概述

传统时代中国的家庭结构状态如何？目前有一点，学者的认识比较一致，即历史上被人们推崇备至的累世同居大家庭，并没有成为民间社会的普遍选择，更多的家庭居住形式是围绕父母、祖父母，或者自身与子女组织起来的二代和三代家庭。[①]

然而这一认识上的一致并没有消除以下分歧：传统时代各类家

---

① 请参考本人的下述研究：《十八世纪中后期中国的家庭结构》，《中国社会科学》，2000 年第 2 期；《十八世纪中国家庭结构分析》，载李中清等编：《婚姻家庭与人口行为》，第 126 页。

庭的构成比例如何？究竟是兄弟不分家组成的复合家庭占多数，还是兄弟广泛分家形成的核心家庭占主导地位。我在对 18 世纪的家庭结构研究中，发现该时期兄弟分家是普遍的，父母去世后更是如此，社会上很难形成高比例的复合家庭，在中下层家庭中尤其如此。

本书将论述的时段置于 1930—1990 年。检索这一时期各个不同阶段的研究文献，我发现，从二三十年代以来，特别是新中国成立前，研究者对当时农村家庭结构的看法分歧很大。他们作为本时代的学者观察自己身边的家庭形态，较之今天借助于档案和回溯性调查数据进行分析，应该更加真切。那么如何对待他们的见解和结论呢？

下面我把新中国成立前学者中对家庭结构的两种代表性认识罗列于此：

一种认为兄弟婚后不分家，由此组成以复合家庭为主、数代同堂的大家庭。但需要指出：当时的社会学家和人口学家对 20 世纪初之前的家庭结构实际并无全面的了解，其分析多基于正史中的有限记载。

言心哲指出：中国素有“大家庭”制度，此种“大家庭”在中国乡村尤为普遍。所谓大家庭，除夫妇子女以外，尚有父母、祖父母、伯叔父母、兄弟、姊妹、从兄弟姊妹及其他最近亲属同居共食；中国乡村家庭，父子兄弟同居的固然很多，即其他最近亲属同居者亦复不少，因此组成乡村家庭之人口关系非常复杂。[①]他还说：中国农村家庭，大都是大家庭，所谓大家庭制度者，纵的方面，上有祖父母、伯叔祖父母、父母，下有子女侄孙等；横的方面，有兄弟姊妹、堂兄弟姊妹、妯娌，等等。[②]

乔启明认为，我国农村家庭中，父母均与其子女同居，即子婚女嫁以后，大多仍旧同居，结果形成联合家庭（joint family）；在

---

① 言心哲：《中国乡村人口问题之分析》，商务印书馆，1935 年，第 13 页。

② 言心哲：《农村社会学概论》，商务印书馆，1934 年，第 331 页。

此联合大家庭中，各人伙合其所得，虽有人迁徙异乡，但仍视为家人，不与家庭脱离关系。①

上面是两位学者对中国农村家庭不分地域的概括性说明，并不是建立在实证研究基础之上的看法。

李景汉通过定县农村的实地调查，也得出同样的认识。在论述定县家庭亲属关系时，他指出：农村的家庭组织是大家庭制度，欧美小家庭制度尚没有影响中国的农村社会，已婚子仍与父母共同生活，结婚的弟兄亦少有分家者，因此家庭内的亲属关系颇为复杂，尤其是人口众多的家庭。②

另一位立足江南农村调查的学者费孝通则看到江村居民与北方相反的做法："按照当地的习惯，孩子长大后就要分家产。有限的土地如果一分为二，就意味着两个儿子都要贫困。"但当地人并未因此而阻止分家："通常的办法是溺婴或流产。人们并不为这种行为辩护，他们承认这是不好的，但是有什么别的办法以免贫穷呢？"③

李景汉和费孝通都是基于南北方一个典型地区，甚至一个村落的调查做出的分析。那么其认识是否对本区域家庭具有代表性？对全国状况的反映程度怎样？这是一个值得进一步探讨的问题。相对来说，费孝通对农村家庭观察更细致，其研究是20世纪30年代诸多兄弟不分家组成大家庭认识中的不同声音。也可能是因为这一认识立足于一个村落的调查，而不是建立在大范围的考察基础之上所得出的具有普遍意义的观点，因而它似乎没有动摇传统社会中国大家庭占主导的认识。

英国人类学家莫里斯·弗里德曼（Maurice Freedman）在1957年所写《中国东南的宗族组织》一书中指出：最近10年间，在讨论汉人家庭系统之时，直言不讳地批评"大"或者"联合"家庭是

---

① 乔启明：《中国农村社会经济学》，商务印书馆，1946年，第271页。

② 李景汉编：《定县社会概况调查》，第139页。

③ 费孝通：《江村经济》，第三章，见《费孝通文集》，第二卷，群言出版社，1999年，第26页。

汉人的典型家庭等陈旧观点，人们几乎是习以为常了；到目前为止，这种观点已经得到充分的论述，因而研究汉人的家庭忽略了它的内容。[①]弗里德曼所说的10年间，应该是40年代末以后的事。

美国人类学家郝瑞对中国大家庭的不稳定性做过分析。他说，前现代社会中，各地的中国家庭为一种理想的发展循环模式而奋斗：夫妇的女儿嫁出去，他们儿子的媳妇被娶进来，构成父系联合家庭（patrilocal joint family）。这种联合家庭在实际生活中不能指望持续很久，它是一种理想，即在每一代中儿子分他们的户头和取走他们个人拥有家庭财富的平等份额之前至少有几年应该合在一起，之后是下一轮的循环。可是事实上即使是短暂的复合形式也并非在每个家庭中的每一代人中出现：有时候一对夫妇只有一个成年儿子（也许一个都没有），有时候家庭的资源是如此短缺，难以养活所有的儿子；这种情况下，其中一个或一个以上的儿子可能不得不离开家庭到外乡谋生。[②]他还说，从家庭规模和构成，我们可以看到两种可以解释一种家庭形式与另一种形式之间随时间而发生的变化。人口因素将决定直系和复合家庭形成的人员条件，与此同时，各种其他因素将影响合与分的利弊考虑的平衡。[③]

一些国外学者由于对中国家庭的结构特征不了解，因而论述常陷入自相矛盾之中。美国学者吉尔伯特·罗兹曼主编的《中国的现代化》第五章“社会整合”中这样描述中国的家庭结构：“家庭永远固守在祖先传下来的土地上，维持与前代人的联系，并保证能一代代承袭下去。家庭不分割财产，而是将其完整地传给将继续共同生活在一个几世同堂的大家庭的所有男性子嗣。”[④]在同一部分，作

① 莫里斯·弗里德曼：《中国东南的宗族组织》，刘晓春译，上海人民出版社，2000年，第26页。

② Stevan Harrell, “Geography, Demography, and Family Composition in Three Southwestern Villages”, *Chinese Families in the Post-Mao Era*, p. 78.

③ Ibid., pp. 78–79.

④ 吉尔伯特·罗兹曼主编：《中国的现代化》，第205页。

者又说：已婚儿子在理想上应继续共同生活在一个大家庭之中，但事实上，当两个或两个以上的儿子长大成人时，分家的各种压力总是在他们结婚后不久或在父亲去世后不久就产生了，因为每个儿子都可获得一份份额相等的家产，所以更多的人就陷入了张幅极大的家庭之网。[①]

由于对社会史研究的忽视，20 世纪 50 年代以后至 80 年代之前中国尚没有学者对大家庭是传统时期主要家庭形态的认识提出异议。直到 90 年代才有小家庭是中国传统社会主流家庭的观点。但即便如此，人们仍偏重于强调，复合家庭占有一个比较高的比例，或认为占 47.9%[②]，或认为占三分之一（33.3%）以上[③]。

为了克服传统时代家庭结构方面资料的不足，笔者在对中国第一历史档案馆所藏刑科题本婚姻家庭类档案查阅中，收集了 1781—1791 年的个案约 2500 件，试图通过当事人对家庭背景的叙述，捕捉到能够认识家庭结构特征的信息。根据这项研究，复合家庭为 6.8%，直系家庭为 30.5%，核心家庭为 57.0%，单人家庭为 4.5%，残缺家庭为 1.2%。在不少人的观念中，传统社会中的复合家庭（实际是大家庭的主要类型）应占较高比例。个案汇总资料所揭示的家庭类型中，核心家庭占主导地位，直系家庭也是重要的家庭形式。

分析家庭结构的影响因素时，本人尝试从当时社会兄弟的数量构成、兄弟分爨状况、家庭同居代数以及子女年龄同父母存亡的关系等方面探讨中小家庭占主导地位的原因。研究表明，在当时社会中，独子家庭占 34.1%。一般复合家庭主要是多兄弟家庭结婚以后

---

① 吉尔伯特·罗兹曼主编：《中国的现代化》，第 207 页。

② Cameron Campbell and James Lee, "Causes and Consequences of Household Division in Northeast China, 1789–1909"，载李中清等编：《婚姻家庭与人口行为》，第 8 页；许檀：《清代山东的家庭规模与结构》，《清史研究通讯》，1987 年第 4 期；姜涛：《中国近代人口史》，第 314 页。

③ 吉尔伯特·罗兹曼主编：《中国的现代化》，第 205 页。

并未分爨形成的。由此可见，超过三分之一的独子家庭失去了组成复合家庭的基本前提。另外，传统时代，父母在世与否，特别是父亲在世与否，对兄弟分家会起到很大作用。一些情况下，兄弟婚后即使不愿住在一起，一般要等父母特别是父亲去世之后，才分爨分产。而根据个案，当事人在成年之时，有较高比例的父母特别是父亲已经去世。具体看来，在儿辈 39 岁以下年龄段，父母俱亡类占 26.0%，父亡母存类占 23.8%，两项合计为 49.8%。这表明，约有一半的分家行为是因父母或父亲去世失去限制时发生的。还有，依据个案，兄弟分居行为中有 19.2% 是于父母均在世和父亲在世时进行的。其他分居兄弟只是在发生命案时说明父母或父亲已经去世，但我们不知道其分家行为发生在父母去世前还是去世后。但可以肯定，至少有一部分人的分居是在父母去世前进行的。可见，在当时社会，父母在世对子女分家行为有一定抑制，但也有一定数量的兄弟分家是在父母在世之时实施的。

该项研究是本人试图克服直接性资料不足而对传统家庭状态及其影响因素所做的探索。至少从中可以看出，中国传统社会晚期，核心家庭和直系家庭在家庭类型中占大多数是有一定社会基础的。当然，这项研究的对象是一个具有比较特殊行为的人口群体。虽然他们在案发前都过着一般平民的自谋生业的生活，而不像起义者或盗匪抢劫者那样是越轨意识比较强的群体，但中小家庭出身者可能是主流。并且从经济状况上看，中下层出身者所占比例相对较高。或许他们更多地代表了中等偏下家庭的结构状况。不过也应看到，在全社会中，民众家庭绝大部分属于这一阶层。通过这一考察，可以对当时大众的家庭类型有所认识，但对中等以上家庭结构的揭示尚嫌不足；尽管中等以上家庭在人口总数中所占比例不高，但他们却是大家庭的主体。[①]

---

① 请参考本人的下述研究：《十八世纪中后期中国的家庭结构》，《中国社会科学》，2000 年第 2 期；《十八世纪中国家庭结构分析》，载李中清等编：《婚姻家庭与人口行为》，第 126 页；《十八世纪中国婚姻家庭研究——建立在 1781—1791 年个案基础上的分析》。

李中清依据清代盛京内务府户口册资料，对1789—1909年东北民间分家状况进行过探讨，结果是该地复合家庭占很高比例，达47.9%。该研究未将占总数15%的直系家庭和直系复合家庭分别统计，[①]这无疑增加了复合家庭的份额。根据其他地区的资料，直系家庭是一个占一定比例的家庭类型。不过即使将其从中剥离出去，李中清该项调查中的复合家庭比重也在40%左右。

至于对土改以后，特别是新中国成立后家庭结构状态的疑问不是很多，比较普遍的认识是，大家庭在新中国成立后迅速解体，以核心家庭为代表的小家庭成为主导家庭形式。不过，尽管从趋势上看，大家庭很快解体，小家庭大量增加，但对土改以后不同时期家庭形态的变化特征，尚无清晰的认识。此外，对出现这种变化的原因的分析，也显得比较表面化。之所以会如此，一个很重要的原因是对传统时期（或土改前）家庭结构状态及其特征缺少整体把握。因而，我认为，只有将历史与现实的家庭结合起来分析，才能揭示出家庭结构变动的真实面貌。

二、土改前的家庭结构

对家庭结构进行分析，我将沿用多数人口学家和社会学家的家庭类型划分标准。同时为了使观察更细致一些，我对划分标准做了微小调整。

家庭类型如下：

核心家庭，它包括一般核心家庭和扩大核心家庭。一般核心家庭是指由一对夫妇及其子女组成的家庭，没有子女的夫妇和夫妇中只有一方健在同子女组成的家庭等也是核心家庭。扩大核心家庭是指一对夫妇及其子女和未婚的兄弟姐妹或其他近亲组成的家庭。

① Cameron Campbell and James Lee, "Causes and Consequences of Household Division in Northeast China, 1789—1909", 载李中清等编：《婚姻家庭与人口行为》，第8页。

直系家庭，由一对夫妇同一个已婚子女及其孙子女组成的家庭。夫妇中只有一方健在同已婚子女的一方（儿子或儿媳）及其孙子女组成的家庭也属直系家庭。

复合家庭，包括兄弟复合家庭和直系复合家庭，兄弟复合家庭是指父母已经去世，两个或两个以上已婚兄弟及其子女组成的家庭；直系复合家庭是指夫妇或夫妇一方健在，同两个以上已婚子女及其孙子女组成的家庭。将这两种家庭分别考察，是想看看复合家庭形成过程中父母所起的作用。

单人家庭，既指独自生活的寡、鳏之人，也包括未婚或未曾婚配而独自生活者。

残缺家庭，父母已经亡故，由未婚兄弟姐妹组成的家庭。

以上家庭类型共分五大类七种。

（一）土改前家庭结构

表 5-1 中，五个村庄土改前家庭结构中核心家庭是占比重最大的家庭类型。与我对 18 世纪的个案研究相比，核心家庭所占比例有所降低，不过各村庄中其所占比重都在 40% 以上。

表 5-1　土改前家庭结构

家庭类型	西大庄村		双寺村		庆有庄村		曲河村		上寨村	
	样本量	%	样本量	%	样本量	%	样本量	%	样本量	%
一般核心家庭	79	41.6	75	42.4	85	51.5	150	43.5	93	44.9
扩大核心家庭	2	1.1	6	3.4	2	1.2	11	3.2	7	3.4
核心家庭小计	81	42.6	81	45.8	87	52.7	161	46.7	100	48.3
直系家庭	63	33.2	48	27.1	43	26.1	108	31.3	60	29.0
兄弟复合家庭	5	2.6	9	5.1	6	3.6	17	4.9	6	2.9

（续表）

家庭类型	西大庄村		双寺村		庆有庄村		曲河村		上寨村	
	样本量	%	样本量	%	样本量	%	样本量	%	样本量	%
直系复合家庭	25	13.2	26	14.7	14	8.5	33	9.6	21	10.1
复合家庭小计	30	15.8	35	19.8	20	12.1	50	14.5	27	13.0
残缺家庭	1	0.5	0		1	0.6	1	0.3		
单人家庭	15	7.9	13	7.3	14	8.5	25	7.2	20	9.7
合计	190	100.0	177	100.0	165	100.0	345	100.0	207	100.0

资料来源：根据村庄“阶级成分登记表”汇总得到。

各个村庄直系家庭比重均占第二位。处于平原地区的西大庄村，直系家庭比例接近总家庭数的三分之一。直系家庭比例最低的村庄也有约四分之一。

与18世纪个案研究相比，本项调查中复合家庭比例提高了。但它却不如我们想象得高。因为在这一带平原村庄访谈中，我被告知，土改前的习惯是，只要父母在，兄弟是不分家的，甚至有视分家为耻的观念。若事实真的如此，复合家庭应该保持较高的比例。然而，表5-1显示，两个平原村庄的复合家庭比例虽比丘陵和山区村庄高，但差距不大。如西大庄村比其他三个村庄仅高1—2个百分点。只有双寺村复合家庭整体比例显得稍高，接近20%。一般而言，父母在世不分家观念流行地区，若三分之二家庭有两个以上兄弟，保持高比例的复合家庭才是正常现象。然而，本地复合家庭实际并未达到应有的高水平。对此，可能的解释一是父母预期寿命不高，子女婚配后父母或父母一方多已故世，不足以对子女分家构成外部约束；一是人们夸大了父母在世儿子不分家行为。关于这一点，我后面还将做进一步分析。复合家庭中以直系复合家庭为多，表明父母对两个以上已婚子女保持着约束力。

值得注意的是，单人家庭在五个村庄均占较高比例，而且各村比例非常接近，即基本上都在7%—10%的范围内。这些单人家庭户主的身份多种多样，既有守寡妇女，也有丧偶鳏夫，还有未婚配男性。

（二）土改前家庭结构所受影响

1．家庭成员生存状态与家庭结构

（1）兄弟或儿子数量对家庭结构的影响

在18世纪个案研究中，我对兄弟数量或儿子数量做了考察，认为家庭结构形成过程中，这是一个不可忽视的因素。那么冀南地区兄弟数量或儿子数量在土改前家庭结构形成中起到了什么作用？为了对此有进一步认识，调查问卷中，我设计了受访对象“父辈和本辈兄弟数量”（若是女性则要问其娘家父亲的兄弟数量、其本人和其丈夫的兄弟数量）这一问题。它对了解土改前家庭成年男性数量与家庭结构关系有重要意义。

我对1999年60岁和70岁男性父辈、本辈兄弟数量所做统计有助于认识传统时代农民家庭的儿子或兄弟构成。

根据问卷调查数据，其数量构成与我对18世纪的个案汇总结果相比很接近，特别表现在前三项兄弟构成状况上，即弟兄1个、2个和3个所占比例分别为30.1%、33.2%和18.2%。18世纪的调查为34.1%、38.3%和15.9%。[①]两项调查的独子家庭比例都在30%以上。2个和3个兄弟之和均为50%以上。从一定程度上讲，独子家庭比例，18世纪的调查更接近实际。因为作为一项回顾性调查，独子家庭留下后代的比率要比两子以上家庭小。即使如此，两项调查表明，传统社会中，从兄弟数量上看，约三分之一家庭没有条件组成复合家庭。实际上，同一辈人中，还有一定数量家庭没有

---

① 拙著：《十八世纪中国婚姻家庭研究——建立在1781—1791年个案基础上的分析》，第281页。

儿子，其比重一般在 10% 左右。他们也是一个地区家庭类型的重要组成部分。这些家庭的夫妇有的过继同辈近亲儿子作为后嗣。若从只有 2 个儿子的兄弟家庭中过继一人，那么将直接增加独子家庭数量。总之，我认为，传统社会中，至少有 40% 的家庭具备组成复合家庭的条件。然而，正如前面统计所显示的，调查村庄都没达到这一比例。这说明兄弟婚后分家的行为比较普遍地存在着。

问卷调查数据显示，弟兄 3 个以上的家庭占成年男性子女家庭比例在 36% 上下。或者说，它比兄弟 2 个的家庭稍多一些。那么，社会实际中，哪两类家庭更容易构成复合家庭呢？下面我们来具体看看调查村庄复合家庭与兄弟数量的关系。

西大庄村 30 个复合家庭中，18 个为兄弟 2 个构成，占 60.0%；8 个为兄弟 3 个构成，占 26.7%；4 个为兄弟 4 个以上构成，占 13.3%。其中 5 个兄弟复合家庭均为兄弟 2 个构成；25 个直系复合家庭中，兄弟 2 个占 53.0%。

双寺村 35 个复合家庭中，28 个为兄弟 2 个构成，占 80.0%；3 个为兄弟 3 个，占 8.5%；4 个为兄弟 4 个，占 11.4%。其中 9 个兄弟复合家庭均为兄弟 2 个构成；26 个直系复合家庭中，兄弟 2 个占 73.1%。

庆有庄村 20 个复合家庭中，9 个为兄弟 2 个构成，占 45.0%；9 个为兄弟 3 个，占 45.0%；2 个为兄弟 4 个，占 10.0%；6 个兄弟复合家庭中，4 个为兄弟 2 个构成，占 66.7%；14 个直系复合家庭中，5 个为兄弟 2 个构成，占 35.7%。

曲河村 50 个复合家庭中，31 个为兄弟 2 个构成，占 62.0%；13 个为兄弟 3 个，占 26.0%；6 个兄弟 4 个以上，占 12.0%。17 个兄弟复合家庭中，13 个为兄弟 2 个构成，占 76.5%；33 个直系复合家庭中，17 个为兄弟 2 个，占 51.5%。

上寨村 27 个复合家庭中，16 个为兄弟 2 个构成，占 59.3%；10 个为兄弟 3 个，占 37.0%；1 个为兄弟 4 个，占 3.7%。6 个兄弟复合家庭中，4 个为兄弟 2 个构成，占 66.7%；21 个直系复合家庭中，兄弟 2 个占 57.1%。

除庆有庄村外，多数村庄的复合家庭为兄弟 2 个构成。而所有村庄兄弟复合家庭多为兄弟 2 个构成，其中西大庄村和双寺村的兄弟复合家庭全部为兄弟 2 个。这表明，相对于直系复合家庭，因没有父母等长辈约束，兄弟复合家庭更难维持，特别是 3 个以上兄弟均完婚后，维系难度更大。兄弟 2 个所组成复合家庭占多数表明，3 个以上已婚兄弟组成的大家庭是难以长期维系在一起的。

（2）婚姻状况对复合家庭的影响

家庭中若只有两个兄弟，组成复合家庭的条件是两人均已婚配。若兄弟数量在 3 个以上，2 个已婚就具备了复合家庭成立的条件。根据村庄“阶级成分登记表”统计，西大庄村兄弟 3 个以上家庭有 12 个，兄弟均已结婚为 9 个，占 75%；非均婚 3 个，占 25%。双寺村兄弟 3 个以上家庭 7 个，兄弟均婚 4 个，占 57.1%；非均婚 3 个，占 42.9%。庆有庄村兄弟 3 个以上家庭 11 个，尚有兄弟未婚家庭 5 个，占 45.5%。曲河村兄弟 3 个以上家庭 19 个，兄弟未均婚家庭 12 个，占 63.2%。上寨村 3 个以上兄弟家庭 11 个，非均婚家庭 5 个，占 45.5%。可见，这些村庄 3 个兄弟家庭中，多数兄弟都已完婚。也有一部分家庭，少则四分之一，多则三分之二有尚未完婚兄弟。

西大庄村和双寺村有未婚兄弟的复合家庭全部为直系复合家庭。曲河村 12 个有未婚兄弟家庭中，仅有 1 个是兄弟复合家庭，占 8.3%；上寨村 6 个家庭中，也仅 1 个家庭有未婚兄弟，占 16.7%。它表明绝大部分有未婚兄弟的复合家庭是父母或父母一方尚存的直系复合家庭，而不是父母去世，由兄弟组成二代复合家庭。它告诉我们，每个人完婚是父母的义务，而不是兄弟的责任。五个村庄中唯一的例外是庆有庄村，其兄弟复合家庭中有未婚兄弟的比例高一些。7 个家庭中，3 个家庭有未婚兄弟，占 42.9%。不过这类村庄是少数。

（3）父母存亡与复合家庭的维系（见表 5–2）

表 5–2　两种复合家庭构成比例

家庭类型	西大庄村		双寺村		庆有庄村		曲河村		上寨村	
	样本量	%	样本量	%	样本量	%	样本量	%	样本量	%
兄弟复合家庭	5	16.7	9	25.7	6	30.0	17	34.0	6	22.2
直系复合家庭	25	83.3	26	74.3	14	70.0	33	66.0	21	77.8
复合家庭小计	30	100.0	35	100.0	20	100.0	50	100.0	27	100.0

资料来源：同表 5–1。

由表 5–2 可以看出，复合家庭多数是由父母或父亲、母亲一方同两个已婚儿子组成的。它表明复合家庭的形成有赖父母约束。一般复合家庭（2 个以上兄弟已婚）的存在同兄长约束能力的存在有关。

下面再看复合家庭中父母存亡状态。（见表 5–3）

表 5–3　直系复合家庭与父母存亡状态

父母存亡状况	西大庄村		双寺村		庆有庄村		曲河村		上寨村	
	样本量	%	样本量	%	样本量	%	样本量	%	样本量	%
父母在	18	72.0	16	61.5	9	64.3	25	75.8	8	38.1
父在	1	4.0	3	11.5	3	21.4	2	6.1	4	19.1
母在	6	24.0	7	26.9	2	14.3	6	18.2	9	42.9
父在总数	19	76.0	19	73.1	12	85.7	27	81.8	12	57.1
合计	25	100.0	26	100.0	14	100.0	33	100.0	21	100.0

资料来源：同表 5–1。

表 5–3 统计表明，直系复合家庭多数建立于父母健在基础上。父母健在所形成的直系复合家庭实际与父亲对家庭事务的控制能力联系在一起。五个村庄中，除上寨村外，父亲在世状态下的复合家庭比例都在 70% 以上（最低为 73%）。当然，也有一部分直系复合家庭是父亲去世后由母亲来维系的，山区的上寨村这类家庭比例达到 40%。

按照李景汉 20 世纪 20 年代末对定县的调查，515 家中，兄弟皆已婚配的同居生活者计 135 家。它意味着该调查中复合家庭为

26.2%，略微超过四分之一。值得注意的是，李景汉调查中人口多的大家庭比例相对较高，所以复合家庭比例也较高。若以一个村庄为单位对全部家庭的类型进行考察，复合家庭将达不到这个水平。就比例来看，定县调查比冀南调查村庄的最高水平（双寺村，19.2%）高 4 个百分点。另外，李景汉调查的 135 家中，有 25 个兄弟复合家庭的父母或其他长辈人皆故去。[①]这表明 135 个复合家庭中，由兄弟组成的一般复合家庭占 18.5%，由父母同两个以上已婚儿子组成的直系复合家庭占 81.5%。可见，复合家庭中父母所起维系作用是很大的。

与直系复合家庭不同，直系家庭（见表 5–4）则更多地带有自然形成痕迹，因而父亲在世与否对其影响不大；特别是其中的独子家庭，即使父亲不在，赡养母亲也是儿子不可推辞的责任。

表 5–4　直系家庭与父母存亡状态

父母存亡状况	西大庄村		双寺村		庆有庄村		曲河村		上寨村	
	样本量	%	样本量	%	样本量	%	样本量	%	样本量	%
父母在	32	50.8	25	52.1	20	46.5	51	47.2	43	71.7
父在	1	1.6	4	8.3	4	9.3	17	15.7	3	5.0
母在	30	47.6	19	39.6	19	44.2	40	37.0	14	23.3
合计	63	100.0	48	100.0	43	100.0	108	100.0	60	100.0

资料来源：同表 5–1。

预期寿命、生育子女数量和婚姻状况对大家庭的限制作用在工业革命前的欧洲也是如此。在高死亡率作用下，人口中达到结婚年龄者的预期寿命是很低的，因而许多结婚夫妇没有多少活至成年的子女，只有一个儿子或一个女儿，在这种情形下，家庭不可能经历复合阶段；即使有两个或两个以上的儿子活至成年，父亲较低的预期寿命可能限制复合家庭的维持长度，因为随着父亲的去世，复合

① 李景汉编：《定县社会概况调查》，第 142 页。

家庭将很快解体。[①]

2．复合家庭以外其他家庭的形成方式

上面重点对复合家庭的形成特征做了分析。那么核心家庭、直系家庭和单人家庭是不是也有自己的形成特征呢？在此，我将这些家庭的形成方式分为三种，一是自然形成，是指户主本辈和父辈没有成年兄弟，因而两代以内没有分家经历，完全随着家庭成员的生老病死和婚配而变动；二是分家形成，土改时该家庭的类型是土改前通过本辈或父辈与兄弟分家形成；三是迁移形成，这些家庭户主本辈，主要是父辈，土改前从外乡迁来，档案记载中没有提到两代人的兄弟数量，难以确定其是否有分家经历，故列入迁移形成之类。这三类之外还应有一类，就是“不详”类，无法依据家史资料找到该户与同村其他家庭的关系，不过其数量很小。

西大庄村复合家庭以外 146 个家庭中（实际应该有 160 个，因有 14 个为复原家庭，成员信息不明确，所以未包括进去），以自然方式形成者超过三分之一，分家形成者约占一半。庆有庄村（14 个复原家庭没有统计在内）自然形成类与西大庄村基本相同，分家形成接近 60%。可见，即使土改前，分家也是小家庭产生的重要方式。

3．经济状况对家庭结构的影响

家庭的不同结构类型一定程度上与家庭人口数量水平相联系。一般来讲，复合家庭人口数量最多，直系家庭次之，核心家庭又次之。从上面分析中我们知道，就兄弟数量构成而言，约有 50% 的家庭有条件组成复合家庭，但村庄内的复合家庭实际不足 20%，多数不到 15%。这说明，家庭构成类型还受到其他因素影响。家庭经

---

① David I. Kertzer, “The Joint Family Household Revisited: Demographic Constraints and Household Complexity in the European Past”, *Journal of Family History*, Volume 14, No.1 (1989), pp. 2–3.

济状况决定着家庭抚养其成员数量的能力，在土地私有制下的传统经济时代尤其如此。

（1）土改前家庭结构与阶级成分关系

土改时阶级成分划分的依据是家庭经济状况，因而通过成分可以大体把握一个家庭土改前的经济水平。然而，冀南农村也有这种情形，一些地主家庭往往不是村中最富的，他们中有的拥有一定数量的土地（多是通过继承遗产获得），但因子女幼小，或家长等成年男性亡故等，缺乏劳动力，不得不完全靠雇佣长工经营。但就总体情况而论，阶级成分对家庭经济状况有一定反映。

根据表 5–5 并结合表 5–1，做一些分析。

表 5–5　家庭阶级成分与家庭结构关系

阶级成分	家庭结构									合计
		核心家庭	直系家庭	兄弟复合家庭	单人家庭	残缺家庭	直系复合家庭	扩大核心家庭	两种复合家庭之和	
	西大庄村									
贫农	数量	59	42	4	9	1	13	2	17	130
	%	45.4	32.3	3.1	6.9	0.8	10.0	1.5	13.1	100.0
下中农	数量	2	1						0	3
	%	66.7	33.3						0	100.0
中农	数量	6	6		2		1		1	15
	%	40.0	40.0		13.3		6.7		6.7	100.0
上中农	数量	1		1			6		7	8
	%	12.5		12.5			75.0		87.5	100.0
富农	数量	4	6		1		4		4	15
	%	26.7	40.0		6.7		26.7		26.7	100.0
地主	数量	7	8		3		1		1	19
	%	36.8	42.1		15.8		5.3		21.2	100.0
	双寺村									
贫农	数量	54	26	4	12		9	5	13	110
	%	49.1	23.6	3.6	10.9		8.2	4.5	11.8	100.0
下中农	数量	9	7	2			3		5	21
	%	42.9	33.3	9.5			14.3		23.8	100.0

（续表）

阶级成分	家庭结构									合计
		核心家庭	直系家庭	兄弟复合家庭	单人家庭	残缺家庭	直系复合家庭	扩大核心家庭	两种复合家庭之和	
中农	数量	8	8	1			4	1	5	22
	%	36.4	36.4	4.5			18.2	4.5	22.7	100.0
上中农	数量	1	6	2	1		6		8	16
	%	6.3	37.5	12.5	6.3		37.5		50.0	100.0
富农	数量	3					2		2	5
	%	60.0					40.0		40.0	100.0
地主	数量		1				2		2	3
	%		33.3				66.7		66.7	100.0
	庆有庄村									
贫农	数量	68	33	5	12	1	8	1	13	128
	%	53.1	25.8	3.9	9.4	0.8	6.3	0.8	10.2	100.0
下中农	数量	1	1				1	1	1	6
	%	50.0	16.7		2		16.7	16.7	16.7	100.0
中农	数量	7	5		12.5		2		2	16
	%	43.8	31.3				12.5		12.5	100.0
上中农	数量						2		2	2
	%						100.0		100.0	100.0
富农	数量	6	2				1		1	9
	%	66.7	22.2				11.1		11.1	100.0
地主	数量	1	2	1			1		1	4
	%	25.0	50.0	25.0			25.0		25.0	100.0
	曲河村									
贫农	数量	103	60	10	23		10	5	20	211
	%	48.8	28.4	4.7	10.9		4.7	2.4	9.5	100.0
下中农	数量	14	9			1	3	1	3	28
	%	50.0	32.1			3.6	10.7	3.6	10.7	100.0
中农	数量	16	17	4	1		4	3	4	45
	%	35.6	37.8	8.9	2.2		8.9	6.7	8.9	100.0
上中农	数量	8	14	3			13	2	13	40
	%	20.0	35.0	7.5			32.5	5.0	32.5	100.0
富农	数量	7	7				3		3	17
	%	41.2	41.2				17.6		17.6	100.0

（续表）

阶级成分		家庭结构								合计
		核心家庭	直系家庭	兄弟复合家庭	单人家庭	残缺家庭	直系复合家庭	扩大核心家庭	两种复合家庭之和	
地主	数量	2	1		1					4
	%	50.0	25.0		25.0					100.0
	上寨村									
贫农	数量	64	25	4	18		7	5	11	123
	%	52.0	20.3	3.3	14.6		5.7	4.1	8.9	100.0
下中农	数量	19	21	2	1		7	1	9	51
	%	37.3	41.2	3.9	2.0		13.7	2.0	17.6	100.0
中农	数量	9	6				2		2	17
	%	52.9	35.3				11.8		11.8	100.0
上中农	数量	1	8				5	1	5	15
	%	6.7	53.3				33.3	6.7	33.3	100.0
富农	数量								0	1
	%								0	100.0

资料来源：同表 5-1。

先看复合家庭。西大庄村不同成分的复合家庭比例如下：上中农和富农成分均超过 20%，高于平均水平；中农以下类别低于平均水平，但地主类别相对最低。双寺村中农以上四类成分均在 20% 以上，贫农仅有 11.8%。庆有庄村上中农均为复合家庭，地主类超过 20%。曲河村情况比较特殊，中农和上中农、富农类别的复合家庭超过平均水平；贫下中农两个类别偏低；地主中则没有复合家庭。上寨村没有地主成分，复合家庭主要集中于上中农类别，它在下中农中也超过平均水平。综合以上统计可以看出，各村复合家庭构成既呈现循成分由低向高依次增加的主流特征，即相对来说，贫农中的复合家庭在平均水平以下，上中农等富裕成分中的复合家庭明显高于平均水平；又有不尽规范排序的另一面，多数村庄上中农类复合家庭比例最高。庆有庄村、双寺村和西大庄村上中农类复合家庭比例达到和超过 50%，而地主类别在各村中各有高低。

富裕阶级复合家庭比例高意味着兄弟分家比较少。对富裕之家分家比例低的现象，有一种解释，认为中国农业体系下，家户破裂导致它们（的收益）低于其最大经济活动水平。而且在贫穷农民家庭中，真正决定土地析分的，是在夫妻关系的要求针对父子关系的要求这一层面。社会等级越高，人们越密切地遵照他们的社会理想；在这些理想中，人们强调父子关系，却忽视了婚姻关系（许烺光，1949）。[①]这一解释是笼统的，甚至是牵强的。我将在分家一章对分家原因做专门分析。

直系家庭分布的阶级成分特征并不十分突出。相对来说，中农以上类别中直系家庭比重大一些，贫农则相对较低。总体来看，各个阶级类别中，都有一定比例的直系家庭。

再来看核心家庭。因直系家庭和复合家庭在中农，特别是上中农以上家庭占比例较大，其核心家庭比例必然较小。贫农则与此相反，其核心家庭比重基本上接近或达到50%以上。

单人家庭的成分特色也不显著。但若从绝对数量上看，它主要集中在贫下中农类别中。西大庄村单人家庭在贫下中农中占60%，双寺村为92.3%，庆有庄村为85.7%，曲河村为92%，上寨村为90%。

通过以上分析，我感到，尽管本项研究中不同类型家庭构成比例与我对18世纪中后期个案汇总研究结果有一定差异，但总趋向没有明显不同，或者说排位顺序基本是一致的。核心家庭比重最大，直系家庭次之，复合家庭位列第三。两项研究结果都没有与一些学者认为的三种类型家庭各占三分之一的局面达成一致，至少在冀南农村是如此。

（2）家庭结构与土地占有状况的关系

农村土改时划定的阶级成分可以揭示民众土改前的谋生方式和生存条件。虽然它一定程度上反映了家庭财富占有状况，但也不能否认，阶级成分对家庭经济水平的反映是粗线条的。如贫农中有的

① 莫里斯·弗里德曼：《中国东南的宗族组织》，第35页。

家庭拥有骡马，有的则房无一间、地无一垄。因而以此揭示家庭结构分布状况有欠缺，或者只能将其作为诸多指标中的一个，而不是唯一的判定标准。这里，我想从土地占有角度再对财富与家庭结构关系做一观察。

表 5–6 的五个村庄中，占地 5 亩以下家庭的类型均以核心家庭比例为最高，超过 50%，庆有庄村高至 70%；直系家庭占第二位，比重均在 20% 以上，其中西大庄村和曲河村接近和超过 30%；复合家庭则在 5% 左右，总体比重最小，明显低于本村平均水平；单人家庭绝对值虽不高，但其中的双寺村、庆有庄村和曲河村均高于本村单人家庭平均值。

无地家庭以核心和单人家庭为主，但西大庄村有 2 个、双寺村和曲河村各有 1 个为复合家庭。

一般来讲，无地家庭要维系复合型家庭结构比较困难。这些无地家庭是如何支撑相对较多的成员生存的呢？西大庄村 1 户复合家庭（王会清）有 10 口人，包括父母和 3 个已婚兄弟以及侄辈子女。其财产为 11 间房；谋生方式为当长工，做木工活。另一个复合家庭（王其）7 口人，包括父亲，2 个已婚兄弟及其妻子，2 个子侄。无房无地，以当长工和做买卖谋生。双寺村一个复合家庭（张天保）7 口人，包括父母，两个已婚兄弟及其妻子，子侄 1 个。无房无地，以泥瓦匠为生。可见，这几户无地复合家庭的主要成员并非完全靠长短工为生，而是有一定手艺的。

30 亩以上相对富裕户中的复合家庭比重在四个村庄超过 35%；其核心家庭比重则相对较低，除庆有庄村稍高外，其他村庄或者没有核心家庭，或者比重在 30% 以下的低水平。但应注意，虽然其中的大家庭占较高比重，但各个村庄这类富裕户在家庭总数中所占比例不高（由表 5–7 数据可以得到，30 亩以上家庭在西大庄村占 16.2%，双寺村 13.6%，庆有庄村 24.0%，曲河村 12.5%，上寨村 2.2%），全村大家庭的比重因此不会明显提升。

依照上述统计分析，以核心家庭和直系家庭为表现形式的小家

表 5–6　家庭土地占有状况与家庭结构关系

土地占有亩数	西大庄村				双寺村				庆有庄村				曲河村				上寨村			
	核心家庭	直系家庭	复合家庭	单人家庭	核心家庭	直系家庭	复合家庭	单人家庭	核心家庭	直系家庭	复合家庭	单人家庭	核心家庭	直系家庭	复合家庭	单人家庭	核心家庭	直系家庭	复合家庭	单人家庭
0 亩	23	4	2	5	8	6	1	5	6			4	23	7	1	14	22	5		6
%	67.6	11.8	5.9	14.7	40.0	30.0	5.0	25.0	60.0			40.0	51.1	15.6	2.2	31.1	66.7	15.2		18.2
5 亩以下（含 0 亩）小计	47	25	6	6	29	12	3	5	28	6	1	5	68	39	7	15	63	22	5	9
%	56.0	29.8	7.1	7.1	59.2	24.5	6.1	10.2	70.0	15.0	2.5	12.5	52.7	30.2	5.4	11.6	63.6	22.2	5.1	9.1
5.1—12 亩小计	12	15	4	1	27	11	8	1	19	9	4		36	27	8	1	18	24	14	2
%	37.5	46.9	12.5	3.1	57.4	23.4	17.0	2.1	59.4	28.1	12.5		50.0	37.5	11.1	1.4	31.0	41.4	24.1	3.4
12.1—29 亩小计	8	11	10		17	16	11		15	17	8	2	29	29	19	1	7	13	5	
%	27.6	37.9	34.5		38.6	36.4	25.0		35.7	40.5	19.0	4.8	37.2	37.2	24.4	1.3	28.0	52.0	20.0	
30 亩以上小计	6	12	10			9	13		17	11	7	1	11	13	16			1	3	
%	21.4	42.9	35.7			40.9	59.1		47.2	30.6	19.4	2.8	27.5	32.5	40.0			25.0	75.0	

说明：土改后至 1966 年，各村庄都有绝户家庭，但其占有土地的准确信息未能得到，故本表未将其计入村庄总家庭数中。

庭是土改前农村所占比重最大的家庭类型。大家庭的代表类型——复合家庭也是重要的家庭形式，但它却没有达到人们通常认为的高比例状态。家庭类型与成分和财富占有水平有直接关系。核心家庭在贫下中农和占地 5 亩以下的家庭中占比接近或超过 50%，复合家庭不足 10%；而多数村庄占地 30 亩以上的农户及生产和生活条件较好的上中农中，复合家庭超过 30%（不过这类家庭在村庄总户数中的比重不高）。因而，在考察家庭结构时，应充分注意到生产方式和财富占有水平对家庭结构的影响。

通过以上分析可以看出，土改前的传统社会，核心家庭和直系家庭这两类小型家庭是冀南农村的主流家庭形态。人口比较多的复合家庭也占有一定比例。

既然复合家庭在同一地区、同一时间并不是主要的家庭类型，那么为什么会给人造成生活在复合大家庭的人比较普遍的印象呢？

根据对复合家庭人口数量和全村总人口关系统计，西大庄村复合家庭人口占全村 32.2%，双寺村占 35.4%，庆有庄村占 23.5%，曲河村占 25.7%，上寨村占 23.4%。复合家庭数在调查村庄总家庭数中占 15% 左右，而其人口数却占 20% 以上，平原村庄约占三分之一。这样看来，同一时空范围内，生活在复合家庭的人就不是一个简单的少数。

段纪宪根据 20 世纪 30 年代调查资料对家庭成员关系构成分析后认为，20 世纪 30 年代中国大约 70% 的人口生活在核心家庭。[①] 我认为，这一判断是有问题的。按照当时的社会家庭调查（包括李景汉、卜凯等组织的调查），家庭成员中亲属关系的构成比例与家庭是有区别的。不同关系家庭成员所占比例不能同家庭结构比例画等号。由于对此缺乏认识，所以段纪宪对当时核心家庭所占比例的认识是不准确的。即核心家庭实际人口比例要明显低于 70%。

为了更清楚地说明这一问题，我以冯和法等 20 世纪 30 年代

---

① 段纪宪：《中国人口造势新论——中国历代人口社会与文化发展》，中国人口出版社，1999 年，第 322 页。

对农村同居亲属所做的一项调查资料为依据加以分析。根据此调查，2927 个家庭中，户主有母亲占 26%，有父亲占 4%，有兄弟占 17%，有兄弟媳妇占 11%，有侄子占 8%，有侄女占 5%，已婚子占 31%，未婚子占 45%，未婚女占 37%，儿媳占 28%，孙子占 16%，孙女占 12%，姊妹占 3%；其他亲属如祖父母以至于曾孙共不及 3%，未婚妻占 1.6%；另外家庭有妻子者占 78%。[①]家长绝大多数为已婚者（当然调查时有的已丧偶成为鳏夫，但其已婚身份并不改变）。

按照上述资料，我们先看直系家庭所占比例。户主有母亲占 26%，有父亲占 4%。这其中可能有一部分是父母双全。我认为应有 25% 的户主有父母或父母中的一方。家长与父母组成的至少是直系家庭。往下看，有已婚子女占 31%。这里，我不清楚家长有几个已婚子。若只有一个，那么家长与下代子女组成直系家庭不低于 31%；若有两个已婚儿子则所组成的为直系复合家庭。再看复合家庭，家长有兄弟媳妇占 11%，这类家庭应全是复合家庭。但上述资料中有许多交叉之处。如一个家庭既有父母，又有儿子儿媳，还有兄弟兄弟媳妇。他们所构成的只是一个直系复合家庭，而不能拆开累计。但即使如此，我认为，本调查中的直系家庭和复合家庭之和也应在 40% 以上，当然其主要部分是直系家庭。

由此可见，当我们否定大家庭在传统社会占主导地位观点时，也不应忽视大家庭的代表类型——复合家庭的应有地位。否则许多社会现象将无法解释。

4．社会环境与家庭结构关系

清末民初以来华北地区陷入长期动荡之中。20 世纪二三十年代，军阀混战、土匪横行，直接波及冀南农村；“七七事变”以后，华北更成为日本侵华的心脏地带。在这样的环境中，民众生活颇不安宁。那么这种外部环境对家庭结构是否会产生影响？或者说，这

---

① 冯和法编：《中国农村经济资料》（上），第 61—64 页。

时民众究竟倾向于共居合灶，还是另居分爨？

从文献记载看，分爨行为有增加的迹象。但在访谈中，村民则有大家住在一起增加安全感的说法。但实际调查结果表明，村庄中既有一定比例的复合家庭，又有高比例的小家庭。很难判断哪一种“话语”更成立。客观地讲，家人住在一起可对土匪的骚扰增加抵御能力，但同居型分家（分家后住在同一院落）在当时社会是比较普遍的，即使分家也不会置彼此安危于不顾。所以，我认为，外部环境对分家与否的影响可能在一个短时期能起作用，如推迟或提前一两年分家，但在较长期内作用并不大。关键在于，家庭内部关系决定着分家行为。

三、土改后不同时期的家庭结构

（一）土改对家庭结构的影响

土地改革对家庭结构变动有无影响？影响有多大？第一个问题，人们从直观的感觉上就可以做出肯定回答。第二个问题则不易回答。

土地改革并非废除土地私有制的改革，而是剥夺地主、富农的土地、房屋及其他生产资料，将其无偿分配给无地、少地农民（以贫下中农为主）。农民获得了这些土地的所有权。至少从形式上看，土地的私有性质仍得以保留。

如果说土改会对农村家庭结构类型产生影响，那么影响应该主要体现在土改前拥有较多土地的富裕家庭中。即土地绝对数量大幅度减少使其难以养活原本较多的人口，维系比较复杂的家庭类型。

表5-7中，土改后家庭结构有一些引人注目的变化。正像我设想的那样，五个村庄复合家庭都有减少。原来复合家庭比例较高的平原村庄西大庄村由15.8%下降为9.7%；双寺村由19.8%降为12.5%，减幅超过36%；山区的上寨村由13.0%降至8.7%，减

幅为33.1%；庆有庄村由12.1%降为10.6%；曲河村由14.5%降为11.8%。复合家庭这一被传统社会推崇的生活形式，在重大的社会变革初期出现加速解体的局面。不过其中仍有一部分得以维系下来。

表5-7　土改后（1946年）家庭结构

家庭类型	西大庄村		双寺村		庆有庄村		曲河村		上寨村	
	样本量	%	样本量	%	样本量	%	样本量	%	样本量	%
一般核心家庭	102	47.2	99	51.6	84	49.4	173	48.7	123	53.5
扩大核心家庭	4	1.9	9	4.7	5	2.9	1	0.3	4	1.7
核心家庭小计	106	49.1	108	56.3	89	52.3	174	49.0	127	55.2
直系家庭	74	34.3	48	25.0	45	26.5	105	29.6	51	22.2
兄弟复合家庭	6	2.8	6	3.1	6	3.5	12	3.4	5	2.2
直系复合家庭	15	6.9	18	9.4	12	7.1	30	8.5	15	6.5
复合家庭小计	21	9.7	24	12.5	18	10.6	42	11.8	20	8.7
残缺家庭			1	0.5	3	1.8	11	3.1	3	1.3
单人家庭	15	6.9	11	5.7	15	8.8	23	6.5	29	12.6
合计	216	100.0	192	100.0	170	100.0	355	100.0	230	100.0

资料来源：同表5-1。

虽然土改初期的复合家庭主要是土改前所留存，但也有新增加的复合家庭。当然新增数量很少。土改后西大庄村21个复合家庭中，只有1个为新增；双寺村24个复合家庭中，2个为新增；庆有庄村18个复合家庭中，也只有1个为新增。

核心家庭比例在四个村庄上升，除西大庄村外，均提高到占总数50%以上水平。可以说，核心家庭一定程度上是和复合家庭相对应的，即复合家庭比例的减少常常伴随着核心家庭的上升。因为复合家庭分化时多数情况下要产生数个核心家庭。

直系家庭变动并不十分显著。土改前西大庄村、双寺村、庆有庄村和上寨村的直系家庭分别为33.2%、25.4%、24.1%和29.0%，土改后的相应比例为33.8%、23.4%、26.5%和22.2%，变化明显的是上寨村，其比例有所下降。

单人家庭在各村庄有升有降，很难对其与社会变动的关系程度做出判断。

总之，土地改革对冀南农村家庭结构的影响是明显的，特别是促使其中的复合家庭解体、蜕变为核心家庭。不过，土改初期复合家庭并非骤然下降。

（二）高级社前家庭结构变动

农村高级社建立在集体经济基础上，是对传统私有制的否定。从这一点看，高级社是中国农村变化的又一个里程碑。高级社之前，从互助组到初级社，集体化组织形式已处在发展之中。冀南农村这种组织形式1948年即开始出现，农民普遍加入高级社是在1956年。因而“阶级成分登记表”中高级社前的家庭人口状况应为1956年初。

从1946年土改到1956年，又经历了近10年的时间。家庭结构有什么新的变化？（见表5–8）

表5–8　高级社前家庭结构

家庭类型	西大庄村		双寺村		庆有庄村		曲河村		上寨村	
	样本量	%	样本量	%	样本量	%	样本量	%	样本量	%
一般核心家庭	116	50.4	125	60.1	105	55.9	203	53.7	135	55.8
扩大核心家庭	3	1.3	4	1.9	4	2.1	3	0.8	2	0.8
核心家庭小计	119	51.7	129	62	109	58	206	54.5	137	56.6
直系家庭	76	33.0	51	24.5	47	25.0	101	26.7	54	22.3

（续表）

家庭类型	西大庄村		双寺村		庆有庄村		曲河村		上寨村	
	样本量	%	样本量	%	样本量	%	样本量	%	样本量	%
兄弟复合家庭	3	1.3	5	2.4	3	1.6	7	1.9	4	1.7
直系复合家庭	17	7.4	12	5.8	7	3.7	22	5.8	10	4.1
复合家庭小计	20	8.7	17	8.2	10	5.3	29	7.7	14	5.8
残缺家庭			1	0.5			9	2.4	1	0.4
单人家庭	15	6.5	10	4.8	22	11.7	33	8.7	36	14.9
合计	230	100.0	208	100.0	188	100.0	378	100.0	242	100.0

资料来源：同表 5-1。

先看复合家庭。各个村庄高级社前夕又出现一次分家高潮。复合家庭比例进一步下降，五个村庄都降至 10% 以下。但也有新增复合家庭，增长比例各不相同。西大庄村 20 个复合家庭中，新增 6 个，占 30%；双寺村 17 个复合家庭中，新增 2 个，占 11.8%；庆有庄村 10 个复合家庭中，新增 2 个，占 20%。可见，虽有新增复合家庭，但土改前复合家庭的延续仍为主流。若从土改前的 1945 年算起，延续下来的复合家庭至高级社成立的 1956 年，至少已维系了 10 年。这表明，这类复合家庭成员有比较好的关系基础，因而虽经社会变革仍能将原有家庭形式保持下来。当然，也应看到，土改后至高级社前农村的土地经营仍以家庭为单位，这是原有复合家庭得以维持的经济基础。土改以后至高级社期间，有不少人婚配，特别是一个家庭诸兄弟短时间内同时婚配。但因此组成的复合家庭比例并不高。

五个村庄核心家庭都超过了 50%，成为主导性家庭形态。

直系家庭比例变化并不明显，或者说处于相对稳定状态。究其原因，一是这些村庄只有一子的家庭娶媳之后，一般都能保持共同生活的居制；二是多子家庭父母在儿子均婚后，往往与一个已婚儿子生活在一起（与小儿子生活的比例较高）。此时父亲尚有参加集体劳动的能力，母亲则承担抚养年幼孙辈的责任，因而所组成的直系家庭对儿孙辈是有利的。

（三）1966 年的家庭结构

1966 年，距离集体化发轫已有十年。应该说，这十年的社会变革对家庭的直接影响最大。集体化使家庭农业生产功能几乎丧失。（20 世纪 60 年代初期重新划拨自留地，恢复了家庭的部分生产功能。但自留地的产权是集体的，只能作为集体生产活动的辅助部分而存在。并且社员对其经营是在不影响集体生产的前提下，利用业余时间进行。）其间曾有 1958—1961 年食堂化运动，家庭的生活功能也一度被取消了。它对家庭结构的影响不可忽视。（见表 5-9）

表 5-9　1966 年家庭结构

家庭类型	西大庄村		双寺村		庆有庄村		曲河村		上寨村	
	样本量	%	样本量	%	样本量	%	样本量	%	样本量	%
一般核心家庭	192	63.8	156	63.7	155	69.5	254	59.1	202	66.2
扩大核心家庭	5	1.7	6	1.2	5	2.2	9	2.1	3	1.0
核心家庭小计	197	65.4	159	64.9	160	71.7	263	61.2	205	67.2
直系家庭	66	21.9	58	23.7	28	12.6	100	23.3	43	14.1
兄弟复合家庭							2	0.5		
直系复合家庭	4	1.3	4	1.6			5	1.2	3	1.0
复合家庭小计	4	1.3	4	1.6			7	1.6	3	1.0
残缺家庭	2	0.7			2	0.9	7	1.6	4	1.3
单人家庭	32	10.6	24	9.8	33	14.8	53	12.3	50	16.4
合计	301	100.0	245	100.0	223	100.0	430	100.0	305	100.0

资料来源：同表 5-1。

表 5-9 中，复合家庭的变动值得注意。五个村庄中，复合家庭已在一个村庄消失，其他四个村庄则降至 2% 以下。可以说，至此，调查村庄的复合家庭或者不存在，或者成了个别现象。西大庄村和双寺村各 4 个复合家庭及上寨村 3 个复合家庭都是高级社后子女逐渐婚配新组成的，并且均为直系复合家庭。这些家庭的父母具有劳动能力和管理家庭事务能力，其年龄在 50—60 岁。西大庄村、双寺村、庆有庄村和上寨村四个村庄，在 1960 年前后，从土改前延续下来的复合家庭已最后解体。新出现的复合家庭维系时间都不长，基本上在 1—5 年，实际上成为一种过渡家庭形态。曲河村则有所不同，本村 7 个复合家庭中有 5 个为直系复合家庭，2 个为一般复合家庭。其中 5 个为合作社以后逐渐形成，2 个为土改前延续下来。五个村庄中仅一个村庄有延续如此之久的复合家庭，它是很有典型意义的。然而其数量如此之少，并且只有个别村庄存在，代表性不是很高。或许它们建立在特殊的家庭关系基础之上。

根据村庄统计资料，1966 年复合家庭的维系仍主要依赖于父亲在世这一限制条件。由于此时复合家庭已属少数，样本较少，难以就此做更多的说明。

与土改前相比，20 世纪 60 年代中期分家形成的直系和核心家庭比例明显上升。西大庄村和上寨村分别为 66.0% 和 60.0%，庆有庄村为 57.4%。有一定数量的直系和核心家庭经历了两次分家。如 1966 年 50 岁以上者在土改后、高级社前与兄弟分家，60 年代或 1966 年之前与儿子分家。没有分家经历者也占一定比例。各村中复合家庭已很少，表明有两个以上儿子的家庭，婚后分家或分爨成为普遍现象。

复合家庭这一时期走入尾声值得思考。若从财产占有和生产方式上看，土改中土地相对平均分配和集体经济制度剥夺了家庭基本生产职能，削弱了复合家庭的存在基础，从而加快兄弟、父子等成员间的分家速度。这已被前面的时期分析所证明。但并非随着制度变革，新的模式骤然取代旧的类型。个别复合家庭能从 1946 年土改一直维持到 1960 年之后，表明尽管家长权力发挥范围减小，但它仍在一定程度上保持着，或者说传统家长权力的惯性和余威还有所表现。家庭成员也是基于传统伦理的要求遵从家长的管理。但无论如何，它只是个别家庭的情形。

根据在冀南农村的调查，1958 年开始的食堂化运动和 1960 年取消食堂，对传统时代遗留下来的大家庭形成最后最彻底的冲击。建立在集体经济基础上的食堂化运动使合爨形式的大家庭失去了存在的意义。不久后尽管家庭生活单位恢复，但经济困难使原有大家庭成员难以相互顾及，各自炊爨的核心型小家庭则可提高生存能力。

直系家庭特征是，平原区的西大庄村、双寺村和半平原、半丘陵区的曲河村，比例虽有下降，但仍保持在 20% 的水平上；而丘陵区的庆有庄村和山区的上寨村则降至 15% 以下。直系家庭减少在西大庄村、庆有庄村和上寨村表现得更为突出。从档案中可见，上寨村年龄在 50 岁以上且有已婚子女者，往往与配偶一起生活，构成核心家庭；或者丧偶而单独立户。据统计，这类家庭在上寨村有 27 个，庆有庄村有 20 个。传统时代，他们本应与已婚子女组成直系家庭。如将这 27 个家庭加在直系家庭类别内，上寨村的直系家庭（共 70 个）比重将仍保持在 22% 水平上，庆有庄村为 21.5%。由此表明，至 1965 年前后，当地父母与已婚子女分家频率提高。这种现象与当时的政治环境有很大关系。如果说高级社后集体经济组织取代家庭的生产功能，并最终削弱了复合家庭存在基础的话，“四清”以后、“文革”期间对传统伦理道德的批判、造反精神的培植，则是对传统家长地位最后且最致命的打击。“四清”运动有一项重要使命是“破四旧”“立四新”。家长对子女，尤其是已婚子女生活方式的干预能力大大下降。已婚家庭成员关系的和睦状态往往难以保持，甚至会趋于紧张。为减少矛盾，寻求生活单位的独立成为上下两代都乐意接受的方式。

依照村庄资料，直系家庭多数是残缺类型的直系家庭（只有父母中的一方在世），它的形成很大程度上是与母亲在世有关。父母健在的直系家庭西大庄、双寺、庆有庄和上寨四个村庄分别为 39.4%、32.1%、28.6% 和 40.5%；只有父亲尚存的直系家庭四个村庄分别为

9.1%、16.1%、3.6% 和 23.8%；而仅有母亲一方在世的直系家庭四个村庄分别为 51.5%、51.8%、87.9% 和 35.7%。不过母亲的作用并不是抑制分家，而很可能是因为她们缺少劳动能力，对子女赡养有依赖。

与此同时，核心家庭的优势地位更加突出，各村基本上都在 60% 以上。

可见，这时期核心家庭上升与复合家庭逐渐消亡、直系家庭逐渐减少相关联。

各村庄单人家庭比例相对均比较高，基本上都在 10% 左右的水平上，丘陵地区的庆有庄村和山区的上寨村更是接近或超过 15%。于是，主要家庭类型中，单人家庭位居第三位。关于其比例高的原因，我将在家庭规模中做进一步分析。

（四）20 世纪 90 年代的家庭结构

那么到了 90 年代，冀南农村在土改五十多年后，伴随着家庭联产承包责任制的实行，家庭结构又有哪些新的变化？它是沿着分化的方向继续下去，还是有所复归？家庭生产职能的恢复对家庭组成类型是否有影响？这些问题只有通过实际观察才能回答。

1．家庭结构的基本状况

表 5–10 显示，总体上看，20 世纪 90 年代后家庭结构类型更趋简化，没有出现任何“复归”情形。

表 5–10　1999 年家庭结构

家庭类型	西大庄村		双寺村		庆有庄村		上寨村	
	样本量	%	样本量	%	样本量	%	样本量	%
一般核心家庭	459	74.2	329	69.4	268	74.0	312	68.4
扩大核心家庭	4	0.6	12	2.5	5	1.4	4	0.9
核心家庭小计								
直系家庭	126	20.4	95	20.0	78	21.5	109	23.9
残缺家庭			4	0.8	4	1.1	1	0.2
单人家庭	30	4.8	34	7.2	7	1.9	30	6.6
合计	619	100.0	474	100.0	362	100.0	456	100.0

资料来源：同表 5–1。

就我所调查的冀南农村而言，复合家庭已经彻底消失，当然个别村庄 1966 年即已不存在，前面分析中已经看到这种状况。从整体上看，复合家庭的消失时间很可能在 80 年代前后，而并非 90 年代。当然，我们并不否认 20 世纪 80 年代和 90 年代还会有个别家庭在两个以上儿子均结婚后有合爨的情形，但其持续时间将是相当短暂的。

直系家庭比例在山区的上寨村和丘陵区的庆有庄村上升了。各村庄基本保持在 20% 及稍高一些、比较稳定的水平上。调查时这些直系家庭的形成方式有两种：一是多子家庭新婚儿子尚未与父母分居；二是已婚独子多选择与父母合住，若非家庭矛盾特别尖锐，这种居制将保持下去。总体上看，第二种情形所占比重更大。

冀南农村的核心家庭比例又创造了新高，基本都处于 70% 上下的水平。

单人家庭比例并没有在家庭分化的历程中进一步上升，反而有所下降。

需要指出的是：从全国和大范围看，20 世纪 80 年代以后复合型家庭尚有遗存，但比例很低。根据全国第三次人口普查（1982 年）和第四次人口普查（1990 年）数据，全国水平的复合家庭分别占 1.0% 和 1.2%，河北省分别为 1.4% 和 1.3%，山西省为 0.9% 和 1.2%，山东省为 0.9% 和 1.0%。[①]不能否认，即使比重如此低的复合家庭，有的也只是户口登记上的复合家庭，而不是经济、生活一体的复合家庭，这一点必须考虑到。与此同时，核心家庭在多数地区达到 70% 及以上水平，直系家庭则在 20% 上下。它表明，这一时期冀南农村的家庭结构与全国趋向基本一致。

---

① 1982 年第三次人口普查 1‰ 抽样调查数据带和 1990 年第四次全国人口普查 1% 抽样数据带。根据曾毅等《中国家庭机构的现状、区域差异及变动趋势》（见《中国人口科学》，1992 年第 2 期）一文中表 1 和曾毅等《中国 80 年代以来各类核心家庭户的变动趋势》（《中国人口科学》，1993 年第 3 期）一文表 2 所提供的资料整理。

2．不同年龄段受访对象家庭结构的区别

由表5-11可见，1999年冀南农村不同年龄段受访者生活家庭的结构特征是：核心家庭随受访者年龄段下降而增加。年龄大者与子女组成直系家庭比例较大；但单独居住者也占较高比例，这一点在60岁和70岁以上年龄段表现突出。40—49岁和30—39岁年龄段者主要是与子女组成核心家庭，与父母组成直系家庭比例并不高。

表5-11　1999年不同年龄段受访者的家庭结构

家庭类型	70岁以上年龄段		60—69岁年龄段		50—59岁年龄段		40—49岁年龄段		30—39岁年龄段	
	样本量	%	样本量	%	样本量	%	样本量	%	样本量	%
核心家庭	60	27.3	65	55.6	44	62.9	63	87.5	51	81.0
直系家庭	71	32.3	27	23.1	23	32.9	9	12.5	12	19.0
单人家庭	88	40.0	25	21.4	3	4.3				
残缺家庭	1	0.5								
合计	220	100.0	117	100.0	70	100.0	72	100.0	63	100.0

资料来源：根据在冀南村庄所做问卷调查汇总得到。

3．50岁以上各年龄段者的子女数量与家庭结构

依据问卷调查数据，50岁以上各个年龄段受访者中，只有1子者生活在直系家庭的比例均超过50%。其中50—59岁为50%，60—69岁55.6%，70岁以上年龄段达到65.8%。单人家庭主要由丧偶所形成。50—59岁年龄段尚无丧偶单人家庭，60—69岁年龄段为5.6%，70岁以上年龄段增至18.4%。

有2子的受访者生活在直系家庭的明显减少。50—59岁年龄段以核心家庭为主，直系家庭只占12.5%，单人家庭为12.5%；60—69岁年龄段核心家庭占72.7%，直系家庭9.1%，单人家庭18.2%；70岁以上则有很大不同，单人家庭最大，达47.2%，核心家庭占27.8%，直系家庭为25.0%。

有3子以上的受访者，50—59岁年龄段以核心家庭为主，60

岁以上各年龄组均以生活在核心家庭和单人家庭为主。

冀南农村近60年的家庭结构变动特征是，复合家庭逐渐减少并最终消失；核心家庭由相对多数渐变为绝对多数；直系家庭虽然也有一个减少的过程，但却保持着一定的数量比例，其构成在各个时期都处于第二位。

四、讨　论

冀南农村家庭结构演变过程中，核心家庭无论私有制时期、土改后过渡时期，还是集体经济时期、家庭责任制时期，均为占多数的家庭形态。不过，它在家庭总数中的份额也有从相对多数到绝对多数的时期变化。这一变动很大程度上与复合家庭的维系水平和分化程度有关。

传统社会中复合家庭占有一定比例。根据前面的研究可知，它虽不居多数地位，但却是与传统私有制经济制度有密切关系的家庭形态，是正统观念推崇的家庭类型，也是兄弟婚后和睦无间的典范。不过，它的维系常常要借助父母的存在，特别是父亲权威及所具有的制约能力。土地改革后，那些占有超过当地平均财富水平而得以维持的大家庭受到冲击，因而已婚兄弟分爨生活明显增加。

相对于核心家庭和复合家庭，直系家庭是比较稳定的家庭形态。当然，土改以后，直系家庭也有一定幅度的下降，而降至一定程度后（约占家庭总数的20%），便不再减少。就调查村庄来看，只有一子的家庭中，儿子婚后一般与父母居住在一起。统计显示，冀南农村同一时期独子家庭一般占总数的30%，直系家庭多从他们中间产生（当然独子婚后也有与父母分爨生活者）。

集体经济制度下大家庭裂变的频率提高有以下几个因素促成：

① 土地平均化，生活资料分配的相对均等，削弱了复合型大家庭的存在基础。

土地平均化主要表现在土改后至高级社成立这一延续约十年的时期内。通过分析调查数据可见，土改前人均土地在当地平均水平以上的家庭才有可能维系复合型家庭形态。

从形式上看，集体经济时代，政府对家庭形制并无明显的干预政策，即不像传统时代政府那样，鼓励大家庭，表彰多代同居行为。不过，土地制度由私有制向集体所有制转变，对家庭成员地位平等的提倡，客观上起到分解传统形态大家庭的作用。

还需看到，集体经济组织尽管为农民家庭成员提供了最低生活保障，但这一制度并没有从根本上解决农民生存资料不足之忧。或者说，集体经济时期，多数农民并没有真正摆脱贫穷。贫穷使人斤斤计较，贫穷使人不愿或不甘吃亏，贫穷使家庭成员关系紧张。核心家庭则可以将成员间的矛盾降低到最低程度。分解生活单位，减少生存压力成为多数家庭的选择。复合家庭存在的基础被彻底摧毁。

② 集体经济制度下，子女对家长的生存依赖程度降低，家长难以抑制已婚子女的分家要求。集体经济前期（20 世纪 50 年代）的复合家庭多是土改前所遗留；集体经济中期（60 年代）虽有复合家庭产生，但维系时间比较短；集体经济后期（70 年代）复合家庭逐渐消失。

中国传统农业社会中，家长的权力和尊崇地位建立在控制土地、房屋等对成员生存有重要意义的财产基础上。其中对土地的支配权又具有决定性意义。农业社会中，拥有土地就意味着具备了基本的生存条件，反之亦然。所以，土改之前，父母健在时兄弟分家受到一定制约。当然也有不少家庭父母在世而兄弟分家，但前提是得到家长的首肯。

集体经济条件下，家长对土地这一核心家产的掌握权被剥夺，由此家长支配子女，主要是已婚儿子的能力受到极大削弱。无论是父母还是子女，都只能借助集体土地，通过自己的劳动获取基本的生存资料（挣到工分，进而获得口粮等生活物品和工值之款)。当然，集体经济时代，父母，主要是父亲，还是一家之主。这时，他实际只是一个户主，与传统农业社会的家长已大不相同。土改前的有产家庭，儿子提出分家首先要得到父母的允诺，父亲多数情况下会加以阻止，不得已时才做出让步。在集体经济条件下，家长抑制子女分家的筹码没有了。另外，由于不再涉及土地的分割，分家的复杂程度大大降低了，分家成本减省了。一般而言，只要将分家结果告诉生产队长，并转告会计，分家和另立户头的工作即告完成。

与家长地位变化相类似，家庭成员关系也影响了家庭结构。有些学者强调婆媳关系变动促使分家。直系和复合家庭中，婆媳关系紧张是一个历史话题。我对 18 世纪家庭冲突个案分析后发现，社会中下层家庭婆媳紧张确有表现，但儿媳并非总是处于屈从地位，婆婆只有借助儿子之手才能实现对儿媳的控制。[①]在倡导孝道的社会氛围和舆论压力下，一旦婆媳发生矛盾，儿子不敢袒护媳妇，应站在母亲一边，压制媳妇。集体所有制下夫妻都是生产队的劳动者，青年或壮年阶段男女角色分工(男主外、女主内)界线已经模糊。中青年儿媳不必待在家中操持家务，而出去挣工分，成为家庭收入的创造者。相对年迈的婆婆承担照料孙辈后代、做饭等琐碎家务。从形式看，家务劳作不增进家庭收入。由此婆媳家庭地位的差距体现出来。同时更重要的是青壮年夫妇也不像以往那样有地位高低之别。这种环境下，婆媳矛盾中婆婆很难再仰仗儿子制约儿媳，因而矛盾往往不能被压抑下去，分家将不可避免。

可以说，多数情况下，家庭合与分绝不是由一两个因素所决定的，而是多种因素作用的结果。当然，不同家庭中维系和离析的具体原因会有差异。我认为家庭的分合、大家庭的解体速度快慢取决于以下因素：

---

① 拙著:《清代中期婚姻冲突透析》, 社会科学文献出版社, 2003 年, 第 84—90 页。

财产所有制形式。私有制下财产的构成比较复杂，并且由于土地的私有性质，生产也是在家庭中进行的。有产者维持大家庭有助于生产要素的合理安排。不仅如此，家庭担负着对成员中弱者的保障功能。因而出于生产要求和家庭成员整体利益考虑，分家常常会被一再拖延。集体经济下，组织生产已不是家庭的责任，集体组织担负起对成员的生存保障（尽管这种保障是低水平的，但其作用是不能忽视的），分家的行为掣肘和心理障碍减少了。

家长权力。家长权力大，能够维持大家庭局面；否则将十分困难。而家长权力又同家庭财产数量联系在一起。没有财产的家长其权力将失去发挥的基础。无论是私有制时代，还是集体经济时代，这一点都是适用的。

伦理约束。传统家庭伦理是大家庭推崇的，其重要内容是尊重家长，孝顺长辈；兄弟手足之谊高于夫妻之爱。尽管这些说教难以成为所有家庭恪守的规范，但它毕竟造成了一定的社会舆论氛围，约束了一些家庭成员的行为。集体经济时代新的思想取代了旧的伦理。虽然二者有内容重合之处，但其主体是强调成员平等，批判家长制。它使严肃甚至森严的家庭关系变得松弛了，成员的独立意识增强了。这为小家庭的广泛存在提供了可能。实际上，土改前上述三方面约束更多地体现在比较富裕的有产之家，对于占人口比重较高的贫穷家庭，物质限制和精神顾忌都是比较少的。

③ 集体经济环境下宅基地获得的相对容易为小家庭的产生创造了客观条件。就传统而言，两个或两个以上已婚兄弟同居一院，其生存的家庭形式可以是一个复合型家庭，也可以是两个以上的核心家庭。但兄弟婚后分居两个院落将很难组成一个复合家庭。或者说，一院居住的已婚兄弟组成复合家庭是具备条件的，但分居于有一定距离、不同宅院的兄弟很难维持一个经济和生活单位。

土改之前的冀南农村，人们对耕地的非农使用是很谨慎的。土地不仅是财富之母，更是生存之母。社会中下层家庭土地的生存意义远高于财富意义。大多数家庭不敢轻易将维持生存的耕地变为容身的宅屋。他们往往会把宅基地利用程度达到最大化。集体经济时期，土地对人们的生存意义仍是很重要的。然而值得注意的是，土地的集体性质和住房的私有性质使人们在土地利用上产生了观念和行为上的矛盾。土地的生存价值不像私有经济下对一个具体的家庭有至关重要的意义，而对集体组织下的几十上百，甚至数百人更有意义。个人或家庭对土地生存价值的感觉不那么直接了，土地资源的非农使用人们也无切肤之痛，难以产生生存之忧。与此相反，集体经济下的土地（实际绝大多数是耕地）一旦转化为宅基地，建立在其上的住房将归社员私人所有。或者说，宅基地的获得使社员对土地的间接所有变为直接所有，因而他们会产生占有的冲动。

我们说，集体经济时期宅基地划分的宽松促使分家行为的发生是有实际依据的。就冀南农村的村落形态而言，新的宅基地紧邻原有老庄，由四周向外扩散；老宅则在村内，被新宅所包围。中等村庄，旧宅与新宅距离短则一二百米，长则四五百米，甚至更远。这样，原来一个生活单位的家庭成员分成两个居住单位后，若仍一起生活会感到很不方便，分家将不可避免。20 世纪 70 年代以来，儿子结婚时女方多把拥有一个独立的宅院作为基本条件，婚后不久即分家形成新的民俗。由此，不仅复合家庭难以产生，而且多子家庭中直系家庭也成为短暂的一瞬。

我认为，在总体上复合型大家庭所占比例不高、直系和核心类家庭占优势的土改前社会中，并不排除个别地区、个别村庄复合家庭的高比例。重要的是两种情形都要注意到，特别是要从整体上把握家庭类型状况。

在我看来，对中国传统社会大家庭的认识存在着两个误区：一是过分夸大传统社会大家庭的存在比例；二是将富裕家庭中相对高比例的大家庭作为全社会这类家庭普遍流行的依据。关于第一点，可以肯定地说，自秦汉以来中国农村始终没有一个大家庭占绝对多数的时期。关于第二点，富裕家庭中的大家庭比例较高，但富裕家庭在整个农村社会的比例始终未占主导地位。因而尽管人们心目中推崇大家庭，但其在村庄中并没有也不可能是普遍的范式。

既然如此，那么为什么20世纪二三十年代的学者将当时的大家庭作为代表类型，把该时期出现的分家行为作为传统大家庭解体的先兆？我认为，这主要是由于文献限制，当时学者更多的是对家庭进行横向研究。他们对本时代家庭结构做了大量调查，而对20世纪初以前家庭类型的认识主要来自正史、官方文献。他们从中所获得的基本上是大家庭受旌表的信息，并借此推断大家庭为普遍家庭形态；进而，把民国时期农村家庭出现的些微变化视为传统家庭解体的开始，忽视了大家庭不断组成、分解的历史原貌。

我认为，只有对传统时代中国家庭实际状况有真切的把握，才能对近代乃至现代中国家庭的变动轨迹给出符合逻辑的解释。从上面的分析可以看出，大家庭的存在受制于许多因素，既有社会的、经济的因素，也有人口寿命等自然因素。或者可以这样讲，传统与现代社会的最大区别是，传统时代有推崇大家庭的社会氛围，因而尽管存在诸多离心力量，大家庭还能维系在一定的比例水平上。现代社会主流意识对任何家庭形式都不抱偏向，也不有意向某一方面引导，民众自由选择的空间扩大了。实际结果是这种环境更适合核心家庭的成长。另外，在对传统中国家庭结构做出总体判断时，单纯将其说成是核心家庭为主体的社会，或大家庭为主体的时代都与实际不相符合。若将其视为以核心和直系家庭为表现形式的小家庭和以一定数量复合家庭为代表的大家庭并存的时期是比较恰当的。不过在总量上前者是多数，至少在北方地区有这样的特征。大家庭受到社会主流意识的倡导，分家要求遭到诸多力量的掣肘。小家庭虽不为人们所推崇，而当大家庭不可挽救时，它便成为其最后的汇聚点或最终的归宿。现代社会彻底打破了这种并存状态，核心家庭成为不同代际婚姻单位所追求的理想形态。

五、结 语

在六十年历史演变中，冀南农村家庭结构有两个变动特征。第一个特征是，复合家庭由土改前占一定比例到土改后逐步萎缩，20世纪60年代中期以后陆续在一些村庄消失。集体化后父母将诸个已婚儿子合爨共财局面维持下去有以下困难：一方面，复合家庭的存在基础是家庭具有生产功能和进行生产的基本要素，特别是拥有一定数量的土地，家长有驾驭成年子女行为的能力，同时家庭成员有一定的利他主义意识。随着集体经济组织建立，土地及大型农具成为公共资源，家庭的生产功能基本丧失。另一方面，集体生产条件下，家庭成员地位差异已不存在，家庭成员都成为靠直接劳动谋生的生产队社员：劳动能力日益显性化，家庭成员对家庭的贡献容易被度量，家长对成年子女行为的控制能力逐步失去。此外，集体经济时期，特别是集体经济初期，家庭从生产队获取的生活资料并不充足，而存在一定缺口。各个家庭只有精打细算、节衣缩食才能维持生存。分解生活单位、减轻生活负担成为多数家庭的选择。复合家庭存在的基础被彻底摧毁。

第二个特征是核心家庭比重稳步增长。虽然土改前各个村庄核心家庭均是多数，但它还只是一个简单的多数。并且其产生方式很大程度上与家庭成员亡故等自然因素有关，分家形成的核心家庭多是家长去世、约束降低后的一种被动解脱。土改以后，核心家庭成为多数已婚成员的追求。多子家庭不仅子女婚后希望及时分家，父母为减轻生活负担也愿与已婚子女分财各爨。家庭核心化局面在20世纪60年代中期之后逐渐开始形成。

以往的认识往往夸大复合家庭为主的大家庭在传统时代的存在比例。根据本项研究，富裕中农以上复合家庭占较高比重，或者说，复合家庭是富裕农民努力维持的家庭形态。但对贫农、佃农和佣工家庭来说，谋生的压力使大家难以相互顾及，缺少组成大家庭的经济条件。不过，即使对富裕家庭来说，复合家庭的维持离不开父母对子女离心倾向的压制，因而它只能保持一个相对长的时期。一旦外部约束减轻或消失，分爨是不可避免的。可以这样讲，传统社会中，正统道德维护和推崇复合型大家庭，人们观念上总是低调对待分家行为，贬抑分家之举，传扬和睦大家庭懿行，以致仅依据文献和口碑，复合大家庭似乎是普遍的家庭形态，忽视了核心和直系家庭的大量存在。土改后，新的意识形态尽管对家长制有所批判，但它对家庭形式并没有明显的偏爱：既不鼓励也不抑制分家行为，将其完全视为民众的家事。人们不必为了迎合某种观念或出于某种担心刻意消弭分家之欲，压制分家行为。或者说，民间以一种更为宽容的态度对待家庭的合分。核心类型的小家庭有了更大的存在空间。

第六章
家庭规模

家庭规模是认识家庭人口数量变动的重要指标。相对于家庭结构，中国各个历史时期，家庭规模方面的数据比较容易获得。特别是各个王朝政府定期进行户口统计，留给我们大量可以了解家庭规模的资料。由此家庭规模分析成为人们观察历代家庭状态及其变动的主要方法。然而，这并不意味着对家庭规模的研究已很成熟、很深入；相反，还有不少家庭规模问题有待探讨。比如，纵观中国人口变动轨迹，可以看出，在长期的历史过程中，尽管人口总量增减变化非常明显，但家庭人口规模变动并不显著。具体来说，中国大多数历史时期，家庭人口规模在5口的水平上徘徊。这是一个值得研究的问题。另外，家庭规模大小的决定因素是什么？家庭规模在不同身份、不同经济条件者之间有无区别？伴随社会的变动，家庭规模及其影响因素是如何变化的？这些都是尚未很好解决的问题。在这一章，笔者以冀南农村的调查资料为主，结合其他相关资料，对此进行分析。

一、土改前家庭规模

近代之前的户和口汇总统计数据为进行家庭人口规模分析提供了条件。然而，也应看到，这些资料的类型是比较简单的。它一般仅有户数和口数两个数字，据此只能得出平均家庭规模，难以看出家庭规模构成状况及其特征。冀南农村“阶级成分登记表”中各个家庭的人口信息不仅有助于分析家庭规模构成，而且其中的家庭经济背景记录也是认识家庭规模制约因素的重要资料。

（一）家庭规模基本构成

为了对不同规模家庭有所把握，根据家庭人口数量，我将家庭分成三类：一是小家庭，指 4 口以下家庭；二是中等家庭，指 5—8 口家庭；三是大家庭，指 9 口以上家庭。

表 6–1 显示，土改前 4 口以下小家庭在冀南地区各个村庄所占比例最大。具体来看，西大庄村 4 口以下家庭占 47.9%，双寺村 48.0%，庆有庄村 54.5%，曲河村 48.1%，上寨村 55.1%。各个村庄中等家庭比重接近，都在 38% 到 41% 之间。村庄之间大家庭显示出差异，平原和半平原地区占 10% 以上，丘陵和山区相对比例较低，只有 5% 左右。

表 6–1　土改前家庭人口规模

家庭规模（口）	西大庄村		双寺村		庆有庄村		曲河村		上寨村	
	样本量	%	样本量	%	样本量	%	样本量	%	样本量	%
1	15	7.9	13	7.3	14	8.5	25	7.2	20	9.7
2—3	47	24.7	45	25.4	37	22.4	69	20.0	48	23.2
4	29	15.3	27	15.3	39	23.6	72	20.9	46	22.2
4 口以下小计	91	47.9	85	48.0	90	54.5	166	48.1	114	55.1
5	34	17.9	21	11.9	28	17.0	63	18.3	32	15.5
5 口以下小计	125	65.8	106	59.9	118	71.5	229	66.4	148	71.5
6—7	35	18.4	42	23.7	26	15.8	61	17.7	40	19.3
8	8	4.2	5	2.8	11	6.7	18	5.2	9	4.3
5—8 口小计	77	40.5	68	38.4	65	39.4	142	41.2	79	38.2
9—10	10	5.3	13	7.3	5	3.0	17	4.9	11	5.3
11—14	8	4.2	9	5.1	3	1.8	19	5.5	1	0.5
15 口以上	4	2.1	2	1.1	2	1.2	1	0.3		
9 口以上小计	22	11.6	24	13.6	10	6.1	37	10.7	12	5.8

（续表）

家庭规模（口）	西大庄村		双寺村		庆有庄村		曲河村		上寨村	
	样本量	%	样本量	%	样本量	%	样本量	%	样本量	%
合　计	190	100.0	177	100.0	165	100.0	345	100.0	207	100.0
本村最大家庭规模	24		25		17		15		14	
本村人口总数	986		923		776		1744		934	
平均家庭规模	5.19		5.21		4.70		5.06		4.52	

资料来源：根据调查村庄“阶级成分登记表”汇总得到。

依据1928—1933年全国16省百处家庭规模调查，5口以下小家庭占62.8%，6口以上大家庭占35.1%，独身者占2.1%；其中北方地区小家庭占57.9%，大家庭占39.7%，独身者占2.4%。[①]若冀南农村家庭规模按此标准调整，其构成将发生变化。

表6-2中冀南地区五个村庄的家庭规模与1928—1933年的调查结果比较接近。其中小家庭相差都在5个百分点之内。差异比较大的是独身者，冀南农村调查数据比例较高。实际上，抽样类型的调查中，单身家庭往往会被忽视。本项以村庄全部家庭为对象的调查及其分析或许能弥补抽样调查的不足。而1933年西德尼·甘博对中国北部1022个家庭的调查中，独身者占5.6%。[②]

表6-2　土改前家庭规模类型

家庭类型	西大庄村		双寺村		庆有庄村		曲河村		上寨村	
	样本量	%	样本量	%	样本量	%	样本量	%	样本量	%
独身者	15	7.9	13	7.3	14	8.5	25	7.3	20	9.7
小家庭	110	57.9	93	52.5	104	63.0	204	59.1	128	61.8
大家庭	65	34.2	71	40.1	47	28.5	116	33.6	59	28.5
合计	190	100.0	177	100.0	165	100.0	345	100.0	207	100.0

资料来源：同表6-1。

① 《中国经济年鉴》(1936年)，第三编，人口，第3表。

② Mark Selden, “Family Strategies and Structures in Rural North China”, *Chinese Families in the Post-Mao Era*, p. 143.

从平均家庭规模来看，三个平原和半平原村庄都在 5 口以上，丘陵和山区的两个村庄稍低一些。总的来看，五个村庄家庭规模与传统时代农村家庭规模比较一致。

表 6–1 数据告诉我们，尽管冀南农村平均家庭规模在 5 口上下，但家庭之间人口数量差别却很显著。如果以 5 口人为标准画一条线的话，家庭规模波动很大。以表 6–1 来论，五个村庄 5 口人家庭最低为 11.9%，最高为 18.3%。以西大庄村为例，4 口以下家庭为 47.9%，6 口以上为 34.2%，将近一半家庭难以达到平均规模水平。丘陵区庆有庄村和山区上寨村在平均水平以下者超过 50%。

通过图 6–1 可以对土改前的家庭规模特征有更具体的认识。

可见，尽管 4—7 口规模家庭所占比重最大，但 9 口以上家庭也占一定比例。

从 1909 年（宣统元年）到 1936 年（民国二十五年）五次人口统计中，全国家庭规模平均水平分别为 1909 年（宣统元年）5.17 口、1912 年（民国元年）5.31 口、1928 年（民国十七年）5.27 口、1933

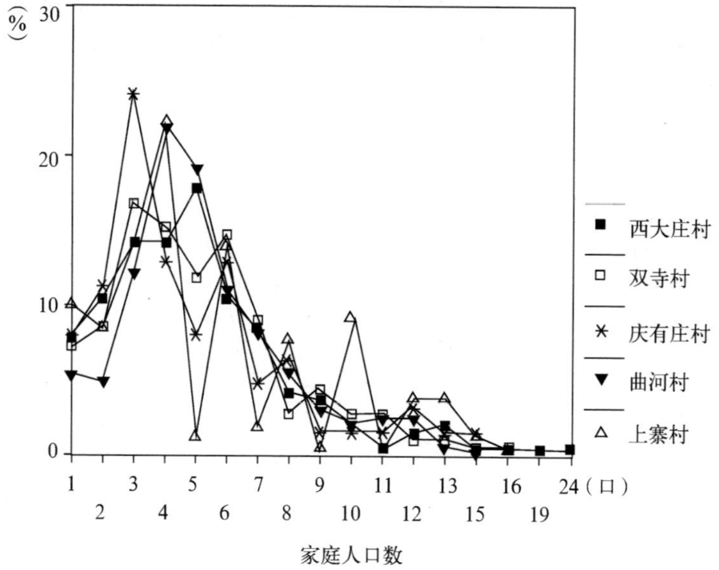

图 6–1　1945 年冀南农村家庭规模曲线图

年（民国二十二年）5.29 口和 1936 年（民国二十五年）5.38 口。[①]这些官方调查较冀南地区村庄家庭规模稍高一些。

李景汉等 1930 年对冀中定县 65 个村庄、5255 家的调查显示：1 口之家为 194 家（其中包括老年鳏夫或寡妇，他们的亲属皆已死绝，尚有产业可以独居生活），占 3.7%；4 口之家最多，有 852 家，在总家庭数中占 16.2%；5 口之家次之，有 778 家，占 14.8%。它与冀南农村调查很接近。当然也有不一致之处。按照定县调查，4 口以下小家庭（2123 家）所占比例为 40.4%；5—8 口中等家庭（2307 家）占 43.9%；9 口以上大家庭（825 家）占 15.7%；15 口以上家庭（26 家），占 0.5%。[②]同时也可看出，两者差距不是很大。因定县位于"坦平无阻的平原"，"境内不见什么巍峨的山峦，或任何险阻的关隘；所有的只是康庄大道，绿野平畴"，"一个天然完美的农业地"。[③]这与我所调查的融平原、丘陵和山区于一体的村落有不同。陈翰笙的研究证实了我的这一判断。[④]从另一统计中可见，定县居民的整体经济状况要好于河北其他地方：1933 年全国雇农数为 10.3%，黄河流域各省为 11.4%，河北为 11.6%。[⑤]而河北中部定县为 1.2%，望都县为 1.2%，易县为 6.2%[⑥]，清苑县为 3%[⑦]；

① 国民政府主计处统计局编：《中国人口问题之统计分析》，第 11 页。

② 李景汉编：《定县社会概况调查》，第 136 页。

③ 同上注书，第 5—6 页。

④ 陈翰笙通过 20 世纪 30 年代的研究认为，定县是河北富裕之区。若以相对贫穷的保定为代表来研究河北省的土地问题，较为合适。以每个农家占有耕地的平均数而论，定县实较保定为多，定县的多数贫农，都有 25 亩以上的土地，平均起来，每家也有 10 亩土地；而保定的贫农与雇农，平均每家不到 7 亩地。见"现代中国的土地问题"，载《陈翰笙文集》，复旦大学出版社，1985 年。

⑤ 严中平等编：《中国近代经济史统计资料选辑》，科学出版社，1955 年，第 263 页。

⑥《满铁资料月报》，第 18 卷，1 号第 54、66 页。转引自郭德宏：《中国近现代农民土地问题研究》，青岛出版社，1993 年，第 114 页。

⑦ 张培刚：《清苑的农家经济》，《社会科学杂志》，第 7 卷第 1 期（1936 年），第 29 页。转引自郭德宏：《中国近现代农民土地问题研究》，第 114 页。

北部的丰润县为 11.3%；中南部的获鹿县为 12.4%[①]。并且定县佃农也只有 4.6%[②]，其他省区一般高于 10%，多数在 30%—60%。

总之，冀南农村土改前家庭规模与华北其他地区以及全国 20 世纪 30 年代前后人口规模调查有一致或相近之处。

（二）阶级成分与家庭规模关系

从表 6–3 可以看出，五个村庄家庭总数中，贫农所占比例最大，其家庭规模在四个村庄都属最小之列，只有西大庄村例外。还有一点是，五个村庄中贫农家庭规模都在平均水平以下。但我们却不能由此得出最贫穷家庭人口规模最小，最富裕家庭人口规模最大的认识。五个村庄中，除山区的上寨村外（该村没有地主成分），其他四个村庄的阶级成分类别是齐全的。他们中，地主的家庭规模都不是本村中最大的，甚至在平均水平之下（西大庄村和曲河村）。值得注意的是，五个村庄中，上中农的家庭规模均居第一位。

表 6–3　阶级成分与家庭规模关系

成分	西大庄村			双寺村			庆有庄村			曲河村			上寨村		
	家庭数	人口数	家庭规模	家庭数	人口数	家庭规模	家庭数	人口数	家庭规模	家庭数	人口数	家庭规模	家庭数	人口数	家庭规模
贫农	130	632	4.86	110	484	4.40	128	540	4.22	211	916	4.34	123	476	3.87
下中农	3	10	3.33	21	115	5.48	6	43	7.17	28	154	5.50	51	274	5.37
中农	15	65	4.33	22	154	7.00	16	89	5.56	45	260	5.78	17	79	4.65
上中农	8	100	12.50	16	118	7.38	2	22	11.00	40	295	7.38	15	104	6.93
富农	15	90	6.00	5	34	6.80	9	59	6.56	17	100	5.88	1	1	1.00
地主	19	89	4.68	3	18	6.00	4	23	5.75	4	19	4.75			
合计	190	986	5.19	177	923	5.21	165	776	4.70	345	1744	5.06	207	934	4.51

资料来源：同表 6–1。

① “满铁”调查部:《农家经济调查》，第 154 页（1939 年）。转引自郭德宏:《中国近现代农民土地问题研究》，第 115 页。

② 《满铁资料月报》，第 18 卷，1 号第 54、66 页。转引自郭德宏:《中国近现代农民土地问题研究》，第 73 页。

通过表 6–4 能更清楚地了解各个村庄家庭规模与阶级成分的关系。

表 6–4　不同阶级成分家庭人口规模排序（1 最高，6 最低）

成分	西大庄村	双寺村	庆有庄村	曲河村	上寨村
	排序位次	排序位次	排序位次	排序位次	排序位次
贫农	3	6	6	6	4
下中农	6	5	2	4	2
中农	5	2	5	3	3
上中农	1	1	1	1	1
富农	2	3	3	2	5
地主	4	4	4	5	6

资料来源：同表 6–1。

阶级出身与家庭规模某种程度的背离现象应该如何解释？五个村庄中，地主实际以中小地主为主。他们拥有一定数量土地，而这些土地基本上继承于上辈。土改前三年或在土改前一个时期内，其家内缺少成年劳动力，以雇工或出租土地经营为生。上中农家庭自己拥有较多的土地和齐全的大小生产工具，更重要的是家庭成年人口多，劳动力充足，以自己耕作为主，雇佣他人劳动为辅，或者只是在农忙季节雇佣短工。

（三）家庭财产占有状况与人口规模

土改前的华北农村，土地占有数量多少仍是衡量家庭富裕程度的主要指标。土改时阶级成分划分主要着眼于生产方式，强调以家庭及成员的剥削与被剥削程度为主要依据。阶级成分高低固然与家庭财富水平高低有密切关系，但并不能以此认为，村民富裕程度是以阶级差异来排序的。土改前冀南地区不少村庄都有按财富排名的做法，比较常见的是“十大户”之说（完全以财富水平来评定）。就我的调查，能够被列入“十大户”的既有地主，也有富农，还有富裕中农和中农。村庄中的地主家庭也只有一部分能跻身其中，并非全部。可见，依据家庭财富水平多少来分析家庭规模或许是一种比较可行的方式。

由此我们不难理解为什么传统社会人们会有追求家庭人丁兴旺

的观念。人丁兴旺虽不是富裕的标志，但要实现人丁兴旺须有一定财力做后盾。实际结果是，农业社会中只有一部分，甚至少部分家庭实现了这一目标。费孝通对江村穷苦之家溺婴行为分析时指出：正因为人口控制是为了预防贫穷，一些有着较大产业的家庭就不受限制地有更多的子女；他们对自己有为数众多的子女感到自豪，而在人们的眼中，又视之为富裕的象征。[①]

一般来说，家庭规模同家庭经济水平有关。在传统农业社会中，土地多少决定着家庭对其成员的养赡能力高低。

这种情形在冀南农村表现如何？下面就此做一探讨。需要说明的是，对上述村庄 1966 年绝户家庭进行复原调查时，我没有得到其土地占有信息，因而只对 1966 年所登记家庭土改时的经济状况加以分析。

表 6–5 显示，土地占有数量对家庭规模的影响作用是明显的。无地家庭的人口规模均不超过 4 口。庆有庄村耕地 8 亩以下家庭的人口规模都在 4 口以下，在本村家庭总数中占 36.7%。从表 6–5 中还可以看出这样一个特征：由无地到 30 亩之间，家庭规模基本上呈逐渐上升趋势。这一区间的家庭比例，西大庄村为（147 家）85.0%，双寺村（147 家）为 90.7%，庆有庄村（119 家）为 79.3%，曲河村（285 家）为 89.3%，上寨村（182 家）为 97.8%。它说明冀南调查村庄 80% 的家庭人口数量同土地占有数量有密切关系。其余 10%—20% 家庭占有土地数量较多，其家庭人口并未随土地占有数量增加呈有规则的变化。但有一点是共同的，即除个别情况外，占有土地数量较多的家庭，其人口规模也较高。如西大庄村除 1 户外，30 亩以上家庭的人口规模都在 6 口以上，双寺村均为 7 口以上，庆有庄村为 5.25 口以上。

通过相关关系系数，我们对家庭土地占有数量与人口规模的关系程度将有更具体的认识。（见表 6–6）

---

① 费孝通：《江村经济》，第三章，第 26 页。

表 6–5　家庭土地占有状况与家庭规模的关系

家庭规模单位：口

土地占有亩数	西大庄村			双寺村			庆有庄村			曲河村			上寨村		
	家庭数	人口数	家庭规模	家庭数	人口数	家庭规模	家庭数	人口数	家庭规模	家庭数	人口数	家庭规模	家庭数	人口数	家庭规模
0	34	114	3.35	20	63	3.15	10	25	2.50	45	142	3.16	33	98	2.97
0.4—3	25	116	4.64	17	73	4.29	14	49	3.50	45	208	4.62	41	166	4.05
3.1—5	25	129	5.16	12	49	4.08	16	59	3.69	39	176	4.51	25	114	4.56
5.1—8	17	90	5.29	26	117	4.50	15	60	4.00	31	131	4.23	30	155	5.17
8.1—12	15	84	5.60	21	117	5.57	17	75	4.41	40	214	5.35	28	167	5.96
12.1—19	16	87	5.44	17	77	4.53	16	78	4.88	47	279	5.94	22	136	6.18
20—25	8	56	7.00	18	124	6.89	16	95	5.94	22	170	7.73	3	22	7.33
26—30	7	61	8.71	16	130	8.13	15	81	5.40	16	86	5.38			
31—35	5	35	7.00	7	51	7.29	8	42	5.25	11	96	8.73	4	34	8.50
36—40	2	13	6.50	1	10	10.00	2	12	6.00	8	76	9.50			
41—49				1	12	12.00	1	6	6.00	5	37	7.40			
50—59	7	65	9.29	2	16	8.00	3	16	5.33	3	25	8.33			
60—79	7	54	7.71	1	7	7.00	6	55	9.17	4	30	7.50			
80—99	2	31	15.50	1	9	9.00	3	17	5.67	3	16	5.33			
100—149	1	5	5.00	2	38	19.00	5	44	8.80						
150—199	1	2	2.00			2	21	10.50							
200	1	12	12.00				1	7	7.00						
合计	173	954	5.51	162	893	5.51	150	742	4.95	319	1686	5.29	186	892	4.80

资料来源：同表 6–1。

表 6-6　土地占有与家庭规模相关关系

村庄	相关系数	P 值
西大庄村	0.683	0.005
双寺村	0.859	0.000
庆有庄村	0.816	0.000
曲河村	0.485	0.079
上寨村	0.977	0.000

说明：表中数值除曲河村外均在 0.01 水平上相关。

可见，双寺村、庆有庄村和上寨村表现出很强的相关关系。西大庄村也处于高度相关之列。只有曲河村为中等以下相关。

我们再来看一下其他调查的结果。

20 世纪 30 年代在河北做的一项调查对土地与家庭规模关系有如下揭示：3 亩以下，家庭规模 2.70 口；3 亩以上，4.03 口；6 亩以上，4.78 口；11 亩以上，5.72 口；26 亩以上，8.38 口；51 亩以上，10.85 口；101 亩以上，12.88 口；201—500 亩，14.83 口；无地者，3.70 口。[①]

卜凯等 1929—1933 年对中国 22 省、155 县、168 地区、16786 田场所做的调查，将田场依据土地多少分成最小田场、小田场、中等田场、中大田场、大田场、更大田场和极大田场七个等级，其人口规模分别是：4.2、4.4、5.5、6.9、8.3、10.1、10.7 和 11.6，[②]人口规模随田场增大而扩大。但从人口研究角度看，其分类界限比较模糊。

这些数据表现出家庭规模同家庭拥有土地数量的密切关系。当然，依据我的研究，并非每个村庄都以如此高度的相关来呈现土地占有数量和人口规模的关系。或许从一个地区角度，将诸多村庄的调查汇集在一起，这一特色会更加明确。

---

① 冯和法编：《中国农村经济资料》（上），第 18 页。

② John Lossing Buck, *Land Utilization in China: A Study of 16 786 Farms in 168 Localities, and 38 256 Farm Families in Twenty-two Provinces in China, 1929–1933*, University of Chicago Press, 1937, p. 300.

总之，传统农业社会条件下，土地占有数量多少与家庭人口的抚养能力有直接关系。也就是说，家庭人丁兴旺必须建立在土地占有基础上。这里的人丁兴旺不仅是指生育数量多，而且指能长大成人的比例高。从总量上看，土改之前，至少50%的家庭失去了人丁兴旺的基本条件。高比例的家庭人丁不兴旺，必然对全社会的人口增长产生抑制作用。何炳棣指出：地产分配的不均与过高的地租必然会影响佃农的生活水准，甚至会推迟他们的婚龄，限制他们的家庭大小。[①]关于这一点，我将在“家庭人口生存条件”一章做进一步论述。

二、土改后不同时期家庭规模

土地对家庭人口规模有如此重要的作用，那么以土地改革为中心的社会变革必然对家庭人口规模变动产生作用。但需要指出的是，土地改革的目标是家庭人均占有土地大体平均化，使每个家庭都能获得赡养人口的基本条件。从理论上讲，这可能导致家庭人口数量的平均化。还要看到，土地改革不久，集体化运动即开始启动，土地从家庭财富构成中脱离出来。家庭人口的生存能力与集体土地数量的关系难以衡量。集体经济制度下的分配建立在个人劳动能力和家庭人口数量双重指标之上。这些都是与土改前的重要区别。这一部分我将分别对本时期不同阶段的家庭人口规模的变动加以分析。

（一）土改初期家庭规模

从家庭结构上看，一方面土改促使一部分大家庭分裂，增加家庭数量；另一方面，土改后一个时期的家庭人口行为仍是传统型

---

① 何炳棣：《明初以降人口及其相关问题（1368—1953）》，葛剑雄译，生活·读书·新知三联书店，2000年，第262—263页。

的，尚未摆脱高出生、高死亡的阴影，因而土改初期的人口增长尚不显著，其对家庭规模的影响不会很大（见表 6–7）。

表 6–7　土改后家庭规模

家庭规模（口）	西大庄村		双寺村		庆有庄村		上寨村		曲河村	
	样本量	%	样本量	%	样本量	%	样本量	%	样本量	%
1	15	6.9	11	5.7	15	8.8	29	12.6	23	6.5
2—3	59	27.3	55	28.6	46	27.1	74	32.2	88	24.8
4	35	16.2	28	14.6	36	21.2	43	18.7	69	19.4
4 口以下家庭合计	109	50.5	94	49.0	97	57.1	146	63.5	180	50.7
5	36	16.7	38	19.8	27	15.9	37	16.1	66	18.6
5 口以下家庭合计	145	67.1	132	68.8	124	72.9	183	79.6	246	69.3
6—7	44	20.4	36	18.8	30	17.6	34	14.8	59	16.6
8	7	3.2	7	3.6	5	2.9	6	2.6	19	5.4
5—8 家庭人口小计	87	40.3	81	42.2	62	36.5	77	33.5	144	40.6
9—10	10	4.6	10	5.2	9	5.3	5	2.2	17	4.8
11—14	7	3.2	5	2.6	1	0.6	2	0.9	14	3.9
15 以上	3	1.4	2	1.0	1	0.6				
9 口以上家庭小计	20	9.3	17	8.9	11	6.5	7	3.0	31	8.7
合计	216	100.0	192	100.0	170	100.0	230	100.0	355	100.0
本村最大家庭规模	18		23		15		14		14	
本村人口总数	1050		932		787		949		1703	
平均家庭规模	4.86		4.85		4.63		4.13		4.80	

资料来源：同表 6–1。

表 6–7 中四个村庄的平均家庭规模都有下降，其原因与 5 口以下家庭比重上升有关。不过除了山区的上寨村以外，减小幅度并不大。

分类型看，小家庭比例变化不大。西大庄村和庆有庄村略有上升；上寨村提高明显，由 56% 增至 63.5%；双寺村基本上没有变化。

中等规模家庭比例变动各有不同，西大庄村变化很小，仍维持在 40% 的水平；双寺村由 38% 上升为 42%；庆有庄村由 38.3% 减少为 36.5%；上寨村降低明显，由 38.2% 减至 33.5%。

大家庭比例均有下降，减至 10% 以下，但下降幅度并不很大。它表明土改对大家庭有一定程度的冲击，但并没有导致家庭规模发生划时代的变化。

（二）高级社前夕家庭规模

正如前面所述，土改后至高级社前的中国农村，仍是生产资料私有制社会。然而，土地的相对平均使用，对大家庭存在所起限制作用是不可忽视的。此外，土改后，特别是新中国成立以后，农村医疗卫生条件的改善对人口死亡率降低起到一定作用，它或许会使小家庭比例下降。这只是一个假设，实际情况又如何呢？（见表 6-8）

表 6-8　高级社前夕家庭规模

家庭规模（口）	西大庄村		双寺村		庆有庄村		上寨村		曲河村	
	样本量	%	样本量	%	样本量	%	样本量	%	样本量	%
1	15	6.5	10	4.8	22	11.7	36	14.9	33	8.7
2—3	54	23.5	50	24.0	46	24.5	66	27.3	87	23.0
4	34	14.8	32	15.4	25	13.3	44	18.2	69	18.3
4 口以下小计	103	44.8	92	44.2	93	49.5	146	60.3	189	50.0
5	39	17.0	37	17.8	31	16.5	45	18.6	66	17.5
5 口以下合计	142	61.7	129	62	124	66	191	79		
6—7	50	21.7	51	24.5	44	23.4	37	15.3	77	20.4
8	16	7.0	14	6.7	6	3.2	4	1.7	18	4.8
5—8 口小计	105	45.7	102	49.0	81	43.1	86	35.5	161	41.6
9—10	14	6.1	6	2.9	12	6.4	6	2.5	17	4.5

（续表）

家庭规模（口）	西大庄村		双寺村		庆有庄村		上寨村		曲河村	
	样本量	%	样本量	%	样本量	%	样本量	%	样本量	%
11—14	6	2.6	7	3.4	2	1.1	4	1.7	10	2.7
9 口以上小计	22	9.6	14	6.7	14	7.4	10	4.1	28	7.4
15 口以上小计	2	0.9	1	0.5					1	0.3
合计	230	100.0	208	100.0	188	100.0	242	100.0	378	100.0
本村最大家庭规模	18		21		12		14		15	
本村人口总数	1165		1050		852		976		1801	
平均家庭规模	5.07		5.05		4.53		4.03		4.76	

资料来源：同表 6–1。

我们发现，高级社前的平均家庭规模缩小了，西大庄、双寺、庆有庄和上寨四个村庄的家庭规模由 5.15、5.21、4.66 和 4.5 下降为 5.07、5.05、4.53 和 4.03。多数村庄 4 口以下的小家庭比重不但未增加，反而下降了。其中西大庄、双寺、庆有庄三个村庄 4 口以下家庭比例由 47.9%、48.0%、55.5% 降低为 44.8%、44.2%、49.5%，只有上寨村由 56% 上升为 60.4%。这种下降趋势很大程度上与家庭新生人口存活增加有直接关系。

在西大庄村和双寺村，中等规模家庭所占比例首次超过了小家庭，成为占第一位的家庭规模类型。大家庭的规模变化比例并不明显。

（三）1966 年家庭规模

经历了近 10 年的集体化运动，家庭环境发生了重要变化。人口规模大的家庭，特别是由合爨形成的大家庭受到触动，有的因此而解体，但对中小规模的家庭影响并不很明显。（见表 6–9）

表 6–9　1966 年家庭规模

家庭规模（口）	西大庄村		双寺村		庆有庄村		曲河村		上寨村	
	样本量	%	样本量	%	样本量	%	样本量	%	样本量	%
1	32	10.6	24	9.8	33	14.8	53	12.3	50	16.4
2	31	10.3	22	9.0	27	12.1	37	8.6	38	12.5
3	29	9.6	32	13.1	20	9.0	58	13.5	39	12.8
4	35	11.6	30	12.2	36	16.1	68	15.8	42	13.8
5	50	16.6	40	16.3	34	15.2	57	13.3	48	15.7
6	52	17.3	40	16.3	25	11.2	57	13.3	45	14.8
7	33	11.0	27	11.0	24	10.8	45	10.5	24	7.9
8	19	6.3	12	4.9	14	6.3	30	7.0	12	3.9
9	12	4.0	7	2.9	6	2.7	12	2.8	3	1.0
10—14	8.0	2.7	9.0	3.6	4.0	1.7	12.0	2.8	4.0	1.3
15—19			2	0.8			1	0.2		
合计	301	100	245	100.0	223	100.0	430	100.0	305	100.0
本村最大家庭规模	13		16		11		12		11	
本村人口总数	1463		1199		986		2009		1253	
平均家庭规模	4.86		4.89		4.42		4.67		4.11	

资料来源：同表 6–1。

这一时期，西大庄和双寺村两个平原村庄的家庭规模基本一致，与曲河这个以平原为主的村庄很接近。丘陵区庆有庄村和山区上寨村家庭规模相对较低。另外，平均家庭规模下降之时，4 口以下小家庭比例也在进一步降低。多数村庄 4 口以下家庭所占比例下降 10% 以上。西大庄村、双寺村、庆有庄村和上寨村 4 口以下家庭比例由 44.8%、44.2%、49.5% 和 60.4% 下降为 35.9%、32.2%、27.7% 和 41.6%。丘陵区庆有庄村和山区上寨村下降幅度最大，前者达 21.8 个百分点，后者为 18.8 个百分点。除上寨村以外，其他村庄 5—8 口中等规模家庭所占比例全面超过小家庭。大家庭保持在一个较低的水平上，均不足 10%。

那么，为什么本期单人户又有上升呢？这可从以下几方面去认识。第一，当生产和消费行为分离之后，家庭成为纯粹的消费单位，村民分家立户变得相对容易了。若老年人想与已婚儿子分开生活，在生产队会计那里声明一下就可单立户头，由此粮食等生活资料的分配将被分开。老年父母所获食物的费用由其子女通过拨工方式来支付。第二，这一时期传统孝道被视为封建文化的一部分受到批判，父母对已婚子女的约束能力降低。年老父或母分开单过往往是父子两代之间都乐意采用的方式。第三，随着阶级观念强化，一些地富分子的已婚子女为了与属于“专政”对象的老年父母、祖父母“划清界限”，以分爨形式各自生活，从而增加了立户数量。当然第三种情形主要存在于地富家庭比重比较高的村庄。

（四）20 世纪 90 年代家庭规模

1982 年以后，冀南农村人口控制工作取得了成效。（见图 6–2）只有一个婚姻单位的核心型小家庭成为民众的主要生存载体。由此所引起的家庭规模变动超过以往任何时期。下面我们通过对 1999

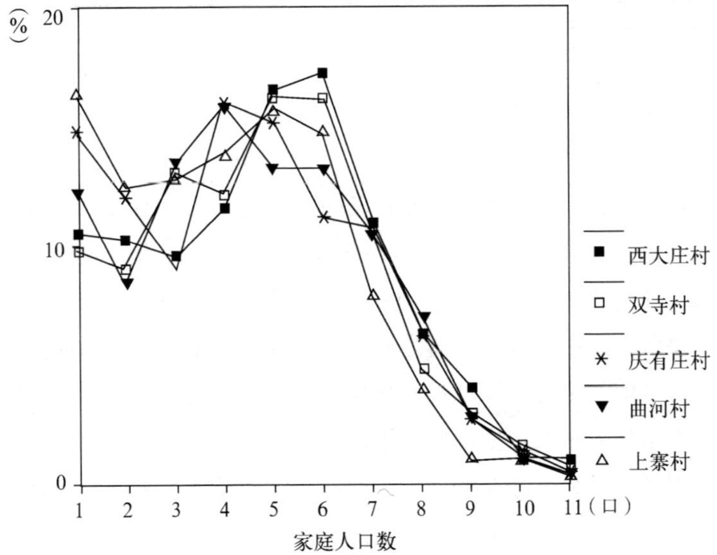

图 6–2 1996 年冀南农村家庭规模曲线图

年各村庄常住人口登记表所做户和人口数的汇总，来具体认识这种变动。(见表 6–10)

表 6–10　1999 年家庭规模

家庭规模（口）	西大庄村		双寺村		庆有庄村		上寨村	
	样本量	%	样本量	%	样本量	%	样本量	%
1	31	5.0	34	7.2	7	1.9	30	6.6
2	78	12.6	63	13.3	49	13.5	53	11.6
3	133	21.5	97	20.5	64	17.7	74	16.2
4	187	30.2	98	20.7	101	27.9	122	26.8
4 口以下家庭小计	429	69.3	292	61.7	221	61	279	61.2
5	126	20.4	114	24.1	83	22.9	133	29.2
6	49	7.9	44	9.3	44	12.2	38	8.3
7	12	1.9	19	4.0	12	3.3	6	1.3
8	3	0.5	5	1.1	2	0.6		
5—8 口家庭小计	190	30.7	182	38.4	141	39.0	177	38.8
合计	619	100.0	474	100.0	362	100.0	456	100.0
本村最大家庭规模	8		8		8		7	
本村人口总数	2366		1851		1480		1781	
平均家庭规模	3.82		3.91		4.09		3.91	

资料来源：同表 6–1。

说明：本调查中缺曲河村资料。

从表 6–10 可见，4 口以下小规模家庭重又成为家庭的主流，各个村庄其所占比例均在 60% 以上。中等规模家庭仍占一定比重。值得注意的是，9 口以上规模的家庭已彻底消失。另外，该时期村际之间家庭规模差异减小。如果将表 6–10 中平均家庭规模最低村庄西大庄看作 100 的话，其他三村的指数分别为 102、107 和 102，可见差距非常小，表明村落之间家庭规模出现平均化的趋向。这主要因为，前几个时期家庭规模均比平原村庄小的丘陵区庆有庄村和山区上寨村，平均家庭规模水平尽管也在下降，但降幅较小，实际家庭规模略微超过平原村庄。因而各村之间总体上趋同局面就出现了。图 6–3 对此特征揭示得更具体。

我们再利用问卷调查资料对冀南地区不同年龄段调查对象的家

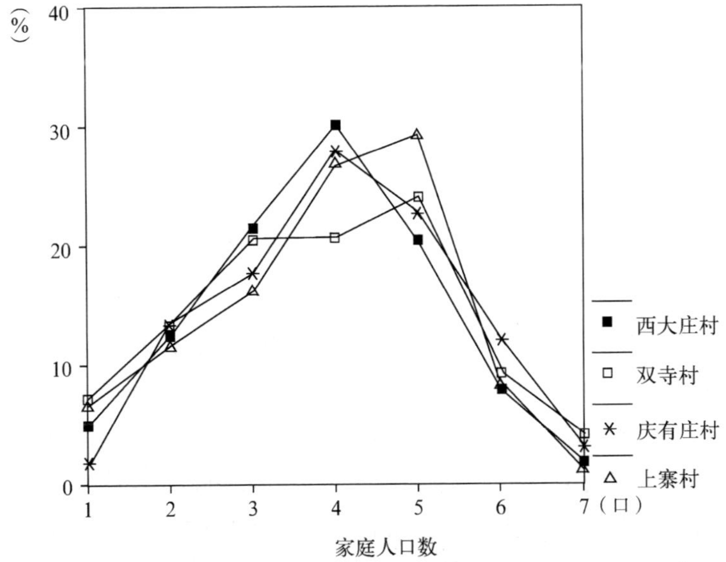

图 6–3　1999 年冀南农村家庭规模曲线图

庭规模做一观察。30 岁、40 岁、50 岁、60 岁和 70 岁以上五个年龄组受访者所生活家庭的人口规模分别为 4.25、4.76、3.84、2.78 和 2.70。进一步看，这些数据还显示出以下特征：高年龄段者所生活家庭的人口规模类型复杂，既有较高比例的单人家庭，又有 7 口以上的家庭，但平均家庭规模较小；低年龄段者家庭规模数量类型简单，但平均规模较高。高年龄段者单人家庭的高比例降低了其平均家庭规模水平；而低年龄段者中则没有单人家庭。

通过对土改后不同时期家庭规模的观察可以看出，家庭规模整体上表现出下降趋势。就家庭规模内部构成而言，9 口以上大家庭逐渐趋于减少，到 20 世纪 90 年代后期基本上不复存在。5—8 口中等家庭在土改后至 70 年代处于比较高的水平，这与家庭生育水平提高有密切关系；80 年代后期实行人口控制政策，其比重开始降低。1—4 口小家庭在 70 年代之前也占有较大比重，至 90 年代后期成为比例最大的家庭类型。它表明实行家庭人口控制之下，核心家庭成为主要的家庭类型。

三、“五口之家”与“八口之家”

中国传统社会有两种家庭规模常被历代政治家和思想家提及，甚至成为他们分析民众家庭生活水平、估测全国人口数量的基础。一是“五口之家”，一是“八口之家”。那么历史上“五口之家”和“八口之家”究竟是指什么样的家庭类型？或者说，这两种家庭规模的成员关系是什么样的？

从家庭结构看，“五口之家”很有可能是指核心家庭。自先秦到清代，“五口之家”是学者、政治家使用最多的家庭规模概括性语言，但它没有对家庭成员构成做出说明。有的指直系家庭。在《公羊传·宣公十六年》何休注中对此有比较明确的表述：“一夫一妇受田百亩，以养父母妻子。五口之家，公田十亩，即所谓什一而税也。”[①]由本人和“父母妻子”组成的家庭显然是直系家庭。

“八口之家”的家庭规模就普遍的情形而言，非核心家庭所能达到，而以直系家庭和复合家庭为主。

下面我借助冀南农村数据对土改前传统社会和集体经济时代的“五口之家”和“八口之家”做一说明。

（一）土改前的“五口之家”和“八口之家”

1.“五口之家”（见表6-11）

表6-11 土改前“五口之家”的家庭结构

村庄	“五口之家”总数	“五口之家”分布							
		一般核心家庭	%	扩大核心家庭	%	直系家庭	%	复合家庭	%
西大庄村	34	17	50.0	1	2.9	16	47.1		
双寺村	21	14	66.7	1	4.8	5	23.8	1	4.8

① 《春秋公羊传注疏》卷十六，见《十三经注疏》（下），中华书局影印版，1980年，第2287页。

（续表）

村庄	“五口之家”总数	“五口之家”分布							
		一般核心家庭	%	扩大核心家庭	%	直系家庭	%	复合家庭	%
庆有庄村	28	11	39.3	1	3.6	14	50.0	2	7.1
上寨村	32	13	40.6	2	6.3	15	46.9	2	6.3
曲河村	63	33	52.4	1	1.6	24	38.1	5	7.9
合计	174	86	49.4	5	2.9	73	42.0	10	5.8

资料来源：同表 6–1。

总体上看，核心家庭在“五口之家”占将近一半，直系家庭也占 40% 以上。这表明当时社会中，由一对夫妇与其子女组成“五口之家”，虽有可能，但若没有父母或父母一方在户内，对相当一部分的家庭来说是有很大难度的。由此我们尚不能说传统农业社会“五口之家”是以核心家庭为主的家庭。

当然不同村庄之间也有差别。平原和半平原地区的村庄，核心家庭在“五口之家”中占 50% 以上，双寺村更高达 66.7%，可以说核心家庭是该村“五口之家”的主流家庭。山区和丘陵村庄则偏低，表明山区和丘陵地区自然条件差，民众抚养子女能力低，单靠夫妇及其子女很难构成“五口之家”，只有通过扩大家庭代际纵向延伸，才能增加家庭人口数量。

2.“八口之家”（见表 6–12）

表 6–12　土改前“八口之家”的家庭结构

村庄	“八口之家”总数	“八口之家”分布							
		核心家庭	%	直系家庭	%	兄弟复合家庭	%	直系复合家庭	%
西大庄村	8	1	12.5	5	62.5	1	12.5	1	12.5
双寺村	5			1	20.0	2	40.0	2	40.0
庆有庄村	11	3	27.3	5	45.5	1	9.1	2	18.2
上寨村	9			1	11.1	2	22.2	6	66.7
曲河村	18	1	5.6	7	38.9	3	16.7	7	38.9
合计	49	4	8.2	18	36.7	10	20.4	17	34.7

资料来源：同表 6–1。

总体上，“八口之家”在土改前的冀南地区应被列入大家庭或至少偏大家庭之中。即使在高生育率时代，一对夫妇和其子女组成的核心家庭也很难达到这样的人口规模。表6–12显示，核心家庭仅占“八口之家”的8.2%，直系以上家庭是“八口之家”的主要组成部分。更具体来说，复合家庭（包括兄弟复合家庭和直系复合家庭）占大多数，为55.1%。包括两对以上已婚夫妇的家庭更有条件构成“八口之家”。

分村庄看，有两个村庄“八口之家”中没有核心家庭，另两个村庄各有1例。双寺村和上寨村的复合家庭在“八口之家”中所占比例达到和超过80%。比较特殊的是，西大庄村直系家庭是“八口之家”的主流。

（二）集体经济时代的“五口之家”和“八口之家”

由于时间间隔较近，我不再对土改初期“五口之家”和“八口之家”加以分析，直接观察1966年它们的构成状态。（见表6–13、表6–14）

表6–13　1966年“五口之家”的家庭结构

村庄	“五口之家”总数	“五口之家”分布					
		核心家庭	%	扩大核心家庭	%	直系家庭	%
西大庄村	50	43	86.0			7	14.0
双寺村	40	32	80.0			8	20.0
庆有庄村	34	28	82.4	1	2.9	5	14.7
上寨村	48	40	83.3	1	2.1	7	14.6
曲河村	57	39	68.4	2	3.5	16	28.1
合计	229	182	79.5	4	1.8	43	18.8

资料来源：同表6–1。

依据表6–13，1966年的情形与土改前大不相同，“五口之家”中核心家庭成为主流，无论从整体上还是从各个村庄的统计结果看，都是如此。“五口之家”中直系家庭只占一个小的份额。如何解释这种变化？我认为，这与家庭人口的增长状况有很大关系。1966年，我国大部分地区的人口处于高出生和低死亡阶段。这就使一般家庭能够保持一定的子女数量，甚至说拥有相对理想的子女数量。因而就自然条件和生育状况而言，一对夫妇与其子女组成“五口之家”已不困难，集体经济又为农民家庭提供了养活理想子女数量的生活资料。可以说，“五口之家”普遍以核心家庭为主是新中国成立后家庭规模同传统农业社会家庭规模的重要区别。

表 6-14　1966 年“八口之家”的家庭结构

村庄	“八口之家”总数	“八口之家”分布							
		一般核心家庭	%	扩大核心家庭	%	直系家庭	%	直系复合家庭	%
西大庄村	19	11	57.9	1	5.3	7	36.8		
双寺村	12	6	50.0			6	50.0		
庆有庄村	14	10	71.4	1	7.1	3	21.4		
上寨村	10	3	30.0			6	60.0	1	10.0
曲河村	29	10	34.5			18	62.1	1	3.5
合计	84	40	47.6	2	2.4	40	47.6	2	2.4

资料来源：同表 6-1。

表 6-14 中，“八口之家”的变化表现在，由过去以直系以上家庭为主，变为核心家庭和直系家庭平分秋色，说明核心家庭在“八口之家”的地位发生了质的变化。这种状况只有在夫妇多育且婴幼儿死亡率降低的环境下才能实现。

分村庄看，统计结果表现出比较明显的差异。西大庄村、双寺村和庆有庄村核心家庭在“八口之家”中所占比例超过 50%，庆有庄则达到 70% 以上。突出变化是庆有庄这个土改前生存环境并不优越的丘陵村，解放后家庭承载人口的能力明显增强。上寨村和曲河村核心家庭在“八口之家”中所占份额较低，直系家庭仍占主导地位。

四、单人户

从前面统计中可以看出，冀南农村单人户，特别在 20 世纪 60 年代中期以前，所占比例是较高的。这里我想着重对单人户户主的基本状况加以分析，以明了单人户的形成原因。

（一）土改前单人户构成

我主要依据 1966 年“阶级成分登记表”对西大庄、庆有庄和上寨三个不同地理条件村庄，土改时年龄在 16 岁以上的单人户（1966 年前死亡者未包括在内）做一统计。因而，此处的分析对象并不是调查村庄土改前单人户的全部。

1．单人户的阶级构成

村庄“阶级成分登记表”统计显示，西大庄、庆有庄和上寨三个村庄单人户数量分别为 15 个、14 个和 20 个。贫下中农所占比重分别为 60.0%、85.7% 和 100.0%。平原地区的西大庄村有 40% 的单人户来自中农以上家庭，其中地主家庭占总数的 20%。但庆有庄村单人户中贫农出身者占绝大多数，中农占 14.3%。上寨村的单人户则全部为贫下中农出身。

2．单人户的性别构成和婚姻状态

村庄之间单人户主的性别构成也有区别，西大庄村女性稍多于男性（相差 1 个），男女分别为 46.7% 和 53.3%。庆有庄村和上寨村则以男性为主，前者男女分别为 71.4% 和 28.6%，后者分别为 90.0% 和 10.0%。

这一时期单人户主婚姻状况只有未婚和丧偶两种。如果结合单人户性别可以看出，未婚者全部是男性，丧偶者全部是女性。其中西大庄村未婚和丧偶分别为 46.7% 和 53.3%，庆有庄村分别为 71.4% 和 28.6%，上寨村分别为 90.0% 和 10.0%。

再结合阶级成分来分析，以西大庄村为例，8 个丧偶女性有 4 个出身地富家庭，其余中农 2 个，贫农 2 个；而 7 个未婚男性全部出身贫农。庆有庄村 10 个未婚男性，9 个为贫农出身。

土改前单人户从阶级成分、性别构成到婚姻状况，表现出两个特征：一是不同自然条件村庄差异明显，平原村庄单人户中有一定数量家境比较富裕的丧偶女性独立生活，她们是单人群体的重要组成部分；而丘陵区和山区丧偶女性比重很低，山区村尤其如此，未婚男性在单人户中占绝大多数。二是从年龄上看，单人户中的男性绝大多数为大龄未婚者，贫困使他们不能适时解决婚配问题。

（二）1966 年单人户构成

这一时期单人户的绝对数量明显扩展，西大庄村、庆有庄村和上寨村分别为 32 个、33 个和 50 个。

1．性别构成

西大庄村单人户主中男女分别为 31.3% 和 68.8%，庆有庄村分别为 51.5% 和 48.5%，上寨村分别为 64.0% 和 36.0%。按照这一统计，平原区西大庄村单人户女性比例升高，占总数三分之二；丘陵区庆有庄村女性单人户也上升了，与男性数量基本持平；山区上寨村由土改前的 9.5% 上升到 36%。

2．婚姻状态

1966 年单人户主的婚姻状态有有配偶、未婚、丧偶和离婚四种。西大庄村单人家庭户主只有有配偶、未婚和丧偶三种，分别占 3.1%、9.4% 和 87.5%；庆有庄村未婚占 27.3%、丧偶占 69.7%，离婚占 3.0%；上寨村未婚占 40.0%，丧偶占 58.0%，离婚占 2.0%。丧偶单人户在三个村庄都是比例最大的，但上寨村仍有 40% 的单人户为未婚者。

将两者结合起来可见，西大庄村的单人户以丧偶女性为主，她们实际上是老年妇女。庆有庄、上寨村也表现出这种特征。但上寨村单人户中的未婚者则主要是男性，且为大龄婚姻失时男性。

（三）1999 年单人户构成

西大庄、双寺、庆有庄和上寨四个村庄单人家庭数量分别为

31个、34个、7个和30个。

四个村庄单人户主的男女性别构成分别为25.8%和74.2%、55.9%和44.1%、57.1%和42.9%、40.0%和60.0%。1999年的单人户无论男女，基本上以丧偶者为主，未婚者所占比例很低。

通过对三个主要时期单人户的考察，可以得出这样的认识，土改前单人户整体上以未婚男性为主，一些富裕家庭丧偶妇女（其中绝大多数没有儿子）也生活在单人家庭之中。但贫穷家庭妇女往往因经济能力有限，很难保持单人生活状态，不得不选择再婚。到了集体经济时代的1966年，各村丧偶女性单人生活比例都增加了。集体经济下老年单人户的生活资料主要由生产队分配，其中的“五保户”可以从生产队无偿或免费得到基本口粮、燃料等及少量现金补贴。这个时期有一定数量的老年人虽有成年子女，却分爨生活；其生活资料主要来自生产队，但他们并不享受免费待遇，而从其子女在生产队所挣工值中分拨一部分作为支付方式；若子女在外地工作，没有工值可以划拨，就需向生产队缴纳现金。实际上，对于有成年子女的丧偶老年人来说，单人户主要是与子女分爨形成的。集体经济组织——生产队的存在为这类单人户创造了条件。进入20世纪80年代后，单人户中丧偶老年人成为主流。按照家庭联产承包责任制原则，每个村民都有自己的口粮田。不具备劳动能力者一般把土地交给儿女，或仍在自己名下，由子女耕种。老年人独自生活，生活资料由子女提供。不少老年女性更倾向于这种较少约束的生活。

五、家庭类型与家庭规模

同一生育率和死亡率水平环境下，家庭人口规模大小同家庭结构关系最为密切，家庭结构复杂化将使家庭规模扩大；家庭结构简化、核心化，家庭规模则会降低。生育率和死亡率的时期变动，会促使同一家庭结构人口规模变动。这两种情形在我们所观察的时期都有表现。下面主要对不同类型家庭在社会变革过程中的人口数量变化做一分析。

（一）土改之前家庭结构与家庭规模的关系

1. 核心家庭人口规模

分析不同历史时期核心家庭的人口规模有助于提高对家庭人口变动水平的认识。核心家庭（除个别扩大核心家庭外）基本是夫妇同子女组成的家庭。

五个村庄“阶级成分登记表”汇总数据中，核心家庭平均子女数都不高。其中西大庄村平均子女数有 1.5 个（81 个核心家庭），双寺村 1.6 个（81 个核心家庭），庆有庄村 1.9 个（85 个核心家庭），曲河村 1.8 个（161 个核心家庭），上寨村 1.5 个（151 个核心家庭）。

具体来看，土改前绝大多数核心家庭有 1—3 个子女，其在核心家庭中的比重超过 75%。只有 1 个子女的核心家庭占 30% 左右。有 4 个以上子女的核心家庭除庆有庄村达到 11.8% 外，其他村庄均低于 6%。

值得注意，五个村庄都有超过 10% 的核心家庭无子女，或称夫妇核心家庭。

夫妇无子女有两种情形：一是结婚数年，至土改时尚未生育，但不排除土改后一个时期内生有子女，这种情形比较少；一是结婚时间已较长，但未生育（土改后也未生育）。

土改前西大庄村未生育夫妇 17 个，30 岁以下者 5 个（最小 24 岁），30 岁以上者 12 个，其中 30—39 岁 5 个，40—46 岁 6 个，59 岁 1 个。双寺村土改前未生育夫妇 14 个，30 岁以下者 1 个（26 岁），30 岁以上 13 个，其中 30—39 岁 6 个，40—43 岁 4 个，52 岁 2 个，63 岁 1 个。庆有庄村土改前未生育夫妇 10 个，没有 30 岁以下者，30—39 岁 4 个，40—44 岁 3 个，50—53 岁 3 个。曲河村土改前未生育夫妇18个，30岁以下者6个，30岁以上者12个，其中30—39岁3个，40—49岁7个，50岁2个。上寨村14个无子女者中，30岁以下有4个（不含30岁，最小为26岁）；30岁以上有10个，其中30—39岁7个，40—44岁2个，57岁1个。

分村庄看，西大庄村核心家庭在4口以下者中占71.6%，5口以上占28.4%；双寺村的两项比例分别为74.1%和25.9%；庆有庄村为72.9%和27.1%；曲河村为68.9%和31.1%；上寨村为83.0%和17.0%。核心家庭的小规模特征非常明显。由于核心家庭人口规模小，因而尽管其比重在五个村庄中都超过了40%，是村庄比重最大的家庭类型，但其人口总量比其家庭数所占比重低10%左右，即多在40%以下。它表明这些村庄在核心家庭生活的总人数并不占多数。

2．直系家庭人口规模

各个村庄直系家庭的人口规模平均都在5口以上，并且村庄之间非常接近，有四个村庄达到5.7口和5.8口。五个村庄平均水平为5.7口。如果结合调查村庄核心家庭平均规模为3.8口来看，直系家庭实际是在核心家庭基础上再增加两人左右。分类别和村庄看，4口以下和5口以上的直系家庭在西大庄村分别为23.8%和76.2%；双寺村为25.0%和75.0%；庆有庄村为30.2%和69.8%，曲河村为26.9%和73.1%，上寨村为18.3%和81.7%。这种状况与核心家庭相比正好翻转过来。按我们的家庭规模分类标准，直系家庭是中等家庭的代表类型。若按6口以上家庭为大家庭的划分标准，6口以上直系家庭在西大庄村为50.8%，双寺村为64.6%，庆有庄村为37.2%，曲河村为51.9%，上寨村为55.0%，可见直系家庭是处于大小家庭之间的过渡类型。

3．复合家庭人口规模

复合家庭应包括至少两个同辈婚姻单位。土改之前，冀南农村复合家庭的绝对比例虽然不高，但在其中生活的人数并不少。这就表明，复合家庭是容纳人口较多的家庭类型。多个婚姻单位的聚集形成了复合家庭人口规模大的特征。

“阶级成分登记表”汇总数据中各村复合家庭平均人口规模都在 8 口以上，五个村庄汇总平均水平为 9.14 口。其中西大庄村 10.57 口，双寺村 9.34 口，庆有庄村 9.10 口，曲河村 8.98 口，上寨村 8.11 口。平原村庄高于丘陵村庄，丘陵村庄高于山区村庄。

与核心家庭和直系家庭不同，复合家庭的人口规模组成链条最长。从 5 口到 25 口，相差 20 个量级。这里的复合家庭包括一般复合家庭和直系复合家庭两种。就一般复合家庭来讲，最低家庭规模也应在 4 口以上，即两对同辈夫妇。实际上，多数复合家庭是有子女或侄辈子女的。7 口以下的复合家庭是少数。分村庄看，西大庄村 7 口以下和 8 口以上复合家庭分别为 26.7% 和 73.3%，双寺村为 37.1% 和 62.9%，庆有庄村为 35.0% 和 65.0%，曲河村为 30.0% 和 70.0%，上寨村为 37.0% 和 63.0%。因而，从总体上看，在土改前冀南农村中，以笔者的划分标准，复合家庭是大家庭的主体。若以 6 口规模为分类标准，复合家庭基本上都是大家庭。

为进一步认识家庭规模和家庭结构的关系，我想观察一下 8 口和 9 口以上规模家庭中复合家庭所占的比例。

调查村庄土改前 8 口以上之家大多数是复合家庭。具体来看，西大庄村 30 个 8 口以上家庭中，复合家庭有 22 个，占 73.3%；其在 30 个复合家庭中所占比例为 73.3%。双寺村 29 个 8 口以上家庭中，复合家庭为 22 个，占 75.9%；在 35 个复合家庭中占 62.9%。庆有庄村的 21 个 8 口以上家庭中，复合家庭有 13 个，占 61.9%；在 20 个复合家庭中占 65.0%。曲河村 54 个 8 口以上家庭中，复合家庭有 35 个，占 64.8%；在 50 个复合家庭中占 70.0%。上寨村的 20 个 8 口以上家庭中，复合家庭有 17 个，占 85.0%；在 27 个复合家庭中占 63.0%。

复合家庭人口规模大是靠多个婚姻单位的聚集形成的，而不是因为生育子女数量多。

西大庄村 30 个复合家庭中，包含已婚兄弟对数 73 个，子侄辈人数为 105 口，平均每个婚姻单位有子女 1.44 口。3 个家庭没有子侄辈成员。子侄辈总数在 3 口以下的复合家庭有 16 个，占 53.3%。

双寺村 35 个复合家庭中，已婚兄弟对数 77 个，子侄辈人数为 108 口，平均为 1.40 口。5 个家庭没有子侄辈成员。3 口以下子侄辈家庭有 18 个，占 51.4%。

庆有庄村 21 个复合家庭中，已婚兄弟对数 48 个，子侄辈人数为 56 口，平均为 1.17 口。4 个家庭没有子侄辈。子侄辈 3 口以下的家庭有 10 个，占 47.6%。

曲河村 50 个复合家庭中，已婚兄弟对数 110 个，子侄辈人数为 108 口，平均为 0.98 口。11 个家庭没有子侄辈成员。3 口以下子侄辈家庭有 26 个，占 52.0%。

上寨村 27 个复合家庭中，已婚兄弟对数 61 个，子侄辈人数为 58 口，平均每个婚姻单位 0.95 个。5 个家庭没有子侄辈。3 口以下子侄辈家庭有 16 个，占 59.3%。

五个村庄复合家庭的子侄数均比核心家庭子女数少。它表明复合家庭人口相对较多并不主要是人口生育兴旺的表现。一定程度上可以说，家庭内部各个婚姻单位的子女相对较少，利益纠纷较少，也是复合家庭能够维系的不可忽视的因素。

综合以上可以看出，冀南地区五个村庄中，8 口以上人口规模家庭中，除曲河村以外，其他四个村庄复合家庭于其中所占比重都在 70% 以上。五个村庄复合家庭所占比重的平均水平为 73.4%。

因而，我认为，要认识传统社会的家庭结构类型，特别是复合型大家庭所占比例，分析 8 口以上家庭是十分有意义的。

在此，我们可进一步观察各个村庄在核心家庭、直系家庭和复合家庭三种类型家庭所生活的人口在本村总家庭数和人口数中的比重。西大庄村三种家庭所占比重分别为 42.6%、33.2% 和 15.8%，其人口数所占比重分别为 29.5%、36.5% 和 32.2%。以此类推，双寺村三种家庭比重为45.8%、27.1%和19.8%，人口比重为32.7%、30.4%和35.4%；庆有庄村三种家庭比重为52.7%、26.1%和12.1%，人口比重为44.3%、29.9%和23.5%；曲河村三种家庭比重为46.7%、31.3%和14.5%，人口比重为36.5%、36.1%和25.7%；上寨村三种家庭比重为48.3%、29.0%和13.0%，人口比重为38.0%、36.4%和23.4%。

五个村庄家庭类型排位顺序一样，但人口比重排位却不同。西大庄村直系家庭人口最多，超过三分之一；核心家庭最少，不到30%。双寺村复合家庭最大，直系家庭最小，但三者之间比重比较接近。庆有庄村核心家庭明显较高，复合家庭最小，三者之间差异明显。曲河村核心家庭和直系家庭非常接近，复合家庭最小。上庄村核心家庭最大，但直系家庭与其相差不大，复合家庭最小。

（二）高级社前夕和“四清”时家庭结构与人口规模的关系

考虑到土改刚刚结束时家庭规模变动尚不十分显著，我在此主要考察高级社前和1966年家庭规模与家庭结构的变动关系。

1．高级社前夕

（1）核心家庭的人口规模

五个村庄的核心家庭平均规模为4.03口，较土改前的3.76口有所提高，增加了7.2%。

各个村庄核心家庭所占比重和核心家庭人口数所占比重如下：西大庄村分别为51.7%和41.5%，比土改前提高21.4%和40.7%；双寺村分别为62.9%和52.1%，比土改前提高37.3%和19.4%；庆有庄村分别为58.0%和53.3%，比土改前提高12.6%和24.2%；曲河村分别为54.5%和45.5%，比土改前提高16.7%和24.7%；上寨村分别为56.6%和52.4%，比土改前提高14.7%和38.9%。可见，各个村庄核心家庭比重和核心家庭人口比重均有比较明显的增加，但两者并不同步。西大庄村和上寨村人口数比重增长明显，双寺村核心家庭比重上升幅度大。值得注意的是，这一时期，核心家庭人口数比重均在40%以上，其中丘陵和山区村庄超过50%。

核心家庭人口数比重上升是核心家庭子女数水平提高的结果。西大庄村有2个以上孩子的家庭为66家，占核心家庭的55.5%；双寺村有2个以上孩子家庭81家，占核心家庭的62.8%；庆有庄村有2个以上孩子家庭为64家，占核心家庭的58.7%；曲河村有2个以上孩子家庭有121家，占核心家庭的58.7%；上寨村有2个以上孩子家庭有73家，占核心家庭的53.3%。核心家庭人口数在本村人口中所占的比重提高幅度非常明显。

（2）直系家庭人口规模

直系家庭平均规模为6.09人，比土改前的5.67人也有提高，增加了7.4%。直系家庭人口在本村总人口所占比重变化不大。西大庄村由36.5%上升为38.8%，增幅为6.3%；双寺村由28.7%上升为30.0%，增幅为4.5%；庆有庄村由26.2%上升到33.7%，增幅为28.5%，幅度稍大一些；曲河村由36.41%下降为35.0%，降幅为3.8%；上寨村由36.6%下降为32.6%，降幅为11.0%。总的来看，除庆有庄村外，增减幅度不大，说明直系家庭人口规模相对比较稳定。

（3）复合家庭人口规模

复合家庭平均规模为9.36人，比土改前的9.01人提高了3.9%。但复合家庭人口在各个村庄总人口中所占比重出现明显萎缩。西大庄村由32.2%降为18.5%，减少42.5%；双寺村由34.8%减至16.8%，下降51.7%；庆有庄村由26.1%降至10.2%，减少60.9%；曲河村由24.0%降至15.1%，减少37.1%；上寨村由23.5%降至11.3%，减少51.9%。

可见，至高级社时，三种类型家庭的人口规模变动特征是，核心家庭人口在总人口中所占比重明显上升，直系家庭基本上稳定，而复合家庭则显著下降。

2．1966 年家庭结构与人口规模关系

（1）核心家庭人口规模

这一时期，五个村庄核心家庭平均人口规模为 4.67 口，比土改前（3.76 口）提高 24.2%。核心家庭中 5 口以上和 4 口以下家庭人口规模比重变动如下：西大庄村为 57.9% 和 42.1%，双寺村 54.1% 和 45.9%，庆有庄村 53.7% 和 46.3%，曲河村为 46.8% 和 53.2%，上寨村为 47.8% 和 52.2%。5 口以上的核心家庭在三个村庄超过 50%，另两个村庄接近 50%。值得注意的是，核心家庭人口在村庄总人口的比例与其家庭数比例基本一致，如西大庄村核心家庭占 65.5%，人口占 65.1%。有的则超过了家庭数所占比例，如庆有庄村核心家庭占 71.8%，人口占 78.3%；曲河村核心家庭占 61.2%，人口占 60.1%；上寨村核心家庭占 67.2%，人口占 71.4%。这表明，核心家庭容纳人口的能力接近或超过本村平均家庭规模水平。

下面再看核心家庭的子女数量。

1966 年调查村庄核心家庭子女数量明显高于土改前。西大庄村平均子女数量为 3.02 个（192 个核心家庭），庆有庄村 2.88 个（156 个核心家庭），上寨村 2.46 个（202 个核心家庭）。

夫妇与 3 个以上子女生活的核心家庭在西大庄村为 59.9%，庆有庄村为 53.9%，上寨村为 49.0%。其中与 5 个以上子女共同生活者分别占 19.3%、21.2% 和 10.9%。这一时期无子女夫妇核心家庭明显降低，这三个村庄分别只有 6.8%、7.1% 和 12.4%。

（2）直系家庭人口规模

五个村庄直系家庭人口规模平均为 6.40 口，比土改前的 5.67 口上升 12.9%，比高级社时的 6.09 口上升 5.1%。由于调查村庄直系家庭的绝对比重都有下降，直接导致其人口在全村总人口中的比重降低。其中，西大庄村占 29.3%，双寺村 29.5%，庆有庄村 18.0%，曲河村 32.7%，上寨村 21.2%。除曲河村以外，多数村庄直系家庭人口都降至 30% 以下。

（3）复合家庭人口规模

1966 年前后五个调查村庄的复合家庭已是个别家庭现象，其中庆有庄村复合家庭已经消失。四个村庄复合家庭的平均规模为 9.73 口，比高级社时（9.36 口）和土改前（9.01 口）都有上升。但由于复合家庭比重已降至 3% 以下，因而调查村庄复合家庭人口在全体人口中所占比重最多不到 5%。

可以说，至 20 世纪 60 年代中期，冀南地区农村人口大多数生活在核心家庭中；直系家庭仍保持着一定水平，但其人口在多数村庄已降至 30% 以下；由于复合家庭类型已成为个别现象，因而只有极少数人口与其有联系。

六、家庭规模与家庭人口构成

由上面的分析可以看出，冀南农村不同时期家庭规模偏向 5 口左右的平均水平，但并不意味着，5 口左右家庭规模占绝大多数。实际上，传统社会家庭规模构成有三个集中的类型：3 口以下家庭、5 口左右家庭（主要指 4—6 口的家庭）和 7 口以上家庭都占一定比例。下面我们对其构成做一分析。

（一）土改前不同规模家庭人口在村庄人口中的构成

五个村庄“阶级成分登记表”统计显示，西大庄村 3 口以下、4—6 口和 7 口以上三种规模家庭所占比例分别为 32.6%、42.6% 和 24.7%；其人数所占比例分别为 13.8%、40.4% 和 45.8%。双寺村三种家庭所占比例为 32.8%、41.8% 和 25.4%；人数所占比例为 14.4%、40.0% 和 45.7%。庆有庄村三种家庭所占比例为 30.9%、49.7% 和 19.4%；人数所占比例为 13.9%、49.7% 和 36.3%。曲河村三种家庭所占比例为 27.2%、49.3% 和 23.5%；人数所占比例为 11.8%、46.6% 和 41.6%。上寨村三种家庭所占比例为 32.9%、47.3% 和 19.8%；人数所占比例为 15.4%、49.7% 和 35.0%。实际上，7 口以上之家还可以被分成两部分：一是7—9口之家，代表中等偏上家庭；一是10口以上家庭，代表大家庭。西大庄村这两类家庭所占比例分别为16.3%和8.4%，所占人数比例分别为24.2%和21.6%。双寺村所占比例分别为16.3%和9.0%；所占人数分别为24.3%和21.3%。庆有庄村所占家庭比例分别为15.8%和3.6%；所占人口数分别为25.9%和10.4%。曲河村所占家庭比例分别为15.7%和7.8%，所占人口数分别为23.9%和17.7%。上寨村所占家庭比例分别为17.9%和1.9%，所占人口数分别为30.3%和4.7%。

可见，三类家庭中4—6口家庭所占比例最大，均在40%以上。庆有庄村、曲河村和上寨村则在46%—49%之间。3口以下的小家庭处于第二位，各村中其所占比例比较一致，均在30%上下。7口以上家庭位居第三位，各村比例分布有一定差距，相对集中在20%上下。由此可见，五个村庄这三类家庭的分布显示出一定的规律性。

然而，三类家庭的人数构成则有很大差异。4—6口家庭人口在村庄总人口中所占比例差异较大，西大庄村和双寺村较低，分别为40.4%和40.0%，在三类家庭中位居第二；庆有庄村和上寨村为49.7%，各村相对集中于40%—50%。平原区的西大庄村和双寺村7口以上家庭人口所占比例位列第一，超过45%；其他村庄处于第二位，在35%—42%。各村1—3口家庭人数所占比例均不超过16%，在11%—16%。

中国传统时代平均家庭规模偏向5口的原因，一是因为4—6口家庭占有相对大的比例，二是3口以下家庭和7口以上大家庭相互平衡后，其平衡点集聚于5口上下。为说明此特征，可将3口以下家庭和8口以上家庭人口规模统计一下：

西大庄村3口以下和7口以上家庭人数合计为588人，其家庭数为109个，家庭人口平均为5.39口；4—6口类共81户，398人，家庭人口平均为4.91口。

双寺村3口以下和7口以上家庭合计为103户，554人，家庭人口平均为5.38口；4—6口合计为74户，369人，家庭人口平均为4.99口。

庆有庄村3口以下和7口以上家庭合计为83户，390人，家庭人口平均为4.70口；4—6口合计为82户，386人，家庭人口平均为4.71口。

曲河村3口以下和7口以上家庭合计为175户，931人，家庭人口平均为5.32口；4—6口合计为170户，813人，家庭人口平均为4.78口。

上寨村3口以下和7口以上家庭合计为109户，472人，家庭人口平均为4.33口；4—6口合计为98户，464人，家庭人口平均为4.73口。

华北其他地区的家庭规模是否也有这种特征？

1925年（民国十四年）7省16处2640户农家人口调查中，1—3口家庭为512户，占19.4%；人口为1271，占8.5%。4—6口为1369户，占51.9%；人口为6778人，占45.3%。7口以上家庭759户，占28.8%；人口为6903，占46.2%。所有家庭平均规模为5.66口。这项调查中的1—3口和7口以上家庭合计为1271户，人口为8174，家庭规模平均为6.43口。4—6口家庭规模平均为5.26口。[①]

定县5255家调查的结果是，1—3口1271户，占总户数的24.2%；人口为3023，占总人口的9.9%。4—6口2296户，占43.7%；11294口，占36.9%。7口以上1688户，占32.1%；16325口，占53.3%，家庭规模平均为5.83口。3口以下和7口以上家庭合计为2959户，19348人，家庭规模平均为6.54口；4—6口家庭规模平均为4.92口。[②]

山东邹平县1934年（民国二十三年），1—3口10550户，占32.8%；24053口，占14.6%；4—6口13764户，占42.8%；67105口，占40.8%，家庭规模平均为4.88口。7口以上7840户，占24.4%；73409口，占44.7%。家庭规模平均为5.11口。1—3口和

① 杨子慧主编:《中国历代人口统计资料研究》，改革出版社，1996年，第1460页。
② 同上注书，第1462页。

7口以上合计为18390户，97462人，家庭规模平均为5.3口；4—6口家庭规模平均为4.88口。[①]

由此可见，传统社会“五口之家”的形成特征是：大家庭与小家庭并存，二者合并统计后趋于中间水平。加之五口左右这一中间规模家庭的存在，家庭平均规模倾向于保持在五口左右的水平上。但我们却不能据此认为中国传统社会的家庭绝大多数是“五口之家”。此外，也要看到，尽管传统社会中平均家庭规模在五口上下的水平，但却不能据此否定传统社会有一定比例大家庭存在的事实。

（二）1966年冀南农村不同规模家庭人口在村庄人口中的构成

依据对阶级成分资料所做汇总，西大庄村三种规模家庭所占比例分别为30.6%、45.5%和23.9%，与前一时期差别很小，1—3口增加2个百分点，4—6口增加近3个百分点，7口以上减少0.8个百分点。这些家庭的人口数所占比例分别为12.4%、48.0%和39.6%。其变化主要表现为4—6口成为占第一位的家庭类型，近50%的人口生活在这一类家庭中。

双寺村三种家庭所占比例分别为31.8%、44.9%和23.3%，与土改前相比，变化也很小（32.8%、41.8%和25.4%）；家庭人口数所占比例分别为13.7%、46.6%和39.7%。变化明显的4—6口增加8个百分点，7口以上组减少6个百分点。

庆有庄村三种家庭所占比例分别为35.9%、42.6%和21.5%，1—3口增加5个百分点，4—6口减少7个百分点，7口以上变动较小。家庭人口数所占比例分别为14.9%、47.1%和38.0%，变化不大。在家庭类型比重发生变化之时，家庭人口规模变动不大，特别是4—6口组虽有减少，但减幅较小，由49.7%降至47.1%。

曲河村三种家庭所占比例分别为34.4%、42.3%和23.3%，也

① 杨子慧主编:《中国历代人口统计资料研究》，第1463页。

是前两种家庭类型变化明显，1—3口增加7.2个百分点，4—6口减少7个百分点。家庭人口数所占比例分别为15.0%、44.7%和40.3%，1—3口增加3.2个百分点，4—6口减少1.9个百分点。

上寨村三种家庭所占比例分别为41.6%、44.3%和14.0%，1—3口增加8.7个百分点，其他两类则减少，4—6口减少3个百分点，7口以上减少5.8个百分点。家庭人口数所占比例分别为19.4%、54.1%和26.5%，三类均有大的升降变化。1—3口增加4个百分点，4—6口增加4.4个百分点，7口以上减少8.5个百分点。

五个村庄的总体情况是，三类家庭中4—6口所占比例仍为最大，均在45%上下的水平。3口以下的小家庭继续处于第二位，在各村中所占比例为30%以上、40%以下。7口以上家庭除上寨村外，相对集中在20%—25%。由此可见，五个村庄这三类家庭的分布显示出一定的规律性。

三类家庭的人口构成有所变化。4—6口家庭人口在村庄总人口中所占比例差异缩小，均处于三类中的首位。除上寨村该比例达54.1%外，其他村庄基本上在44%至48%之间。7口以上家庭人口于所有村庄位居第二，除上寨村稍低（26.5%）外，其他村庄均接近或达到40%。1—3口家庭人数所占比例除上寨村达到19%外，其他村庄在12%至15%之间。

那么这一时期的家庭规模有偏向特征吗？下面我们具体看一下。

西大庄村3口以下人数和7口以上家庭合计为761人，其家庭数为164个，平均规模为4.64口；4—6口共137户，702人，平均规模为5.12口。

双寺村3口以下和7口以上家庭合计为135户，641人，平均规模为4.75口；4—6口合计为110户，560人，平均家庭为5.09口。

庆有庄村3口以下和7口以上家庭合计为128户，522人，平均规模为4.08口；4—6口合计为95户，464人，平均规模为4.88人。

曲河村3口以下和7口以上家庭合计为248户，1110人，平均规模为4.48口；4—6口合计为182户，899人，平均规模为4.94口。

上寨村3口以下和7口以上家庭合计为170户，575人，平均规模为3.38口；4—6口合计为135户，678人，平均规模为5.02口。

可见，尽管4—6口组的平均规模在5口上下的水平，但各村1—3口和7口以上两组之和的规模差异很大。不过，除上寨村为3.38口和庆有庄村4.08口外，其他村庄处于4.5—4.8口的水平上，接近5口人。

七、结 语

冀南农村的家庭规模土改前基本上保持在5口的水平。家庭规模大小与人均土地数量有很大关系。但这不等于说，人均土地数量最多的地主，家庭规模就最大。整体上看，富裕自耕农或者说上中农、富农的家庭规模相对最大。无地者因生存条件差，抚养人口的能力低，家庭规模最小。

土改以后，土地占有水平平均化，土地占有数量与家庭经济水平、家庭规模关系的密切程度降低。土地集体化后，其对家庭规模的制约能力消失。家庭人口规模取决于妇女生育水平，还与分家状态有密切关系。由于婴幼儿死亡率下降，家庭抚养能力提高，5—8口的中等规模家庭比重上升；而兄弟、父子分爨生活普遍化，核心家庭成为主流家庭形态，9口以上规模的大家庭减少。20世纪80年代后生育水平降低，4口以下的小家庭逐渐成为主流。

中国历史上，家庭平均规模在5口上下的记载最多。按照本项研究，传统农业社会4—6口家庭占有相对大的比例，它是形成5口平均规模家庭的直接基础。更重要的是，3口以下小家庭和7口以上家庭都占有一定比例，其平均规模基本上处于或趋近5口水平。土改之后，7口以上家庭，特别是9口以上的大家庭比例缩小，由此使大小两类家庭的平均家庭规模减小，进而带动村庄家庭平均规模下降。

第七章
分家行为

分家是中国社会中重要的家庭制度。唐宋之前，严格的均分家产制度就已形成。在传统时代，分家主要是由两个以上已婚或成年兄弟分割继承财产的行为，不过也有父母在世时父子分爨型分家。对于兄弟两个以上家庭或有两个以上成年儿子的家庭来说，是否分家，何时分家，怎样分家，在各个历史时代或不同地区有一定区别。分爨同样如此。分家不仅影响家庭的组织形式，而且会对家庭人口生息繁衍产生作用。在这六十年的时间里，我国农村家庭财产制度有了巨大的变动，它对分家行为的影响程度如何？只有对不同所有制状态下的分家方式加以观察，才能回答这一问题。

一、私有制下的分家方式

土改前我国的土地私有制度是综合性的，或者说是全面私有。它包括土地、房屋和生产、生活工具的私有。无疑，这种所有制下的生活资料完全由私人掌握和安排。那么，私有财产制下的分家形式是怎样的呢？

（一）家长地位

一般认为，私有经济制度下，特别是以种植经济为主的农业社会中，家庭实际是一个生产单位。家长（在多数情况下是父亲）掌管财产，组织家庭成员进行各种生产活动。家长权力的发挥需满足两个条件：一是子女除了家庭经济活动外没有更好的家外职业可以从事，这样子女才会俯首听命，否则他可能离开家庭去从事别的职业；二是子女对家庭财产具有平等的继承权，这样他们会感到从事家庭经济活动才是合算的，但这种心理也成为瓦解父家长控制家庭的重要因素。

奥尔加·兰对中国传统时代父母或家长的权利做如此描述："家长是最年长的男性成员。……他拥有所有家庭财产的所有权，他能够独自处置所有的家庭财产以及所有家庭成员的收入和储蓄。他决定孩子们的婚姻，签署婚姻合约。……而且，法律也不追究父亲或祖父在以'合法的和习惯的方式'惩罚儿子或孙子时过失致死的罪责。家长将其成员卖为奴隶的权利也是不容置疑的。"[①]这段论述从总体上看是符合中国传统社会家长权利的实际表现的。不过，"家长将其成员卖为奴隶的权利也是不容置疑的"这一判断需加一些限制。在一般正常情况下，家长将其成员卖为奴隶的现象是比较少见的。这可以理解为，家长因贫穷有权将子女卖给别人，其中以女性为多，如作为婢女等都属此类。另一方面，对子女拥有高度控制的情形多限于大家庭。平民家庭中家长地位缺乏至高的森严性。家长只有在支配一定数量财产时，其对子女的控制才有效。

莫里斯·弗里德曼对家长在分家中地位的看法比较温和：尽管家户析分的过程是通过在普通家庭范围内的冲突和农耕生活这一背景来观察的，但是它基本建立在财富权利的基础上，而每一个儿子所具有的财富权利，往往会使基本家庭从联合家庭中分离开来；作为托管人的家长拥有家户的财富，他掌管家产，而且不能忘记家中男人的个人权利；在家长健在的时候，年轻人无力行使他们的独立权利，但是这种权利是潜在的，而且在有关家庭义务和特权分配方

---

① 奥尔加·兰：《中国家庭和社会》（耶鲁大学出版社，1946年），第26—27页。转引自张五常："子女和婚姻合约中的产权执行问题"，载《经济解释——张五常经济论文选》，商务印书馆，2000年，第111页。

面得到表达；坚持兄弟和睦的儒家伦理的力量遭遇了迫使他们分离的压力的挑战。[①]这一分析把儿子在家庭财产中的权利予以充分肯定，或者说这是儿子分家的最大诱因。

同时也要看到，即使在私有经济下，家长的地位并非一成不变地保持终身。随着年龄的增大，他对家庭财富创造的贡献逐渐减少，对家政的管理能力也会下降，由此，他对儿子的管束能力将会发生动摇。最后他将不得不退出家庭的生产和管理活动。但若家长具有权威，仍可对儿子的行为产生影响。

为什么传统家庭没有无限地扩大？这历来是学者争论比较多的问题。弗朗兹·舒尔曼（Franz Schurmann）认为分家是由家庭内部不和及外部可能的经济压力引起的。这种说法过于笼统。他对外部经济压力的定义包括税收、福利和匪患。这些可能对不同时期和不同地区分家的时间产生作用。关于内部不和，一种意见认为兄弟不和是分家的主要原因，另一种则认为兄弟的妻子不和是主要原因。[②]这些分析都显得比较表面化。戴维·韦克菲尔德（David Wakefield）认为，中国家庭生活本质的经济紧张是日常必需品主要分配和财产继承系统的男性平等（equal male）本质之间的矛盾。[③]矛盾的发展将会引起分家。这一看法是有道理的。郝瑞认为，正像在具有这样家庭组织形式的社会一样，有一系列向心力和离心力或者将兄弟联合在一起追求共同的经济目标，或者兄弟彼此及其妻子相互猜忌而分开；当离心因素较强时，其中的各支之间心理处于紧张状态，没有公共的经济动机将复合家庭保持在一起，因而从循环的角度看，复合阶段是短暂的，或不存在；然而当需要集中劳动力、资本，或经济多样化时，共同利益的潜力超出共

---

① 莫里斯·弗里德曼：《中国东南的宗族组织》，第29—30页。

② David Wakefield, *Fenjia: Household Division and Inheritance in Qing and Repubilican China*, University of Hawaii Press, 1998, pp. 34-36.

③ Ibid., p. 38.

同生活的挫折，复合阶段将很可能持续的比较长。[①]

经济学家的解释是：在某一点上，监督投入的单位成本上升到超过了合作的收益。界定和执行产权的成本亦随中国家庭结构的扩大而增加。做出下列预期是很自然的：在家长死后，儿子们通常选择的是分家和建立各自的家庭。[②]

实际上，分家之举并非均在家长去世之后。笔者对18世纪中国家庭的研究表明，有一定数量的分家是父母在世时发生的，占调查个案总数的45.70%；其中父亲在世时的分家行为约占调查个案的五分之一。[③]有学者对清代至民国时期的分家文书做过统计，166个分家文书中，60%发生于父母一方在世时，34%在父母双方去世后，另有5%是提早或以其他方式分开。[④]当然父家长在世的分家既有迫于生活压力的安排，也有子女的要求下所做出的决定。而从总体看，有一定土地等财产的家庭中，父家长在世时子弟的分家行为受到压制。

（二）分家特征

中国传统时代，分家实际包括分爨与分产两部分内容。分爨最明显的标志是，原来生活在一起的父子或兄弟分开生活，各自炊煮；分产则是两个或两个以上的兄弟对父祖积累财产分割继承。民间社会中，分爨和分产既有合并实施的，也有分开进行的。[⑤]分产

① Stevan Harrell, "Geography, Demography, and Family Composition in Three Southwestern Villages", *Chinese Families in the Post-Mao Era*, pp. 78–79.

② 张五常：《子女和婚姻合约中的产权执行问题》，载张五常：《经济解释——张五常经济论文选》，第131页。

③ 拙著：《十八世纪中国婚姻家庭研究——建立在1781—1791年个案基础上的分析》，第288页。

④ David Wakefield, *Fenjia: Household Division and Inheritance in Qing and Repubilican China*, p. 47.

⑤ 拙文：《清代中期分爨、分产与立嗣继产的方式与冲突》，载《清史论丛》（2000年号），中国广播电视出版社，2001年。

的基本原则是兄弟均分。从冀南农村的分家情形看，分家的形式和原则与笔者对 18 世纪个案的观察基本上是相同的。但实际表现显得更为复杂。

分爨，顾名思义是炊煮炉灶的分立。但这一举动的意义却很大。若是父子分爨，分出去的子弟将担负起自身及其家庭成员的生活资料供给和赡养的责任，同时在分爨之后创造的财富属子弟自己所有；若是兄弟分爨，彼此之间不再有扶养义务，分爨后积累的财富归各自所有，在今后正式分产活动中，将不涉及各自创造财产的再分配问题。对此，弗里德曼也有类似的表达："（在中国）一旦各自的家庭都建立起来之后，在法定意义上，两个或更多的兄弟之间便不再成为经济上相互协作单位的一部分。一个家户的成员对其他家户的成员也不再具有经济上的当然权利。他们之间的经济互动应该是合理地按与陌生人相同的处理方式来制定契约性条款"。①

那么民间为什么会出现分爨与分产分开进行的情形的呢？我见到的分家个案显示，分产较之分爨要复杂，因而实施起来比较困难。一般来讲，若弟兄数人均已婚，并且父母已经去世，此时将共同财产按股均分，是比较容易的。但若兄弟中有已婚有未婚，父母或父母一方尚在，财产的彻底分割则比较困难。从实际情况来看，父母去世后，兄弟之间很少采取分爨这种不彻底的分家方式，而更多的是分财与分爨相结合。父母等长辈在世时，有些家庭会以分爨作为分家的替代形式，以减少合爨生活的矛盾。

我认为，有两个以上已婚子女的平民家庭，分爨意义甚至要大于分产意义。因为分爨是原来组合在一起（一个大的家庭）的不同婚姻单位成员单独生活，由此产生的户主各自养活其妻子儿女。这意味着有更多的成年人获得当家做主的权利，但又须担负起养家糊口的责任。另外，即使不分割祖产的分爨，原来大家庭成员各自生活之后积累的财产属小家庭所有，由此可激发创造财富的欲望，并

---

① 莫里斯·弗里德曼：《中国东南的宗族组织》，第 30 页。

有助于家庭生活的安排。

分爨后生活单位独立的家被西方学者称为 household，它被定义为一个家政（housekeeping）或消费（consumption）单位。其本质特征是所有成员在一起吃饭，或者享用取自一个共有食物仓库（common stock of food）的膳食。[①]这与中国社会中分爨后的生活情景是一致的。

没有或父祖遗产很少的佃农和佣工家庭，分爨即意味着生活单位和家产归属的彻底解决。其他财产不多的家庭，分爨就是原有家庭的完全解体。中国 18 世纪的个案给我们提供了这样的信息，在民间，一般平民要维系父母与多个已婚兄弟合灶共食生活的大家庭是比较困难的。从人口学上看，家庭结构的分类主要看是合灶共食，还是各自炊煮？财产的分割是次要的。这表明在平民家庭中，复合家庭的比例是较低的，更多的将是直系家庭和核心家庭。

（三）私有经济下分家的方式

这里，笔者结合冀南农村的分家资料，对一个特定地区的分家行为集中加以分析，以便更清楚地认识土改前民间的分家状况。

一般而言，有产阶层中，大家庭家长鉴于财富积累的不易和子女生活能力的高低差异，往往认为保持家庭形式上的完整能使成员的和睦关系得到维系，家庭地位不至于衰落。因而在可能的情况下，家长起初总是设法消除分家意识，阻止分家行为。然而，实际生活中，家长切实感到维持大家庭的不易，家庭成员也能体会到大家庭生活气氛的紧张。20 世纪三四十年代华北一些地方村民向“满铁”调查者讲述，已婚而未分家的兄弟间争吵是村庄中最为常见的纠纷，通常的解决办法是分家。[②]

---

① J. Hajnal, “Two Kinds of Pre-industrial Household Formation System”, *Family Forms in Historical Europe*, edited by Richard Wall, Cambridge University Press, 1983, pp. 99–100.

② 黄宗智：《民事审判与民间调解：清代的表达与实践》，第 25 页。

1. 分爨型分家行为观察

分爨型分家是相对于分产型分家而言。其特征是家长从现有财产中拨出一份可以维持生活的土地和居住的房屋等给被分出的儿子，自己仍握有一部分甚至大部分财产，与配偶和其他未婚或已婚子女生活。因而可以说，分爨建立在部分分产的基础上。

分爨型分家往往不是一种规范的分家做法。从实际情形来看，分爨是解决家庭纠纷的方式。在这一过程中，父权有充分的表现。父家长要确保自己在分爨中处于有利地位，即对财产的安排要完全符合自己或者家庭的长远利益。

（1）家长将一个儿子分出，自己与其他子女生活

磁县庆有庄村张永年，父亲在世时，家有8口人，地54亩，房16间，以农为生。张永年本人兄弟2个。分家后，父亲和弟弟过，张永年本人分得土地22亩（后卖出10亩），房3间半，以种地扛长工为生。张永年所得土地占全家的40.74%。

分爨情形较多的是家长将不务正业的儿子分出另过，自己仍与其他儿子生活，以此免使大家庭彻底瓦解。家长对某一子弟缺少有效制约能力时往往以分爨的方式将其分出。当然这主要是针对已婚儿子的做法，因而被分出的实际是儿子及其妻子儿女。

曲河村孙克新，家境富裕，其子孙振河性好赌博，不务正业，孙克新将他赶出，给房24间，地14亩。①

因儿子生活放荡，不思生产，父家长会剥夺其平均继承财产的权利，只给他一部分维持生活的土地和住房。这种做法旨在保护家产。但它却会引起极大的家庭纠纷。因为儿子对平等继承家产的民间习惯早已烂熟于心。一旦得不到公平待遇，就会心生不满，导致不可调和的父子矛盾。

西大庄村王高、王德兄弟二人，兄王高两次结婚，共生2男

① 磁县档案馆藏：曲河村“阶级成分登记表”。

4女；弟王德自幼双目失明，娶一童养媳，生育多胎，只有一女长大成人。民国初，其父去世，兄弟二人遂决定分家。当时家庭财产为200亩地，各分100亩。王德在族人的挑拨下，状告其兄分家不公。为打赢官司，王德将其土地40亩变卖作为诉讼费（卖给挑唆纠纷的族人）……王德因无子，又纳妾，没有生育。1918年（民国七年），村南开始兴修水利，土地得以灌溉。王德将村南水地换成旱地。1920年（民国九年）大旱，土地无收，王德忧惧而死。王高将王德所换出之地又重新换回交与王德之妻董青，董青与夫妾及其女儿靠出租土地为生。王高长子王大川染上吸毒恶习，不思生产。其父拨出30亩土地给其另过（村中说法是将其撵出），并非财产上正式分家。王大川试图得到其叔父王德的家产，与守寡的婶母董青关系密切。王高担心因其子吸毒而使家产流失，不让王大川继承王德遗产。为使王德遗产有人继承，王高让其次子王大江再娶一房妻（1929年）作为董青的儿媳，实际是“一门两祧”，以便生出男孩。1931年一男孩出生。然而财产纠纷并未停息。家族内部存心不良者趁机起哄，董青伙同王大川等欲把儿媳休弃（没有成功），百般虐待。1935年，王高去世时，其子王大川因未得到财产，拒不临丧，被亲戚痛打一顿。以后，王大川为了与其弟争夺财产，也纳一妾，冀图生子（其妻只生一子）。1937年，“七七事变”爆发，王大川因买不到毒品，毒瘾发作而死。财产争夺至此结束。另外，董青已出嫁的独生女常住娘家，为使其女获得稳定的生活资料，董青特从家产中划拨出一块地（10亩）作为“养女地”，其女儿可以对其收入加以支配，但却不能继承或买卖。[①]

有产之家分家所酿成的冲突并不是个别现象。磁县民国方志“风俗”篇所列举的该地陋习中就有“夺产争继，骨肉相残，火寡欺孤，天良丧尽”等说法。[②]土改前的中国传统社会，这种行为并

① 1999年秋天在冀南村庄实际调查时获得的个案。
② 1941年（民国三十年）《磁县县志》，第一章，疆域、习尚。

非一个地方所独有的。

（2）家长将所有儿子分出，只给他们少量财产，自己则拥有绝大部分家产

这种情形虽不普遍，但也非个别现象。

磁县双寺乡东大庄村李宗 1937 年与 4 个儿子分家，每人给地 3.5 亩。分家后，李宗本人有地 65 亩，4 口人，骡子 2 头，农具齐全。经常雇佣长工 2 个，自己不劳动。土改时定为地主成分。他的 4 个儿子因在 1937 年就分了家，而且都是靠自己劳动为生，土改时均定为中农成分。这种分家方式肯定有父亲对儿子不满意或家庭矛盾的背景。[①]从中可知，李宗家共有 79 亩土地，4 个儿子共得土地 14 亩，占 17.7%；父亲拥有土地 65 亩，占 82.3%。

邯郸县江沙镇东街冀夏胜父亲有地 60 亩，15 间房，2 头牛，雇长工 1 个。1940 年父亲把 3 个儿子“赶出”（本人语），各自给地 6 亩。父亲自己开花店，家里留长工做活。1945 年父亲死，弟兄 3 个分了家。[②]父亲将子女赶出，显然是家庭矛盾的结果。

父子分爨时比较多的做法是父家长与诸个儿子对财产实行一定程度的均分。从形式上看，这种分爨方式应该属于分家与分爨相结合的做法，但实际上父亲并不是也不可能作为一股去分，而是当作一个生活单位去分。

磁县陈家岗村王连 1942 年分家。分家前共有地 104 亩，房子 20 间，13 口人。当时分成 3 户。王连分地 34 亩，房子 6 间，部分农具（4 口人：本人、妻子和 2 个孩子）；其兄王柱分地 35 亩，房子 5 间，没有农具牲口（4 口人：本人、妻子、1 子 1 女）；其父王树华分地 35 亩，房子 9 间，牲口 2 头，农具齐全。土改时王连和父亲都被定为富裕中农成分。[③]从土地数量上看，父亲同两个儿

---

① 磁县档案馆藏：阶级成分复议档案，“文革”全宗（1979 年）。
② 同上注。
③ 同上注。

子基本上是以均分的方式对原有家产共同分割。父亲这一家有 5 口人。其成员关系不详，或许有未婚妹妹等成员。父亲的土地由他本人经营，而且有牲畜和齐全的工具。

磁县东重义乡李中良弟兄 3 个。和其父分家前全家 18 人，地 120 亩，房子 62 间，3 头牲口，农具齐全，雇过长工。1942 年分家。分家后李中良全家有 5 口人，地 29.5 亩，房子 15 间，农具不全，2 个劳力，自己耕种土地。1943 年李中良和邻居合买了 1 头牛，1944 年自己拥有 1 头牛。土改时定为富裕中农。其父亲分家后仍雇人经营，土改时定为地主成分。[①]从比例上看，李中良得地 29.5 亩，相当于土地总数的约四分之一。其他两个兄弟也不会少于这个标准。这样父亲所留估计也在平均水平上。依据其父土改时被定为地主成分这一点看，或许父亲家中人口少，土地质量好，因而能够继续雇工经营。

（3）母亲与两个儿子分家，自己留下一份经营的产业

邯郸县尚东村郭芳母亲 1942 年与 2 个儿子分家。母亲分地 15 亩，郭芳分地 17.8 亩（他分的地多是旱、沙、碱地，每年收获很少，除去地捐公粮，所剩不多，维持生活困难）；郭芳分房 12 间，规定其中有 5 间让母亲住到老。郭芳还和母亲伙着 1 头牛。郭芳家有 4 口人（本人、妻子和 2 个女儿）。郭芳本人在外村当教师（工资伪币 480 元），没有劳动力。其母亲雇着一个长工，还代种着郭芳的地，收获约三分之二归郭芳，三分之一归母亲。土改时郭芳定为中农成分。[②]

养老地存在下的分家既使家庭成员具有生活上的独立性，又使老年长辈获得生存的物质保证。长辈去世后，兄弟之间再对这一“祖产”重新分配。

邯郸县冀秋胜的父亲在世时有地 60 亩，房 15 间，2 头牲口，井 1 眼，水车 1 架，留长工 1 个。家中还有买卖（开磨面坊），农

---

① 磁县档案馆藏：阶级成分复议档案，“文革”全宗（1979 年）。

② 同上注。

具齐全。1940年父亲将4个儿子赶出，各给地6亩。父本人开有花店，留长工做活。1945年父亲去世后，弟兄4个重新分家产。[①]这一家第一次分家时，4个儿子共得土地24亩，占40%；父亲留下36亩，占60%。父死后重分家产实际是解决父亲留下的那一份“祖产”的分配问题，确定兄弟各自应得份额。

这种做法不仅冀南农村存在，冀中地区也有。如清苑县：父母使其子各居另爨，自己酌留财产以为养赡之需。父殁，母有管理之权，自不容其子主张均分。[②]

由上可见，家长将子弟分出，酌给部分财产的做法实际具有分爨与部分分产的意义。不同的分爨家庭中，子弟所得财产份额多少不一（当然子弟之间是相同的）。有的与家长所留份额相当，但更多的是家长所留部分份额大、质量好。一旦家长去世，诸子再重新分割这一份“祖产”。

2．分产型分家及其特征

分产型分家主要是诸个兄弟对家庭财产的分割继承方式，或者说将祖遗财产的归属分割清楚。分产型分家多实行于父母去世后，兄弟之间一次性按股均分。

冀南农村均分财产的分家方式具有一定普遍性。其特征是诸个兄弟按股均分。土地、房屋、牲畜、车辆以及其他农具都是分配的对象。均分以肥瘦搭配的方式进行，如土地有水旱之别，房屋有新旧之分，牲畜有品种（骡马与牛驴）之不同。所以表现形式上，平均分家并不表现为数量上的绝对平均，而体现为实际内容或财产质量的平等。各村庄“阶级成分登记表”的家史叙述部分有不少颇具代表性的分家类型。

---

① 磁县档案馆藏：阶级成分复议档案，“文革”全宗（1979年）。

② 前南京国民政府司法行政部编：《民事习惯调查报告录》（下册），中国政法大学出版社，2000年，第761页。

磁县庆有庄村朱树田对其家史做了这样的叙述：祖父朱一新时，全家8口人，地99亩，房41间，1骡1马，1驴，3个劳力，以自己劳动为主，并不时雇短工。1925年其父朱占武弟兄3个分家，父亲3口人，地32亩，房子15间，1个骡子。从数量形式上看，是平均分配的（尤其是土地）。

庆有庄村朱廷峰弟兄4个，19口人，有地80亩，房22间，1头驴，1头骡。后来弟兄4个分家，朱廷峰分地24亩，房5间，生活一般。土地也是均分的。

庆有庄村王德贤祖父王志臣全家9口人，有地25亩，生活困难。父亲兄弟5人，分家后有地5亩。土地完全均分。

磁县西大庄村王新（1943年）全家14口人，房36间，地50亩，两头牛，1辆车。当时家里用一个长工。因家庭困难，无法维持，就在1943年10月分了家（3股）。分家的结果是：老大王新，5口人，分16亩地，1头牛，房16间；老二王民5口人，分17亩地，1头牛，房15间；老三4口人，分17亩半地，房子5间，1辆车。老三家在1944—1945年这两年中，没有用过长工，全靠自己劳动过活。解放后，三家都是中农。均分特色也很突出。

磁县路村营村王立1940年全家有地161亩，1938年和1939年先后雇过本村两个长工。1940年王立与弟妻王齐氏分家（弟弟生病死）。分家后全家共4口人，两个劳力，地81亩，房子14间，土窑两座。土地是均分的。

由于家庭财产的特殊性，有时分家后出现兄弟共有某种财产的现象。

西大庄村王志喜弟兄3个，分家前有地90亩，骡子两头，车1辆。40年代前后分家结果是：其兄王志芳分地30亩，骡子1头；本人分32亩，半个骡子，半辆车；弟分28亩地，半个骡子、半辆车。[1]所谓半个，实际是两家伙用。

---

① 磁县档案馆藏：西大庄村“阶级成分登记表”。

这类分家虽然看起来并不彻底，但产权关系已很清楚。至于一个牲畜和车辆的共同享有，则是一种过渡形态。

以上分家中并没有提及父母存活状况，一般而言，这类分家进行时父母多已去世。

有的学者认为，家庭成员在分配上人人平等，但从法律权利上来看，“平均占有”的关系并不存在。例如，兄弟甲、乙两人并未分家，甲有3子，乙有1子，作为共同生活集体，6人所得生活消费品基本相等。但分家析产时，假定甲和乙均已亡故，此时家产并不是平分成4份而是2股，乙的独生子将继承半份家产，甲的3个儿子则平分另半份家产。从继承的观点来看，家庭偏重于传宗接代功能，而非经济协助功能。[①]麻国庆也持类似观点：在分家析产中，所谓的平均占有关系并不存在，在分配上人人并不平等，原因是并非家庭中每一个男性成员都能得到均等的财产。[②]我认为，不能因此否定平均继承财产制度的存在。因为这种继承关系主要存在于父子两代人之间，即只有子辈有资格参与对父辈所有财产的分配，而不是儿孙二代所有男性都参与的分配。说到底，财产的继承是上一代将其管理的财产分予下一代作为生活资料，而不是分予隔代孙辈。作为第三代的孙辈只能在其所继承的某个第二代家主去世时代表其参与分配。

冀南地区兄弟间的分家较好地贯彻了均分原则，抓阄的做法广泛采用，当然也有将财产按平均原则搭配好后，由家长或长辈亲属（如母舅等）定夺归属。

其实，福建、安徽等南方地区也实行完全均分。[③]但费孝通的江村研究中说该地有长子接受两份财产的习惯（额外归他的那份一

① 转引自杜赞奇：《文化、权利与国家——1900—1942年的华北农村》，第83页。

② 麻国庆：《家与中国社会结构》，文物出版社，1999年，第44—45页。

③ 章有义先生收集的数十例明清徽州分书中，财产分配方式是肥瘦品搭，各股拈阄而定，没有对长房额外多得的说明。参见章有义：《明清徽州地主分家书选辑》，载中国社会科学院《经济研究所集刊》，第九集，中国社会科学出版社，1987年，第79—135页。福建一些宗族族规中有明确均分的说明。如晋江县施氏族约：分家业，必令族房长均产业，定公阄，父母毋私所受，兄弟无专已有。见晋江《浔海施氏族谱》天部。

般比较小，其大小将依他对这个集体单位的经济贡献而定）。[①]这种习惯在磁县的档案中没有见到。而在与磁县相邻的武安县有长子多分的习俗：（父亲）所留遗产，除长子、长孙多分若干外，其余按股分配。[②]或许可以说，分家的主流是兄弟均分，长子酌情多分若干流行于部分地区。

3．特殊类型的分家和分产

这里所谓特殊类型多是一些个案所反映的分家方式，并非普遍现象。

（1）几种分家个案观察

① 妻子与丈夫分家。从理论上讲，这种情形是不应该有的。丈夫是家产的掌握者，若无在世长辈，丈夫有处理家产的全权。但实际生活中，则存在相反的情形。

磁县下垣村王清 1941 年与其弟王汉分家。王清因吸食毒品，先后卖地 34.5 亩，房 9 间，只剩下地 3.5 亩，房子 25 间。王清妻子为保住家产，于 1942 年与丈夫分家。妻子自己留下 3.5 亩地，与儿子一道耕种，没有使用长工、短工，农忙时请亲友帮忙。土改时妻子与儿子定为中农成分；王清本人不劳动，定为破落地主成分。[③]本个案中的分家行为很可能是妻子借助丈夫亲戚的力量实现的。因为妻子是为了保护家产并维护自己生存的条件，所以会得到亲戚的认可和协助。

磁县白楼乡李国林家 1940 年有 9 口人，房 17 间，地 35 亩，大车 1 辆，牲口 2 头。因其父亲吸食毒品，整天赌钱，不劳动，1940 年全家人（包括叔叔在内）和父亲分家；1941 年李国林和母亲又同叔叔分家；分家后和父亲一起生活。[④]既然是分家，被分出

---

① 费孝通：《江村农民生活及其变迁》，第 57 页。

② 1940 年（民国二十九年）《武安县志》，卷九，社会志。

③ 磁县档案馆藏：阶级成分复议档案，“文革”全宗（1979 年）。

④ 同上注。

的父亲肯定也得到一定数额的财产，但这里未讲明多少。

② 妻妾矛盾下的分家。有产的多妻之家，特别是妻妾均有儿子，家主去世之后，地位和利益的差异、矛盾的存在使彼此难以相处，分家之举常常不可避免。

据庆有庄村“阶级成分登记表”载：朱振河之父朱志杰为本村十大户之一，家有土地177亩，房43间，骡3头，常雇三四个长工，短工不计其数，还有1个使女。朱振河母亲为朱志杰之妾，1931年不得宠被分出。自此朱振河与其母独立生活，有房25间，地89亩（大妻家有地88亩，房18间，常雇3个长工）。全家一直以农为生，有少量剥削（1944年上半年雇一个长工）。从土地、房屋数量上看，妻妾之间基本上是均分的。不过需要指出：这种均分本质上还是建立在妻妾各自儿子均分财产基础之上。

③ 父亲与义子分家。在18世纪的个案研究中，笔者就发现不少父亲与收养义子分家的事例。一些夫妇已婚多年没有儿子，会收养异姓之子（未成年儿童居多）为义子。有的收养义子后，自己又生有儿子。这就引发分家时的财产安排问题。在冀南地区，若养父没有亲生儿子，义子可以全数继承财产；若养父有亲生儿子，那么义子往往不能获得均等的财产继承权。

据西大庄村“阶级成分登记表”载：村民王录养父有房屋45间，地103亩，骡2头，用长工3个。王录被收养十几年后，养父又生有儿子。1940年王录夫妇被养父分出，得房10间，地20亩，此后王录一直从事农业劳动。土改时养父家定为地主成分，王录为中农成分。本案中义子所得土地为养父所有土地的19.4%，房屋占22.2%。显然义子只是对家产的部分继承。

西大庄村王志祥（“阶级成分登记表”载）的父亲王大德有妻有妾，收养一义子，由妾抚养大。家有地240亩，雇5个长工。1942年（其父已死），王志祥之母（只生他1子）与王大德之妾（养有义子）分家，王志祥之母这一股分地170亩，王大德之妾一股分70亩。前者得地为总数的70.8%，后者为29.2%。实际为亲生子得地70.8%，义子得地 29.2%。

上面两例中，义子所得财产不到亲子的三分之一。

（2）女儿或姐妹分产个案观察

传统时代，出嫁女儿一般不具有继承父亲家产的资格或权利。冀南农村的一些个案中，兄弟分家时，若家中尚存未出嫁姐妹，有分给胭粉地的做法，甚至已婚姐妹也给胭粉地。女儿或姐妹所得财产称为奁产，不少地方有这种习惯。[①]冀南地区这种做法虽不普遍，但也在一定程度上存在着。[②]

磁县中关镇陈德林 1942 年与弟陈德华分家，分房 12 间，地根 4 亩。其妹陈德文年幼随其生活，也分胭粉地 4 亩。陈德林与弟分家后住在岳父村庄。陈德林的岳父（土改时划为地主成分）给女儿（陈德林的妻子）房 16 间，其子不愿意，也没立字据；1945 年春，陈德林的岳父又给其女胭粉地 4 亩。[③]

笔者认为，以胭粉地名义将部分财产分与已婚女儿主要存在于个别富裕家庭，它可能是对女儿的某种补偿。穷人家本家兄弟生存尚有困难，分产给已婚姐妹将没有存在的基础。不过，一般有产之家（并不一定是富裕之家）分家时只要姐妹尚未出嫁，对其结婚时嫁妆的花费必须做出安排。即使没有奁产的固定名目，也得有特定的方式划拨出来或以口头、书面协议说明来源。

4．分家中的养老地问题

养老地顾名思义是为父母等长辈用于养老所留土地。这与前面

---

① 江苏昆山有未嫁、已嫁女提分奁产的风俗：查富家子女各二人，子娶而女未成年，未嫁时提议分产，惟有酌提二女之奁产或嫁费，余归二子均分，无四子均分之习惯。又富家子女二人，子娶女嫁后，始提议分产。在昆邑习惯，确有可以酌提若干，分给已嫁之女。见《民事习惯调查报告录》，第 855 页。

② 在武安县，女子只提分妆奁费，不得承继遗产。家长如有遗嘱，以动产或不动产之一部分给某女，兄弟亦无争执之事。非关法律，习惯使然。见 1940 年（民国二十九年）《武安县志》，卷九，社会志。

③ 磁县档案馆藏：1979 年磁县“革委会”档案。

所说父母与已婚子弟分爨的情形不一样。父母尚未年迈，还可直接参加家庭事务的管理，此时与子弟分家更有可能采用分爨同部分分产相结合的方式，父母相对处于主动地位。而养老地往往是父母或父母一方年老，已不具有管理家事的能力，长大并婚配的儿子们想要分家，老年父母被动地接受儿子们的安排。

当然具体做法可能会有多种。比较普遍的是，兄弟之间分家时，先把父母的养老地预留出来，然后对剩余的土地按股均分。相对来说，养老地更多的是为母亲所留。因为对有产家庭来讲，父亲只要在世，其对家庭的主宰地位往往难以动摇，即使年老也是如此。一旦分家，父亲要支配足够的份额。这在前面已有说明。父亲去世，家庭事务的掌握权将由长子负责。对兄弟们来说，兄长与父亲毕竟不一样，其阻止兄弟分家的能力是有限的。若此时分家将不得不考虑母亲的赡养问题。

养老地的安排说明两个问题：一是父母，特别是母亲在世时，有产家庭的分家行为是不可避免的；二是父母对子女是否能在其年老之后尽好赡养之责心存隐忧，当不得已分家时为自己留条后路。养老地或者交由某个儿子耕种，或者租佃出去；或者在自己精力允许的情况下直接组织长工耕种。明确了养老地及其数额，老年长辈就有了基本生活保障。在这一前提条件下，年老者无论自己生活，抑或将土地交给某个儿子经营并与之合爨，均不至于陷入过分被动的境地。

马若孟依据“满铁”资料对河北省栾城县寺北柴村的分家情况做过说明：在两个以上儿子的家庭中，关系紧张引起家庭成员间的争吵，必须通过让喜欢争吵的小家庭分居出去来解决。从同一家族中请来一位中间人安排分家事宜，在他帮助下起草一份文书，说明土地和财产将会怎样分割。当家长去世时，要提出一小部分叫作“养老地”的土地供他的寡妇生养死葬。寡妇可以轮流和每个儿子一起生活而由一个儿子经营养老地。①

山东省一些地区的习惯是，若父母年老后兄弟分家，也要划出

① 马若孟：《中国农民经济——河北和山东的农民发展，1890—1949》，第 89 页。

一部分作为双亲的养老地。按照“满铁”资料，山东历城县冷水沟村养老地的划拨方式是：如果家长已死，只有他的妻子活着，通常有 2—5 亩，有的时候多至 10 亩的土地如此使用。这块土地可以出租给别的农民，但地租要用来供养年老的双亲。在双亲都去世前，这块地不能典当或出卖。只有到双亲去世时，才可以卖掉它付丧葬费。剩下的所有土地要在儿子们之间分割。如果双亲在去世时不出租的话，就由一个儿子耕种它，产品在照料年老双亲的儿子们之间分配。[①]

在冀南地区，养老地是存在的。这在“阶级成分登记表”的家史叙述中已有反映。有的家庭没有养老地的说明，但兄弟分家中的不均行为有可能包含这方面的内容。

磁县林平村梁起民和梁起众兄弟 1942 年分家。梁起民分家后有 4 口人，地 13 亩，没有用过长工、短工，土改时定为中农。其弟梁起众分家后与其父一起生活，土改后被划为富农成分。[②]父亲的成分比分出去的长兄成分高出两个级别，可能与财产占有的差异有关。

但也有没有差异的分家案例。磁县高要乡二街村张柳弟兄 4 个。分家前有地 91 亩，18 口人，2 头骡子，1 辆大车。1943 年兄弟 4 个 4 股分家，当时父死母存。张柳排行第三，分家后母亲与其生活，分得土地 20.5 亩，房 6 间，骡子 1 头。从土地上看，若质量相同，每股应得 22.75 亩。而张柳所得地可能质量较好，或许独得 1 头骡子，土地数量较少。母亲虽跟他生活，但其并未额外多得。这在成分上也显示出来，张柳为上中农，大哥为地主，二哥土改时被镇压，弟为富农。[③]

至于无地和少地的农民家庭，一般没有能力专门拨出一块养老地供年老父母支配，而以其他方式如轮养等方法解决年老父母的赡

① 马若孟：《中国农民经济——河北和山东的农民发展，1890—1949》，第 105—106 页。

② 磁县档案馆藏：阶级成分复议档案，“文革”全宗（1979 年）。

③ 同上注。

养问题。特别是山区流行对父母轮养的村庄，没有养老地的说明。

上寨村 1966 年“阶级成分登记表”中，不少家庭有半口的记载。

王全景，贫农，23 岁（土改时年龄，下同），地 11 亩，人 7.5 口（本人、妻、两兄、一嫂、一儿、父亲、半个祖母）。

王世杰，贫农，33 岁，地 2 亩，人 4.5 口（本人、妻子、弟、母亲、半个祖母）。

王振和，贫农，30 岁，地 1 分，人 4.5 口（本人、妻、一儿、一女、半个母亲）。

王日谦，贫农，48 岁，4.3 亩地，5.5 口（本人、妻子、两儿、一女、半个母亲）。

王永，下中农，24 岁，地 10 亩，人 5.5 口（本人、妻子、弟、父母、半个祖父）。

王和，中农，36 岁，地 19 亩，人 5.5 口（本人、妻、三儿、半个母亲）。

王贵显，上中农，30 岁，16 亩地，4.5 口（本人、妻子、一儿、一女、半个祖母）。

王耀国之父，上中农，25 岁，23.5 亩地，5.5 口（本人、妻子、两儿、一女、半个母亲）。

王保雄之父，上中农，45 岁，地 13.4 亩，人 6.5 口（本人、妻、两儿、一媳、一女、半个母亲）。

家庭中的半口人实际是被轮养的长辈。只有户主本辈或父辈有两个以上弟兄，且已分家时才会出现这种现象。这个山区村庄，阶级成分中没有地主，上中农已属条件好的家庭。由上述诸户人口构成可见，各类经济条件家庭都有老年长辈轮流吃住的情形。需要注意的是，所列 9 个家庭中，8 个为母亲和祖母被轮流赡养，轮养父亲或祖父的只有 1 例。这一方面与男性寿命低，在老年人中所占比例较低有关；另一方面则是因为老年女性支配经济的能力较低，难以自己生活，对家人的依赖较高。

（四）父母存亡状态与分家

上面我主要对父母与子女的分家行为做了观察，从中可见父母在世时分家行为存在的状况。那么从整体上看，父母存活与否对儿子分家的影响程度如何？这一点各个地区肯定是有差异的，同一地区的不同阶层之间也存在差异。

从对家庭结构中复合家庭的分析可以看出，70% 的复合家庭是直系复合家庭。它意味着父母或父母一方在世是复合家庭得以维持的基本条件。这种条件和父母本身所具有的作用和能力联系在一起。进一步看，保持复合家庭的家庭多具有一定数量的土地财产，它们或者继承自上辈，或者由父母和兄弟创造积累。父母对家庭财产具有较大的支配能力。这是父母对子女生存约束的最主要表现。因而，得不到父母等长辈的首肯，子女的分家要求是难以实现的。当然，一些父母在家庭矛盾面前，并非都采取专断的措施——禁止分家。上面的事例就证明了这一点。笔者对 18 世纪的研究也说明了这一点。同时也要看到，父母在尚具有对家庭事务的管理能力时，也具有对子女行为的管制能力。一旦年老体弱，这种能力就会下降，甚至会听任子女所为。

这里想考察一下土改之前 20—39 岁男性的父母的生存状态，以便判断父母对子女的分家行为所具有的客观影响有多大。（见表 7–1）20—39 岁是男性结婚生育的高峰年龄段，也是男性劳动能力最强的时期。

表 7–1　父母对不同年龄段子女分家的限制

类型	曲河村							
	20—24 岁		25—29 岁		30—34 岁		35—39 岁	
	样本量	%	样本量	%	样本量	%	样本量	%
父母均在	39	60.9	14	34.1	15	35.7	4	17.4
父在			2	4.9	5	11.9	2	8.7
母在	15	23.4	9	22.0	6	14.3	2	8.7
父母均故	10	15.6	16	39.0	16	38.1	15	65.2
合计	64	100.0	41	100.0	42	100.0	23	100.0

（续表）

类型	庆有庄村							
	20—24 岁		25—29 岁		30—34 岁		35—39 岁	
	样本量	%	样本量	%	样本量	%	样本量	%
父母均在	16	51.6	6	50.0	6	23.1	4	20.0
父在	3	9.7	1	8.3	2	7.7	1	5.0
母在	8	25.8	4	33.3	2	7.7	3	15.0
父母均故	4	12.9	1	8.3	16	61.5	12	60.0
合计	31	100.0	12	100.0	26	100.0	20	100.0
类型	西大庄村							
	20—24 岁		25—29 岁		30—34 岁		35—39 岁	
	样本量	%	样本量	%	样本量	%	样本量	%
父母均在	15	48.4	13	43.3	7	25.0	9	27.3
父在	1	3.2	3	10.0			1	3.0
母在	10	32.3	5	16.7	6	21.4	10	30.3
父母均故	5	16.1	9	30.0	15	53.6	13	39.4
合计	31	100.0	30	100.0	28	100.0	33	100.0
类型	上寨村							
	20—24 岁		25—29 岁		30—34 岁		35—39 岁	
	样本量	%	样本量	%	样本量	%	样本量	%
父母均在	13	65.0	13	40.6	7	25.0	4	28.6
父在	1	5.0	3	9.4			1	7.1
母在	5	25.0	9	28.1	4	14.3	2	14.3
父母均故	1	5.0	7	21.9	17	60.7	7	50.0
合计	20	100.0	32	100.0	28	100.0	14	100.0

资料来源：根据调查村庄“阶级成分登记表”汇总得到。

根据表 7-1，29 岁以下年龄段，除曲河村外，父母或父亲在世两类之和所占比例超过 50%。而 30—34 岁年龄段，除曲河村以外，其他村庄父母在世和父在世两类之和降至 30% 以下。这个年龄段者的兄弟基本上已经结婚。可见，多兄弟家庭中，多数父母在子女青壮年时即已亡故，失去了对子女分家行为的限制。

（五）财产类型与分家

对特定的大家庭来讲，虽然分家是不可避免的，但家长总试图将它维持下去；家庭成员的矛盾对大家庭构成了存在危机，分家不得不被实施。兄弟都已结婚之后，一个大家庭实际包含多个以夫妻为核心的单位，每个单位的成员对大家庭贡献不一样，对家庭财富的消费也不一样。子女少的婚姻单位往往会有吃亏的感觉。它会埋下大家庭成员间不和的种子。为减少摩擦，大家庭最终不得不分家。对于大部分家庭来说，父母在世时的分家多是矛盾冲突的结果，父母去世后的兄弟分家往往带有迎合习俗的成分，或者说是鉴于成员间不可克服的深层矛盾所采取的根本解决措施。

从档案资料可以看出，冀南农村继承遗产的地主成分者都有兄弟分家的说明。当然这些家庭父子分家的记载不多，但兄弟分家是普遍的。它在华北地区具有典型意义。李景汉定县调查得出当地父子分家不普遍，兄弟亦少有分家的认识。实际上，“兄弟少有分家”是因为父母在世这一前提条件；一旦父母去世，特别是父亲去世后，兄弟分家之势将难以阻挡。与磁县相邻的武安县地处山区，风尚相对古朴。该地重同居，常数世不分，大率家长在世，家族无敢言分；家长殁，家族或惑于妇言，或艰于生计，始议分析。[①]

下面我们依据“阶级成分登记表”对调查村庄家庭的财产状况与分家行为做一观察。

财力比较厚实的家庭，父亲去世后往往倾向于分家。从中可见，这些家庭的父亲在世对儿子分家倾向的抑制作用比较大。

西大庄村：

① 王志福兄弟 3 个。父亲在世时有地 100 亩，骡 2 头，大车 1 辆，以雇佣长工劳动为生。父亲去世后，兄弟分家，各得地 30 余亩。（土改时王志福为富农成分，1 个兄弟为中农，1 个兄弟为贫农。）

② 王志堂兄弟 3 个。父亲在世时有地 90 亩，骡 2 头，车 1 辆，长工 2 个。父亲去世后分家，各得地约 30 亩。（土改时王志堂、其兄王志西被划为地主成分，另一兄为富农。）

③ 苏法仙公公兄弟 2 个，分家前有地 80 多亩，苏法仙公公有地

① 1940 年（民国二十九年）《武安县志》，卷九，社会志。

40亩。土改前夕地50亩，骡、牛各1头，长工1个。（地主成分。）

④ 王大众祖父时有地300多亩，父亲兄弟3个分家，各得地约100亩。土改时王大众有地86亩，骡2头，大车1辆，轿车1辆，长工2个。（地主成分。）

⑤ 王宝元家原有地80亩，父亲兄弟2个，分家后各得地40亩。其父因吸大烟破产。本人过继给伯父，有地20亩。（中农成分。）

⑥ 王志金家有地120亩，其父吸大烟卖去40多亩，后其父弟兄3个分家，各得地不足30亩。（上中农成分。）

庆有庄村：

① 朱全兄弟2个。父亲在世时全家10口，有地180亩，大牲口3头，房43间，大车1辆，雇工2个。其父1930年死，1943年兄弟分家。分家后有地90亩，骡、驴各1头，雇有长工。（富农成分。）

② 朱新兄弟5个。父亲时有地210亩，骡3头，大车1辆，长工2—3个，短工3—5个。1938年分家，各得地40亩左右。（中农成分。）

③ 朱平兄弟3个。父亲在世时15口人，地97亩，以种地为生，有时雇工，生活较好。父去世后本人与兄弟分家，有地35亩，主要靠自己劳动，并间断雇短工。（中农成分。）

以上家庭分家前经济状况相对比较殷实，分家后也能维持当地中等以上的生活水准。其原有家产基本上继自父辈。父亲在世尚可将诸个儿子维系在一起。或许这类比较富裕家庭的各个兄弟对分家的预期比较高：自己可以成为一家之主，又不会降低生活水准，因而父亲去世往往成为推动兄弟分家的契机，以致民间形成父死丧葬事宜完成后即议分家的习惯。

与此同时，土地在20—60亩、生产工具齐全的财力中等家庭容易维持兄弟合爨的复合家庭。

西大庄村：

① 王志金本人兄弟2个，有地24亩，骡、牛各1头，大车1辆，轿车1辆，雇长工1个。土改时家有8口人。（上中农成分。）

② 王锡学兄弟 3 个，有地 55 亩，骡、牛各 1 头，车 1 辆，土改时家有 13 口人。（上中农成分。）

③ 王志汉有 2 个成年已婚儿子，地 50 亩，骡 1 头，大车 1 辆，羊 1 群，长工 2 个，自己也劳动。土改时 10 口人。（上中农成分。）

④ 王永昌兄弟 5 个，都已结婚。土改前全家 24 口人，地 70 亩，骡 2 头，大车 1 辆，放羊童 1 个。自己参加劳动。（上中农成分。）

⑤ 王有余兄弟 2 个（均婚）。土改前有人 10 口，地 40 亩，马、牛各 1 头，大车 1 辆，有轻微剥削。（上中农成分。）

双寺村：

① 王颂山弟兄 3 个，父母在，18 口人，地 28 亩，牛 2 头，大车 1 辆，“以跑脚为生”。（贫农成分。）

② 纪平云弟兄 2 个，父母在，8 口人，地 32 亩，牛 1 头，大车半辆，雇佣长工 1 年多。（上中农成分。）

③ 任德成弟兄 2 个，母亲在，6 口人，地 24 亩，牛 1 头，大车半辆，以农为生。（贫农成分。）

④ 曹子山弟兄 2 个，10 口人，地 30 亩，骡牛各 1 头，大车 1 辆，长工 1 个。（上中农成分。）

⑤ 王有德父亲弟兄 3 个，祖母在，9 口人，地 24 亩，骡 1 头，大车 1 辆。（中农成分。）

上述家庭多数有一定数量土地（达到和接近当地平均数量 3 亩的水平）和比较好的生产工具：大车和骡马等大牲畜，合在一起有助于充分发挥生产工具的效能，对有限的土地精耕细作。

这一点与马克斯·韦伯的看法接近：牲畜财产和财产本身构成生存的首要基础的地方，一旦土地过剩变为土地匮乏，尤其是地产构成生存的首要基础的地方，家族权力就坚不可摧……而无地或少地的人，则到处都缺少家族的联合。[1]但明显超过中等水平或达到当

① 马克斯·韦伯：《经济与社会》，上卷，林荣远译，商务印书馆，1997 年，第 424 页。

地上等水平家产的家庭也倾向于分家。前面的事例对此已有说明。

近期发家者易维持大家庭的存在形式。另外，两代以内经济状况开始好转、处于发展状态的家庭有维持大家庭的意识。这些家庭的财产往往非祖遗留下，而主要由本辈兄弟创造出来，因而勤劳的兄弟之间尚有较好的合作意识。

双寺村任百昌弟兄 3 个，父亲时，因地少难以糊口，靠要饭、推小车、做长工维生。后来兄弟成人后，省吃俭用，买了部分土地，依靠自力劳动，生活越来越富裕。土改前全家 25 口人，有地 110 亩，骡、牛各 1 头，大车 1 辆。（中农成分。）

大地主家庭，且兄弟中有的脱离谋生活动，对家庭财产或其他家庭成员有较大的依赖，容易保持不分状态。这一财产水准的地主已经不再是"土地主"。他们财力雄厚，家庭成员不必直接参加生产性经营。

西大庄村陈川弟兄 2 个（均婚），母亲在，有地 240 亩，骡 3 头，大车 1 辆，轿车 1 辆，长工 5 个。弟弟婚后继续在北京上私立大学，与家中生产活动没有关系。

按照马克斯·韦伯的研究，欧洲社会也有这种特征：大地产本身有利于维持家庭的聚合，很简单，因为它是财产，而且本身也是一种社会地位的体现；生活达到庄园主的水平，其方式表现在固定的习俗之中，这种水平有利于在主观上容忍大的家庭共同体。[①] 在笔者看来，特大地主家庭容易保持大家庭形态，是因为其财产多为祖遗财产，土地耕种主要依赖雇佣长短工，家庭成员不需辛勤劳作。兄弟之间不会因勤惰而产生矛盾。但各个婚姻单位人口有多少之别，生活消费数量也有高低不同。工于计算的夫妇也会有吃亏或沾光之感，分家要求迟早会产生。

传统农业社会，一个家庭最好的发展时期是：家长治家有方且尚未年老，有多个青壮年儿子能参加不同形式的谋生活动（或为人

---

① 马克斯·韦伯：《经济与社会》，上卷，第 422 页。

佣耕，或做小买卖），这是积累财富最有利的阶段。当积聚起一定数量的家产、子女均已婚配之后，家庭的维系便开始出现困难。

庆有庄村朱力祖父朱守义兄弟 3 个，全家 20 口人，地少人多，生活困难，经常去山西卖盐。后又开磨坊，家产积至土地 60 亩，房 17 间。其父分家时，得地 20 亩。朱力兄弟 3 个，分家时本人得地 7 亩，房 4 间，生活困难，经常给人打长短工。

曲河村陈顺，其父弟兄 4 个，都曾推小车卖炭、推草。4 人长大后，劳力增强，推车挣了钱，买了一块房基地；后又买了 10 亩旱地、15 亩水地，生活有了好转。然后开始分家，其父本人分 6 亩旱地，6 亩水地。

我们说，从趋势上看，兄弟 2 人以上的不同财富类型家庭都不可能长期保持合财共爨状态，只是分家的时间选择有不同。另一方面，在民间社会，分家又往往被视为家庭不和睦的表现。因而在可能的情况下，子弟的分家要求往往一再受到家长或主事之人的压制。当矛盾不可调和时，分家才被实施。

（六）分家原因分析

华北地区，分家的具体原因可谓各色各样，"满铁"资料中所载当时河北、山东五个村分家理由可分以下几类：生活困难 12 例，妯娌不和 6 例，兄弟不和 7 例，兄弟间经济不和 7 例，分家者勤劳 1 例，姑嫂不和 1 例，父子不和 1 例，父亲年老 1 例。[①] 以上八类可以概括为两种：一是生活困难，二是家庭矛盾。或者可以这样说，因生活困难而分家者多为贫穷之家，因成员不和分家者以经济条件好的家庭为多。从这一点上看，穷困之家和富裕之家都不可避免遇到分家问题。

就冀南地区村庄来看，两类情形都存在。

---

① 中国农村惯行调查刊行会编：《中国农村惯行调查》，全六卷，岩波书店（东京），1955 年版。转引自麻国庆：《家与中国社会结构》，第 46 页。

1．家境困难与分家

邯郸县宜庄村吴徽自述中讲，1942年因家里人多，加上连年遭灾荒，生活困难，父亲把家分开。弟兄3人，吴徽分地15亩3分，房产、破大车、农具没分。父母留地10亩。吴徽一家4口（本人、妻子和一儿一女），分家后没有牲口，地无法耕种。因家中困难，卖地5亩6分。卖地后吴徽到棉作学校学习一年。家剩地9亩7分，让人代种，收成三七分成，柴草归代种者。代种两年后，因家中顾不住，又把地收回自种。忙时有兄（中农成分）帮助。[①]

并且，穷人家分家过程也比较简单。

磁县曲河村陈玉好的祖父一生被地主雇佣，没干过其他活。其父陈道在家乡一直务农。51岁时因家里人多，生活顾不住，父亲与二叔、三叔分家各过。（贫农成分。）

2．家庭矛盾与分家

诸个兄弟都结婚后仍生活在一个复合型家庭中，并不能消磨对自身利益追求的愿望。这时一个家庭由两个以上婚姻单位（conjugal unit）所组成，不同婚姻单位当事者多少都有分家的预期。或者说，从经验上他们已经意识到分家是迟早要发生的。我认为，大家庭的维持既要求家长对子女有制约能力，也要求其他家庭成员有一定的利他精神。具有这两个条件，大家庭将能保持相对长的稳定状态。若只具备一个条件，家庭成员的矛盾将不可避免；若两者都不具备，大家庭就失去了维系基础。

磁县城关乡王绍先，1932年前与其父、兄、嫂伙着生活，共有42间房子，出租22间；有地20亩，全部出租。家中有使女1个。因家庭不和于1932年冬季分家。王绍先分了6间房子，其兄分了9间，其余27间房子和20亩土地均归其父亲留下养老。分家

① 磁县档案馆藏：阶级成分复议档案，“文革”全宗（1979年）。

后，他父亲出租22间房子和20亩土地。其嫂还用过一名使女。王绍先本人在解放前三年内，全家有7口人，两个劳力。他与邻村其他六人伙开“庆昌同”杂货店一处，股金共计12000元，王绍先与其父亲入股1000元（其中父亲800元，本人200元），店内经常雇用7—8人。王绍先本人也被雇为会计，每年工资160—170元。全家依靠本人工资和股金分红维持生活。土改时定为中农成分。[①]

下面一个案例对复合家庭中婚姻单位人口少者的心理特征和行为表现有很生动的描述和深刻的揭示。

邯郸县陈庄村高有义对其父辈的分家纠纷这样陈述：“我父亲弟兄4个，父亲排行第二。伯父和四叔早年亡故（据说死时不到20岁），伯母和四婶孀居在家。全家共17人，其中我父亲这一股有10人之多，我三叔那股3人。早在1940年，我三叔、三婶嫌我父亲这股人多，吃得多，穿得多；又都是小孩子，光能吃，不能干活，影响他发财致富（我三叔是能说会道、能写能算、能买能卖的人），一直闹着要分家，搞得家庭乌烟瘴气。我父母孩子多，孩子们都小，怕分了家吃不上饭，时光不能过。当时忍气吞声，不敢言语，任凭我三叔婶吃好的、随便花钱、不做活、吵骂等。三叔婶生尽法子给闹气。我父母采取不吭声、躲避的方式。父母当时的思想是受几年委屈，让孩子们长大了再分家。我祖母和父亲的舅舅硬抗着不让分家，就这样闹了三年之多。到1942年底，就是大歉年开始时，我三叔婶非要分家。我祖母和我父亲的舅舅在这种情况下，一面顶住歉年不能分家，一面答应歉年过去就分家。当时他们对我三叔婶说，这时候分家，难道要把你哥哥逼死，把他孩子们都饿死？坚持推过歉年再分家。就这样，度过了1943年的春季。5月麦子收了，我三叔婶要分家。我祖母和我父亲的舅舅采取了软硬兼施的办法，想推到秋后再分。但我三叔婶却软硬不吃，以致采取锁住仓房门、不让吃饭等严厉手段。我父母看着不分家不行了，再者

① 磁县档案馆藏：阶级成分复议档案，“文革”全宗（1979年）。

歉年也过去了，孩子们也大几岁了，这才出头答应分家，并劝我祖母不要再拦了。就这样于1943年夏开始分家，直到秋季才分清，另吃另过了。”[①]

这一个案例告诉我们，随着兄弟均婚和生育，各自的利益便显现出来，大家庭维系将逐渐变得困难。从中可以看出，复合家庭虽是一个生活单位，但在成员之间，横向并列的由夫妻和子女组成的准核心家庭之间的界限是很清楚的，因而在许多家庭事务上不可避免会表现出亲疏情感。对准核心家庭的夫妇来说，复合家庭的发展前景并不是模糊的。因而若没有利他主义的精神，要求分爨和分家是他们的自然之举。对于这一切，复合家庭的大家长也很明白。但站在大家长角度观察家庭成员之间的关系与站在准核心家庭的家长角度来看待，认识是不一样的。儿子虽然婚配，大家长的观念仍然停留在儿女结婚前的状态，因而较少情感亲疏，希望子女在自己的组织下都能过同样水准的生活。这就与准核心家庭夫妇要求自我发展的观念产生了距离。各个已婚子女个人谋生能力不同，勤惰不同，婚姻先后不一，生育时间和数量不同。对于能力弱者、懒惰者、生育子女数量多者，更多地想通过占有其他成员的劳动来生活，因而没有分家意识；而对于能力强者、子女负担轻者则想尽快分家，以使自己的劳动不被他人占有，进而积累起属于自己的财富。

贝克尔指出：利他主义有助于各种家庭确保成员抵御灾害和其他不测事件的后果，一个利他主义家庭的每一个成员部分地被保险，因为其他成员被引导到通过从利他主义者那里得来的捐赠的变化而承担一些负担……不过家庭收入可能是利他主义家庭更少一些，这些家庭的成员考虑到整个家庭的利益。[②]也许在核心家庭和直系家庭中利他主义精神比较容易保持，而在复合家庭中，它的保

---

① 邯郸县档案馆藏：阶级成分复议档案。

② 加里·S. 贝克尔：《家庭经济分析》，第200页。

持往往要借助某种外力——家长的钳制。或者说，大家庭的利他主义观念和行为是有条件的。

3．其他原因

一些家庭的分家是特殊原因所推动。如20世纪三四十年代冀南地方社会秩序混乱，有的富家怕土匪抢劫，通过分家使集中性财产分散到数家的方法，降低家庭在村落的富裕位次，减少他人的觊觎程度。这是前面所提到的分家的外部促进因素，它实际只对分家的时间、频率产生影响，如减少大家庭的维持时间等。

邯郸县王承祖父亲有5个儿子。王承祖排行第二，在家庭中处于支配地位。王承祖的妻子杨氏是当家媳妇。1941年分家前，全家有17口人，地180亩，骡3头，自办1座铁工厂，资金1500元左右。经常雇工两人，另有短工多人，兼放高利贷。因家庭富裕而闻名四乡。由于怕土匪抢劫，在1941年前曾搞了两年的假分家。后来土匪日多，为缩小目标，于1941年10月正式分家，弟兄5个各自为业。分家后王承祖有5口人，房子10间，厂棚5间，土地37.5亩，骡子1头，自办1座铁工厂。自家有劳力1个，即王本人。①

这是一种家庭外部因素作用下分家的类型。不过，分家的根本或主要原因还是大家庭利益主体的多元化引起的矛盾所推动。

（七）土地私有制下分家的影响

私有制下，究竟是分家有利于生活和财产积聚，还是合爨能保持原有生活水准？对此有两种看法。一种意见认为，分家使家庭财产分散，降低家庭整体生活水准。如一般中小地主家庭分家后很难保持原有状态，即原来靠雇工或出租土地生活的家庭，很可能因分家变为数个自耕农家庭，不得不自食其力。其分析视角是分家难以

---

① 邯郸县档案馆藏：阶级成分复议档案。

实现生产组织的规模效益。第二种意见认为，分家减少了劳动力的浪费，提高了劳动效率。分家虽然在形式上使财富规模减小，但财富的总量并没有减少。更重要的是，分家使原来家庭成员群体中有责任心的人增加，有助于克服生产和生活中的困难，还能调动各个小家庭创造财富的积极性。另外，分家增加了家庭成员的自由度，将家庭矛盾降低到最低水平。还有，分家减少了对家庭资源的浪费，增加家庭成员对财产和经营的关心程度。当然，实际发展结果往往因家庭成员能力和品行的差异而有不同。

黄宗智分析了分家对经营性农场和家庭式农场所产生的不同影响，他认为：在近代华北地区，对经营式农作发展的主要阻力，来自分家制度。一个家庭可以在一代由家庭式农作上升到经营式农作，但只要一次分产给两个以上的儿子，就会再次回降为一个家庭式农场。这就是乡村“富户”何以很少有连续几代都能保持“富户”身份的原因。分家，当然也同样会对家庭式农场形成压力：由于分家，富农或中农家庭会下降为贫农，贫农会下降为雇农。而贫农和雇农又提供了经营式农业所需的劳动力。①

实际上，分家前一个大家庭的财富和分家后诸个小家庭的财富之和并没有什么不同。从人均角度上看，更是如此。分家所带来的财富差异主要是因为本辈从父辈那里平均分得的财产，由于子辈家庭儿女数量的多少不同而产生了小家庭人均财富水平的高低之别。另外，从家庭财富的绝对规模上看，分家后的确降低了家庭在村落中财富的等级或水平，生产的规模性也许难以继续下去，人口多的一股其成员生存质量在一个时期也会下降。不过，分家后将会出现因经营能力不同而带来的兄弟家庭之间比较大的分化，生活质量上升和下降并不是绝对的。

从家庭作为一个生产单位的角度看，具有一定财产规模的家庭能相对长时期地维持比较富裕的水准，与有管理经验和能力的家

---

① 黄宗智：《华北的小农经济与社会变迁》，第120—121页。

长分不开。这种经营能力并不是每个家庭成员（即使是成年男性成员）都具备的。分家后，善于经营的兄弟不仅能保持原有的生活水准，而且会进一步积累财富，提高生活水平；相反，不善经营者则会坐吃山空，家境败落下去。正因为有这些不同的发展结局，家庭成员主要是兄弟之间对分家的态度也会是有差异的。一旦有一个婚姻单位的当事者提出分家要求，家庭的平静就会被打破，合爨局面很难维持下去。还要看到，兄弟或子弟中分家的推动者更多的是追求自己当家做主，即使对未来经济水平和生活水平有坏的预期，也不会终止其分家的努力。

我们所调查的冀南村庄“阶级成分登记表”中“家史”部分对分家所导致的各种结果反映颇多。

1．分家后经济水平上升类型

分家后，小家庭成员经营积极性提高，从而增加了财富积累。

磁县双寺村纪大兴在家史中说，父亲在世时家有5口人，地27亩，牛1头，车1辆，一生一直种地为生。大家伙种地时，生活不好；分家后自己当了家，劳力增多，生活好转。后来用了三四年长工。至土改前家庭状况是：6口人，劳力4个，地28.2亩，房子12.5间，骡子1头。（中农成分。）

庆有庄村朱正盛家民国初年靠雇佣长短工生活。20年代后，朱正盛兄弟3个都长大了，虽有地110亩，1马1驴，仍以自耕为主，只在农忙时雇短工。1931年兄弟分家，朱正盛分到34亩地，1头驴，不久再买1头驴；1942年，又买23亩地，雇一个长工，忙时雇短工，还放债谋利。（富农成分。）

以上两例分家后仍以务农为生，增加了土地，生活水平好转。

庆有庄村王继贤祖父王志敏在世时全家9口人，有地25亩，生活困难。至父亲辈兄弟5人，分家后有地5亩。平时担砂锅卖，忙时打短工，以后又开粉坊。攒钱买房20间，添地66亩，逐渐发家，生活变好。（上中农成分。）分家后靠多种经营，弥补了土地不足，最终又将财富投资于土地。

黄宗智在《华北的小农经济与社会变迁》一书中举沙井村中农李广志一例：过去在他父亲的农场上工作比较懈怠，尤其喜欢上集，或到当地的寺庙挤人群看热闹。当时他家共有5个成男（父亲、3子、1侄），耕作84亩地，等于每人耕地约17亩。但后来弟兄们分家，每人得地27亩（侄儿只得一小块地）。这时，李才尽最大努力工作。他耕地27亩，每年只需雇20个工，而获得的产量不低于任何人。[①]

可见，分家对于原来复合家庭中的勤奋者来说，无疑激发了其创造财富的积极性，显示出小家庭经营有利的一面。当然也有可能使原来的懒惰者勤快起来，增加养家糊口的责任心。

2．分家后家庭败落类型

（1）因经营不努力而败家

分家后做主的自由和谋生的责任并存，没有或缺少自立能力者和懒惰者，虽因分家增加了生活压力，但创造财富的兴趣并非都能激发起来。

庆有庄村朱好堂与兄弟分家前有地90亩，生活很好。1920年，因天灾兄弟两个分家。朱好堂不劳动，卖地10亩，又把女儿卖给别人，经常举债，生活贫穷。土改时定为贫农。

庆有庄村朱敬文父亲朱志贵在时家中有地1顷多，房20多间，骡子3头，雇长工2人，生活富裕。朱敬文生后三天，其父去世。分家后有地51亩，房11间，驴、骡各1头，雇长工1人。朱敬文小时上学，成年后劳动不好，家中困难，不断卖地，到土改前三年家中更贫。（贫农成分。）

（2）因劳力缺乏而贫困

传统时代，家庭劳动力的多少与财富的创造和积累能力有很大

---

① 黄宗智：《华北的小农经济与社会变迁》，174页。

关系，特别是有产家庭，拥有强壮的劳动力就能保有并增加财富，否则，家庭则会衰败。分家前的大家庭中，缺少劳动力的婚姻单位可以借助大家庭的整体力量弥补自身条件的不足。但分家之后，劳动力不足的小家庭已不能转嫁劳动成本，谋生条件的欠缺表现出来。

曲河村杨守信的祖父在时家有 100 多亩土地，3 头骡子，雇佣过长工。到其父亲时，与叔叔分家，各分土地 50 多亩，1 头骡子，都有房子。因父亲不能劳动，不断雇佣短工种地，经常借账使款，以便付长工工资，所以受到高利贷的剥削。到日本侵略时，地就卖得差不多了，家庭生活水平逐渐下降。（贫农成分。）

庆有庄村陈永全祖父在时全家 27 口人，有地 150 亩，房 48 间，骡、马、驴各 1 头，生活富裕。父亲时同辈弟兄 7 个分家（约 1930 年）。分家不久父亲去世（本人刚 5 岁），生活水平下降。本人 19 岁开始出外当长工，母亲给地主家做饭，妻子给有钱人家做零活。（贫农成分。）值得注意的是，另一股陈天国也称分家后生活水平逐年下降。

王村营乡亚光村王从心家 1940 年前全家有地 161 亩，雇 2 个长工。1940 年王从心父亲兄弟 2 个分家。王从心全家 4 口人，分地 81 亩。1941 年卖地 10 亩；1942 年后因父母有病死亡，先后典出地 32 亩，外租地 8 亩。家中没有牲口和大农具，以自耕为主，农忙时雇 10 余天短工。其子王希光每年给人放羊 6 个月。（中农成分。）①

以上几个家庭分家前都有总量超过 100 亩的土地，并有雇工行为。按土改时成分标准衡量，应属富农或以上家庭。分家后若父亲等主要劳动力健在，或亲耕，或以雇工作为辅助，生活水平将不至于有明显下降。从中可见，直接经营家庭（主要是中农家庭）对自身劳动力有较大的依赖。

对一般中农偏下家庭来说，分家将不可避免使有的婚姻单位更为贫困。

---

① 磁县档案馆藏：阶级成分复议档案，“文革”全宗（1979 年）。

曲河村丁为亮在家史中说，解放前靠父亲种地为生，丁为亮本人自幼务农。兄弟 3 人分家后，生活渐苦，他与妻子推车卖炭过时光。分家时有水地 4.5 亩，旱地 5 亩，3 口人（本人、母亲和妻子）。（贫农成分。）

（3）因挥霍财产而败家

大家庭中，财产的日常支配权掌握在家长之手，有助于抑制财产被随意消耗。分家则形成了多个财产单位，原来无权支配钱物的成员成为新家庭之主。其中有的年轻家长，无节制地享受，坐吃山空。

西大庄村王怀心祖父在世时有地 180 亩，依靠雇工为生。到其父亲王申思时，弟兄 2 个分家。父有地 80 亩，仍以雇工为生。后其父不务正业，吸大烟，把地卖得一干二净。王怀祖本人从小给人扛长工，家有地 5 亩，人 5 口。土改时定为贫农。

瓦沟村薛西林 1936 年与父亲分家后有地 107 亩，房 11 间。薛游手好闲，爱赌博。1937—1942 年卖地 96.5 亩；1943 年卖地 10.5 亩，同年卖房 6 间；又典出房子 5 间。全部家产卖完后，以讨饭为生。1942 年他将 2 个女儿给人做童养媳。其大儿出去当长工，其妻给人家做饭。（贫农成分。）[①]

（4）因不会经营导致家庭败落

自耕农家庭这种情形比较少见，因其子弟从小就参与各种田间劳动，熟悉农业活动的主要环节。原本富裕，后来逐渐破落家庭的子弟并非都从小劳作，因而有的缺乏必要的谋生技能。

在邯郸县阶级成分复议档案中，即见到这样一例。兼庄南程庄村程步庭家原有地 200 亩，1935 年弟兄 4 个分家。程步庭得地约 50 亩，因从小不会劳动，生活逐渐困难。到 1940 年前后，他仅剩 20 亩地（其他地都卖出或当出去了），土改时为下中农。[②]

以上因分家使财富水平上升和下降两种变化都同分家后新的家

---

① 磁县档案馆藏：阶级成分复议档案，“文革”全宗（1979 年）。

② 邯郸县档案馆藏：阶级成分复议档案。

长治家能力的高低有关。

至于家庭总财富水平因分家而下降，并导致生存方式变化（向下）则是比较普遍的。雇工经营者家庭降为自耕农。

庆有庄村陈志远父亲在世时（约 1936 年之前）家有 5 口人，185 亩地，22 间房，1 辆大车，2 头骡子，每年雇 2—3 个长工，短工多名，是本村十大户之一。1936 年，父亲亡故，母与叔陈兆玉分家，从未雇过长工，以自劳自食为生。因光景日益不强，不断变卖土地，或将地送人。到解放前夕，剩余土地 26 亩。陈志远给叔叔陈兆玉扛过一年长工。陈兆玉与母亲分家时得土地 135 亩，2 头骡子。此外，他每年雇长工 2 人，短工 120 人以上。

庆有庄村陈亮兄弟 2 人，全家 8 口人，地 60 多亩，房 7 间，常雇 1 个长工。1939 年他与兄弟分家后，全家 4 口人，地 30.7 亩，4 间房，1 头牛，自食其力。

自耕农则会下降为半自耕农，甚至更穷。

庆有庄村朱森林父亲时全家 10 口人，地 40 亩，9 间房，自己劳动。本人与弟分家后有地 20 亩，房 5 间，生活困难，不断卖地。最后他只剩下 1.5 亩地，靠与长子朱贤出外住长工维持生活。

若从一个短的时期看，比较富裕的家庭分家后仍能保持原来的生活方式。前述地主家庭在 30 年代不少有兄弟分家的经历。至土改时他们继续过着以雇工为主的生活。或者说，富裕家庭能够抵挡住分家对生活所造成的冲击，至少分家初期如此。

西大庄村王众祖父时家有 300 余亩地，雇工经营为生。祖父死后父亲与伯父两个分家，各有土地 160 亩，两家仍以雇工为生。后因经营差异，王众之父土地降至 103 亩，其伯父家土地增至 240 亩。即使如此，雇工生活仍无多大变化。到土改前，王众因与义兄分家，剩地 86 亩，还有房 50 间，大车 1 辆，骡子 2 头，雇佣长工 2 个。土改时被定为地主成分。纵观王众三代，虽因分家导致所拥有的财富数量缩减，但仍保持了以雇工为主的生活方式。当然，若兄弟过多，家庭分化速度将加快。

庆有庄村朱玉同父亲时有地180亩，大牲口3头，房43间，大车1辆，常雇2个长工，全家10口人。1930年父亲亡故，1932年兄弟2个分家。至土改前，朱玉同家有地90亩，牲口2头（驴骡），雇有长工。全家5口，本人很少劳动。土改时定为富农。

庆有庄村朱三江父亲当家时是十大户之一，有地210亩，房50间，骡子3头，大车1辆，常雇工2—3人，短工3—5人。1938年朱三江兄弟3个分家，之后有地62亩，房19间，1骡1驴，大车1辆，不断雇长短工。土改时定为中农。

对另一端——比较贫穷的家庭，本来佣工就是其生活的主要方式，分家前后的变化也不会很大。

西大庄村王宝树祖父时家有10口人，地14亩，租地10亩，还有成员当长工。其父亲时人增至13口，地增至20亩。但因人多地少，还得租地。后其父亲兄弟2个分家。其本人时家有人6口，地8亩，以农为生。土改时为贫农。

受影响较大的是财力不厚实的自耕农，成分上处于下中农和中农之间。一旦分家，他们将不得不为人做佣工，作为生活的补充。

但需注意这一点：从形式上看，大家庭分家后财富由总量的大变为分异的小，由此导致各家庭生产方式变化；若从较长时期着眼，分开后的各个家庭并不是同步下降，有的非但不下降，而且会上升。分家后产生分化，这是一个普遍的现象。

总的来看，传统私有制状态下分家的原因可分深层与表层两种：深层原因是儿子对祖辈或父辈财产的平均占有权或继承权。这种占有权和继承权又与儿辈各支派的香火延续联系起来，有了神圣不可侵犯的性质。由此民众中形成很具体的“股”的意识。“股”在这里是继承权和财产权的复合体，继承权是财产权的前提。“股”的含义更多的是一种财产权，是对父辈拥有财产的继承或可拿回的份额。传统社会中，对有产家庭来说，分家时只有将现有“合股”财产分“股”继承，才是最彻底的财产分割。因而，我们常见到分家文书对分家事件追述时要交代兄弟之间按几股分家。但若不分家，这种“股”的利益可能会在大家庭中增值，也可能会在大家庭中缩水，遭受损失。同一时期合股经营的家庭中，往往有的“股”获利，有的“股”吃亏，它与经济学上的“股”的运作并不完全一样。如弟兄3人都已婚配，长兄结婚早，有3—4个年幼儿女，负担较重；三弟结婚不久，只有夫妻2人，利益得失是显而易见的。因而为避免利益损失过大，三弟分“股”生活的愿望可能就比较强。类似的事例我们在前面已经见到。当然也有相反的情形，长兄结婚生育早，孩子都已长大；三弟结婚不久，子女幼小，这时可能长兄更希望分家生活。

一位学者这样说：中国人的家族本位就是建立在繁殖分裂的基础上，换句话说，家族内包含有分裂的种核——即兄弟的“房”，分家也就是这类分裂种核成长的结果。[①]这里的“房”同我们所说的“股”的意识或观念有相同之处。

大家庭难以维系还在于，组成大家庭的各个平行婚姻单位的夫妇都有分家的预期。即在他们的意识中，分家迟早要发生，或者说他们并不认为大家庭在其有生之年可以长期保持下去，也无信心去维持这种同爨共财的状态。因而，大家庭中各房成员的离析之念不断酝酿。

杨懋春对土改前山东半岛家庭的分离倾向分析中指出：妻子们总是考虑分家时能分到多少亩田地、多少间房子。当公共财产中增加一块新地时，她们也感到高兴，但她们的高兴不同于原有家庭成员；不仅淡漠得多，而且每个妻子私下里都希望这块田地成为她小家庭的财产。她可能会认为这块地主要是她丈夫努力的结果，因此觉得把它当作公共财产在兄弟间平分不公平。[②]

可见，按“股”分家方式若主要是针对祖遗财产，兄弟之间尚

---

① 王崧兴：《中国人的“家”（Jia）制度与现代化》，载乔健主编：《中国家庭及其变迁》，第9页。

② 杨懋春：《一个中国村庄：山东台头》，第116页。

不会有不公平之怨气产生；若现有家产是本辈兄弟所创造，对财产积累贡献的大小是容易被度量出来的，均分这些家产是对贡献大者的剥夺。后一种意识下，或者出现某个兄弟推动分家实现的情形，或者在家长的压制下，分家难以实现，但却使家庭成员创造财富的欲望受到抑制。

表层原因实际是分家的直接原因，表现形式多种多样。分家的实现多数是由各个婚姻单位之间的矛盾、不和以及由此引发的争吵所推动的。相对来说，不少家庭中，父家长的约束对子弟的分家行为构成限制；一旦父母去世，特别父亲去世之时，分家的意识将变成行动。尽管这些家庭并非都是在父亲去世后马上分家，但分家步伐的加快与这一重要事件有直接关系。

马克斯·韦伯将联合类家庭视为家庭共同体，对其解体出现的原因，他这样分析：从内部讲，与经济的手段数量上的增加相联系，能力和需求的发展和分化也发挥着作用，因为随着生活的可能性成倍增长，这本身就使得个人愈来愈难承受共同体规定的固定的、无区别的生活方式的约束，而且日益渴望由个人自己来创造自己的生活，随意享受个人能力的收益；从外部讲，各种竞争着的社会机构的干预促使家族的瓦解，例如，进一步加紧利用个人的缴税力量这种纯粹财政上的利益——它们与为了军事上的自我装备能力而保持财产集中的利益相对立。[①]这一分析从总体看是有普遍性的。

欧洲学者强调家庭财产的不可分割继承（impartible inheritence）与可分割继承（partible inheritence）对家庭和人口行为的影响。前者是与开放的田野耕作，相对的土地稀缺，和严厉的领主权威联系在一起的。在土地上有固定数目的空地，婚姻被推迟，有大量没有继承权者保持独身和向外迁移（所以村庄人口增长是缓慢的），直系家庭结构占主导地位。可分财产制度与土地的容易

① 马克斯·韦伯：《经济与社会》，上卷，第421页。

获得，完全拥有和非农业雇佣相关联。土地倾向于分散，婚姻被推动，核心家庭形式随着地块的分割而增加，外迁降低。由此导致人口迅速增长的模式，最终使土地拥挤不堪。①

有人还在两种不同继承体制的德国村庄做过比较，在不可分割继承的科尔姆贝格（Colmberg），1689—1766 年人口增长 30%，家庭数增加了 15%，单身率高，没有继承权的后代被赶出家庭，到别人家里做仆人，只有三分之一 14 岁以上的儿子住在家里，接近半数出外做仆人；而在可分割继承的格丁根（Göttingen）村，在同期内人口增加了 60%，家庭数目增加了 40%，50% 的 14 岁以上儿子待在家里，只有 14% 的出外做仆人。②这种不可分割家庭继承制度形式在中国是基本不存在的。有祖遗共有财产家庭，其男性成员人人都是法定的继承者。若未分家各个成员就要争取平等享有的权利，如结婚、生育权都是家长不能剥夺的。人口增殖具有了制度的保证。在家庭成员矛盾不可调和时，最终分爨分产。由此导致传统中国农村家庭分化的不断发生。一些贫穷者则无力完婚和生育。因而中国人口增长存在着很明显的阶级差异。

20 世纪三四十年代的华北农村仍是以农耕为主的社会。尽管各个村庄都有一定数量在家长控制下的大家庭，但其维系难度很大，分家最终不可避免。中国家庭财产的平均继承制度和观念不断侵蚀着大家庭的存在基础。当然在不同阶层中，家庭分合的力量是有差异的。贫穷阶层缺少维系大家庭的物质基础，各自谋生成为主流；富裕中农家庭对生产的协作要求较高，因而，容易维持不分状态；但若家长去世，分家往往不可避免。有雇工经营能力的家庭既存在适于合爨的条件，也有便于分家的因素。至于究竟共财同居状态下生产效率高，成员的生存能力强，还是分家更能激发成员的创

---

① Wally G. Seccombe, *A Millennium of Family Change Feudalism to Capitalism in Northwestern Europe*, Verso Books, 1992, pp. 96–99.

② Michae W. Flinn, *The European Demographic System 1500–1820*, Harvester Press, 1981, pp. 36–37.

造力，提高生活水平，这是难以一概而论的问题。不过，在一般情况下，大家庭中各个婚姻单位的夫妇更多的考虑是自己当家做主，因而他们将努力把分家的意识和愿望付诸实施。

二、社会变革对分家的推动

家庭为社会组成的单元，家庭成员又是构成社会的分子，社会的变革必然会对家庭形态产生作用。具体到分家方面，社会的变革究竟有哪方面的影响？这里笔者以土改及以后几个事件为中心，加以考察。

（一）冀南地区土地改革对分家的推动

从对土改前分家行为的考察中可以看出，土地私有制和家长权威之下，兄弟甚至父子的分家是难以避免的。但分家行为还是受到很大程度的约束，特别是对于具有一定数量财产的家庭而言，父家长对子弟的分家行为加以限制，直系复合家庭的保持就是这种限制存在的反映。土改的实行对土改前一直维系下来的兄弟同居合爨家庭有无触动？下面笔者通过对 1999 年 101 个 70 岁以上受访对象的分家时间予以观察。

这些人的分家经历凸显出两次分家高峰：一是 1946 年土改后，有 40 例，占 39.6%；一是 1958—1960 年，建立食堂和解散食堂时期，有 31 例，占 30.7%。前一次是土地、房屋等产权的变更所促使，后一次是生活方式的变化所造成。（见图 7-1）

这里我想着重对土改后分家的家庭进一步分析。

将结婚时间与分家时间结合起来考察是比较有意义的。中国传统社会，结婚是建立家庭的必要条件，当然并非独立生活的标志。有 2 个以上兄弟的家庭，结婚至分爨生活的间隔长短对于认识家庭的维系能力是有重要意义的。

依据问卷调查资料，101 个 70 岁以上男性有 72 个在 1945 年

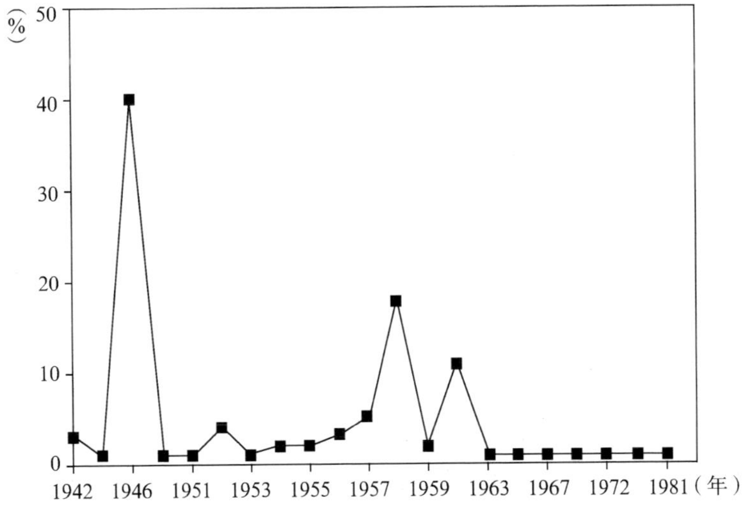

图 7-1　70 岁以上受访者分家变动曲线图

前结婚，占 71.3%；1946—1952 年结婚者 29 个，占 28.7%。

我们先看 1946 年以前分家的 43 个受访者结婚与分家的关系。他们中，未受土改影响即在 1945 年以前分家的有 4 例，这 4 例的结婚与分家间隔分别为 11 年、7 年、6 年和 2 年，平均间隔为 6.5 年。这些样本未对受访者是长子还是次子做出区分。它主要说明结婚与分家的一般间隔。

另外，从调查村庄“阶级成分登记表”中，我收集到 18 例分家年龄信息明确的个案。在弟兄 2 个以上的家庭中，弄清第二个兄弟分家时的年龄就会对兄弟婚后不分家的时间有所认识。

有分家行为个案中，23 岁以下分家者有 11 例，占 61.1%。若将 19 岁作为男性的平均初婚年龄标准来衡量，这些家庭维持合爨的时间并不长。18 例个案中，男性平均分家年龄为 23.8 岁。这表明个案中家庭平均维系时间为 5 年左右。若从结婚与分家的间隔看，长子结婚至分家的时间明显延长。一般而言，传统时代，长、次子的平均年龄差异将不下 3 岁。这样长子结婚到分家的间隔约为 8 年。由此长、次子婚后分家的平均间隔约为 6.5 年。因而可以说，土改前冀南地区农村家庭维持复合家庭的时间平均约为 5 年，从结婚至另立家庭的间隔为 6.5 年。

当然这不是全部合爨家庭的维持时间，因为还有一定数量的家庭至土改时仍保持着不分状态。通过表 7–2 我们可有进一步的了解。另外，我们可以对村庄复合家庭已婚兄弟在土改时的年龄状况做一观察。

表 7–2 对复合家庭土改时长、次子的年龄做了统计。从前面的婚姻年龄统计，我们已经知道土改前冀南农村男性初婚年龄相对较低，平均为 19 岁。由此可借助次子土改时的年龄信息间接认识这些复合家庭维持的年限。西大庄村次子的平均年龄为 28.7 岁，它意味着至土改时的复合家庭已维持了 9.7 年，双寺村则为 6.8 年，庆有庄村 8.8 年，曲河村 6 年，上寨村 9.5 年。可见，这些复合家庭都有比较长的维持时间。依据表 7–2，维持 10 年以上的家庭除曲河村外，都在 40% 以上。

1946 年分家的 40 个样本中，有 5 个未结婚。即他们尚未完婚，其兄或弟就与其分家。这时他们很可能与父母生活在一起，也可能单过。因而实际已婚分家样本为 35 个。其中还有 3 例是 1946 年当年结婚的。当年结婚者的结婚月份不清楚。另外，土改之前，结婚当年与父母分家的行为虽不能排除，但毕竟比较少。这样，1946 年实际分家者为 32 个。

表 7–3 的 101 个样本中，1945 年以前结婚者有 72 个，占 71.3%；其中 32 个是 1946 年分家的，占 44.4%。如此高比例的调查对象集中于一个年份分家显然不是偶然的巧合。它不可能是家庭成员矛盾突然尖锐促就，而有可能是外部事件的影响。进一步统计可知，1946 年分家者从结婚到分家的间隔年限为 5.25 年。我相信，若非土改事件的发生，这些调查家庭的合爨年限还将进一步延长。

那么，土地改革为什么会带来农村的分家高潮呢？结合冀南五个村庄的“阶级成分登记表”，笔者认为，分家增加的原因有以下几点：

表 7–2　复合家庭长、次子土改时年龄

年龄段（岁）	西大庄村				双寺村				庆有庄村				曲河村				上寨村			
	长子样本	%	次子样本	%	长子样本	%	次子样本	%	长子样本	%	次子样本	%	长子样本	%	次子样本	%	长子样本	%	次子样本	%
14 以下			1				2													
15—19	2		2				6				2		2		8				1	
20—24	1		4		8		5		2		7		6		13		1		4	
25—29	6		9		6		5		4		2		11		11		5		7	
29 以下小计	9	31.0	16	55.2	14	48.3	18	62.1	6	35.3	11	64.7	19	45.2	32	76.2	6	28.6	12	57.1
30—34	6		8		7		7		3		1		11		7		6		5	
35—39	9		3		4		3		3		4		8		2		5		4	
40—44	3		1		3				3				2				4			
45—49					1		1		2		1		2		1					
50—54	1		1																	
55—59	1																			
30—59 小计	20	69.0	13	44.8	15	51.7	11	37.9	11	64.7	6	35.3	23	54.8	10	23.8	15	71.4	9	42.9
合计	29	100.0	29	100.0	29	100.0	29	100.0	17	100.0	17	100.0	42	100.0	42	100.0	21	100.0	21	100.0

资料来源：同表 7–1。

表 7-3　结婚时间与分家时间关系

结婚时间（年）	分家时间（年）																				合计
	1942	1945	1946	1950	1951	1952	1953	1954	1955	1956	1957	1958	1959	1961	1963	1964	1967	1969	1972	1978	1981	
1926												1										1
1928				1																		1
1931	1													2								3
1932						1						1										2
1933			1																			1
1934			1											1								2
1935			1									1										2
1936	1		1											2								4
1937			1							1		1		1								4
1938			2																			2
1939		1	3									1										5
1940			1					1				1										3
1941			5		1	1					1	1										10
1942			5								1				1							7
1943			7					1														8

（续表）

结婚时间（年）	分家时间（年）																					合计
	1942	1945	1946	1950	1951	1952	1953	1954	1955	1956	1957	1958	1959	1961	1963	1964	1967	1969	1972	1978	1981	
1944	1		1									2				1					1	6
1945			3			1				1		3		1			1	1				11
1946			3						1	1	2	4		1					1	1		14
1947			2				1					1	1	1								6
1948			2			1								1								4
1949												1		1								2
1950											1											1
1951			1																			1
1952									1													1
合计	3	1	40	1	1	4	1	2	2	3	5	18	2	11	1	1	1	1	1	1	1	101

资料来源：同表7-1。

一是土改前富裕且人口多的大家庭所受冲击最大，分家行为由此产生。上中农以上家庭生存条件的优势主要是占有较多的土地和齐全的牲畜、车辆等生产工具。按照笔者的研究，大家庭存在人力资源的浪费（一部分成员不直接参加劳动）和生活资料的浪费（具有高于一般家庭的奢侈性消费能力，表现在吃、穿、用等方面）。或许这是其生活方式和质量优于一般民众的外在表现。加之其土地的一部分或大部分靠雇工经营，生产成本较高。如果他们完全依靠土地维持这种高于普通人的生活，其人均占有土地的数量要比当地的平均水平高出一定比例。土地改革中，富裕家庭土地的一部分，甚至大部分被剥夺，分配给无地、少地的农民。他们实际占有土地的数量或者降到平均水平，或者降到平均水平以下，因而维持原来众多成员生存的能力相应降低，合爨生活的困难明显增加，分家成为他们不得已的选择。据有关统计，土改以后，晋冀鲁豫地区地主经营土地减少了 80% 以上，富农经营土地减少了 50% 左右。[①]

我们可以通过村庄“阶级成分登记表”看一些具体家庭。

庆有庄村朱志文（土改时为富农成分）兄弟 2 个，土改前 13 口人，131 亩地，29 间房，1 头骡，1 辆大车，雇长工 2—3 个，短工 3—5 个。土改时剥夺土地 85 亩，房 20 间。兄弟分家，朱英文 3 口人，得地 17 亩；父亲和长兄两家 10 口人，分得其余 29 亩地。当地平均占有土地数量为 5 亩。朱志文人均土地 5.67 亩，其父兄人均土地只有 2.90 亩。

双寺村李开贵（富农成分）弟兄 3 个，土改前有地 116 亩，房子 39 间，牛、骡各 1 头，大车 1 辆，雇长工 2 个。土改时被剥夺地 85 亩，留地 31 亩，兄弟 3 个分成 3 家。

不仅如此，一些上中农家庭部分财产被没收。其中有的大家庭

---

① 太行区党委调查研究办公室编:《太行土地改革诸问题》(1947 年 6 月)。转引自赵效民主编:《中国土地改革史（1921—1949)》，人民出版社，1990 年，第 326 页。

难以继续维持下去，不得不分家。

庆有庄村朱得宝弟兄3个，均婚。土改前全家13口人，127亩地，30间房，2骡1马，大车1辆，常雇1—2名长工。土改时献地67亩，11间房，骡、马各1头。兄弟3股于土改后分家，各得地约20亩。人均土地不足5亩，稍低于平均水平。

西大庄村王尚义（土改时定为上中农成分）弟兄5个，均婚。土改前有人24口，房49间，地80亩，骡3头，大车1辆，羊40余只。除自耕外，常年雇长工。土改后财产被剥夺，兄弟分家。王尚义分家后有人9口，地12亩，明显低于本村人均2亩地的标准。

二是贫穷家庭分家增多。就一般意义上讲，贫穷家庭是比较容易分家的。但一定情况下，分家也需要基本的物质条件。正如前面所讲，分家的形式是分爨，是生活单位的分立。因而分家对房屋的要求比合爨时要多。同时，贫穷家庭单靠自有土地难以维持生活，往往需要家庭成员之间的分工提高生活水平。土地改革中，他们不仅增加了土地，而且分得了住房，有了分家的物质条件。加上有的贫农新分住房与原住房不在一起，因而分开生活是比较现实的。

西大庄村王尚礼（土改时定为贫农成分），弟兄5个，都已婚配，包括父母子侄辈共19口人，财产数量为房29间，地40亩，骡1头，牛1头，大车1辆。因人多地少，除种地外，还经常推小车卖炭，有3个人当长工维生。土改后，分成5家，各家都分得房屋和土地。如王尚成4口人分房12间，分地4亩，实际有地13亩，房12间，骡1头。王尚礼4口人，分地4亩，实际有地9亩，房8间，牛1头，大车1/5辆。王尚学2口人，分地6亩，实际有地12亩，房8间，骡1/2头。土地和房屋的增加为其分家创造了条件。

对冀南地区五个村土改前已经有的119户直系复合家庭所做统计，证实了笔者的上述判断。（见表7–4）

直系复合家庭土改后分家的总比例为40.3%，与对70岁以上受访者所做问卷调查结果 44.4% 很接近。阶级成分分类中，处于经济状况两端的地主、富农与贫下中农家庭，土改时分家的比例都在 40% 以上，地富家庭此时分家者在 50% 以上。中农土改初的分家比例比较低，表明他们的家庭经济状况变动较小，仍能维持原有的家庭形态。

表 7–4　直系复合家庭分家历史

	成分													
	地主		富农		上中农		中农		下中农		贫农		合计	
分家时间	样本量	%	样本量	%	样本量	%	样本量	%	样本量	%	样本量	%	样本量	%
土改后	2	66.7	5	50.0	11	35.5	4	18.2	8	50.0	18	40.0	48	40.3
1950 年前后							1	9.1	1	6.3	1	2.2	3	2.5
高级社前	1	33.3	2	20.0	6	19.4	6	45.5	1	6.3	11	24.4	27	22.7
约 1958 年					1	3.2	1	9.1			1	2.2	3	2.5
约 1961 年			2	20.0	12	38.7	1	9.1	5	31.3	13	28.9	33	27.7
“四清”前									1	6.3	1	2.2	2	1.7
“四清”时仍未分			1	10.0	1	3.2	1	9.1					3	2.5
合计	3	100.0	10	100.0	31	100.0	14	100.0	16	100.0	45	100.0	119	100.0

资料来源：同表 7–1。

当然还有其他一些分家原因。如比较富裕之家，土地改革正式实行之前通过分家减少现有土地等财产损失。从阶级成分登记档案中，笔者见到一例与逃避土改损失有关的事例：

庆有庄村朱然没有子女，有地 30 亩，房 5 间，驴 1 头，靠自己劳动，雇短工、月工为生。朱然于 1920 年（民国九年）亡故，留下寡妻郝氏。因无人种地，与其侄朱吉水合为一家。后嫌吉水家人多，分家单过，只与过继孙子朱恩（朱吉水之子）一道生活。土改时因其家地多（30 亩）人少（2 口人），怕被平分，就又与其侄朱吉水合为一家（两家合后的土地为 37.5 亩，7 口人）。土改后的土地仍是 37.5 亩。这意味其土地并没有损失，达到了通过合家减少损失的目的。若按照土地改革政策，土改的财产依据是土改前三年，即 1944 年。朱恩在登记中说，两家合并是在 1944 年。由此可见，农村的确有一些家庭的家长对土改政策事先有所了解，故采取了应对方法。既然有合家应对土改的家庭，那么在分家有可能保护财产之时，也会有相似的举动。

贫穷者土改前分家也有利于获得较多的土地。

土改时的政策规定也起到刺激贫穷家庭分家的作用。根据《中华人民共和国土地改革法》，第三章（土地的分配）第十三条，在分配土地时，对于无地少地人口中若干特殊问题的处理，如下：只有一口人或两口人而有劳动能力的贫苦农民，在本乡土地条件允许时，得分给多于一口人或两口人的土地。不过，这类“逃避”和“取巧”者是其中的少数。更多分家还是当事者因土改所造成的利益得失及其对生活的影响评判后所做出的反应。

（二）土改后至高级社前的分家形势

经历了土地改革的激烈冲击，家庭进入了一个新的稳定时期。这里指有一批家庭土改前合爨共财且经受住土改运动中财产的变动调整，仍然保持原有的直系复合家庭形态。在土地近乎平均占有条件下，一些人口相对较多的直系复合家庭仍有生存空间。

但高级社运动使分家出现又一个高潮。高级社的核心是废除土地私有制，代之以土地集体所有制。这意味着，家庭的生产功能开始丧失。我认为，家庭私有土地变革为集体所有，家庭生产由集体耕作取代，是对家长权利的最大削弱。一定程度上甚至可以说，家长原先具有的对子女生活的安排权乃至对子女生存条件的控制权被剥夺。由此，已婚子女独立生活能力提高，其分家意识随之增强。前面统计，23% 的分家行为发生在这一时期。

那么土改后的土地等财产属于什么性质的呢？按照1947年《中国土地法大纲》："分配给人民的土地，由政府发给土地所有证，并承认其自由经营、买卖及在特定条件下的出租的权利。"[①]它表明土改后家庭所占有土地的使用方式是不受限制的，并且允许买卖。笔者从土改后华北区所制定的土地房产所有证上见到更具体的规定：土地、房屋"均作为本户全家、本人私有产业，有耕种、居住、典卖、转让、赠予等完全自由，任何人不得侵犯"[②]。

从档案中可以看出，土改后至高级社前一些村庄的土地买卖现象并不是个别的。

据庆有庄村的统计，177个家庭中，115家土地数量未变，占65.0%；发生变动的有62家，占35.0%。20个家庭土地增加，其中通过购买增地15家，接受馈赠3家，继承2家。15家买地者中，买1—2亩的有2家，3亩3家，4亩3家，5亩3家，6亩3家，10亩仅1家。土地减少的家庭有42个，原因是：卖地19家，送地与人2家，分家21家。19家卖地者中，卖2.5亩1家，3亩2家，4亩7家，5亩3家，7亩2家，8亩2家，10亩1家，12亩1家。如此看来，土改后至高级社之前，有土地买卖行为的家庭共34个，买地家庭15个，占8.5%；卖地家庭19个，占10.7%。可见，土地稳定是主流。另外，买卖土地基本上在5亩以下，即不超过当时庆有庄村人均占有土地水平。对依赖土地为生的家庭来说，财富的增减变动并不很大。值得注意的是，买卖土地绝大多数在贫下中农之间进行，买地者中，贫农有13个，占86.7%；上中农和富农各1个。卖地者中，贫农12个，占63.2%；中农和富农各2个。

西大庄村225户土地变动状况为，保持原来水平的有176家，占78.2%；增加土地的有21家，占9.3%；减少土地的有28家，占12.4%。

---

① 张志平主编：《中共中央在西柏坡文献选编》，河北教育出版社，1996年，第29页。

② 磁县档案馆所藏土地证。

增加土地的21家中，20家是通过购买获得土地，只有1家为继承性增加。买地的数量幅度为2—14亩，5亩以下有14个，10—14亩有4个。购买土地的20家中，只有1户为下中农，其余均为贫农出身者。减少土地的28家中，因分家而减少的有24个；出卖土地的只有2个。

不过，既然可以转让，那么家庭成员间分配和继承就不受限制。土改中按人分配土地等财产的做法对当时的分家行为是否会产生影响？前面已经谈到，在这之前的传统家庭财产是按股分配的。

我们依据村庄“阶级成分登记表”看一些土改后至高级社前有分家行为的家庭。

1．完全自有土地家庭仍然按股分，并不按人口平均

庆有庄村朱得银家土改前13口人，地127亩，房30间，2头骡，1匹马，1辆车。成分被定为上中农。土改时献地67亩，房11间，1骡1马，1辆车。剩余财产为60亩地，19间房，1头骡。然后兄弟3个3股分家。朱伏银4口人，分地20亩，房5间，骡半头；朱伏昌6口人，分地20亩，房8间；朱伏金3口人，分20亩地，6间房，骡半头。

西大庄村王浩金兄弟2个（上中农成分），土改后分家。分家前有地23亩，房32间，马1匹，车1辆。分家时王浩金家5口人，得地11.5亩，房11间，马半匹，车半辆。弟王浩春家6口人，得地11.5亩，房17间，马半匹，车半辆。

双寺村李永昌弟兄3个（富农成分）。土改前有地116亩，房子39间，牛、骡各1头，大车1辆，雇长工2个。土改时被斗地85亩，留地31亩，房10间，牛1头。土改后兄弟3个分家。分家方式：李永昌5口人，得地19亩，房4间，牛1/3头；大哥李永成5口人，得地6亩，房3间，牛1/3头；二哥李永好3口人，得地6亩，房3间，牛1/3头。

但也有按人均分的做法。

庆有庄村郭福林（中农成分），1950年分家前9口人，地64亩，房20间，驴1头，大车1辆，骡子1头。分家时郭福林人3口，得地21.68亩，房8间，骡1头；弟（与父母住一起）人6口，得地42.32亩，房12间，车1辆，驴1头。所分土地完全按人平均。

2．土改中所分财产分家时的处置方式

土改中无地和少地家庭被按人口分得土地。分家时这些土地究竟按人还是按股均分是值得注意的。

庆有庄村朱贵义（贫农成分）弟兄3个，土改前家有6口人，5亩地。土改时分地19亩，土改后买地9亩，共有地33亩；分骡1头；房18间（分8间），人口增至9口。1950年后又买地6亩，共有地39亩；建房3间，共有房21间。高级社前分家。大哥朱贵德3口人，得地9亩，驴1头，房10间；二哥朱贵仁2口人，得地10亩，房5间；弟朱贵义4口人，得地20亩，骡1头，房6间。从土地构成和人口关系上看，本个案分家时并不是按人平均分配土地，或许土地有水田、旱田之别。

3．家中部分财产是土改中分来的，分家时的处置方式

双寺村任科贤（贫农成分）土改前11口人，23亩地，1头牛，无房。土改后分地6亩，房5.5间。分家前共有人12口，地29亩，房19.5间，骡1头。高级社之前分家。任科贤3口人（与第四子一起生活），得地8亩，房5.5间，骡1头；长子任德4口人，得地7亩，房4间；二子任堂3口人，得地7亩，房5间；三子任良2口人，得地7亩，房5间。可见除父亲稍有优势外，其他三子不论人口多少，土地都是7亩，房子基本上也按股分配，保持了“股”的相对平均特征。

土改后土地分配仍保留了土改前按股分配财产的做法，但按人均分产政策对农民家庭也逐渐起到作用。或者说这是过渡时期的二元分家形式。

综上所述，笔者认为，土改中分家出现高潮的缘由是，相对富

裕家庭所占土地调整至平均水平甚至平均水平以下，养活人口的能力下降，其时分家是出于减少家庭生存压力不得已的选择。贫穷家庭得到土地，具备了基本的生存条件；分得房产，缓解了拥挤的居住状况，分家的意识和行为由此产生。

（三）兴办食堂运动与分家

从前面的统计可以看出，1960 年前后是土改后又一个分家高潮。其中一些复合型家庭经历了土改、集体化运动的冲击维持了下来，但却在 1958 年建立食堂运动中最终瓦解。这是一个值得思考的问题。

建立食堂前期分家增加是由于在高级社和人民公社制度将家庭的生产职能转移出去的基础上，家庭的生活职能也公共化了，或者说是“爨”的集体化。它直接削弱了家庭的存在基础。这时的家庭只是一个居住单位，它建立在人们的最基本关系——婚姻关系基础上，即由一对夫妻及其未婚子女构成最紧密、最基本的居住单位。大家庭内部的界限由此更加清晰了。另一方面，家庭私有财产已降到最低限度，既无土地，又不需要基本炊煮条件（厨房）和设备（锅碗等基本用具）。分家障碍被消除到前所未有的最低程度。

冀南农村成立食堂运动持续时间并不长，约从 1958 年至 1961 年。当然其间也有变化。比如开始时是规模很大的食堂，大小数百口集体就餐，随便吃。后来因不易管理，浪费严重，缩小成较小的规模（百十口），按人头发餐券，领回家里吃。当食堂进入尾声时，集体可提供的食物资料已经很有限了，最后它被彻底解散。解散食堂意味着家庭生活功能重新被恢复。成立食堂前尚未解决分家问题的复合家庭照理应回复到原有状态生活，但因食物资料匮乏，这种愿望难以实现。只有各自谋生才能提高生存能力。所以，不少复合家庭的父子兄弟以此为契机，正式分家。

在冀南地区调查期间，当问及解散食堂时兄弟分家现象增加的原因，受访者多回答：生活困难，谁也顾不上谁了。可见，小家庭在生活安排和家庭成员生存能力提高方面作用较大。

我认为，20世纪50年代之前，冀南农村分家的主线是兄弟分家，副线是父子分家。其含义是，土改前私有制经济时期和土改后过渡经济阶段，大家庭还有一定的维系能力。特别是有产家庭，父家长是财产的实际掌握者或监管者，虽然父亲在世分产的家庭不在少数，但父权比较强的家庭则设法将与已婚子女合爨共财的局面维持下去。当父母去世，特别是父亲去世后，兄弟之间的分家是比较普遍的。这一情形一直维持到集体经济组织形式初期。

（四）“四清”前后的分家

“四清”运动前后，集体经济进入相对稳定阶段。冀南农村的分家有了新的特色。从经济状况上看，家庭是生活单位，主要农业生产活动是以生产队为单位进行的。这一背景下，家庭成员的关系和生活方式出现新的变化。

一是两个以上儿子家庭，父母把先结婚者分出去，与未婚子女生活的分家家庭模式逐渐形成。不过，村庄之间也有区别。庆有庄村14个有两个以上儿子且一个已婚家庭中，结婚的儿子与父母和未婚兄弟合爨生活者6个，占42.9%；分家者8个，占57.1%。

上寨村这类家庭有23个，其中与父母住一起的12个，占52.2%；分开11个，占47.8%。其中，父母与两个以上已婚儿子组成复合家庭有3个，占25%；与一个已婚儿子组成直系家庭9个，占75%。分开后，父母之家属核心类型有3个，占27.3%；直系家庭8个，占72.7%。这实际是儿子中有两个已婚，父母将一个分出，与另一个已婚儿子及未婚儿子住在一起。

西大庄村这类家庭有58个。多子家庭两个以上儿子已婚且与父母居住者16户，占27.6%。其中与父母组成直系家庭12个，占75.0%；直系复合家庭（有两个儿子结婚）4个，占25.0%。1个以上儿子结婚且至少分出1个有42家，占72.4%。可见，西大庄村，儿子结婚后分出另过的逐渐增多。这42个家庭中，父母与一个以上已婚儿子分家后的居制分别为，核心家庭有25个，占59.5%。这些核心家庭的产生方式有两种。一是父母两口与所有子女分开，单独生活；一是父母与未婚子女住一起。直系家庭有 4 个，占 9.5%，即两个以上已婚兄弟中只有一个与父母住在一起，所占比重并不大。两个以上儿子都已婚配且另立门户、父母一方单过 13 个，占 31.0%，比重较大。这是与土改前分家行为的重要不同。此外，还有 8 个为父母只有一子，儿子结婚后与父母或父母一方分开生活。其中 5 个为父母俱在，3 个为父母一方尚存。二是被供养老年父母与作为供养者的已婚儿子分爨比重增加。庆有庄村 12 个 60 岁以上有子或孙的老年人与子孙分开，或同配偶生活，或因丧偶单独生活。其中单人户 9 家，夫妻核心家庭 3 家。另外还有两位 70 岁以上无子有女老年妇女，靠同村的女儿女婿养活，但登记时填写的是单人户。上寨村这类有已婚儿子但分开生活的老人 21 个，其中单独立户 15 个，占 71.4%；与配偶组成核心家庭 6 个，占 28.6%。单独立户并非只有一种形式，不过多数情况下它形成一个独立的分配单位。公社体制下，生产队户头与粮食等物品的分配联系在一起；一些老年人在力所能及范围内参加集体生产劳动，所获得的工分也被记入自己户名之下。同时，多数立户的老年人与已婚儿子分灶炊煮，形成分爨生活的格局。

可以说，父子分家成为 20 世纪 60 年代以后分家的主线。尽管父子分家的实质仍是兄弟分家，但表现形式不一样。关于这一点，笔者将在下面的分析中做进一步说明。

三、集体经济下的分家

经历了土地改革、高级社和“大跃进”等运动的冲击，家庭生产和生活有了不少改变。土改前延续下来的大家庭已彻底解体，小家庭的优势地位得以确立。同时，尽管集体经济并没有给农民带来更好的生活预期，但在高压环境下，他们已基本认可了集体经济的组织和生产形式。这里探讨一下农民在这一制度环境下分家的形式和特征。

（一）集体经济时代的分家节奏

通过前面的个案分析，我们对近代以来冀南农村的分家类型已有所认识，在此主要借助所获调查资料进一步了解本地农民的分家趋势和节奏，以期把握集体经济制度对农民分家行为的影响程度。

农业集体化是我国农村空前的政治和经济举措。人们起初对它抱有许多幻想。当时相对比较富裕的农民并不愿被纳入合作经济组织之中。在政治压力下，多数农民已无别的选择。一旦进入集体化轨道，农民的思维被当时“时髦”的宣传所左右，以为集体经济、共同生产可以让他们彻底摆脱生活资料短缺之忧，迅速富足起来。此后，集体经济核算单位不断提升。家庭的生产功能被取消之后，生活功能也被集体食堂所取代。经过短暂的尝试，农民放开肚皮吃饭的好景不长，生存危机便显现出来。那些历经土改、高级社运动冲击仍然不散的复合家庭，这时已难再维系下去。

前面的表 7–4 中，调查村庄 119 个土改前形成的直系复合家庭，有 35 个在 1958—1961 年解体，占 29.4%。尤其是 1961 年经济困难时期，直系复合家庭解体 33 个，占 27.7%。到“四清”运动时仍然保持不分家的家庭只剩下 3 个，占 2.5%。

表 7–5 同样反映出 60 年代前后，特别是食堂建立前后分家比重提高的实际状况。

表 7–5　土改至“四清”前分家时间分布

分家时期	西大庄村		庆有庄村		上寨村	
	样本量	%	样本量	%	样本量	%
土改后不久	33	16.8	10	7.8	41	22.4
高级社前夕	37	18.9	38	29.7	27	14.8
1960 年前后	94	48.0	41	32.0	50	27.3
“四清”前夕	32	16.3	39	30.5	65	35.5
合计	196	100.0	128	100.0	183	100.0

资料来源：同表 7–1。

依据村庄“阶级成分登记表”所提供的资料，土改后至1966年冀南农村的分家类型以兄弟之间分家居多。在西大庄村（196次分家行为中）这种分家占49.0%。另外，户主与父母分家占28.1%，与儿子分家占23.0%。庆有庄村（128次分家行为中）这三种类型分别为60.9%、20.3%和18.8%；上寨村（183次分家行为中）则分别为59.6%、18.0%和22.4%。

另外，对1999年70岁以上受访对象分家的考察表明，1958—1960年是他们经历的第三个分家高峰。101个样本中，本期分家31个，占30.7%，并且集中于1958年和1961年两年内。1958年为兴办食堂之年，家庭生产、生活功能已被取消，分家成为非常容易的事。1961年分家则是求生的本能驱使。就这一点上看，利他行为的产生要有一定物质基础。这也证明了中国的一句古话：仓廪足而知礼节。

对1999年60—69岁年龄段的兄弟分家调查也是如此。食堂成立和食堂解体之年，兄弟分家都处在高水平。

从图7-2可以看出，虽然其中24.5%的人在1947年以前与兄弟分家。但从年龄上看，他们当时多数尚未婚配。这实际是在父母主持下与兄弟的分家，分家后他们则可能仍与父母生活。

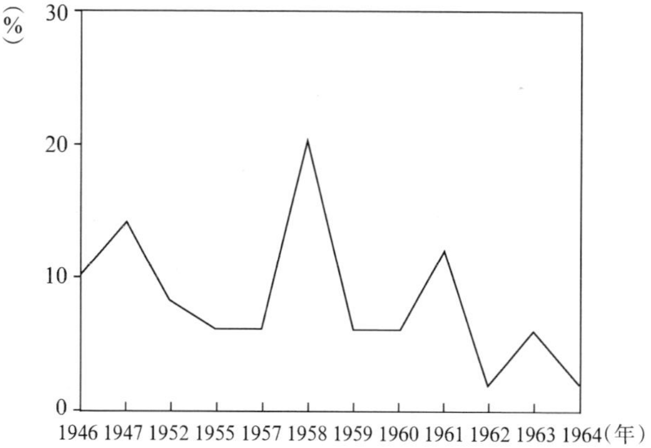

图7-2　60—69岁受访者与兄弟分家时间分布

（二）集体经济不同时期农民结婚与分家的间隔

在此主要观察儿子婚后与父母分家的间隔年限，对不同年龄段受访者做一统计。（见表 7–6）

表 7–6　不同年龄段受访者分家间隔

间隔年限（年）	60—69 岁年龄段		50—59 岁年龄段		40—49 岁年龄段		30—39 岁年龄段	
	样本量	%	样本量	%	样本量	%	样本量	%
半年以内			3	8.6	5	10.6	6	13.3
1	2	2.6	1	2.9	11	23.4	15	33.3
2	3	4.0	5	14.3	15	31.9	14	31.1
3	10	13.3	8	22.9	5	10.6	7	15.6
4	10	13.3	2	5.7	1	2.1	1	2.2
5	30	40.0	7	20.0	3	6.4	1	2.2
6			1	2.9	4	8.5		
7	10	13.3	3	8.6	2	4.3		
8	5	6.7			1	2.1		
9			4	11.4				
10			1	2.9			1	2.2
14	5	6.7						
合计	75	100.0	35	100.0	47	100.0	45	100.0
平均间隔（年）	5.4		4.4		2.6		2.0	

资料来源：根据作者所做问卷调查数据整理。

就冀南地区而言，20 世纪 50 年代以来，儿子婚后与父母分家（尤其是两个以上儿子家庭）已成为趋势，但婚后几年与父母分家则有很大不同。

1．70 岁以上受访对象分家间隔

在土地改革以后至高级社前的分家考察中，笔者曾对 70 岁以

上年龄段受访对象的分家行为做过分析，并且我们知道，土改前有分家行为者从结婚到分家的间隔为 6.5 年，土改后为 5.2 年。（见本章第二节：社会变革对分家的推动）

2. 60—69 岁年龄段者的分家间隔

1999 年 60—69 岁年龄段者的结婚时间以 50 年代为主，其中有一部分在集体化之前，一部分在集体化之后。其主要经历处在集体所有制环境下。

先来看 60—69 岁年龄段者与父母分家情况。这一年龄段有 120 个信息明确的样本，其中 80 个与父母分过家，占 66.7%；37 个未分过家，占 30.8%；3 个为父母去世后分家，占 2.5%。可见这一年龄段与父母分家比较普遍。

80 个分家样本中，75 个有结婚至分家间隔的信息。依据表 7-6，60—69 岁年龄段者一般婚后要先与父母生活一段时间。结婚 3 年以内分家占 18.8%，属少数；5 年以上分家占 62.5%。就整体而言，分家过程比较缓慢。

绝大多数独子婚后未与父母分家，他们婚后与父母组成直系家庭。

问卷汇总数据显示，120 个样本中，独子家庭 46 个。独子婚后与父母未分过家者占 69.6%。这一年龄段所有 37 个未分家样本中，独子家庭 32 个，占 86.5%。值得注意，独子中也有 26.1% 与父母分过家，还有 4.3%（2 个样本）为分家前父母去世。两子和三子家庭分别有 33 个和 24 个样本，与父母分过家分别占 87.9% 和 91.7%。四至六子以上家庭样本 17 个，全部与父母分家。当然，并非说四子以上家庭父母都未与子女合住，至少这些家庭被调查到的儿子是与父母分开生活的，但不排除其中有一个儿子（如小儿子）与父母合爨生活。

多子家庭与父母分家普遍的原因是，年老父母属于应照顾对象。若一个或几个儿子已分出，未分出儿子将主要承担养老责任，心理会不平衡。解决的方法是，兄弟之间先把财产分割清楚，然后再商议每人在父母养老中应承担的责任乃至具体的份额。

独子家庭父母失去劳动能力后只能依赖仅有的儿子赡养，作为儿子也难辞其责，因而合爨生活比例最高。但独子家庭分家也非个别现象。按照传统方式，这种“分家”实际只是分爨——分开生活，而不是分割现有财产关系的分家。这种情形发生的原因有两种：一是婆媳关系紧张，难以合爨生活；一是父母尚有养活自己的能力，可以并愿意独立生活。第二种情况下，一旦父母年老、丧失劳动能力，特别是生活能力，父子将会重新合爨。实际上，无论哪一种情况，在没有建立社会养老保障的农村，为赡养老人而合爨是不可避免的。不过这种背景下再合爨往往是无奈之举，彼此很可能缺少容纳之心，家庭气氛将不会很和谐。

既然儿子与父母分家比例如此之高，兄弟之间分家则更为普遍。对于60—69岁年龄段者来讲，兄弟分家往往也受到社会环境的影响。

同70岁以上年龄段一样，60—69岁年龄段受访者也赶上了1958年开始的分家高峰期。此前土改初期是集中分家期。这一年龄段土改前结婚的比例不高，说明意义不大。他们在1958年、1959年分家相对集中的原因是，这之前结婚的弟兄已合爨一段时间，由于集体所有制运动的冲击，特别是兴办食堂之举直接对原有家庭生活方式产生了瓦解作用。随着家庭生产功能和生活功能的丧失，剩下的只是家庭中关系最紧密者（夫妻和儿女）居住在一起，保持最简单的家庭方式。

3．50—59岁年龄段者与父母兄弟分家特征

1999年50—59岁年龄段者的结婚年代以20世纪60年代为主。69个样本中，有分家行为40个，占58.0%；未分过家25个，占36.2%；分家前父母去世4个，占5.8%。

40个有分家行为者中，有35个说明了结婚后的分家间隔。由表7-6可知，本年龄段受访者婚后与父母分家间隔进一步缩短，婚

后 3 年以内分家者占 48.6%。但仍有一定比例能维持较长时间。未与父母分家者为 36.2%。

分家行为与兄弟数量的关系如何？13 个独子家庭中，未与父母分过家占 84.8%；两子、三子和四子与父母分家者分别是 75.0%、70.0% 和 63.6%；五子及以上只有一个样本（与父母分过家）。多子家庭的父母有的也与子女住在一起，这并非诸已婚儿子与父母同居于复合家庭之中，而是其中一个已婚儿子与父母合爨生活，其余儿子分出另过。

兄弟之间的分家状况是，56 个样本中，54 个有分家经历，占 96.4%；2 个未分家，占 3.6%。无分家行为一般是兄或弟未婚配而与已婚兄或弟合爨生活。

4．40—49 岁年龄段与父母兄弟分家行为说明

1999 年 40—49 岁年龄段者结婚时间以 20 世纪 70 年代居多，或者说多数处于人民公社后期。

72 个样本中，50 个与父母分过家（其中 47 个有结婚与分家间隔信息），占 69.4%；15 个未分家，占 20.8%；7 个父母去世前分家，占 9.7%。如不考虑父母去世类别，实际有 65 个样本，有分家行为的占 76.9%，无分家经历的占 23.1%。

按照表 7-6 数据，40—49 岁年龄段的分家特征是：分家间隔进一步缩短，三分之一的受访者婚后 1 年左右与父母分家，表明及时分家已非个别现象；3 年以下分家比例大大增加，占 76.6%，可知绝大多数分家之举在婚后不久或婚后生育头胎之后实施；婚后 10 年以上的分家行为已不存在。这一年龄段者完全被一种新的分家习惯所支配：分家意识已不再掩饰，既然早晚要分，还是趁早分门立户。不像以前那样，儿子婚后与父母生活一段时间，待矛盾和摩擦产生时再分。

我们看一下与父母未分家者的兄弟数量构成。

独子家庭有 12 个样本，其中 2 个为父母在儿子结婚前去世，不存在分家问题。这样，剩下 10 个样本中，未分家者占 80.0%。两子、三子和四子中分家者占 82.8%、80.0% 和 100.0%。五子以上有 4 个样本，其中 1 个样本为父母在子女分家前去世，其他均为分家。

13 个明确说明未分家样本中，独子家庭有 8 个，占 61.5%；两子家庭有 4 个，三子家庭有 1 个。四子以上家庭则无一例未分家样本。

另外，兄弟之间分家已成普遍之势，60 个信息明确的样本中，兄弟之间全部分家。

5．30—39 **岁年龄段分家状况**

1999 年 30—39 岁年龄段者结婚时间以 80 年代居多，其分家行为可以体现土地承包责任制后农民的分家特征。

63 个样本中，与父母分家 45 个，占 71.4%；未分家 13 个，占 20.6%；分家前父母去世 5 个，占 7.9%，可以不将其计入分析样本。这样，58 个样本中，有分家行为的占 77.6%，未分过家的占 22.4%。

由表 7–6 可知，30—39 岁年龄段分家特征是：结婚即分家比例大大增加，1 年左右分家比例超过 50%；3 年以内分家者高达 91.3%；结婚 6 年以上仍与父母住在一起已成个别现象。这表明，虽然土地承包责任制加强了家庭的生产功能，家庭的生产协作要求提高了，但它并没有激发亲子、兄弟合爨生活的意识。从形式上看，家庭联产承包责任制使农民家庭的生产功能恢复，与集体所有制前私有制下家庭的生产和生活方式趋同，某种程度上说，它有可能减缓家庭的分化频度。但实际情形并非如此，家庭解体速度更快。

在 12 个独子家庭中，1 个为父母早逝，不存在分家问题；分过家只有 1 个。两子样本 18 个，与父母有分过家占 88.9%；三子 22 个样本，其中 4 个为父母早逝，其余 18 个中 17 个有分家行为；四子、五子和六子样本分别为 9 个、1 个和 1 个，均有分家行为。另外，在未分家的 13 个样本中，有 10 个为独子家庭。

李树茁等在湖北松滋县的调查也发现：有兄弟的夫妻结束与父

母共居关系的时间要远远早于没有兄弟的夫妻。[①]另外，黄宗智对长江三角洲地区的研究显示，多子家庭儿子婚后绝大多数与父母分家另爨，独子中婚后与父母合爨占多数。黄宗智认为前者是因为婆媳关系紧张，后者是由于旧的伦理观念要求子女照顾老人，故一对老夫妻只有一个儿子的话，他们很可能仍一起吃饭；但旧的伦理日益受到压力，尤其表现在婆媳关系上。[②]可见多子家庭分家行为的普遍化是全国性的。

对 30—39 岁年龄段者，笔者还考察了儿子与父母分家后的居住方式。44 个问卷调查样本中，分家后与父母住一院者有 21 个，占 47.7%；住不同院者 23 个，占 52.3%。年轻的儿子分家即与父母另院居住，是因为婚前父母已为他们在村外盖了新房（这是完婚的必要条件）。

20 世纪 50 年代以来，冀南农村民众的分家行为呈现加快的态势。所谓加快是指，结婚后与父母和兄弟合爨生活时间逐渐缩短。80 年代以后，结婚即分家成为带有普遍性的做法。兄弟数量越多，婚后与父母分家的比例越高。根据我们的调查，本地分家由婚后商议变成婚前约定。基本做法是：在多子家庭，婚姻缔结时女方已对居住标准提出了明确的要求，单独居住（多数情况下要有一所产权属于自己的院落）成为结婚的基本条件。既然有这一前提，儿子结婚后与父母分家显得非常容易，因为家庭财产的隶属关系已经很清楚。

其他学者的研究也揭示出最近 20 年与笔者上述观察相似的结果。其主要结论，一是儿子的分家时间提前，从父亲居（意为儿子结婚后与父母合爨生活）的时间缩短；二是兄弟之间平分家产的传统分家方式被一种新的“系列分家”方式所取代（这种系列分家方式的重要特征是整个分家过程包含着数次财产分割——每个儿子只能从中得到一

---

① 李树茁、靳小怡、费尔德曼：《中国农村婚姻形式和与父母共居时间关系研究》，《中国人口科学》，2001 年第 6 期。

② 黄宗智：《长江三角洲小农家庭与乡村发展》，第 303 页。

小部分家产）。阎云翔以黑龙江下岬村为例对上述结论做了验证和发展。[①]从他的解释看，系列分家实际上是指传统社会分爨型分家与分产型分家。如果将第一个结婚儿子分灶立户（并非与兄弟彻底分产）视为“连续发生的分家”的一个环节，因而称之为“系列分家”的话，那么可以说，这种方式并不是集体经济时期才有的，在传统时代即已存在，只不过80年代以后更为普遍了。实际上，就冀南农村而言，早在60年代末、70年代初，系列分家已成为比较广泛的分家形式。

李树茁等经过实证研究也认为，年轻夫妻与父母共居时间在20世纪50年代后持续缩短，这与本项研究是吻合的，但他们又说最近10年共居时间显示出小幅上升的趋势，[②]本项考察没有发现这种变动特征。

（三）分家后居住方式

就1999年调查时而言，绝大部分不同年龄段已婚儿子与父母是分开居住的。这里我主要考察与父母分家初期的居住方式，借此了解集体经济不同时期农民分家与居住的关系。（见表7–7）

表7–7　不同年龄段受访者与父母分家后居住方式

居住类型	50—59岁年龄段		40—49岁年龄段		30—39岁年龄段	
	样本量	%	样本量	%	样本量	%
住同一院落	26	72.2	24	57.1	21	47.7
住不同院落	10	27.8	18	42.9	23	52.3
合计	36	100.0	42	100.0	44	100.0

资料来源：同表7–6。

60年代和70年代初期，分家后与父母住一起的比例较高，在70%以上；以后逐渐降低。住在不同院落的比例则呈升高之势。至90年代超过50%的已婚儿子分家初期就与父母分院生活。一般而

① 阎云翔：《家庭政治中的金钱与道义：北方农村分家模式的人类学分析》，《社会学研究》，1998年第6期。

② 李树茁、靳小怡、费尔德曼：《中国农村婚姻形式和与父母共居时间关系研究》。

言，父母仍旧住在村里的旧宅，儿子一家则在村外新宅居住。因而，多子家庭这种居住关系意味着分出单过的儿子所得财产份额已经分割清楚。

（四）分家后父母财产安排

集体经济条件下，子女与父母分家后，父母的财产问题显得既简单又很复杂。若有两个以上儿子，当长子分出去时，父母尚拥有可支配的财产；而次子或所有儿子结婚分出后，父母的财产关系就变得模糊起来。集体经济时期家庭财产的核心是房屋。这里着重对受访者父母现住房屋的产权归属做一探究。（见表 7–8）

表 7–8　不同年龄段受访者分家后父母所住房屋产权归属

父母所住房屋类型	儿子年龄段					
	50—59 岁		40—49 岁		30—39 岁	
	样本量	%	样本量	%	样本量	%
有产权属于自己的住房	4	15.4	7	17.9	6	12.8
所住房已分给某个儿子	18	69.2	24	61.5	34	72.3
轮住	3	11.5	8	20.5	4	8.5
住邻居房子	1	3.8			3	6.4
合计	26	100.0	39	100.0	47	100.0

资料来源：同表 7–6。

依据表 7–8，多子家庭儿子均婚后，父母仍拥有所住房屋产权的比例并不高，三个年龄段都未超过 20%。有“自己的住房”是指，父母对现有住房拥有所有权，而不属于某个儿子。父母将来去世后，儿子们再对其重新分配。“所住房已分给某个儿子”，意为父母没有产权属于自己的房子，所住房屋已在儿子对家产的分割中解决了隶属关系，父母或父母一方可以在现住房中永远住下去。这是提前分割家产时所采取的方式。若着眼于居住，两种方式似乎没有什么区别。但对父母来说却不一样。父母无产权属于自己的住房，会有寄人篱下之感，甚至拥有所有权的儿子儿媳会以非礼待之。

但若考虑到具体情形，似乎也有可以理解之处。

在冀南农村，父母现住房屋多是年头比较长的旧宅。若房屋产权归父母所有，一旦房屋需要修缮，年老父母没有能力或财力，诸个儿子便会为此扯皮。若父母所住房屋已分给某个儿子，修缮维护由其负责；即使拆旧房盖新屋，也须给父母留下居所。但不排除有的儿子儿媳将父母视为累赘而嫌弃的情形。

在集体经济时代，父母为子女操办完婚事，不仅身体已经衰老，而且有价值的财产较少。他们对子女的依赖增强了。

“轮住”也是一种养老方式。这种情形下，父母或父母一方已完全丧失属于自己的住房，在诸个已婚儿子之家轮流居住生活。轮住的好处是年老父母（或父母一方）能与子女住同样标准的房屋。“轮住”多出现在父母年老且一方已经故逝的情况下。但这种方式使父或母缺少了定所，处于不断辗转移动之中。

（五）父母与儿子分家

前一部分笔者主要分析了受访对象本人与上辈人（父母）和同辈人（兄弟）的分家行为特征。这里笔者将就父母同晚辈（儿子）的分家状态再做探讨。实际上，同一时期，儿子与长辈的分家和长辈与晚辈的分家具有同一性。不过，将父亲作为受访对象，询问其与儿子的分家场景，是换一个角度看待同一问题。由此我们能了解父亲在与儿子分家中所起的作用。同时，父母作为年龄大的长辈，分家时存在一个如何赡养的问题。另外，从调查信息的可靠角度看，长辈对与晚辈分家情形的熟悉程度或记忆准确度要超过晚辈。

1. 20世纪60年代中期65岁以上老年人与子女分家状况

通过对1966年村庄阶级成分登记档案中65岁以上老年人居住方式的考察，可以了解60年代中期老年人与已婚子女的关系。我们将其分成两个年龄组：65—69岁和70岁以上。

西大庄村，65—69岁年龄段，同村有子女的父母（或父母一方）20个，其中与子女一起生活14个，占70.0%；分开生活6个，占

30.0%。70 岁以上年龄段，同村有子女的父母（或父母一方）27 个，与子女一起生活 17 个，占 63.0%；分开生活 10 个，占 37.0%。

双寺村，65—69 岁年龄段，同村有子女的父母（或父母一方）9 个，与子女一起生活 8 个，占 88.9%；分开生活 1 个，占 11.1%。70 岁以上年龄段，同村有子女的父母（或父母一方）23 个，与子女一起生活 20 个，占 87.0%；分开生活 3 个，占 13.0%。

庆有庄村，65—69 岁年龄段，同村有子女的父母（或父母一方）19 个，与子女一起生活 17 个，占 89.5%；分开生活 2 个，占 10.5%。70 岁以上年龄段，同村有子女的父母（或父母一方)14 个，与子女一起生活 8 个，占 57.1%；分开生活 6 个，占 42.9%。

上寨村，65—69 岁年龄段，同村有子女的父母（或父母一方）19 个，与子女一起生活 11 个，占 55.0%；分开生活 9 个，占 45.0%。70 岁以上年龄段，同村有子女的父母（或父母一方)26 个，与子女一起生活 17 个，占 65.4%；分开生活 9 个，占 34.6%。

1966 年前后，各个村庄年老父母与子女住在一起的比例有差异，但总体上看都比较高。这表明当时老年父母至少同一个已婚子女同爨生活相对普遍一些。值得注意的是，有的调查村庄 65—69 岁年龄段父母同子女一起生活的比例高于 70 岁以上年龄段。我们认为，相对低龄老年父母尚有劳动能力，甚至还是一家之主；子女无论已婚、未婚，都对父母有一定程度的依赖。70 岁以上年龄段的父母多数已经丧偶，其中以母在父故为主。他们虽退出劳动领域，但却有生活自理能力，母亲尤其如此。若有多个已婚儿子，他们更可能会选择独自分爨生活。

2．20 世纪 90 年代 60—69 岁老年人与子女分家情况

60—69 岁年龄段者的儿子结婚时间以 60 年代中期至 70 年代中期为主，处于人民公社时期。

根据问卷调查，本年龄段有 96 个分家信息完整的样本。独子家庭 18 个，其中三分之二（12 个）未分家，三分之一（6 个）分

家。这一方面表明其分家比例较低，另一方面说明独子父母也会与子女分家另爨。未分家样本总数为 16 个，独子家庭占 75%。二至五子家庭中，不分家是个别现象，分家在 90% 以上。

那么，多子女家庭中，父母采取什么方式与子女分家呢？这一问题前面没有涉及。

依据对问卷所做统计，60—69 岁年龄段父母有两个以上儿子且有分家行为样本 74 个。其分家方式有以下三种：大多数为娶一分一，占 81.1%；等小儿子结婚后再与已婚儿子一起分开，占 4.1%；与一个已婚儿子生活，将其他已婚儿子分出去，占 14.9%。

从分家间隔上看，本年龄段父母多在儿子结婚初期即分家。两个以上儿子家庭“娶一分一”实际多为即时分家，所占比例 81.1%，间隔以 1—2 年为主。多子家庭中，父母为最后一个儿子办完婚事再分家是传统时代一些家庭的做法；70 年代的冀南农村，这一方式已不多见。另外，多子家庭，父母与一个儿子生活而将其他儿子分出的做法占一定比例。其中多半是与最后结婚的儿子生活一段时间，但最终也要分家。若两个儿子中一个工作、成家在外地，父母多与在家的已婚儿子同爨生活。

（六）从家庭数量增长速度看分家行为

我们已对冀南地区农民不同时期的分家方式做了考察。从中可见，多子家庭分家行为是很普遍的，并且婚分间隔呈逐渐缩短之势。那么一个村庄家庭数增长与村民分家行为有何种关系？我们依据所获得的资料对调查村庄不同时期人口数和家庭数增长变动做一比较。

表 7-9 中，五个村庄 1944—1990 年家庭总的增长速度都高于人口增长。西大庄村不同时期家庭户增长速度均高于人口增长，其他村庄则互有高低，但总趋势都是家庭户增长速度高于人口增长速度。家庭户的大幅度增长与子女婚后与父母等长辈分家的高比例有直接关系。

表 7–9　调查村庄不同时期人口和家庭数量变动

时期	西大庄村		双寺村		庆有庄村		上寨村		曲河村	
	人口数（口）	家庭数	人口数（口）	家庭数	人口数（口）	家庭数	人口数（口）	家庭数	人口数（口）	家庭数
土改前（以 1944 年为准）	986	190	923	177	776	165	934	207	1744	345
高级社前	1165	230	1050	208	852	188	976	242	1801	378
1944—1955 年自然增长率 ‰	15.3	17.5	11.8	14.8	8.5	11.9	4.0	14.3	2.9	8.3
1966 年	1463	301	1199	245	986	223	1253	305	2009	430
1955—1966 年自然增长率 ‰	20.9	24.8	12.1	15.0	13.4	15.6	23.0	21.3	10.0	11.8
1982 年	1889	427	1677	410	1307	297	1464	396	2924	616
1966—1982 自然增长率 ‰	16.1	22.1	21.2	32.7	17.8	18.1	9.8	16.5	23.7	22.7
1990 年	2316	572	1870	415	1567	365	1693	450	3414	770
1982—1990 自然增长率 ‰	25.8	37.2	13.7	1.5	22.9	26.1	18.3	16.1	19.6	28.3
比土改前净增加	1330	382	947	238	791	200	759	243	1670	425
1944—1990 年净增 %	134.9	201.1	102.6	134.5	101.9	121.2	81.5	117.4	95.8	123.2
1944—1990 年自然增长率 ‰	18.7	24.5	15.5	18.7	15.4	17.4	13.0	17.0	14.7	17.6

资料来源：1944 年、1955 年和 1966 年数据来自阶级成分登记档案，1982 年、1990 年为人口普查资料（由磁县统计局汇总）。

（七）集体经济时代分家原因的考察

1．集体经济时代婚娶与分家间隔缩短

按照一些学者的认识：集体所有制虽然从根本上避免了土地向少数人手中集中，造成贫富再分化的可能，但也完全否定了农民个人财产所有权存在的合理性。[①]这个判断如从生产资料方面理解是对的，而若将房屋等财产以及生活资料等考虑在内，则不符合实际情况。1961年中共中央制定的《农村人民公社工作条例（修正草案）》第七章第四十三条规定："社员的房屋，永远归社员所有。社员有买卖或者租赁房屋的权利。社员出租或者出卖房屋，可以经过中间人评议公平合理的租金或者房价，由买卖或者租赁的双方订立契约。"[②]可以说，集体经济时期房屋成为社员的主要私有财产，至于家具等日常物品和简单的农具更在私有之列。

在冀南农村，土改和集体经济以后，尽管父母的主婚权被新的法律制度所废除，但为子女完婚实际是父母的责任。在农民的观念中，子女婚配仍被家长视为不可推卸的义务。这种做法既是对传统的延续，也有现实的经济基础。在集体经济组织下，尽管子女因参加生产队劳动脱离了家长的指派，但其婚前收入（主要是生产队分红）却仍在父母掌握之中，自己没有独立的财权。因而，由父母操持婚事也是必然的。家长所要做的最主要事情是为儿子准备新房、置办家具。随着时间推移，新房和家具的标准也在不断提高。而相对于微薄的家庭收入，集体经济不同时期，操办儿子婚事是家长的一项沉重负担。对收入来源完全靠生产队劳动所得的家庭来说尤其如此。不过，相比而言，集体经济前期（主要是20世纪60年代末

---

① 折晓叶：《村庄的再造——一个"超级村庄"的社会变迁》，中国社会科学出版社，1997年，第58—59页。

② 《农业集体化重要文件汇编（1958—1981）》，第486—487页。

之前），婚姻中对房屋标准、聘金的要求不高。将旧房粉刷一下，请木工做几件家具就具备了娶亲的基本条件。聘金和聘礼基本上也在可承受的范围内。

70 年代以后情形发生变化，有新房逐渐成为男性娶妻的必备条件。结婚的综合花费（聘金数额）不断攀升。完成儿子的一桩婚姻，常使家长经济拮据，身心疲惫。若有多个儿子，那么家长在没有获得休整之时，就得开始下一轮准备。因而，父母往往倾向于将已婚儿子分出另过。照常理，若不分家，让已婚儿子帮助自己为未婚儿子操办婚事会更好。然而，长子结婚后，紧接着是媳妇生育。集体经济时期，出生婴儿死亡率降低，实际意味着生育子女的间隔较短，家庭人口增长加快，进而影响家庭资金积累。这种情况下，家长更愿选择将已婚儿子分出去的做法。儿子、儿媳中也有希望分家与不愿分家两种倾向。相对来说，在集体经济环境下长大的一代，更倾向于及时分家，独立生活。由此两代人在分家问题上容易达成共识，形成合力推动分家的实现。这也是结婚当年和第二年分家比例上升的原因。

这一点与张五常的论述不相符合："设想一个家庭的父母将孩子作为收入的来源来抚养。在这一过程中，允许长大的孩子有权结婚和抚养自己的孩子。假定上一代对下一代拥有的权利永远保持同一格局，任何长大成人的儿女如果在得到父母的'养育'之后独自得到他所创造的所有收入，都会获得更多的财富。如果孩子离开家庭，独立工作，父母从孩子那里取得收入的执行成本就会提高。因此，父母要保护他们的投资收益，就禁止孩子以后分家。实际上可以认为，中国不断强调子女孝顺的美德，只是为了降低执行子女产权中的成本，而不是为了增加道德方面的收益"[①]。在集体经济环境下，子女的孝顺已不被提倡，家长限制子女分家的能力相对弱化。

---

① 张五常：《子女和婚姻合约中的产权执行问题》，载《经济解释——张五常经济论文选》，第 113—114 页。

还有，正如前面所言，多子家庭不分家并不一定对父母有利，而分家则可能是双赢的。

我们应注意到，集体所有制下，家庭已没有了土地这种对生存最重要的不动产资源。集体经济大部分时期，家庭成员都是生产队中没有地位高低的劳动者。因而分家时，没有土地变动的复杂过程。家中需要分割的重要财产是房屋和家具。这些财产，特别是房屋的归属，实际在儿子结婚时就已基本解决。20 世纪 60 年代末期以来尤其如此。议亲时未来媳妇或媳妇娘家就已相看了房产，定亲时双方家长直接或通过媒人将结婚所用房屋协商好了。婚娶所用房屋基本上就是日后分家时儿子的房产。因而，集体经济期间房产的分割并不是复杂的问题。所要做的只是重新砌一个简陋的厨房就可以了。

集体所有制下，土地的产权具有矛盾性质。耕地成为一种公共资源。宅基地虽不具有私人性质，[①]但一旦获得就可永久占用，甚至传给下一代；并且，建立在宅基上的房屋具有私有性质，可以买卖。所以获得宅基地实际是从公共资源中变相谋求私人产品。1965 年之后由于人口增长、原有庭院居住紧张，从集体土地中划拨宅基地逐渐兴起。70 年代以后宅基地谋取进入高潮。集体经济下，虽然耕地的损失对每个人、每个家庭会造成影响，但外部性决定了对获得者来说，其收益是诱人的。按照当时地方性的规定，任何一个有两个儿子的家庭，都有资格申请一块宅基地。其面积大小各村之间并不一致。从当时来看，多数家庭有两个以上的儿子。它意味着大家迟早都有从集体土地中得到宅基地的机会，因而暂时未受益的社员一般不会对他人占用耕地建房提出异议。这种制度安排实际鼓励家庭在旧宅之外建房。新划拨的宅基地多位于原有村庄外边，由

---

① 1962 年《农村人民公社工作条例修正草案》规定：“生产队范围内的土地，都归生产队所有。生产队所有的土地，包括社员的自留地、自留山、宅基地等等，一律不准出租和买卖。”见《农业集体化重要文件汇编（1958—1981）》，第 634 页。

此建起的新宅多由新婚儿子享用。因而这也成为分家间隔缩短的一个不可忽视的因素。

2．分家原因和分家的提出

这里着重考察受访对象，特别是50—59岁以下各个年龄段被受访者与父母分家起因和分家提出方式，它将在一定程度上揭示集体经济时代民众的分家动机和行为。

（1）分家原因类型

① 为减轻生活压力分家。这是分家的主要原因。依据表7-10，各年龄段受访者为减轻生活负担分家所占比例接近和超过50%。我们说集体经济时期各个家庭尽管获得养育子女的基本能力，但并非没有生活压力。当时，绝大多数家庭成活子女数量提高。子女幼小时，集体粮食分配的“人均”倾向有助于增强多子女父母的抚养能力。而子女逐渐长大，除了吃饭外，还有其他消费需求。特别是儿子到结婚年龄，父母要为其攒钱盖房。若只有一个儿子，父母的压力比较小，而多数家庭有两个以上儿子。低工值、低收入状态下父母纯粹为维持子女生存还不至于捉襟见肘，但若要为多个儿子操办婚事，经济压力将明显增加。因而，那些为减轻负担而分家者往往与这种情形有关。父母的负担是：儿子娶妻生子后需养活的人口增加，这将直接影响家庭的积累。如果还有即将成年的儿子，父母将无法承受为儿子结婚攒钱和养活新增第三代人口双重压力。由此可见，集体经济下家长的生活压力并无减少。当然压力的方式和结果不一样。私有制下，经济窘迫使穷人难以完婚，因而其家庭人口增长受限制；集体制下，生存压力具有较高的弹性特征，不足以对大多数家庭儿子的婚配形成障碍。

当然，如果已婚儿子和儿媳很能干，他们也不想待在父母家中为弟弟结婚积累资财，更希望单独立户，过自己的生活。

不过，从子女角度看，分家意识的强弱也有不同。集体经济期间，他们中有两种考虑：一种倾向分家，这样可以自己做主，实

表 7-10 不同年龄段受访者与父母分家原因

分家原因类型	50—59 岁年龄段		40—49 岁年龄段		30—39 岁年龄段	
	样本量	%	样本量	%	样本量	%
为缓和家庭矛盾	6	16.7	7	16.7	5	11.1
对习俗的认同	8	22.2	7	16.7	11	24.4
减轻生活压力	22	61.1	23	54.8	22	48.9
缓和矛盾与减轻负担			2	4.8	6	13.3
认同习俗与减轻负担			3	7.1	1	2.2
合计	36	100.0	42	100.0	45	100.0

资料来源：同表 7-6。

现经济上的自立，激发劳动热情；一种不愿分家，希望借助父母之手，减轻自己的生活负担，如新生儿女需要老年母亲照料，日常炊煮由母亲操持比自己操持更方便。实际上，第一种考虑往往占上风。但分家后老年母亲也常常帮助照看孙辈子女。

② 为缓和家庭矛盾而分家。一个家庭中不同婚姻单位家庭成员之间的矛盾主要是利益冲突。无论什么时期，分家是家庭成员之间利益冲突的结果或为解决由利益引发的矛盾所采取的措施。传统社会，由于家产构成的复杂性，家长出于对家庭整体利益的考虑，压制分家要求。直至父母，特别是父亲去世，持续酝酿的分家愿望短时间内演变为分家之举。

集体经济时期，土地、大型农具（牲畜和车辆）已从家庭财产中被剥离出去，分家中的财产规模大大缩小。或者说，分家已不存在生产性财产的分割，而变成纯粹生活单位的分立。生产队的工分登记和以此为依据的核算方式将每个家庭成员的能力分得清清楚楚，减少了家庭作为生产单位时期各个成员贡献的模糊性。不同婚姻单位中贡献大的成员也会心生不平之念。

集体经济时期，尽管家庭的主要生产功能转归集体组织，它并不意味着家庭的生活条件与家庭主要成员的“勤”“惰”没有任何关系。家庭成员除了参加生产队劳动挣得工分外，家庭副业如养猪、养鸡等也是家庭收入的一部分。此外，积攒粪肥交给生产队，也可折算工分。它们都与家庭的总收入和生活水平有一定关系。还有，自留地的经营效果直接与家庭成员的劳动能力、勤惰程度有关，从而对家庭生活产生影响。日常生活中家庭成员也有习性节俭和挥霍的差异。这些都说明，生产队时期家庭成员对家庭贡献、养家能力也有大小之别。因而，基于利益的考虑，家庭成员同样有分家的要求。

集体经济时代，为了加强集体组织的地位，防止损害集体利益的行为，"私利"和"私心"是整个社会正统舆论强烈鄙视和批判的观念。在笔者看来，"私利"和"私心"不但未被消除，而且对民众行为起着更大的左右作用。对社员来说，生产组织的"公"与家庭生活的"私"处于明显对立状态。它不仅表现为人们对集体利益和财产的行为态度上，而且体现在家庭内部成员关系上，或许这与生活资料的相对短缺有关。正像前面 1960 年困难状态下兄弟对分家原因的表白和做法一样，当生存出现困难时，利他主义往往没有或缺少存在的空间。虽然除 1960 年初期以外，冀南村庄民众基本上从生存困境中摆脱出来，但直到 20 世纪 70 年代末期，生活资料并没有富足起来，贫穷依然缠绕着多数家庭。贫穷使人斤斤计较，贫穷使人不愿或不甘吃亏，贫穷使家庭成员关系紧张。而核心家庭可以将成员间的矛盾降低到最低程度。那些有条件维持复合或直系家庭的父母和已婚子女则倾向于缩短这两类家庭的维持时间——及早分家。

值得注意的是，多子家庭各个儿子要求从父母那里获得均等待遇的观念仍很强烈。当长子、次子等分出之后，父母可能与最后结婚的小儿子生活的时间长一些。因此，小儿子婚后在子女照料、家务料理等方面受父母的帮助最大；若父亲尚未年迈，小儿子还会在经济上得到益处。但分出的儿子难以接受这些偏向，以致对父母年老后的养老安排有推诿之念。有鉴于此，或者因有这方面的隐忧，明智的父母尚能自食其力时尽可能选择单独生活，以免将来身处被动境地。

③ 认同新的习俗而分家。我认为，习俗是一个地区一定时期民众的行为方式和规则。如果社会变动很小，特定的习俗常常会留存或保持较长的时期。在变化的环境中，原有的习俗不能适应民众新

的行为要求，逐渐被淘汰或被遗忘，新的行为方式慢慢流行起来，以致成为被普遍接受的新的习俗。因而，冀南民众所说的“对习俗的认同”实际是认可集体经济以后逐渐流行的结婚即分家的做法。

表 7-10 中，被访者回答为缓和家庭矛盾而分家的比例并不高。对习俗的认同实际就包含着预防家庭矛盾的内容。久而久之，分家成为一种惯常的做法，不必在矛盾冲突面前被动地进行；他人也不会对邻里的分家感到惊讶。

以上主要是对集体经济时期冀南农村分家原因的概括。

家庭联产承包责任制后，家庭生产功能的恢复并没有减慢分家的步伐，相反加快了。冀南地区传统时代大家庭组织对土地耕作具有优势。而 80 年代之后，形势已大不相同。一是平均每人口粮田和责任田合在一起降到 1 亩及以下的水平，耕作量减少，合作生产的必要性降低了（但这不影响父子之间和已婚兄弟之间在播种和收获时协作）。二是随着农业科技水平的提高，农田管理所花时间减少，基本上只限于种植和收获时。为增加收入，成年劳动力更多地寻求农业之外的经商、务工活动。在第一种情况下，人们觉得核心家庭完全可以有效地组织小块土地的经营管理，而且灵活方便，没有必要留在大的家庭类型中。第二种情况下，年轻人在非农经营中的优势显示出来，因而更希望尽早分家，以便取得财产的支配权。与此同时，由于子女的主要经济行为已不是土地经营，熟谙农业生产的父亲对子女的指导能力和约束能力降到最低点。一旦子女提出分家，父母一般多会认可。

阎云翔认为，新的家庭财产积累方式导致了个人财产观念的变化，从而引起分家习俗的变化。即集体经济以来，家庭财富的主体是父子创造的，而不是祖遗财产。这使年轻一代具有强烈的财产权利意识，并削弱了父母控制家产的能力和权威。还有一点是子女出于对控制和消费财富权力与权利的追求而分家，而对合爨家庭财富总量增加但本身不具有控制权这种财产形式不感兴趣。[①]这一分析

① 阎云翔：《家庭政治中的金钱与道义：北方农村分家模式的人类学分析》。

有其道理，但却不够深刻。实际上，在农村社会中，无论对于祖遗财产，还是自己创造财产，子女都有很强的财产权利意识。

（2）分家的提出

父子分家由谁先提出？对此，通过调查并不能获得可靠信息。在冀南农村，尽管父子分家已成为被人接受的新习惯，但话语中人们仍低调对待分家之事，不愿声张。调查中，当问及儿子特别是儿媳有关分家的原因时，多数说不是自己提出来的，把责任推给父母或公婆；而父母或公婆则比较客观，能够坦然相告。当然，无论谁首先提出分家，父母往往具有最后决定权。

表 7-11 中三个不同年龄段受访者分家提出方式变化不大。

表 7-11　不同年龄段受访者分家提出方式

分家提出方式	50—59 岁年龄段		40—49 岁年龄段		30—39 岁年龄段	
	样本量	%	样本量	%	样本量	%
儿辈提出	5	13.9	7	16.7	6	13.3
父母提出	18	50.0	24	57.1	27	60.0
共同协商	13	36.1	11	26.2	12	26.7
合计	36	100.0	42	100.0	45	100.0

资料来源：同表 7-6。

父母提出均超过 50%。与前面所说为减轻生活压力而分家联系起来，表明集体经济时期父母的生活负担是比较沉重的，以致不得不采取分解压力的办法。父母提出分家比例高的一个原因是，不管什么时期，分家的形式多是子女分出去，父母同意是首要条件。集体经济时期当分家由儿辈提出时，儿媳所起作用可能更大一些。但若儿子不同意，儿媳也不会公然要求。在多子女家庭，长子、长媳想尽早分出去，也是摆脱负担的方式；其他情形下，分家可增加生活安排的自由度。共同协商是指父子两代之间平和地分家，它占有一定比例，表明父母子女对分家趋势有了比较高的认同，不必在产生家庭矛盾时被动分家。

四、讨　论

先来看看私有经济与集体经济条件下分家的区别。

第一，分割财产的范围有差异。私有经济下，分家包括对生产资料和生活资料两种家产的分配，土地既是财产主体，又是重要的生产资料，牲畜、车辆是进行生产不可缺少的工具，对家庭成员今后生活条件起着决定性影响。因而可以说，私有制下分家的重心在土地和生产工具上。除此之外是房屋。房屋是衡量家庭经济水平和生存条件的重要指标。不过相对于土地，房屋在私有经济条件下的重要性并不突出。我们所看到的家产矛盾和冲突多是围绕土地分配和归属展开的。集体经济条件下，土地和生产工具归集体所有，家庭可分财产范围大大缩小。家产的主要体现方式是房屋和家具。虽然存款也可能成为主要财产，但农村集体经济时代大部分时期，货币在农民家庭财产中的份额是比较小的。可以说，集体经济条件下，分家的主要对象是房屋和家庭基本用具，其中房屋是核心。

第二，分爨的意义不同。私有经济下，分家的意义大于分爨的意义。只有将财产的归属解决清楚，分家才算彻底完成；分爨是在分家条件尚不完全具备时的一种替代形式。而集体经济条件下，家庭财产范围已浓缩在房屋上，已婚子女的现住房多数就是分家实施时应拥有的房产。在冀南农村，20世纪70年代以后，由于集体对社员宅基地划拨的宽松，建房的外部限制减少。拥有一处单独的住房成为结婚的前提条件。（当然主要是女方的要求。）因而，此时的财产归属就已基本解决，以后的分家实际只是分爨问题。对多数家庭来说，结婚是分家的开始，分爨是分家的结束。分家的标志是分爨。

第三，分家的频度不同。分家频度主要是就子女从婚配到分家的间隔长短而言。私有经济条件下，分家间隔相对较长。即可能的情况下，子女婚后一般与父母兄弟维持一段共财合爨生活。随着家庭成员矛盾出现，家庭维系困难，分家动议才被提上日程。集体经济条件下，及时“分”家逐渐代替了勉强维系“合”在一起生活的做法。由此，农村社会形成新的分家观念，结婚即分家成为比较普遍的行为。

第四，分家后的养老方式不同。私有经济条件下，有产家庭的父母对家庭财产具有较大的控制权。即使分家，也要考虑自己年老时的赡养问题，即将养老地划拨出来。因而，多数有产家庭中，由于父母处于比较有利的地位，养老并不是突出的家庭问题。集体经济条件下，土地从家庭中彻底脱离出去，每个成员直接劳动成为获取生活资料的主要手段。作为集体生产组织下的一员，只有那些阶级成分好的无子女者能在年老后享受“五保户”养老待遇，其他人一律由子女负担养老。当时家庭收入有限，父母往往将大部分积累用在为子女建房造屋、筹备结婚之上，没有也不可能为自己的老年生活留下可供支配的货币财产等，子女成为其养老的全部寄托。另外，多数老年父母等所拥有的家庭财产权（主要是房屋）实际被子女提前剥夺。由此父母失去了重要的物质支配条件和获得生活保障的主动地位，养老质量的高低完全取决于子女的能力和态度。

D. 盖尔·约翰逊指出：在引入社会保障体系之前，人们常利用土地所有权为老年生活提供保障；既无社会保障体系，又无土地所有权情况下，在绝大多数社会里，生育男孩对于应付长期患病或伤残所需的费用和养老方面具有至关重要的作用。[①]这一论述符合中国养老从私有经济到集体经济的变动轨迹。

第五，父母对家庭财产的支配能力下降。传统社会的家庭居制中，父母处于主导地位。其表现形式是：父母住在堂屋或上房中，子女居于厢房内。建筑质量上，堂屋要比厢房讲究。至少在形式上，堂屋显得高大，厢房则显得矮小。父母的尊崇地位由此得以一定程度的体现。而现代冀南农村，子女结婚对房屋的要求标准越来

---

① D. 盖尔·约翰逊：《人口增长与经济财富》，陈勇译，《中国人口科学》，2000年第5期。

越高。没有比较时尚的新房，儿子的婚姻便会有障碍，以致在当地婚姻市场处于不利地位。为了给儿子结婚创造条件，父母要省吃俭用数年，积攒钱财，将符合流行样式的新房盖起来。而操劳数年的父母不敢奢望住进新房，这样将会使儿子的"幸福"破灭。我在冀南农村看到，年迈的父母多住在村中低矮的旧宅里，儿孙们住在村外敞亮的新居中。

赛尔登认为，土改之前，家庭的经济逻辑阻止家庭提前分家。家庭契约的核心是在老年父母由男性后代照顾和最终的土地转移之间的交易。集体化消除了土地转移的因素和作为生产活动组织者的家庭。20 世纪 80 年代的家庭联产承包责任制提供给青年男女平等和直接得到自己土地的机会，即使他们建立独立的家庭也是如此。并且，随着村庄提供住宅建设土地，越来越多的青年男女婚后选择尽快从父母和公婆权威的束缚下解脱出来的生活方式。①

再来看看私有经济与集体经济条件下分家的共同点。

均分的原则并没有动摇。笔者从档案和实际调查中了解到，集体经济初期，兄弟对房屋等财产分配时，仍继续遵守着均分这一传统原则。但集体经济中后期，随着分家间隔的缩短，均分形式发生了变化，即由以往一个时点均分变为渐次均分。如住房的建造要遵循投资大体相等或相近的原则。否则，不仅儿媳不满意，儿子也不能容忍父母的偏袒做法，甚至以此为理由将来拒绝承担赡养父母的责任。这是父母竭力避免的尴尬结局。

另外，集体经济环境下，财产的分割（主要是房屋）并非都采取"拿单"（或抓阄）方式来定夺。若父母在世，并且有较高的权威，由其将家庭财产搭配后在儿子中分配。这在冀南地区并不是个别现象。若财产构成简单，如以房屋为主，这种分家方法可以减少生活动荡。但有时这极易埋下纷争的种子。

① Mark Selden, "Family Strategies and Structures in Rural North China", *Chinese Families in the Post-Mao Era*, pp. 148–149.

值得注意的是，在当代，分家内容较以前简单了，并且儿子婚后与父母及时分家的做法逐渐为人接受。但分家后儿子推卸对老年父母的赡养责任并不是个别现象。

传统意义上分家主要是兄弟之间分割财产，各自建立经济单位和生活单位。因而真正的分家在兄弟两人以上的家庭才会出现，独子家庭没有与此相对应的分家对象。然而 80 年代以后，独子与父母的分家行为——分开生活逐渐增多。独子与父母分家具有分家的基本形式：生活单位分开，收入各自独立，父子各为户主。不过，父母财产的最终继承者仍是儿子，因而父子分财的意义不大。就笔者所了解到的，这种分家多是彼此为了寻求互不干涉的自由生活，减少日常矛盾。独子家庭父子分家的前提是父母尚有劳动能力，对儿子没有依赖。这种特征决定了独子分家一般没有分家契约。当父母年迈失去劳动能力之后，仍会与子女合在一起生活。

无论私有经济下，还是集体经济时代，分家行为都是不可避免的。大家庭的硬性维持往往降低家庭成员创造财富的积极性。为了减少成员的利益摩擦，传统社会政府和思想家往往借助道德和伦理力量加以束缚。①树立对父母权威的认同意识，维护父母对家庭分合的决定权；②强调兄弟之间血缘关系，通过“兄友弟恭”、手足相连等伦理的灌输来抑制兄弟之间各自发展的观念；③贬低妻子的地位，认为她们是大家庭产生分离倾向的挑唆者，因而要求做丈夫的勿听妇言。我们认为，必须承认这种宣传的客观效果。传统社会大家庭占一定比例（虽不如我们想象得那样高），主要是非经济因素作用的结果。但这种道德要求的作用又是有限度的。如果从具体影响力来看，上面所讲的第一条落实的程度最高，因而相对来讲，大家庭的分家往往是在父母特别大家庭财产的控制者父亲去世后才开始的。第二点只有在第一点能发挥作用的前提下，或者说在父亲权威震慑之下，兄弟之间才会相安无事，否则仅靠兄弟伦常的约束将不具有效力。至于妻子对大家庭的分离作用，实际上应该这么看：如果把大家庭看成是一个主生活单位的话，那么儿子结婚实际上意味着大家庭内部出现了次生活单位；相对于大家庭这个主生活单位，次生活单位的成员实际上有着更多自己的利益，而这并不是妻子或丈夫单方面的利益。即使大家庭家长束缚能力存在，次生活单位的夫妇依据其生活经验或村落中左邻右舍的家庭演变模式，对大家庭的必然解体有一个心理预期。若只有一个儿子，次生活单位夫妇的分家观念将不存在或不强烈。有两个以上儿子的家庭，儿子结婚必然会带来这种意识的变化，不能把家庭矛盾和分离倾向的产生归咎于儿媳或妻子一方。除非兄弟不婚配，避免形成次生活单位。近代之前的历史文献记载中，个别官方所旌表的孝悌典型为防止兄弟关系被破坏而终身不娶，有的则因妻子主张分家而将其赶逐回娘家，从而加重了人们对妻子瓦解家庭、破坏成员关系的偏见。当然这些都是极端个别的现象。对多数人来讲，他们难以摆脱平民的行为方式，结婚生子，构成自己的生活核心。实际上，从本质上讲，大家庭的分解源于子女婚配，而不是婚配的对象。

集体经济时代，尽管土地非私有化对家长权威和大家庭的存在基础具有削弱和瓦解作用，但政府并没有从正面贬低家庭的存在价值。不过，政府强调家庭成员地位平等，要求家庭成员对集体组织关心和爱护。可以说，大家庭已经得不到主流意识形态的褒扬。家庭的分合完全是家庭成员自己的选择。或许这种环境更有利于小家庭的存在和保持。

五、结　语

分家中的均分意识和习惯在冀南地区农民中有强烈的认同。无论土改前、土改后、集体经济时期，还是土地承包时期，都是如此。不过均分的表现方式有所不同，传统时代基本上多子家庭通过一次均分来解决家产的分割和继承问题，集体经济条件下父子分家频度增加，渐次分家成为趋势。但均分的意识并无实质改变。

土地私有与土地集体所有制下家庭的财产范围有很大不同，分家的复杂程度不一，并因此决定了家长制约子弟分家能力的差异。私有制下有产家庭的分家时间选择、分家方式安排与财产由父家长控制的状况有直接关系。土地集体所有制下，村民的家产范围大大缩小，土地和大型农具不在其中，住房成为财产核心，分家的外部制约因此减小，从而加速了家庭的裂变。

传统时代分家受到家长的压制，大家庭潜在的矛盾与公开的争吵、冲突不可避免。集体经济时代，多子家庭父子分家逐渐成为一种共同倾向，乃至演变为一种新的习惯，冲突和矛盾得以减少。特别是婚姻缔结时对独立住房要求程度提高，结婚与分家建立起直接的联系。

第八章
家庭同居代际

家庭代际主要考察家庭同居成员的代际数量构成。家庭同居代际数量与家庭成员的寿命等自然因素有直接关系。从人口学上看，在婚姻和生育正常情况下，家庭成员寿命延长将会增加不同代际累积数量，从而延伸家庭同居代际。家庭同居代际数量还与家庭分化程度有关。一般而言，直系家庭和复合家庭包含的代际相对较多，而核心家庭至多只有两代人。可见，即使有多代人同处于一个时代，若家庭出现核心化趋向，那么家庭同居代际也不会扩展。本章中我们将对冀南地区不同时期家庭代际状态及其变化加以研究，认识社会变革对家庭同居代际数量的影响。

一、不同时期家庭代际构成

（一）土改前家庭代际状态

在家庭结构的分析中已经看到，土改之前，直系家庭比例较高，而直系家庭多数由三代同居成员构成。另外，复合家庭也占有一定比例。这种家庭结构构成从理论上应该对家庭同居代际关系产生影响。

表 8–1 的五个村庄中，二代家庭是家庭的主体，除西大庄村外，其他村庄都超过 50%，上寨村则在 60% 的水平；各个村庄三代家庭比例均处于第二位，在整个村庄中占三分之一到四分之一；只有四个村庄存在四代家庭（山区的上寨村没有四代家庭），且样

本很小，比例很低。传统社会人们虽在观念上向往多代同堂大家庭，但从上述统计中可见其所占比例是很低的。夫妻一代家庭是由夫妻二人组成的家庭，所占比例也不高。单人统计指标与家庭结构中的统计数据完全一样，虽然相对数量不大，但其比重却不小。

表 8-1 土改前家庭同居代数

同居代数	西大庄村		双寺村		庆有庄村		曲河村		上寨村	
	样本量	%	样本量	%	样本量	%	样本量	%	样本量	%
夫妻一代	14	7.4	12	6.8	10	6.1	13	3.8	8	3.9
二代	88	46.3	99	55.9	99	60.0	204	59.1	125	60.4
三代	70	36.8	51	28.8	39	23.6	99	28.7	53	25.6
四代	2	1.1	1	0.6	2	1.2	4	1.2		
单人	15	7.9	13	7.3	14	8.5	25	7.2	20	9.7
其他	1	0.5	1	0.6	1	0.6			1	0.5
合计	190	100.0	177	100.0	165	100.0	345	100.0	207	100.0

资料来源：根据调查村庄“阶级成分登记表”汇总得到。

那么，冀南农村家庭同居代际构成与华北其他地区相比处于什么水平呢？李景汉等对河北定县 515 个家庭所做调查（1929 年）涉及同居代际问题，根据该调查，一代户占 2.5%，二代户 48.9%，三代户 40.2%，四代户 8.2%，五代户 0.2%，没有单人户；而同是定县的大王耨村（1931 年），与 515 家调查结果有很大不同；一代户占 58.0%，二代户 37.1%，三代户 4.7%，四代户 0.2%；北平清河镇的一代户占 55.5%，二代户 42.1%，三代户 2.4。[①]这些调查与冀南村庄的调查有很大差距。定县 515 个家庭调查与表 8-1 西大庄村比较接近，但总体上看，同居代数比较集中，三代以上的多代同居比例较高；其他两项调查中的一代户超过 50%，比冀南村庄高出将近 10 倍，令人难以置信。由于以往这方面的调查较少，以致一些现代研究者将定县 515 个家庭的调查作为 20 世纪 30 年代全国的

① 杨子慧主编：《中国历代人口统计资料研究》，第 1446 页。

代表类型，并以此同新中国成立后全国的水平加以比较。[①]这种研究和比较方式有欠妥当。

一般而言，如果家庭财富依照不可分割继承原则（长子继承或只有一子继承）进行，那么多代居住比例将可能提高。在财产均分原则下，多代居住家庭财产的分割会出现困难。如一个四代复合家庭，除第一代外，其他代中可能都有两个以上男性后代。一旦分家，仍是第二代从第一代那里继承财产；第三代和第四代将无权与第一代建立财产传承关系，只能从第二代所分财产中再分一杯羹。若第三或第四代男性后裔都已长大成人，并且参与了财产的创造活动，分家时不能直接继承财产，不满和怨恨就会产生。或许有这些实际问题，因而从自然角度看有条件组成四代复合家庭的家长，也往往选择适时分家的做法。

当然，四代家庭比例不高也与当时人口预期寿命低的自然因素限制有关。传统社会家庭代际延续以男系为主。根据笔者对18世纪个案所做的汇总统计，长子出生时父亲的平均年龄约为28岁。[②]按照刘翠溶的家族人口研究，明清50个家族中长子出生时父亲平均年龄为27.59岁，其中北方稍低，为25.14岁。[③]这实际上是对当时社会代际间隔的反映。如将25岁作为北方地区上下两代间隔的低线，一个男性至少在50岁才能看到其长孙的出生，曾孙出生时其年龄应在75岁以上。而在民国及其以前，20岁成年人的平均预期寿命约尚有30年，这意味着成年人的平均寿命约为50岁。因此，从这一角度看，保持四代同居的格局是绝大多数家庭难以实现的。

---

① 赵旋主编：《全国生育节育抽样调查报告集（婚姻家庭卷）》，中国人口出版社，1993年，第174页。

② 拙著：《十八世纪中国婚姻家庭研究——建立在1781—1791年个案基础上的分析》，第218页。

③ 刘翠溶：《明清时期家族人口与社会经济变迁》，“中央研究院”经济研究所（台北），1982年，第218页。

可见，土改前尽管人们在习俗上推崇多代同居，但分家行为的普遍存在，特别是父家长去世后兄弟分家要求往往难以压制，加之人口预期寿命不高，这些都是多代同居难以维持或保持较高比例的重要原因。

（二）集体经济时期的家庭代际水平

从家庭结构和分家行为的考察中我们已经看到，集体经济时期与土改前相比出现了明显的变化。这些变动与家庭代际有直接关系。在此笔者将 1966 年作为集体经济的代表时期进行分析。（见表 8–2）

表 8–2 1966 年家庭同居代数

同居代数	西大庄村		双寺村		庆有庄村		上寨村	
	样本量	%	样本量	%	样本量	%	样本量	%
夫妻一代	15	5.0	8	3.3	11	4.9	25	8.2
二代	187	62.1	158	64.5	135	60.5	181	59.3
三代	57	18.9	52	21.2	33	14.8	44	14.4
四代	4	1.3	1	0.4			1	0.3
单人	32	10.6	24	9.8	33	14.8	50	16.4
其他	6	2.0	2	0.8	11	4.9	4	1.3
合计	301	100.0	245	100.0	223	100.0	305	100.0

资料来源：同表 8–1。

表 8–2 中，四个村庄中二代家庭所占比例相差很小，基本上都在 60%—65% 之间。与前一时期的二代家庭相比较，上寨村和庆有庄村基本上保持原来的水平；西大庄村和双寺村较前上升明显。其中西大庄村增加 13 个百分点，增长率为 29.2%；双寺村增加了 8.6 个百分比点，增长率为 15.4%。

根据表 8–2，三代家庭下降明显，西大庄村减少 44.8%，双寺村减少 26.4%，庆有庄村减少 29.9%，上寨村减少 43.8%。值得注意的是，单人家庭都有上升，在庆有庄村和上寨村，其比例基本上与三代家庭持平。夫妻家庭原本所占比重较小，因而变动不大。不过双寺村和上寨村相对波动较大，双寺村下降 50% 以上，上寨村增加 50% 以上。西大庄村和庆有庄村有所降低。

1982 年第三次人口普查虽然在农村家庭联产承包责任制之后，但我认为它所反映的应该是集体经济后期的家庭代际水平。考虑到家庭代际在这一时期各个村庄之间相对比较一致，这里我们看一下磁县及附近几个县的状况。（见表 8–3）

表 8–3　磁县及其相邻县份家庭同居代际构成

同居代际	磁县		邯郸县		武安县		临漳县	
	样本量	%	样本量	%	样本量	%	样本量	%
夫妻一代	6636	6.2	3719	5.9	9457	6.7	5368	5.8
二代	70599	65.6	44130	69.5	98753	70.3	60438	65.4
三代以上	21061	19.6	11021	17.4	14583	10.4	20232	21.9
单人	9386	8.7	4609	7.3	17632	12.6	6323	6.8
合计	107682	100.0	63479	100.0	140425	100.0	92361	100.0

资料来源：河北省人口普查办公室《河北省第三次人口普查资料汇编》（内部资料），1984 年 9 月，第 636 页。

就磁县来讲，1982 年“普查”数据中的代际构成与 1966 年四个村庄的调查相比，有一定差异，但差异不大。1982 年较 1966 年二代户和三代户的总体水平稍有上升，单人户下降。这表明，在集体经济中后期（1966 年至 20 世纪 80 年代初），家庭小型化局面已经形成，并保持着相对稳定的状态。横向看，除以山区为主的武安县外，其他三县之间指标很接近。

1982 年全国农村的家庭代际构成如下：夫妻一代占 4.95%，二代 68.02%，三代以上 21.00%，单人 5.38%，其他（一代与其他亲属或非亲属）0.65%。[①]这些指标与冀南县份相比也处于相近的水平，由此表现出冀南地区与全国农村家庭代际同步变动的特征。

① 国务院人口普查办公室、国家统计局人口统计司：《中国 1982 年人口普查资料》，中国统计出版社，1985 年，第 476—477 页。

（三）20世纪90年代家庭代际构成

1999年在冀南农村实地调查时，我们依据四个村庄常住人口登记表，对家庭同居代际做了统计。正如前面所提到的，有些户家庭常住人口的记载是不准确的，特别是父子分家后仍登记在一起。对此，我们一一做了纠正，得出以下家庭同居构成。（见表8–4）

表8–4　1999年家庭同居代数

同居类型	西大庄村		双寺村		上寨村		庆有庄村	
	样本量	%	样本量	%	样本量	%	样本量	%
夫妻一代	56	9.0	43	9.1	19	4.2	33	8.7
二代	434	70.1	311	65.6	305	66.9	271	71.1
三代	94	15.2	84	17.7	96	21.1	64	16.8
四代	1	0.2	1	0.2	1	0.2	1	0.3
单人	30	4.8	34	7.2	30	6.6	10	2.6
其他	4	0.6	1	0.2	5	1.1	2	0.5
总数	619	100.0	474	100.0	456	100.0	381	100.0

资料来源：根据调查村庄常住人口登记表汇总得到。

按照表8–4，90年代末，二代家庭所占比例进一步上升，在四个村庄它都成为占主导地位的家庭类型。三代家庭变动比较复杂，既有上升村庄，如上寨村和庆有庄村，也有下降村庄。值得注意的是，除上寨村外，各村之间三代家庭比例比较接近。单人家庭均有下降。

1988年全国生育节育调查资料也显示出不同地貌之间家庭同居代际的差异。特别是山区与平原之间的差异有所表现：平原一代户为12.3%，二代户69.8%，三代户16.9%，四代户1.0%；山区分别为10.1%，69.2%，19.5%，1.2%。[①]不同之处主要表现为，一代户，平原地区高于山区2.18个百分点；而三代户山区高出平原2.6个百分点。这表明山区居民的家庭成员居住的集中程度高于平原。依据冀南地区的调查，1966年前平原地区三代同居比例高于山区；夫妻

① 赵旋主编：《全国生育节育抽样调查报告集（婚姻家庭卷）》，第185页。

一代户和单人户均为山区高于平原。其原因是多方面的，而最主要的是家庭的分化速度存在差异，即山区的分化速度较平原地区缓慢。

综上所述，在冀南农村，同居代际变动重要的分野是在土地改革前的私有经济和20世纪50年代后期以来的集体经济之间，表现为前者三代同居家庭占有较高的比例，后者则明显下降。而在集体经济与家庭联产承包责任制之间没有实质性差异，只是二代家庭的比例进一步上升，三代家庭则相对比较稳定。无论在哪一时期，二代家庭都是比例最大的家庭类型。差异是私有经济阶段，二代家庭虽居多数，但未占绝对多数；至集体经济以后，二代家庭在各个村庄的比重上升至65%—70%，显示出小家庭的优势地位已经确立。

二、家庭代际与家庭结构

家庭同居代际与家庭结构有密切关系，家庭结构的简化和复杂化会对家庭同居代际数量产生直接影响。这种关系主要表现为核心家庭、直系和复合家庭的变动将引起二代、三代和四代家庭构成的增减。

这里主要观察二代、三代同居家庭和家庭结构的关系。由表8–5、表8–6可见，土改前二代家庭由核心家庭、直系家庭和复合家庭三类家庭构成，最大部分是核心家庭，而直系家庭也占一定比例。它说明这样一个问题，直系家庭中一定比例的儿子婚后没有生育子女。三代家庭由直系和复合两类家庭组成。根据表8–5，土改前63个直系家庭中，二代家庭占31.7%，三代家庭占66.7%。可见直系家庭在二代家庭中占很重要的地位。

1966年的情形与土改前有很大不同。二代家庭主要由核心家庭组成，直系家庭成为个别现象；三代家庭则主要由直系家庭组成，复合家庭只占很小的比例。从直系家庭角度看，总数66个直系家庭中，二代家庭只有5.3%，三代家庭占91.2%。它表明，与

表 8–5　西大庄村不同时期家庭代际与家庭结构关系

家庭结构	夫妻一代		二代		三代		四代		单人		其他		合计
	样本量	%	样本量	%	样本量	%	样本量	%	样本量	%	样本量	%	
土改前：													
核心家庭	14		65	70.7									79
直系家庭		100.0	20	21.7	42	65.6	1	50.0					63
兄弟复合家庭			5	5.4									5
单人家庭									15	100.0			15
残缺家庭											1	33.3	1
直系复合家庭			2	2.2	22	34.4	1	50.0					25
扩大核心家庭											2	66.7	2
合计	14	100.0	92	100.0	64	100.0	2		15		3		190
1966 年：													
核心家庭	15	100.0	176	94.1							1	20.0	192
直系家庭			10	5.4	52	91.2	4	100.0					66
兄弟复合家庭													
单人家庭									32	97.0			32
残缺家庭									1	3.0	1	20.0	2
直系复合家庭					4	7.0							4
扩大核心家庭			1	0.5	1	1.8					3	60.0	5
合计	15		187	100.0	57	100.0	4		33		5		301
1999 年：													

（续表）

家庭结构	夫妻一代		二代		三代		四代		单人		其他		合计
	样本量	%	样本量	%	样本量	%	样本量	%	样本量	%	样本量	%	
核心家庭	56	100.0	399	91.9							4	100.0	459
直系家庭			31	7.1	94	100.0	1	100.0					126
单人家庭									30	100.0			30
扩大核心家庭			4	0.9									4
合计	56	100.0	434	100.0	94	100.0	1	100.0	30	100.0	4	100.0	619

资料来源：同表 8–1。

表 8–6　双寺村不同时期家庭代际与家庭结构关系

家庭结构	夫妻一代		二代		三代		四代		单人		其他		合计
	样本量	%	样本量	%	样本量	%	样本量	%	样本量	%	样本量	%	
土改前：													
核心家庭	12	100.0	63	64.3									75
直系家庭			18	18.4	30	57.7							48
兄弟复合家庭			7	7.1	2	3.8							9
单人家庭									13	100.0			13
残缺家庭													
直系复合家庭			5	5.1	20	38.5	1	100.0					26
扩大核心家庭			5	5.1							1	100.0	6

（续表）

家庭结构	夫妻一代		二代		三代		四代		单人		其他		合计
	样本量	%	样本量	%	样本量	%	样本量	%	样本量	%	样本量	%	
合计	12	100.0	98	100.0	52	100.0	1	100.0	13	100.0	1	100.0	177
1966 年：													
核心家庭	8	100.0	148	93.7									156
直系家庭			8	5.1	49	94.2	1	100.0					58
复合家庭			1	0.6	3	5.8							4
单人家庭									24	100.0			24
扩大核心家庭			1	0.6							2	100.0	3
合计	8	100.0	158	100.0	52	100.0	1	100.0	24	100.0	2	100.0	245
1999 年：													
核心家庭	42	97.7	286	92.0							1	100.0	329
直系家庭			10	3.2	84	100.0	1	100.0					95
单人家庭									34	100.0			34
残缺家庭	1	2.3	3	1.0									4
扩大核心家庭			12	3.9									12
合计	43	100.0	311	100.0	84	100.0	1	100.0	34	100.0	1	100.0	474

资料来源：同表 8–1。

父母住在一起的已婚儿子绝大多数有自己的子女。这是与土改前的重要不同。

二代家庭构成，1999 年与 1966 年差异不大，只是其中核心家庭比例稍有下降，直系家庭比例稍有上升。三代家庭更趋于简单，全部由直系家庭构成。直系家庭中二代和三代家庭分别为 24.6% 和 74.6%。可见，直系家庭中二代家庭比例上升。这种现象与该地区结婚年龄提前、婚育间隔有所扩大有关。

双寺村与西大庄总体状况一致，区别是土改前二代户中核心家庭比例更低，直系和复合家庭比例更高。它说明土改前子代婚姻与生育的间隔较长是比较普遍的。

以上数据表现出这样的特征：各个时期二代户均以核心家庭为主，三代户以直系家庭为主。差异是土改前二代家庭中有较高比例的直系家庭和复合家庭，两种家庭类型占 25%—35%。土改后，特别是 1966 年，各村庄二代户中核心家庭比重明显上升，最低占 94%，最高为 100%。关于这种差异形成的原因，我认为是土改前子代婚后没有及时生育，在较长的时期内仍然是两代直系家庭。它一定程度上印证了传统社会早婚未能实现早育现象的存在。1966 年，二代户中绝大多数是核心家庭，直系家庭已经很少存在了。子代婚育间隔的缩短是变化的主要原因。

为了更清楚地认识家庭代际与家庭结构的关系，我这里对复合家庭的代际构成加以分析。（见表 8–7）

表 8–7　西大庄村土改前复合家庭代际特征

户主	家庭结构	同居代数	人口数	人口构成结构	男系代际构成结构	有无伯叔关系	弟兄数量	婚配状况
王志奎	直复	3	13	2—6—5	1—3—3	无	3	均婚
王久堂	直复	3	11	2—3—6	1—2—3	无	2	均婚
陈录	复合	2	7	4—3	2—2	有	2	均婚
陈众	直复	3	16	1—6—9	0—3—4	无	3	均婚
陈元	直复	3	9	1—4—4	0—2—2	无	2	均婚
王尚善	直复	3	19	2—9—8	1—5—4	无	5	均婚

（续表）

户主	家庭结构	同居代数	人口数	人口构成结构	男系代际构成结构	有无伯叔关系	弟兄数量	婚配状况
王佩	直复	3	7	1—4—2	1—2—1	无	2	均婚
王升	直复	3	13	1—4—8	0—2—4	有	2	均婚
王双	直复	4	13	1—2—6—4	0—1—3—1	无	3	均婚
王忠义	直复	3	13	2—6—5	1—3—1	无	3	均婚
王文	直复	3	15	2—6—7	1—3—4	无	3	均婚
王德福	复合	3	8	4—4	2—2	有	2	均婚
陈龙	复合	2	6	4—2	2—1	无	2	均婚
陈义富	直复	3	10	2—8	1—4	无	4	非均婚
陈秀文	直复	3	9	2—6—1	1—3—0	无	3	均婚
王汉民	直复	3	10	2—4—4	1—2—2	无	2	均婚
王汉中	直复	3	7	1—4—2	0—2—1	无	2	均婚
王永丰	直复	3	24	1—10—13	0—5—4	无	5	均婚
王长安	直复	3	10	2—4—4	1—2—2	无	2	均婚
王清明	直复	3	10	2—6—2	1—3—1	有	3	均婚
王贤永	直复	2	8	2—6	1—4	无	4	非均婚
王铎	直复	3	12	2—5—5	1—3—1	无	3	非均婚
王成万	直复	3	6	1—4—1	0—2—1	无	2	均婚
韩和茂	直复	3	9	2—4—3	1—2—0	无	2	均婚
王富玉	直复	3	7	2—4—1	1—2—0	无	2	均婚
李林河	复合	2	6	4—2	2—1	有	2	均婚
陈双	直复	3	12	1—5—6	0—2—0	无	2	均婚
王兴业	复合	2	7	4—3	2—2	无	2	均婚
王亮国	直复	3	13	2—6—5	1—3—3	无	3	均婚
王永德	直复	3	6	1—1—4	0—0—2	无	2	均婚

资料来源：同表 8-1。

说明：男系代际构成结构中，“0” 代表该代无男性成员。

表 8-7 中的直系复合家庭除 1 例为四代之外，其他均为二代和三代家庭。从同居代际结构来看，三代家庭中，多是父母或父母一方为第一代。从第二代往上推，与叔伯同居者没有 1 例，即中老年父母很少与年龄相当的已婚兄弟同爨生活。它表明当第二代成年时，即使在大家庭中，其上也只有是父母或祖父母；父母与叔伯的分家早已完成。进一步看，第二代兄弟及其配偶与第三代子侄辈的

数量比例并无明显差异。对此可有两种解释：一是兄弟结婚时间都不太长，生育子女数量还没有达到最多；二是由于死亡率高，家庭中各代人口之间（主要是第二代和第三代）没有表现出很明显的数量差异。

结合男系代际构成来看，三代直系复合家庭有 22 个，占 73.3%。其中 8 个第一代只有母亲，占 36.4%，表明母亲对直系复合家庭的存在也有重要意义。当然，若把二代直系复合家庭也算进来，直系复合家庭数共计为 24 个，第一代只有母亲的家庭占 33.3%。

我们可以说，三代复合家庭中，第一代和第二代对其形成和维系所起作用最大，而第二代又起着承上传下的作用。

直系复合家庭占有一定比例是中国传统社会一种重要特征，尽管其比例远不如我们设想的那样高。十数人以上直系复合家庭合爨共食表明这些家庭有较强的聚合能力。然而，即使如此，他们也难以形成累世同居的大家庭。这既有自然因素的限制，如四代同堂比例低，与当时社会平均预期寿命不高有直接关系；还有社会因素的限制，三代家庭是复合家庭的主体，表明大多数家庭同居代际数量难以进一步延长。

三代复合家庭的代际构成还表现出这样的特征：对第二代来讲，其上面一代主要由自己的父母所组成，而很少叔伯等父母同辈亲属。由此可以说，父母是这些复合家庭第二代人仅存的长辈，只有第三代人有同居共爨叔伯关系成员存在。

总之，三代直系复合家庭是在第一代父母统摄之下，以第二代已婚兄弟为核心，第三代子女作为填充的一种家庭形式。

三、家庭传承的中断

“昏礼者，将合二姓之好，上以事宗庙，而下以继后世也。”[①]可

① 《礼记正义》卷六十一，见《十三经注疏》（下），第 1680 页。

见，中国传统观念中，家族的延续与祖先的祭祀是联系在一起的。瞿同祖认为，就重要性而论，二者之中后者的目的似更重于前者，我们或可说为了使祖先能永享血食，故必使家族永久延续不辍，祖先崇拜可说是第一目的，或最终的目的。这种情形之下，我们自不难想象结婚之具有宗教性，成为子孙对祖先之神圣义务，我们自不难明了为什么独身及无嗣被认为是一种愧对祖先不孝的行为。[①]

我们从前面对生育的分析中已经看到，并不是每个家庭都能实现儿女双全、繁衍不断的目标。为了避免无后的局面，在绵延不断的历史长河中，形成了中国特色明显的生育和家庭文化，并长期流传下来。正妻不能生育，则通过纳妾来弥补。为防止正妻对丈夫纳妾行为的掣肘和干扰，“七出”中有“嫉妒”的条文。未能生育出男孩的家庭则采取过继的方式来解决无后嗣的问题。

然而，通过对冀南村庄的调查，我感到，以婚姻来实现“上以事宗庙，下以继后世”的目标，更多的是一种贵族观念，至少是富裕平民的观念。《礼记》产生于先秦时代，先秦又是分封制和宗法制度盛行的时期，故当时的婚姻和生育观念具有很强的贵族色彩。[②]不过，在世袭王侯贵族逐渐衰微之际，原有的婚育观念出现平民化趋势。世俗官宦和富裕阶层努力践行这一思想。对多数普通百姓，尤其家境贫穷者来说，这个目标是可望不可即的。他们生育子女更多的是解决比较现实的家庭养老问题。当然，如果将婚育同继嗣和血脉联系起来，会增加其神圣性和夫妇的责任感。从另一方面看，在人口高死亡率的年代，无论思想家还是道德家，都对继嗣的中断存有隐忧。它正表明现实生活中的确存在绝后现象。

这里我们具体观察一下冀南村庄的绝户与代际延伸中断现象。

按照村庄“阶级成分登记表”，庆有庄村土改后到 1966 年近

---

① 瞿同祖:《中国法律与中国社会》，见《瞿同祖法学论著集》，中国政法大学出版社，1998 年，第 98 页。

② 《礼记·曲礼》：礼不下庶人，刑不上大夫。

20年间，绝户家庭14户。若按土改时该村有165户算，绝户比例占8.5%。这14户中，有3户只有女儿，女儿于这期间出嫁，因夫妻先后去世成为绝户，占比例为21.4%；夫妇无子女的有4户，至少没有儿子（至于是否有土改前已出嫁女儿尚不清楚），他们于这期间去世，成为绝户，占28.6%；丧偶妇女3户，没有儿子（但不知其有无出嫁女儿），这期间去世，占21.4%；单身男性4户，婚姻状况不详（有无女儿也不知），他们于本期去世，占28.6%。西大庄村绝户者17个，在土改时190户中占8.9%。其中有子女家庭4个，夫妇家庭3个，丧偶妇女7个，独身男性3个。

这是从村庄整体为观察对象所得出的结果。

在“阶级成分登记表”社会关系一栏中，户主被要求登记其外祖父母、岳父母及其家庭的主要成员。如外祖父家是否有舅舅，岳父家是否有内弟等。值得注意的是，依据登记表，在外祖父及其家庭主要成员的说明栏中，有不少登记为“绝户”，或者登记为“已无人”。这是我们认识绝户状况的又一线索。其中庆有庄村登记表中的社会关系说明最全。

该村1966年登记表中，外祖父家庭信息齐全之户有109个。这些表的户主年龄绝大部分是40岁以上者，一部分在30岁以上。他们的母亲无疑都是在土改前出生的，并且绝大多数在解放前结婚；其外祖父有无男性后裔同其母亲的兄弟状况有关。据统计，109个外祖父家庭，73个有男性后裔，占67%；36个已经绝户或已无人者（外祖父家已无人实际是无舅舅、表弟等近亲，表明该户没有男性后裔。当然也可能有舅舅等，但后来去世。我们在此并非做生育指标统计，只是了解事实上的绝户状况）占33%。也就是说，解放前嫁入本村的女性，至1966年，已有约三分之一的娘家没有直系近亲了。这在很大程度上说明，这些妇女的娘家父母只有女儿，而无成年儿子。

另外，从成分上看，绝户中绝大多数为贫农。109个家庭中，贫农104个，占95.4%；中农4个，占3.7%；富农1个，占0.9%。

黄宗智对雇工家庭的代际中断做过如下分析：一个完全从家庭农场分离出来的雇农，一般没有能力娶妻生子，他会成为自家最终一代的人。[①]而上述贫农并非未结婚者，因为他们与人有儿女亲家关系。既然娶妻有生育行为者尚难保证代际延续不断，没有条件娶妻者代际中断是肯定无疑了。（即使有过继习惯，少产和无产者也难吸引近亲子弟过继为后。）

为了对此有进一步的了解，我还考察了庆有庄村 1966 年 50 岁以上、40—49 岁和 30—39 岁三个年龄段户主岳父母家的后嗣存亡状况。由此汇总出的结果为，55 个岳父母家庭中，43 个有后裔，占 78.2%；12 个无后裔，占 21.8%。40 岁户主岳父母家信息明确者 20 个，无后裔 3 个，占 15%；有后裔 17 个，占 85%。30 岁户主 43 个，岳父母家有后嗣或者岳父母本人尚在者 41 个，占 95.3%；无后嗣者 2 个，占 4.7%。1966 年 50 岁以上年龄段者在 1946 年土改时为 30 岁，祖父母家生育状况具有传统特征。岳父母家约有五分之一绝后是比较高的。若仅从出生性别角度看，有 20% 的家庭只生有女儿，这在传统时代是可能的。1966 年没有后嗣表明其家庭在土改前并没有解决好继嗣问题，甚至也没有过继近亲子弟为后。这一方面说明土改前只有生育女儿家庭占一定比例，同时也可知土改前并不是每个无儿家庭都能收养和过继他人儿子为后。值得注意的是，40—49 岁年龄段和 30—39 岁年龄段岳父家无后嗣比例明显降低，至 30—39 岁年龄段降至 4.7%。这显然不是收养和过继问题解决得好，而是土改后死亡率下降，多数家庭能够实现儿女双全或有男性后嗣的目标。

这些事实告诉我们，传统时代，代际传承中断的情形并非个别现象，贫农等穷困家庭尤其如此。它表明，即使许多家庭将血脉延续、香火不断作为追求，但仍有相当部分家庭难以实现既定目标。这种认识只有在对家庭沿革历史的考察中才能获得，若仅依据文献

① 黄宗智：《华北的小农经济与社会变迁》，第 302 页。

进行研究，认识将是片面的。马克斯·韦伯指出：一个中国人若没有男性后嗣，就一定得采取收养义子的方式，如果连这点也办不到，那么他的族人就会为他立一个虚构的养子；这么做并不是为了他本身着想，而是为了他们可以因此与他的魂灵相安无事。[①]韦伯是在将全体民众的理想和一部分人所能实现的目标作为普遍的行为来看待。

四、代际关系与老年照料

我认为，中国社会中，代际传承既有延续香火这种精神意义，又有老年照料（民间说法是养老送终）这一物质性很强的目的。对普通百姓来说，后者更有实际意义。不过在民间社会，它有时要被粉饰一下，世俗目标被神圣化了。随着土改及其以后社会经济关系的变革，新的意识形态对传统宗族观念有很大削弱。这种社会背景下，代际传承的养老目的变得更加直接了。下面我以 1999 年冀南地区农村 70 岁以上老年生活方式为观察对象，认识一下代际传承中的家庭养老行为。

（一）老年人所生活家庭的结构类型

我们先看一下 1999 年调查时 70 岁以上老年人所生活的家庭结构。当然，这只是一个特殊群体所生活的家庭类型。

按照问卷汇总数据，单人家庭是受访老年人生活比重最大的类型，占 40%。这些单人家庭的老年人绝大多数是丧偶者。220 个 70 岁以上老年样本中，丧偶 154 个，占 70.0%；有偶 66 个，占 30.0%。有偶老人基本上都生活在夫妇组成的核心家庭中，占 90.9%；与儿子儿媳组成直系家庭的占 9.1%。可见，有偶老年人与已婚子女分开生活占绝大多数。154 个丧偶老年人中，独自生活的

① 马克斯·韦伯：《儒教与道教》，洪天富译，江苏人民出版社，1997 年，第 106 页。

占 57.1%；与已婚儿女组成直系家庭的占 42.9%。

从性别上看，220 个样本中，女性 123 个，占 55.9%；男性 97 个，占 44.1%。

（二）老年人的生活方式

依照表 8-8，冀南地区老年人的生活方式呈现出多样性。

表 8-8　70 岁以上老年人生活方式

生活方式	样本量	%
自养	23	10.5
自养与子养相结合	14	6.4
完全由儿子赡养	43	19.5
与一子生活，其他儿子分摊生活费	17	7.7
自己生活，但由儿子提供生活资料	79	35.9
轮吃轮住	17	7.7
轮吃不轮住	6	2.7
一子养老	10	4.5
女儿养老	6	2.7
其他亲戚养老	5	2.3
合计	220	100.0

资料来源：根据作者在冀南地区农村所做问卷调查汇总得到。

自养是指老年人完全依靠自己的收入生活。自养者情况比较复杂，23 个样本中，6 个被访者本人或配偶有工人（2 个）、教师（3 个）和干部（1 个）身份，享受离退休金待遇，经济上完全可以独立。其他为农民身份者年纪相对较轻（刚过 70 岁），身体尚好，有条件自养。自养与子女赡养相结合是指被调查老年人有土地收入，吃粮不存在问题；子女不定期、不定标准给一些零花钱。完全由子女养活主要是指生活在直系家庭的老人，吃住由子女负担。有多个儿子，但与一个儿子生活在一起，其他分出去的子女分摊生活费用，在农村有一定比例，但只是一个小的类别。独立生活（炊爨）、子女提供生活费用，在冀南地区是存在相对比较多的老年生活类型，其中又以女性老年人为多。他们（她们）认为，这种方式较之与子女合爨有更多的自由，避免生活习惯差异引起家庭矛盾和纠纷。采取这种方式的老年人身体条件相对较好，能够自己做一般的家务劳动。轮吃轮住和轮吃不轮住占有一定比例。在有多个子女，本人身体条件欠佳且年纪较大的老年人中，采用这种方式的较多。一子养老实际是老年人有两个以上的儿子，而真正承担养老责任的只有其中一子，其他儿子或者有各种实际困难不能提供养老费用，或者因家庭矛盾而拒绝承担养老义务，其中不少情况是家庭矛盾的产物。这种情形虽不普遍，但被调查村庄都有。尽管比例不高，影响很大。女儿养老指被调查老年人无儿子，通过招婿来养老。亲戚养老是因为老年人没有子女，由近亲如侄儿、外甥等亲属承担养老。

可以说，以上几类方式将冀南地区老年人的生活类型都涵盖进去了，或许在华北地区它也是有代表性的。

传统时代，老年人与子女同居并由子女养老是比较普遍的，由此构成较高比例的三代同居家庭。而在集体经济时期，同居养老比例下降。这种趋势一直延续到20世纪90年代末。根据表8-8，完全与儿女同居养老在总样本中只占34.4%，自己生活者占52.8%，此外为轮流吃住或轮吃不轮住。若按是否同爨作为家庭同居代际统计的依据的话，可见，20世纪80年代以来，三代同居家庭比重的减少是因年老者与子女分爨比例增加所致。否则，当代农村有条件组成三代同居家庭的比例将是最高的。

从实际调查来看，随着预期寿命提高，村落中70岁以上老年人比重较土改前传统社会明显增加。若父母在世子女保持不分家状态的话，那么不仅三代家庭，而且四代家庭也会大大提高。我们可以这样假设，传统时代三代以上家庭比例整体上所占比例高，或许是家庭代际人口不兴旺的表现。即各代人口相对不多，才有可能居住在一起；否则众多家庭成员同居一处，生活压力将会增加，成员矛盾因此会更突出。

五、结　语

同居代际变动重要的分野是在土地改革和集体经济时代，表现为土改前三代同居家庭占有较高的比例，集体经济时期则明显下降。在集体经济与家庭联产承包责任制之间没有实质性差异，只是二代家庭的比例进一步下降，三代家庭则相对比较稳定。无论哪一时期，二代家庭都是比例最大的家庭类型。差异是私有经济阶段，二代家庭虽居多数，但未占绝对多数；至集体经济以后，二代家庭在各个村庄的比重上升至65%—70%，显示出小家庭的优势地位已经确立。

调查数据揭示出这样的特征：二代户在各个时期均以核心家庭为主，三代户则以直系家庭为主。差异是土改前二代家庭中有较高比例的直系和复合家庭。在各村庄中，后两类家庭类型占到25%—35%之间。而在土改后，特别是1966年，各村庄二代户中核心家庭比重明显上升，最低占94%，最高为100%。这种差异形成的原因是土改前子代婚后没有及时生育，在一个比较长的时期内仍然是两代直系家庭。这一定程度上印证了传统社会早婚未能实现早育现象的存在。1966年，二代户中绝大多数是核心家庭，直系家庭已经很少存在了。子代婚后生育间隔缩短是出现这种变化的主要原因。

在传统时代，代际传承中断的情形并非个别，在贫农等穷困家庭尤其如此。这表明，即使许多家庭将血脉延续、香火不断作为追求，但仍有相当部分家庭难以如愿。这与家庭人口的高死亡率有直接关系。同时贫穷家庭生存条件的欠缺对其婚育行为产生限制，增加了其代际传承中断的比例。土改后人口死亡率下降，多数家庭能够实现儿女双全或有男性后嗣的目标。

传统时代，老年人与子女同居养老是比较普遍的形式，由此构成较高比例的三代同居家庭。而集体经济时期，同居养老比例下降。80年代以来尤其如此。当然，父母年老失去生活能力后，主要仍依赖子女赡养。若按是否同爨作为家庭同居代际统计依据的话，80年代以来三代同居家庭比重减少，是由于年老者与子女分爨比例增加所致。

第九章
家庭人口生存条件

从前面的分析中可以看出，无论是婚姻、生育，还是家庭结构与规模问题，都与家庭经济状况有密切联系。或者说，家庭经济条件制约着家庭人口的发展。土改之前私有制下尤其如此。土改之后，特别是随着集体经济制度建立，农民家庭面临着与以往不同的生存环境。笔者想通过对冀南农村这一经济变革背景的分析，进一步认识家庭人口的生存条件。

一、土改前家庭人口生存状况

土改前私有制经济条件下，农村各个家庭的生存能力有很大区别，主要原因是人均占有生产资料不同。那么，一个地区，一个村庄中，各个家庭生存能力的差异是如何表现的？不同阶级生存条件的差异对家庭人口发展有何影响？笔者将通过对所调查村庄家庭人口生存状况的分析，具体认识这些问题。

（一）不同阶级成分家庭占有土地状况

土改前，土地是本地村庄多数农民获取生存资料的主要来源。20 世纪三四十年代的华北地区，一般农户全年收入 80% 来自土地。30 年代一项调查的结果是，邯郸农家收入（总数 150.73 元）中，家庭工业占 1.4%、工薪 13.9%、土地 82.7%、其他 2.0%；中部的高阳县（总数 185.82 元）四项分别为 12.0%、4.2%、82.9% 和

0.9%；北部的遵化县（总数116.14元）没有家庭工业收入，其他三项分别为8.0、88.7和3.3。[①]可见，土地是华北农民收入的主要来源。它在家庭经济和家庭人口生存方式上具有至关重要的地位。所以我在此主要观察土改前冀南农村不同阶级成分家庭占有土地状况。

1．家庭土地占有的阶级差异（见表9-1）

表9-1　土改前不同成分家庭平均占有土地

村庄	贫农	下中农	中农	上中农	富农	地主
1. 西大庄村						
总户数	120	3	15	8	12	15
总人数	602	10	77	101	81	83
户均人口	5.0	3.3	5.1	12.6	6.6	5.5
土地总数	591.5	26	256	386	513	1117
户均土地	4.9	8.7	17.1	48.3	42.8	74.5
人均土地	1.0	2.6	3.3	3.8	6.3	13.5
2. 双寺村						
总户数	96	21	21	16	5	3
总人数	459	115	149	118	34	18
户均人口	4.8	5.5	7.1	7.4	6.8	6
土地总数	608.8	364.5	546.9	517.5	194.5	187
户均土地	6.3	17.4	26.0	32.3	38.9	62.3
人均土地	1.3	3.2	3.7	4.4	5.7	10.4
3. 庆有庄村						
总户数	113	5	14	5	9	4
总人口数	506	38	88	28	59	23
户均人口	4.5	7.6	6.3	5.6	6.6	5.8
土地总数	1295.7	222	603.8	231	769	605
户均土地	11.5	44.4	43.1	46.2	85.4	151.3
人均土地	2.6	5.8	6.9	8.3	13.0	26.3
4. 上寨村						
总户数	108	48	15	15		
总人口	448	269	72	103		

① 冯和法编：《中国农村经济资料》（上），第28页。

（续表）

村庄	贫农	下中农	中农	上中农	富农	地主
户均人口	4.2	5.6	4.8	7.2		
土地总数	317.6	357.8	207.4	323.7		
户均土地	2.9	7.5	13.8	21.6		
人均土地	0.7	1.3	2.9	3.1		
5. 曲河村						
总户数	193	26	43	38	16	3
总人口	883	148	253	286	98	18
户均人口	4.6	4.7	5.9	7.5	6.1	6
土地总数	997.7	303.8	834.9	1135.7	743	150
户均土地	5.2	11.7	19.4	29.9	46.4	50
人均土地	1.1	2.1	3.3	4.0	7.6	8.3

资料来源：根据调查村庄“阶级成分登记表”汇总得到。

说明：因土改后至1966年绝户家庭准确的田亩数没有得到，故未将这类家庭计入家庭总数。因此，本表中各村户数或口数与家庭规模一章有不同。

表9–1显示，西大庄村户均土地地主是贫农的15.10倍，人均土地地主是贫农的13.73倍；双寺村这两项指标分别为9.83倍和7.81倍；庆有庄村分别为13.19倍和10.27倍；曲河村分别为9.67倍和7.37倍。上寨村没有地主和富农（1966年上庄“阶级成分登记表”中没有富农成分家庭。通过复原土改前该村户口，发现有1户单人户为富农成分，其土地数不详，故未计入表9–1中），最高成分为上中农，其占有的土地分别是贫农的7.34倍和4.42倍。有地主的四个村庄中，地主与贫农之间户均差异10倍上下，人均相差7—13倍之间。

五个村庄中，四个户均和人均占有土地表现出明显的阶级差异，即从贫农到地主是依次升高的。只有庆有庄村例外，该村下中农户均和人均土地高于中农，出现逆序变动。原因是，下中农中有1户占地114亩，17口人，有骡子和大车等，土改时划为中农。这一家土改前夕才发达起来，并且土改前两年内家中有人出去当长工一年，故“四清”运动中阶级复议时降为下中农。因而，从土改时该户的实际经济水平看，划为中农更合适。若如此，庆有庄村排序状况同其他四个村庄一样。

这一特征表明，家庭经济实力（若以土地为衡量标准）同成分高低有密切关系，即由低到高逐渐增加。然而，家庭人口规模并非如此。突出的是，人均土地最多、经济实力最强的地主类别，人口规模并非最大。这一点在家庭规模一章已做过论述。

2．土地占有数量与家庭人口的关系（见表 9–2）

表 9–2　土改前人均占有土地构成

人均土地占有量（亩）	西大庄村		双寺村		庆有庄村		上寨村		曲河村	
	样本量	%	样本量	%	样本量	%	样本量	%	样本量	%
无地	34	19.7	20	12.3	10	6.7	33	17.7	45	14.1
0.1—0.5	19	11.0	7	4.3	4	2.7	29	15.6	27	8.5
0.51—0.99	17	9.8	11	6.8	12	8.0	25	13.4	28	8.8
1—1.5	24	13.9	23	14.2	15	10.0	41	22.0	45	14.1
1.51—1.99	8	4.6	15	9.3	7	4.7	12	6.5	24	7.5
2—2.5	18	10.4	20	12.3	19	12.7	19	10.2	40	12.5
2.51—2.99	6	3.5	10	6.2	5	3.3	10	5.4	23	7.2
3—3.99	7	4.0	20	12.3	20	13.3	11	5.9	31	9.7
4—4.99	8	4.6	18	11.1	8	5.3	4	2.2	19	6.0
5—6.99	12	6.9	9	5.6	21	14.0	1	0.5	19	6.0
7—9.99	8	4.6	6	3.7	13	8.7	1	0.5	10	3.1
10—14.99	9	5.2	2	1.2	6	4.0			5	1.6
15—19.99			1	0.6	2	1.3			1	0.3
20—24.99	2	1.2			5	3.3			1	0.3
25—29.99					1	0.7			1	0.3
30 以上	1	0.6			2	1.3				
合计	173	100.0	162	100.0	150	100.0	186	100.0	319	
全村人口总数	954		893		742		892		1686	
全村土地总数	2889.5		2419.2		3726.5		1206.5		4165.1	
户均土地	16.7		14.9		24.8		6.5		13.1	
人均土地	3.0		2.7		5.0		1.4		2.5	

资料来源：同表 9–1。

在20世纪30年代的一些调查中，自耕农家庭统计似有被夸大的倾向。依照1937年（民国二十六年）的统计，河北省佃农、半自耕农和自耕农三部分的构成比例是：11、19和70，山东省分别为10、15和75，河南省为20、22和58。[①]对此，陈翰笙指出：中国的经济构造，建筑在农民的身上，是人所周知的事实，殊不知农村中有65%的贫苦农民都迫切地需要土地耕种；中国的经济学者都以为自耕农是自给自足的，其实这是远于事实的见解，在黄河及白河（河北省中部的一条河流。——笔者注）两流域间，自耕农很占优势，然而其中大多数和贫农一样，所有土地，不足耕种。[②]可见，当时划分的自耕农类别实际将相当一部分半自耕农包括进来。或许与半自耕农的区别是，他们以自耕为主，兼做佣工等谋生活动作为补充。30年代对保定10村1565家的调查表明，无地可耕和耕地不足的家庭占65%。[③]这意味着真正能达到完全自耕农以上水准的家庭只占35%。

村庄阶级成分档案统计表明，西大庄村人均占地3.11亩的家庭才能跻身自耕农之列。即家庭人均占地在全村人均水平之上。依据表9–2，西大庄村人均3亩以上土地的家庭为47家，占27.2%。若以2亩为标准，总户数为71家，占41.0%，远远达不到70%的水准。

双寺村，完全自耕农家庭人均占地4.26亩。以人均4亩为标准衡量，在此之上的家庭36个，占22.2%。该村自耕农家庭人均土地最低为2.4亩，以此相对照，家庭数为66个，占40.7%。

庆有庄村，完全自耕农家庭人均土地6.78亩，人均5亩之上家庭50个，占33.3%。

上寨村，完全自耕农家庭人均土地2.93亩，人均3亩以上家庭17个，占9.1%；若以人均2亩为标准，家庭数46个，占24.7%。

---

① 国民政府主计处统计局编：《中国租佃制度之统计分析》，第6—7页。

② 陈翰笙：《现代中国的土地问题》，载《陈翰笙文集》，第47页。

③ 同上注书，第48页。

曲河村，完全自耕农家庭人均土地3.04亩，人均3亩以上家庭87个，占27.3%；若以人均2亩为标准，家庭数150个，占47.0%。

可见，若以完全自耕农及以上标准衡量，上述村庄均不超过总数30%；若以人均土地低限衡量，自耕农家庭数也不超过50%。这意味着约60%以上的家庭人均占地不能维持基本生存需要。

以家庭为单位看，户均占地10亩以下的家庭超过50%。冀南调查村庄无地户比例如下：西大庄村19.7%，双寺村12.3%，庆有庄村6.7%，曲河村14.1%和上寨村17.7%。各村之间有一定差异，但除庆有庄村外，均在10%以上。5亩以下家庭（不含无地家庭）在五个村庄占比分别为28.9%、17.8%、20.0%、26.3%和35.5%，5.1—10亩分别为16.2%、23.5%、18.0%、15.1%和23.7%，10亩以下家庭合计为64.7%、53.6%、44.7%、55.5%和75.9%。

按照20世纪30年代初直隶的一项调查（总调查户数为3632个），无地户占16.3%，3亩以下户占10.2%，3—5亩户占16.4%，6—10亩户占18.1%，11—25亩户占18.2%，25—50亩户占8.9%，51—100亩户占5.5%，101—200亩户占2.5%，201—500亩户占0.1%。① 另一项对北方六个村庄调查数据的最大结果是：10亩以下户占53.2%，20亩以下户为85.6%，30亩以下户为90.4%，50亩以下户为96.4%。而这四个类别的最小结果分别为24.7%、49.6%、65.8%和80.1%。②这表明，10亩以下家庭在华北地区农村所占比例是比较高的。

（二）私有制下冀南农村人口的谋生方式

1. 基本谋生方式

土改前的冀南农村，土地种植仍是人们获取生活资料的主要途

---

① 冯和法编：《中国农村经济资料》（上），第17页。

② Sidney D. Gamble, *North China Villages: Social, Political and Economic Activities Before 1933*, University of California Press, 1963, p. 20.

径。无地和少地家庭多数依赖为人佣耕或租佃他人土地为生，少部分人从事土地之外的经营活动。当然自耕农以上家庭也有成员通过参与非农活动增加收入，但其所占比例并不高。我认为，从谋生方式或职业上观察土改前不同家庭的生存能力，或许比纯粹从土地占有角度去分析更符合当时农村社会的实际。（见表 9–3）

表 9–3 土改前村民主要谋生方式

生存方式	西大庄村		双寺村		庆有庄村		上寨村		曲河村	
	样本量	%	样本量	%	样本量	%	样本量	%	样本量	%
1. 吃地租	6	3.5	1	0.6	1	0.7			1	0.3
2. 雇工经营	19	11.0	7	4.3	10	6.7			7	2.2
3. 自耕兼出租、雇工	15	8.7	16	9.9	12	8.0	9	4.8	35	11.0
4. 自耕	15	8.7	30	18.5	18	12.0	32	17.2	75	23.5
5. 自耕以经商补贴					2	1.3	6	3.2	8	2.5
6. 雇工兼吃地租									1	0.3
自耕以上农民小计	55	31.8	54	33.3	43	28.7	41	22.0	118	37.0
7. 自耕偶兼短工	15	8.7	30	18.5	30	20.0	27	14.5	23	7.2
8. 自耕兼长工	53	30.6	24	14.8	47	31.3	35	18.8	30	9.4
9. 自耕兼佃耕	8	4.6	5	3.1	2	1.3			16	5.0
10. 自耕兼商贩和长短工			3	1.9	4	2.7	16	8.6	26	8.2
11. 自耕兼非农工商业活动	8	4.6	26	16.0	11	7.3	17	9.1	43	13.5
半自耕农家庭小计	84	48.6	88	54.3	94	62.7	95	51.1	138	43.3
12. 农业长短工	28	16.2	7	4.3	6	4.0	24	12.9	29	9.1
13. 农业长短工兼工商活动	4	2.3	7	4.3	3	2.0	4	2.2	6	1.9
14. 小商贩			5	3.1	3	2.0	10	5.4	7	2.2
15. 工匠			1	0.6			3	1.6		
16. 兵丁					1	0.7				

（续表）

生存方式	西大庄村		双寺村		庆有庄村		上寨村		曲河村	
	样本量	%	样本量	%	样本量	%	样本量	%	样本量	%
17. 乞讨							2	1.1		
18. 戏班							1	0.5		
19. 租地									7	2.2
20. 工人	2	1.2							2	0.6
21. 开商店									1	0.3
无地或极少土地家庭小计	34	19.7	20	12.4	13	8.7	44	23.7	52	16.3
总计	173	100.0	162	100.0	150	100.0	186	100.0	319	100.0

资料来源：同表 9-1。

冀南五个村庄中，从谋生方式上看，完全自耕以上农民家庭所占比例并不高。相对来讲，平原村庄高一些，山区村庄低一些。其中最高为 37%，最低只有 22%。这与前面基于家庭人均占有土地的分析有相近之处。半自耕农家庭比例在总家庭中所占比例最大。但半自耕家庭的范围不容易度量。笔者划分的原则是：该家庭拥有数量不多的土地自己耕种，同时主要劳动力又从事其他谋生活动。或者说，这些家庭仅靠自有土地收入不足以维持生存，不得不从事长短工、商贩等农业和非农业活动。半自耕农家庭中，自给的份额或比例有很大差距。有的或许能达到 80% 左右，有的则只有 30% 左右。因而，对这部分人的家庭经济条件与家庭人口关系的说明需要多加注意。

与我们原来的认识不一样的是，本地区完全以佃耕为生的家庭数量很少，自耕兼佃耕不超过 5%。20 世纪 30 年代的调查数据佐证了笔者的研究。依据该调查，我国东南地区土地所有者自耕为一，租出为二；北部则自耕为 9，租出为 1，原因是在东南地区，四分之一至三分之一的土地为不在乡地主所有，他们将在城市工商业活动中的赢利部分，投资于土地；此外，还有三分之一的土地，是由大地主租与小地主的；北方大地产者，完全由大家庭组合所占据。[①]具体来看，河北邯郸调查对象的土地由所有者家人自耕占70%，由所有者及雇工耕种占27.1%，租户耕种只有2.9%；河北中部的唐县三种耕作方法分别为78.2%、4.3%和17.5%；山东省占化县分别为96.3%、3.3%和0.4%。[②]

冀南农村完全以长短工为生的人各村比例不一，富裕村庄比例较高，真正无一垄土地者多是外来流落至此谋生的山区和灾区青壮年农民。

2. 谋生方式升降变化

这里我将代际之间谋生方式变化分成三类：上升指下一代谋生方式较上一代改善，如从半自耕农上升到自耕农，由农业长短工上升到以自耕为主、做短工为辅；下降则相反；没有变化则指基本保持相同的谋生方式，如祖父、父亲两代或父子两代都是长工，或者两代均为自耕农。有两点需要注意，一是土改前冀南农村土地多少仍然是衡量家庭经济水平和生活水平的主要标准，因而土地数量升降是判断家庭主要成员谋生方式变动的主要依据；二是两代人之间，各个具体成员并非以一种谋生方式作为终身职业，往往一代之内就会有职业变动，如年轻时经商或做长工，中年时可能成为自耕农。对那些本代内有多种职业经历者，主要看其从事时间最长的职业或谋生方式，或者其青壮年时期（劳动力最强时期）的谋生方式。另外，谋生方式没有变动是相对的，这里指变动的幅度并不明显，而非无任何变化。

我从村庄阶级成分档案中找出家庭经济活动信息齐全的家庭，其中西大庄村166个，双寺村137个，庆有庄村135个。各村之间村民谋生方式变动差异很大。西大庄村显得比较稳定，86.8%的家庭相对来说没有变动，上升家庭占5.4%，下降家庭占7.7%。双

---

① 冯和法编：《中国农村经济资料》（上），第20页。

② 同上注书，第21页。

寺村上升家庭比例较大，占 24.8%，下降为 3.6%，但总体以稳定为主，占 71.5%。庆有庄村不稳定特征比较突出，50% 以上家庭谋生方式出现变化，其中上升与下降各占 25.9%，没有变化的家庭为 48.1%。这说明这个丘陵村民众生活既有缺乏抵御灾变能力的一面，同时一些家庭也存在发展机会。从该村档案资料可以看出，严重干旱是该村中下层家庭所面临的最主要生存威胁，对中农以下家庭尤其如此。

通过下面的统计，可以具体了解当时农村家庭谋生方式上升和下降的原因。（见表 9–4）

表 9–4 土改前代际之间谋生方式上升原因

上升方式	西大庄村		双寺村		庆有庄村	
	家庭数	%	家庭数	%	家庭数	%
经商盈余买地	2	22.2	12	35.3	11	31.4
做长短工攒钱买地	5	55.6	18	52.9	20	57.1
经商和当长短工攒钱买地			1	2.9		
亲戚资助买地					2	5.7
经商增加土地					1	2.9
经营土地买地	1	11.1	1	2.9	1	2.9
当工匠买地	1	11.1	1	2.9		
继承亲戚遗产			1	2.9		
总　数	9	100.0	34	100.0	35	100.0

资料来源：同表 9–1。

三个村庄上升因素中，原属无地、少地的家庭，通过做佣工（长工和短工）获得工资，加上省吃俭用，将钱积攒下来购置土地，逐渐过渡到靠耕种自己的土地为生，或以自耕为主、以做短工为辅。这种上升方式均占主导地位。其次是经商，通过做小商贩获得资金，购买土地，进入半自耕和以自耕为主的状态。上述村庄这两项因素接近或超过 80%。可见，土改前，冀南相对贫穷农民改善家庭境遇的可能途径是做佣工和做小买卖。

下面看一些上升个案。

（1）通过当长工使境遇上升的类型

庆有庄村陈步堂父亲时家中贫穷，母亲被饿死。本人在西大庄村当长工多年，后回本村买了34亩地，种地为生。[①]

（2）当长工和贩运家境上升类型

冀南的西部山区产煤炭、陶瓷等，为从事贩运者提供了谋生条件。

双寺村任庆贤祖父时家庭土地很少，难以维生，以要饭、推小车、当长工过活。后来其父、叔长大成人，省吃俭用，买了一些地，自己耕种，生活越来越富裕。土改前全家25口，是该村人口最多的家庭。有地110亩，骡1头，牛1头，车1辆。土改时被定为中农成分。

双寺村李丰桐祖父时家穷，父亲靠推小车、买炭卖炭为职业，并攒钱买地，后雇长工一个，生活富裕。李丰桐本人12—16岁上学。土改前全家10口，有地38亩，大车1辆，骡子1头。土改时被定为上中农成分。

庆有庄村朱旺德父亲1920年与叔伯分家，家有6口人，12亩地，房7间，难以维生，每年还得出外打短工，弥补不足。本辈弟兄4个长大后，劳动力多了，哥整天背炭卖碗。全家省吃俭用，置地达114亩，房29间，买了骡子大车。土改时被斗，地被分去36亩，房被分7间，骡子1头被分，定为中农成分。

（3）当长短工与做小生意相结合

相对来说，这比单纯做长短工改变家境的机会要多。劳动力多的家庭，常常形成分工，有人做长短工，有人做生意。

庆有庄村陈金永父亲时全家17口人，3间房，无地，靠当长工、打短工维持生活。1918年，租种本村朱士亮100亩地，同年置地30亩。父亲与其兄弟分家后，全家4口人，一个劳力，有了土地，以自劳自食为生。同时常做小买卖，从中取利，积累资金。

① 该个案来自“阶级成分登记表”中的“家史”部分。下同。

1939年后开始发家，有地73亩，2头驴。平均每年雇长工1个，短工60个，有少量剥削。灾荒年囤积粮食放债。土改时定为富农。

（4）完全靠做生意发家

庆有庄村秦福章祖父时，家有41亩地，11间房，1头牛，自劳自食，曾卖过两年馒头。其父秦瑞时，仍以种地维生，买了1头牛，后又用牛换了1头骡子，置1辆车。做馒头生意发家后，雇长工1个，短工数个，并开有碾坊。土改时父亲被斗，大车、树木等财产被分，定为中农成分。

土改前冀南农村民众积累资金后首选仍是购置土地，循着无地—半自耕—自耕—雇人经营的途径发展。当然起点不一样，表现方式也不相同。若能从下一级上升一级，家庭境遇表现为上升。不过，在地主力量雄厚、生产经营稳定的平原地区，想以此来改变生存条件困难很大，而频发旱灾的丘陵地区则有相对较多的机会。

下面对家庭代际之间土地占有数量和生活水平下降的原因加以分析。（见表9-5）

表9-5　土改前家庭经济条件下降原因

原因类型	西大庄村		双寺村		庆有庄村	
	家庭数	%	家庭数	%	家庭数	%
不详	1	7.7			1	2.9
因穷卖地	1	7.7			2	5.7
因灾卖地					8	22.9
分家	2	15.4	3	60.0	6	17.1
因赌变穷卖地					1	2.9
家庭主要劳动力死亡和生病卖地			2	40.0	11	31.4
打官司卖地	2	15.4			2	5.7
还债卖地					1	2.9
懒惰不事经营卖地	2	15.4			3	8.6
抽大烟	5	38.5				
合计	13	100.0	5	100.0	35	100.0

资料来源：同表9-1。

谋生条件下降的原因多种多样，不同经济条件家庭也有差异。资料显示，地主和较富裕自耕农即使分家，生存条件也不会明显降低。条件比较差的自耕农一旦分家，不善经营者的生活很可能陷入窘境，以致不得不靠做长短工补充日常所需。中等以下家庭主要劳动力出现生病、死亡等变故，不得不卖地治病或办丧事。更重要的是因此无人提供收入，家庭逐渐陷于贫困。而在地主和富农所占比例较高的西大庄村，家庭生存条件下降与“富贵病”有很大关系：因抽大烟而败家的比例最大，超过三分之一；懒惰而不事经营致贫的占 15.4%，两项合计超过 50%。

下面看两例富裕家庭败落的个案。

庆有庄村朱有福家民国前有地 120 亩，房 22 间，骡 1 头，雇两个长工。进入民国，全家吃喝无度。一分家，逐步破产。1920 年（民国九年），父亲亡故，当时有地 30 亩，房 22 间。到 1930 年（民国十九年），地全卖光了，朱有福本人开始以打短工、当长工维生。

庆有庄村朱富贵祖父时全家 30 口人，地 100 多亩，骡 4 头，雇长工 3 人。因家人吸大烟，不断卖地。其父亲时家有地 22 亩，自耕为生。本人时因遭父丧，卖地还债，后典地 6 亩。生活贫困，先后给本村两户人家扛长工多年。

那么，谋生方式与家庭升降变化的关系究竟怎样？（见表 9-6）

表 9-6　土改前村民谋生方式与家庭升降变化

谋生方式	西大庄村				双寺村				庆有庄村			
	上升	下降	没变化	合计	上升	下降	没变化	合计	上升	下降	没变化	合计
1. 吃地租		1	5	6			1	1				
2. 雇工经营			19	19			4	4	1		10	11
3. 自耕兼出租、雇工经营	2	1	10	13	3		4	7	4	1	3	8
4. 自耕	2	5	8	15	16		18	34	7	4	8	19
5. 自耕兼经商									2			2
6. 雇工兼吃地租												
7. 自耕兼佃耕			11	11	2	1	5	8		2	1	3

（续表）

谋生方式	西大庄村				双寺村				庆有庄村			
	上升	下降	没变化	合计	上升	下降	没变化	合计	上升	下降	没变化	合计
8. 自耕偶兼长短工			3	3							4	4
9. 自耕兼商贩和长短工							8	8			1	1
10. 自耕兼非农工商业		1	9	10		1	6	7	1		7	8
11. 农业长短工		2	24	26			7	7		2	4	6
12. 农业长短工兼工商活动			4	4						1		1
13. 小商贩			3	3			6	6	1		1	2
14. 租地为主											1	1
15. 工匠			1	1			1	1				
16. 自耕为主当长短工为辅	4	1	9	14	12	1	17	30	12	9	6	27
17. 自耕为辅当长工为主		2	34	36		1	20	21	7	16	19	42
18. 自耕兼作工匠	1		4	5	1	1	1	3				
合计	9	13	144	166	34	5	98	137	35	35	65	135

资料来源：同表 9-1。

表 9-6 中，同前表，谋生方式指该家庭主要成员土改开始前的谋生方式。上升是指调查对象土改前夕谋生方式比其父辈提高。如土改时本人是自耕农，那么，其父辈则可能是半自耕农，甚至更低。下降则相反，本人土改时为自耕农，他的父亲则是雇工经营者。从表 9-6 可见，土改前各村雇工经营以上家庭变化都很小。这表明，他们的谋生方式主要建立在承继父辈甚至祖辈家产基础之上，个别家庭的下降往往同当家者的挥霍和不善经营有关。值得注意的是，也有一些从自耕农、半自耕农上升至自耕兼雇工经营的状态。西大庄村自耕兼雇工类中上升者占 15.4%，而双寺村则达 42.9%，庆有庄村更高，达 50%。这类自耕兼雇工家庭土改时多被

定为上中农成分。自耕农类别各村之间有一定差异，西大庄村自耕农中，父子两代均保持自耕农状态占 53.3%，由低于自耕农类别上升为自耕农者占 12.3%，由高于自耕农下降为自耕农者占 33.3%。它表明家庭经济水平下降比例大于上升比例。双寺村保持同样状态者占 52.9%，有所上升者占 47.0%。这意味着该村由半自耕农或其他相对较低水平家庭上升的可能性大一些。庆有庄村未发生变化家庭占 42.1%，上升家庭占 36.8%，下降家庭占 21.1%。上升大于下降。

在冀南调查村庄，下层民众家庭谋生方式和生存条件往往难以上升。如以做农业长短工为生者中，西大庄村父子均为长短工者占 92.3%，由高一层次下降者占 7.7%。双寺村长短工中均为父子身份相同者。庆有庄村有差异，父子相同占 66.7%，由高一层次下降过来占 33.3%。

冀南农民两代人之间谋生方式统计表明，贫穷与富裕两端家庭变动较小。富裕家庭财富水平会有一定升降变化，特别是出现下降，但因其土地等财产有一定规模，即使财富总量减少，家庭成员谋生方式尚不至于下降。无地或很少土地的贫穷者要改善谋生状况是比较困难的。不过，若特定时期家庭劳动力充足，家长组织有方，家庭成员生活节俭，谋生条件上升的可能性也是存在的。

（三）物价水平和家庭消费

物价水平是衡量民众生活水平的主要标准。物价实际是一个综合指标，它与本地区工资水平、土地产量和家庭消费状况有直接的关联。

1．工资水平、物价和佣工生活

（1）工资水平

土改前的 20 世纪三四十年代，冀南农村雇工常年工资为 30 余元（雇主供食），短工日工资 2 角（供食）。[①]作为参照，可看一下

---

① 冀察政务委员会秘书处第三组编：《河北省磁县地方实际情况调查报告书》，农业。

本地工厂工人的收入与消费状况：工人生活费日需2角，短工工资日约5角（不供食），长工工资年约50元（供食）。[①]据1935年对磁县相邻的安阳县（属河南省）所做的一项调查：长工最高年工资36元，最低12元，一般20元；月工资最高6元，最低2元，一般3元；短工每日最高0.25元，最低0.08元，一般0.15元。[②]两县有相近之处。20世纪30年代，以年计，全国农业佣工的代表工资为36元5角。[③]根据冯和法《中国农村的雇佣劳动》统计，“中国各地的情形复杂，雇农一般的工资是多少？虽没有精确的统计，但在普遍的劳动力过剩状态下，雇农以其全部的劳动力所得能换得低贱的生存，已属不易，所以，各地雇农工资，日工普遍不过二三角，月工四五元，年工数十元而已”[④]。可见冀南农业雇工的工资与全国平均水平接近。

（2）消费水平

磁县本地消费水平也有差异。西部农村地瘠民贫，生活简陋，1936年每人年需生活费40元。县东部农村土壤较肥，生产较丰，生活稍优，每人每年生活费50余元。彭城镇、义井等乡镇为产瓷区域（自宋代即已开始），近村农民多兼瓷窑工作；峰峰、街儿庄、南大峪、台子寨、西王看、白土一带为产煤区域，近地村民多兼煤窑工作，因谋生较易，其生活较普通农民为优，每人年需生活费约六七十元。[⑤]若以此衡量，一个长工年资不足以维持1口人的生活所需。

若对当地物价水平加以观察，这一认识会更加清晰。那么当时与磁县相邻县份的物价水平如何呢？1935年（民国二十四年）的

---

① 冀察政务委员会秘书处第三组编：《河北省磁县地方实际情况调查报告书》，工艺。

② 安阳县志编纂委员会编：《安阳县志》，第一章，经济编，中国青年出版社，1990年，第227—228页。

③ 章有义编：《中国近代农业史资料》，第三辑，生活·读书·新知三联书店，1957年，第782—783页。

④ 薛暮桥、冯和法编：《〈中国农村〉论文选》，人民出版社，1983年。

⑤ 冀察政务委员会秘书处第三组编：《河北省磁县地方实际情况调查报告书》，农业。

统计是，武安县一带小麦每斗最高1.6元，最低1.2元；小米每斗最高、最低分别为1元、0.8元；玉米每斗最高、最低分别为0.9元和0.6元；棉花每斤分别为0.45元、0.4元。[①]若以一个成年人来计算，每年需吃小米400斤，合20斗，为20元。再把油盐酱醋等和衣物包括在内，不下30元。可见上面对生活水平的记载是有根据的。

通过受雇于人做长短工，本人生活将没有问题。特别是做长工，雇主提供吃住费用。按照冀南地区的长工工价（30元）和人均年消费水平（也在30元），一个长工的工资正常情况下只能养活1口人。这一点与黄宗智的分析有相同之处：一个完全无产化了的长工，他的工资，在自己膳食之外，只够用于一个成男的口粮，不足以维持一个家庭。[②]这就使长工婚配和养育子女出现困难。

全国水平与此没有很大区别。雇工个人生活，除去食、住由雇主供给外，尚有衣食及其他费用均在所得报酬内支出。据卜凯、乔启明统计（1932—1934年材料），6省15处2370农家，全年生活费用，中东部288.63元，北部160.63元，全体平均228.32元；再以每一家庭中之成年男子单位为准绳，则中东部为65.99元，北部为39.34元，全体平均为49.59元。"其所得报酬，亦不足于赡养一人，仰事俯蓄，夫复何言？其个人之生活方式虽云安定，而供给家庭之生活费用，殊感困难。"[③]

此外，那些以小商贩、工匠为生者生存资料也相对不足。我把无地、靠出卖劳动力和从事非农业活动为生者列为一大类。从比例来看，这部分人最少在10%以上，最多则为22%。

根据民国年间的统计，1933年全国雇农比例为10.3%，长江流域各省所占比例为9.3%，珠江流域各省为8.1%，黄河流域各省为11.4%；其中河北为11.6%，山东为10.6%，河南为9.4%，山西为

---

① 1940年（民国二十九年）《武安县志》，卷四，民政志、户口。

② 黄宗智：《华北的小农经济与社会变迁》，第210页。

③ 章有义编：《中国近代农业史资料》，第三辑，第782—783页。

10.4%，陕西为19.8%，甘青宁为12.5%。[①]

可见冀南农村的工资水平和佣工比例与全国水平是相近的。它说明，20世纪三四十年代，相当数量的人生存条件是欠缺的。

2. 土地价格

根据30年代对乡村土地价格的统计，河北省水田每亩为50.03元，旱田32.38元；山东省分别为67.75元、39.33元；山西省为37.30元、13.59元；河南省为55.02元、25.0元。华北以外的浙江省分别为59.01元、40.40元，江苏省为45.05元、44.91元。[②]

更具体地看，磁县水田为74元，旱田42元。邻近县份永年县水田51元，旱田18元；成安县水田27元，旱田14元；[③]武安县好地为25—50元，赖地在8—20元之间。[④]可见，华北多数地区长工一年的工资是1亩好地的价格。对家庭劳动力充足的无地家庭来说，靠给人当长工购置土地是可能的，但前提是家庭消费水平较低。实际情形是，多数佣工家庭不具有这个能力。由此可知，完全以佣工（没有任何土地，佣工为仅有的收入来源）为生者，若家中有需养赡的人口（如老年父母等），其工资将难以积攒下来，以购置土地。若家有一定数量土地，并且多个劳动力可供支配，其中一两个人出外做佣工，既减少了日常生活开销，又可将佣工收入积攒下来，这样的家庭将有条件购置土地。前面家庭上升类型统计中，就有一定数量半自耕农家庭以此改变谋生方式。

在冀南村庄内，存在两种情形，一是无地、少地农民占一定比例，他们的生存状况是艰难的；二是社会财富流动尚有一定空间，中下层家庭通过辛勤劳动有改善生存条件的机会。但“改善”和“上升”受到多种因素限制，并且很难在短期内全面提升家庭生存水平。

---

① 章有义编：《中国近代农业史资料》，第三辑，第770页。

② 国民政府主计处统计局编：《中国土地问题之统计分析》，第99页。

③ 冯和法编：《中国农村经济资料》（上），186页。

④ 同上注。

（四）不同身份者抚养家庭人口的能力

前面从纵向变动的角度观察了农民家庭。这里，从一个相对静止的状态，看一下无地和自耕农两类家庭抚养人口的能力。

1．无地家庭赡养人口能力

冀南农村无地家庭主要以佣工为生。通过对调查村庄无地家庭人口数量的考察，可以对其家庭抚养能力有一定认识。（见表 9–7）

表 9–7 土改前无土地村民家庭人口

村名	户数	口数	平均每户人口	新老户构成	户主中农业雇工数量和比例		劳动力（个）	全村家庭平均规模	无地者家庭人口较本村平均水平	
					数量	%			少（口）	%
西大庄村	28	95	3.4	13：15	24	85.7	50	5.2	1.8	34.7
双寺村	12	35	2.9	8：4	8	66.7	18	5.2	2.3	44.0
庆有庄村	9	24	2.7	1：8	4	44.4	14	4.7	2.0	43.2
曲河村	41	121	3.0	16：25	28	68.3	50	5.1	2.1	41.7
上寨村	30	96	3.2	0：30	18	60.0	42	4.5	1.3	29.2

说明：部分信息不全的无地家庭没有统计在内。

无地家庭维持生存的主要方式是从事农业雇佣劳动，其余为做各种小生意。他们的家庭人口比本村平均人口数量低 30%—43%。这表明，占有一定数量土地、获得较稳定的收入仍是维持较大规模家庭人口的主要条件。

不仅如此，佣工家庭人口增长往往是比较缓慢的。其中成年男性的婚姻受家庭经济条件不足的制约，人口数量的消极抑制在他们身上表现得比较突出。

对冀南村庄阶级成分档案所做的统计表明，土改前男性单人户主要由没有土地的雇工构成，其年龄多在 25 岁以上。因经济条件欠缺，他们难以及时婚配。可见，佣工不仅维持现有家庭人口生活的能力不够，而且婚姻受阻，家庭代际传承受到影响。

华北以外其他地区也有类似表现。毛泽东1930年在江西兴国县第十区的调查表明，第十区总人口中，地主占1%，富农5%，中农20%，贫农60%，雇农1%，手工业工人7%，小商人3%，无业游民2%。其中娶不到媳妇成为光棍者中，中农有10%，贫农30%，雇农99%，手工业工人30%，游民90%。[①]总计全县有25%的男性被排挤出婚姻行列。

戴维斯和布莱克认为：无论如何，除非成功地禁止婚外性交或者可以自由地使用避孕和流产，否则不婚不会降低生育率。[②]在中国传统社会中，婚外性交并不能“成功”地禁止，但婚外生育子女存留下来的可能性很小。中国传统时代使用有效避孕方法和采取流产措施也比较少，一定程度上也存在着溺婴现象。从这些方面看，中国社会的不婚行为肯定具有抑制和降低家庭人口的作用，在贫穷家庭表现得尤其突出。

黄宗智对华北地区农村中的半无产化与人口趋向做过如下尝试性推测——他的第一个推测是，佣工收入扩大了小农生计的来源。因此，在一定程度上可能为人口增长提供了部分条件。贫农从事佣工获得不可缺少的补充收入，而他们出卖的劳力，又为种植劳力集约的经济作物提供了必要的条件。非农业的雇佣劳动（如在手工业、商品运输、市镇就业等），更把生计来源扩充到农业生产以外。这样，雇佣劳动可能会赋予农村青年男子较早自立的能力，并促使他们较早地结婚和生育子女，从而提高农村人口的生育率。否则，他们会受到固定地产及其继承制度的限制。黄宗智对佣工和贫农谋生条件扩大的分析是符合实际的。但他们并未因此全面改善生存环境。即他们可以使自身获得生存能力，而其收入还不足以养育妻子儿女，因而其家庭人口增长受到抑制。

---

① 毛泽东：《兴国调查》，载《毛泽东农村调查文集》，人民出版社，1982年，第200、222页。

② K.戴维斯，J.布莱克：《社会结构与生育率：分析框架》，载顾宝昌编：《社会人口学的视野》，第169页。

黄宗智也看到了这一点，所以他的第二个推测是：贫农经济的形成，也会对人口的增长起抑制作用。完全没有土地的雇农，大多没有能力结婚。总的来说，穷人的结婚率比农村中上层的人为低。他们的死亡率也会因生计艰难而比较高。因此，他们在总人口中所占比例的增高，和他们肩负的压力的加重，会导致人口增长率的减低。①

就冀南地区而言，贫农从事农业雇佣劳动和非农业工商活动，确有获得“不可缺少的补充收入”和把“生计来源扩大到农业生产以外”的意义，进而使其婚姻和生育环境有所改善。而它只限于那些自己有一定数量土地的半自耕农。若没有任何土地或只有很少量土地，基本上靠佣工为生的农民，其生存条件却不会有实质性改善。贫穷对其婚姻和生育均构成限制，最终使其家庭人口规模处于较低的水平上。

2．完全自耕农家庭的生存条件

所谓完全自耕农，是指他们的生活资料和收入来源全部依赖自有土地，至少土改前三年是如此；并且没有雇佣他人，仅靠本家庭成员进行耕作。在冀南农村，相对于各种类型的半自耕农，完全自耕农家庭数量较少。通过这类分析，可以对本地区完全自耕农家庭所需土地数量和所能赡养的人口水平有一定把握。（见表 9–8）

表 9–8　土改前完全自耕农家庭土地占有状况

村名	户数	口数	户均人口	占有土地（亩）	户均土地（亩）	人均土地（亩）	最低人均土地（亩）	最高人均土地（亩）	劳动力数量	全村平均家庭规模	完全自耕农家庭人口较本村平均水平	
											多（口）	%
西大庄村	12	70	5.8	217.5	18.1	3.1	2.0	5.8	28	5.2	0.6	12.3
双寺村	12	67	5.6	285.7	23.8	4.3	2.4	8.0	33.5	5.2	0.4	7.1
庆有庄村	5	41	8.2	278	55.6	6.8	6.0	7.8	10.5	4.7	3.5	74.5
曲河村	17	127	7.5	386.2	22.7	3.0	1.76	5.2	37	5.1	2.4	47.6
上寨村	13	71	5.5	208.3	16.2	2.9	2.33	4.3	27	4.5	0.9	20.8

资料来源：同表 9–1。

① 黄宗智：《华北的小农经济与社会变迁》，第 311 页。

在表 9–8 的五个村庄中，完全自耕家庭占有土地的标准是不一样的。就平均水平而论，平原地区的西大庄村和半平原地区的曲河村很接近，两者与山区的上寨村也相差无几。以平原为主的双寺村土地条件较另一平原村西大庄村为差，所需土地也较多。丘陵地区的庆有庄村解放前基本上都是旱地，因而完全自耕农所需土地较多。然而，总体上看，除庆有庄村稍高外，其余四个村庄完全自耕农平均占有土地在 3 亩上下。维持自耕的最低土地数量 2 亩左右。从户的角度看，平原和半平原三个村庄户均土地 18 亩以上，不超过 24 亩。人均 3 亩以上，不足 4.5 亩。黄宗智认为华北平原 1 户维持生计最起码的要求是 15 亩。[①]这比本调查的完全自耕农家庭要低，也可能是衡量的标准不一样。总的来看，差距并不显著。

处于平原的西大庄村，自耕农（或标准中农户）人均拥有土地的低限数量为 2 亩，最高为 5.75 亩，平均水平为 3.11 亩。或者说在平原水浇地地区，人均 2 亩是平民家庭过自给自足生活的最低标准。

那么每亩土地的粮食收益是多少？根据我在该地区所做回溯调查，平原地区夏季小麦正常年景可收 100—150 斤，秋季可收谷子 150—200 斤，或玉米 150—200 斤。这样，一亩的总产为 250—350 斤，[②]两亩在 500—650 斤之间。如果除去种子等支出，净得 450—600 斤。对于自耕农户来说，这个最低收获量能满足食用。但农民的其他日常生活用品开支，尚需通过出售粮食来得到现钞去购买。所以，自耕农不可能将所收获粮食全数消费掉。为备灾荒之年，还要从中拿出一部分作为存粮。应该说，平原地区自耕农人均两亩土地

① 黄宗智：《华北的小农经济与社会变迁》，第 301 页。

② 关于冀南地区的粮食产量，笔者还从县档案馆的阶级成分复查档案中获得一些旁证资料：其中城关有一人家（王兆勤）有地 9 亩，全部出租（自家人经商），每年收租粮 1140 斤，合每亩 126.7 斤。如果是四六分租制（佃户得六）的话，佃户每亩可得 190 斤。每亩总收成为 316.8 斤。与笔者估计是相近的。还有一例，磁县鼓楼社共有地 60 亩，每年收租 35.3 石。也有高于这一标准的。邯郸县苏里乡来马台村自然条件好，土改前每亩按 400 斤产量计算，物价水平为 1 元买 10 斤粮食；兼庄乡东填池村自然条件差，每亩产量按 250 斤计算。（邯郸县档案馆藏：阶级成分档案）

占有量是一个需要过节俭日子的标准。3.11 亩的人均占有量应该比较符合实际。山东省的情况也证实了笔者的分析。该省解放区人均耕地很少，仅 2—3 亩，当时一般需 2 亩中等地才能养活 1 口人。[①]

一些学者对冀鲁豫三省 1931—1937 年主要农作物产量的统计与我们的调查有相似之处——小麦亩产在冀鲁豫三省分别为 113 斤、140 斤和 139 斤，谷子为 170 斤、225 斤和 149 斤，玉米为 166 斤、184 斤、133 斤。[②]

从上述统计可以看出，完全自耕家庭人口数量明显高于当地平均水平。西大庄村自耕农家庭人口比无地农民家庭多 2.44 人。需要指出，无地农民家庭中有 9 个年龄在 25 岁以上的未婚男性。这表明其家庭人口的进一步增长受到很大限制。

在丘陵村庄要找到完全的自耕农家庭是比较困难的。由于人均占有耕地面积大，劳动强度高，不少中农户都有雇工行为。从表 9-8 可以看出，庆有庄村 5 例自耕农家庭土地占有量明显高于平原村庄。本村自耕农民与无地农民家庭人口规模差距明显。前者为 6.78 人，后者只有 2.67 人，相差 4.11 人。无地家庭有 9 个大龄未婚男性，其中 3 个土改时已超过 45 岁。贫穷使他们失去了结婚机会。

上寨村无地家庭比例较高。由于处于山区，可耕地少，它已不可能吸引外来者迁入。所以从籍贯上看，该村无地家庭完全是老户或土著户。其谋生方式并不像平原地区那样以做农业长短工为主。相当部分无地家庭男性劳动力投身到非农谋生活动中。

总的来看，在所调查的丘陵村庄，由于人均耕地面积大，要找到不雇佣长短工的中农是比较困难的；山区村庄因人均土地标准低，要找到不兼短工和小买卖以弥补日用不足的中农也是困难的。山区自耕农民的土地占有量在三种地理类型村庄中是最低的。为了

① 华东局：《山东 1948 年前群众运动概况》，1948 年。转引自赵效民主编：《中国土地改革史》，第 326 页。

② 从翰香主编：《近代冀鲁豫乡村》，中国社会科学出版社，1995 年，第 320—325 页。

维持现有人口的生存条件，山区村庄多数家庭的成年人要从事贩卖等非农业活动。

3．冀南农村家庭一般赡养能力分析

在此，对冀南村庄农民的整体生活水平做一探讨。

若以前面中农家庭人均占有土地低线作为基本生存所需土地标准，衡量本地农民家庭的生存能力，可以得出如下结果：西大庄村2亩以下（不含2亩家庭）有102户，这意味着全村59%的家庭达不到这个水准；双寺村2.3亩土地以下家庭有87户，占53.7%；庆有庄村6亩以下家庭114户，占76%；曲河村1.75亩以下家庭164户，占51.4%；上寨村2.3以下户151户，占81.2%。可见，调查村庄达不到基本生存土地标准的家庭比例最高为81%，最低为51%。平原和半平原村庄的比例相对较低，山区和丘陵村庄较高。总体上看，多数家庭不具有完全靠自有土地维持生存的能力。

山区民众溺婴行为的存在就是生存压力的一种反映。传统社会中，我国不少地区民间有因无力抚养而溺死新生婴儿的做法。根据我的了解，冀南平原地区基本上不存在这种习俗；而在本地山区，无论社会调查还是从文献记载来看，溺婴习俗均存在。民国《磁县县志》对地方陋习做如下概括：山右之乡竟有溺女之习。[①]它是贫困家庭摆脱生存压力的主要方式。上寨村作为山区村庄也不例外。

村庄阶级成分档案资料显示，土改前西大庄村、双寺村、庆有庄村和上寨村核心家庭子女性别比分别为124.1、106.3、108.9和277.5。当然它或许不能对核心家庭子女数量予以准确反映，如有的家庭婚嫁出去的女儿不可能被包括进去，不过其比例不会太大。按照这一统计，四个村庄中，双寺村和庆有庄村的子女性别比基本上在正常状态。西大庄村偏离正常状态，属性别比较高类型，但仍在可以理解的范围内。山区的上寨村则属于性别比畸形状态。以

① 1941年（民国三十年）《磁县县志》，第一章，疆域、习尚。

106 作为正常值来衡量的话，该村高出正常值 262%。若无人为的溺婴行为，显然不会出现如此现象。

传统时代，社会公共领域缺乏有效的救济机制，一旦自然灾害加重，民众的生存问题便会凸显出来。对于丘陵和山区占有土地在平均水平以下的家庭来说更是如此。根据对丘陵区庆有庄村“阶级成分登记表”资料的调查，民国时期的几个主要干旱年代，贫下中农家庭不少有饿死人的经历。如 1920 年（民国九年）和 1943 年（民国三十二年）华北大旱，饿死人和卖儿卖女家庭不在少数。贫穷家庭成员灾荒年份出外逃荒更是普遍现象。

为了对家庭人口的生存状态有进一步认识，有必要分析一下调查村庄大家庭的生存条件。在家庭规模分析中，笔者依据人口多少将家庭分成三类：小家庭、中等家庭和大家庭。从上面的分析中可以看出，在土地私有制环境下，无地者绝大多数为小家庭，能够完全依赖自有土地谋生的自耕农家庭多数属于中等家庭。那么大家庭谋生方式如何？或者说大家庭以何种经济条件的家庭为主？

笔者将大家庭的家庭规模界定为 9 口以上。为了集中对个案加以考察，这里重点对调查村庄土改前 11 口以上的家庭加以分析。

五个村庄中，超过 11 口家庭 49 个，表 9–9 列出信息明确的家庭 46 个。其中中农以上 28 个，占 60.9%。各村之间也有区别。西大庄村 12 个 11 口以上家庭中，中农以上 8 个，占 72.7%。3 个贫农家庭中，两户有骡马等大牲畜，表明其生产条件在中等以上。总体上看，这些家庭均拥有或多或少的土地，土地是其收入的主要来源。这些村庄只有 3 户的土地总数低于 10 亩，占 6.5%；20 亩以上家庭 35 个，占 76.1%。多数家庭的土地经营能形成一定规模。

可见，占有一定数量土地是人口规模较大家庭维系的基本条件。地少家庭兼做佣工和小买卖，也可补充土地收益的不足。但完全无地者要维持较大的人口规模是困难的，表 9–9 中这类家庭没有 1 个。

综上所述，土地在冀南农民生存条件中起决定性作用。然而，多数家庭又不具有维持基本生活水平的最低自耕土地。他们不得不

表 9–9 土改前规模较大家庭生存方式

村庄及户主	成分	人口数	土地（亩）	人均（亩）	财产数	住房（间）	收入来源和方式
西大庄村							
王志奎	中农	13	27	2.1	牲口 1，车 1	13	土地，自耕
王久堂	富农	11	56	5.1	车 1，骡 2	24	土地，常年雇工
陈众	贫农	16	25	1.6	牛 2	36	土地，自耕
王尚善	贫农	19	27	1.4	骡 1，牛 1	30	土地，推小车卖炭、当长工
王升	贫农	13	15	1.2	骡 1，车 1	10	土地，租地 10 亩、当雇工
王双	上中农	13	50	3.8	骡 1，牛 1，车 1	21	土地，自耕兼用雇工 1 人
王忠义	上中农	13	55	4.2	牛 1，骡 1	30	土地，自耕兼用雇工 1 人
王文	上中农	15	35	2.3	骡 1，牛 1，车 1	36	土地，自耕
王永丰	上中农	24	70	2.9	骡 2，车 1	40	土地，放债、自耕兼用雇工 1 人
王铎	富农	12	70	5.8	骡 2，车 1	20	土地，自耕兼用雇工
陈双	地主	12	240	20.0	骡 3，大车 1，轿车 1	53	土地，雇长工 5 人，做饭妈 1 人使女 1 人
双寺村							
王荣峰	贫农	18	28	1.6	牛 2，车 1	38	土地，推车卖炭，拉脚
王金宝	贫农	13	10	0.8	牛 1	14	土地，长短工
王庆贵	贫农	12	9	0.8	驴 1	2.5	土地，推车卖炭，当长工
任福堂	贫农	11	23	2.1	牛 1	0	土地，做小买卖
阎好成	贫农	11	12	1.1	牛 1，车 1	10	土地，长工
李献彬	下中农	15	38	2.5	骡 1，牛 1，车 1	23	土地，自耕
任万民	中农	25	110	4.4	骡 1，牛 1	35	土地，自耕

（续表）

村庄及户主	成分	人口数	土地（亩）	人均（亩）	财产数	住房（间）	收入来源和方式
任庆来	上中农	12	43	3.6	牛 1	28	土地，自耕
任庆儒	上中农	11	31	2.8	骡 1，车 1	24	土地，自耕
孙景白	富农	11	27.5	2.5	骡 1，车 1	21	土地，租地，自耕兼佃耕
李献歌	富农	13	116	8.9	骡 1，牛 1，车 1	39	土地，常年雇长工 2 人
庆有庄村							
朱仲华	贫农	11	30	2.7	牛 2	6	土地，租地 10 亩
朱德彬	下中农	17	114	6.7	骡 2，车 1	29	土地，自耕
朱英夏	富农	13	150	11.5	骡 2，车 1	34	土地，放债，常年雇长工 2 人
朱伏生	上中农	13	127	9.8	骡 2，马 1	30	土地，放债，常年雇长工 2 人
王振河	贫农	12	20	1.7	驴 1	10	土地，卖炭
王品章	中农	16	66	4.1	骡 1，驴 1	20	土地，经营粉坊，自耕兼雇月工
上寨村							
王三宝	下中农	14	14.5	1.0	牲口 1	8	土地，打短
工曲河村							
丁法家	下中农	11	17.5	1.6	驴 1	29	土地，自耕
李法兴	富农	15	57.5	3.8	骡 2，车 1	40	土地，开 1 处轧花坊，自耕兼雇长工和工人
尚守义	贫农	12	32	2.7	牛 1	17	土地，佣工，出外做木匠活
尚守中	下中农	11	15	1.4		10	土地，出外做木匠活
王金堂	上中农	11	65	5.9	骡 2，车 1，轧花车 6	32	土地，开轧花店，自劳兼雇长短工
李春华	上中农	11	31	2.8	骡 2，车 1	24	土地，自耕、做生意

（续表）

村庄及户主	成分	人口数	土地（亩）	人均（亩）	财产数	住房（间）	收入来源和方式
阎志艺	中农	13	24.5	1.9	牛 1，驴 1，车 1	13	土地，自耕、做小生意
陈同德	下中农	12	25	2.1	牛 2	14	土地，租地，自耕、冬天轧花
陈同培	上中农	11	32	2.9	骡 1	13	土地，自耕
杨士亮	贫农	11	2	0.2	驴 1	5	土地，开粉坊，当油匠
杨怀吉	上中农	11	18	1.6	骡 1，车 1	8	土地，自耕、做生意
陈原荣	富农	12	28	2.3	牛 1，马 1	10	土地，常年雇工、开杂铺
陈文采	下中农	12	16.6	1.4		18	土地，租地，自耕、开馍坊
杨伟堂	上中农	14	40	2.9	骡 1，驴 1，车 1	17	土地，自耕兼雇长短工
杨怀宝	上中农	12	38	3.2	马 1，牛 1，车 1	22	土地，自耕兼雇长工 2 人
杨三发	贫农	12	1	0.1	牛 1	6	土地，租地 23 亩，当长工，做小买卖
杨正中	中农	13	37	2.8	驴 1	13	土地，自耕

资料来源：同表 9–1。

说明：部分信息不全的家庭没有列入。

通过租用土地、做佣工或从事各种非农活动等方式来维持生存。由于没有稳定的生活来源，缺少积累，这些家庭男性成员的婚配失时率较高，已有成员的赡养水平也受到限制。从这一角度看，在土改前的传统社会，冀南农村 50% 以上家庭的人口增长受到土地这一主要生产资料不足的限制。

（五）冀南农村民众的居住状况

住房状况也是农民生存条件的主要表现形式。土改前数十年间，冀南村庄的居住区面积变动很小。或者说，20 世纪初以来，直至土改前，村落民居是相对固定的。这一方面是因为人们不会或不舍得随意占用可以增殖财富的宝贵耕地，来建房筑屋。村庄中多数住宅的结构一般由堂屋（指上房，在冀南地区多为北房，即坐北朝南之屋为上，多由家主居住）和东西两厢房（由子女居住）以及南屋（包括大门门洞和存放杂物之室）组成。院落狭窄，宽不足 3 米，但比较长，显示出对非居住空地高度压缩的特征。许多家庭的建房结构要容纳至少三代人居住。如一个有两个已婚儿子的三代家庭，本人与配偶居住堂屋，两个已婚儿子和孙子分住两厢房。子女和代际多的大家庭中，则再在同一纵轴线向下（即向南）续建房屋。

住房以及院落的稳定与当时宅基地的高价格有一定关系。按照 30 年代的一项统计，宅基地价格一般高于耕地 4—5 倍以上。以 1934 年为例，全国平均宅基地上、中、下等分别为 458.74 元、307.49 元和 185.37 元，耕地上、中、下等分别为 84.33 元、62.59 元和 38.48 元。更具体来看，河北省宅基地上、中、下等分别为 146.67 元、104.76 元和 76.35 元，耕地上、中、下等分别为 47.90 元、34.27 元和 22.07 元。邻近的山东省宅基地上、中、下等分别为 184.96 元、132.70 元和 93.10 元，耕地上、中、下等分别为 67.13 元、56.58 元和 34.64 元。[①]

---

① 国民政府主计处统计局编：《中国土地问题之统计分析》，第 104—105 页。

村庄居住区能够在相对长的时间内保持不变，除了人们不敢轻易占用耕地，宅基地价格高等因素外，不少家庭的人口增长相对缓慢也是一个原因。若一个家庭在两代之内只有一个儿子，那么他在数十年中，基本上不用寻求建房用地，至多对破旧或损坏的现住房翻建和维修。

可以这样说，土改前，土地是家庭的生存之基，房屋是家庭穷富之形。所谓生存之基，它是农耕社会家庭成员衣食之保障，因而不到万不得已之时，家庭成员不能或不敢损害它。房屋是家庭穷富之形，意味着房屋能表现一个家庭的穷困或富裕程度。进一步看，一个家庭只有当拥有土地，生存获得保障之时，才会拿出余钱修房盖屋。或者说，能有余钱修房盖屋，能住上体面房子的家庭，是摆脱穷困的基本标志。这也是富裕家庭重视家庭建设的原因。但即使如此，对绝大多数家庭来说，他们不会占用耕地建很宽敞的庭院。

二、土改后集体化之前农民生存条件

土地改革对农民家庭生活影响最大之处在于土地、房屋和主要生产工具的重新分配。在“废除封建性及半封建性剥削的土地制度，实行耕者有其田的土地制度”[①]政策指导下，地主全部和富农大部分土地被剥夺；富裕中农超出平均水平的多余土地，一部分中农的多余土地，或者动员其献出，或者令其交出。房屋和大牲畜的处理方式也是这样。贫农、下中农和一部分中农则分得了土地、房屋和生产工具。因而，从生活方式上看，土地改革体现出一种“损肥补瘦”的特征（政策上的表述为“中间不动，两头平分”）。[②]它使

① 张志平主编：《中共中央在西柏坡文献选编》，第 29 页。

② 按照 1947 年《中国土地法大纲》的说法：通过土改“使全乡村人民均获得适当的生产资料及生活资料”。

没有独立生产条件的农民获得了这种条件，使没有必要生存条件的人具备了养育自己及其成员的能力。

（一）土改中的土地分配方式

土改中土地分配方式基本上以本村人均土地数量为标准。冀南地区平原村庄多以人均 3 亩、丘陵村庄以人均 5 亩为标准，再视土地肥瘠或水旱地状况上下浮动。下面来具体看一下土改后不同阶级家庭土地占有状况。

1．西大庄村

从村庄“阶级成分登记表”可以看出，土改时无地农民所获得土地数量基本上参照了土改前本村人均土地占有水平（前面统计中西大庄村土改前人均占有耕地为 3.03 亩）。19 个无地户中，土改后只有 1 户人均土地达到 4 亩，其余分别为：3.5—3.7 亩 4 户，3.0—3.3 亩 6 户，2.5—2.8 亩 6 户，2.0—2.3 亩 2 户。平均水平为 3.03 亩。

土改后不同阶级成分家庭的实际人均占有土地是有差别的。西大庄村贫农 679 人，有地 1884 亩，人均占地 2.77 亩；下中农 3 人，有地 9 亩，人均 3 亩；中农 81 人，有地 274 亩，人均 3.38 亩；上中农 88 人，有地 225 亩，人均 2.56 亩；富农 78 人，有地 144.5 亩，人均 1.85 亩；地主 79 人，有地 88.5 亩，人均 1.12 亩。地主中土改时有 2 户 17 人被扫地出门，未分给其土地。如将这 17 人除去，则地主 62 人，实际人均有地 1.43 亩。

西大庄村土改后全村人口 1050 人，土地 2821.8 亩，人均占地 2.69 亩。中农以下家庭人均占地在全村平均水平以上。其中中农最高，高于平均水平 25.7%；而上中农以上家庭人均占地在平均水平之下，富农和地主家庭人均占地只有平均水平的 68.8% 和 53.2%。

2．庆有庄村

庆有庄村土改后无地户人均土地高于本村平均水平，为 8.5

亩。其中6个原无土地的单人户每户分得土地11.5亩，它实际是该户人均占地量。这一点是与1947年中共中央制定的《中国土地法大纲》相一致的：只有一口或两口人的贫苦农民，得由乡村农民大会酌量分给等于两口或三口人的土地。[①]这既是对人少家庭的照顾，也体现了土改向贫农倾斜的政策特征。

土改后庆有庄村不同成分农民土地占有状况如下：贫农514人，占地2923.71亩，人均占地5.69亩；下中农33人，占地196亩，人均5.94亩；中农75人，占地558.76亩，人均7.45亩；上中农23人，占地122亩，人均5.30亩；富农51人，占地246亩，人均4.82亩；地主14人，占地47亩，人均3.36亩。土改后全体村民为787人，土地4093.47亩，人均5.20亩。庆有庄村除地主和富农外，人均占地都在平均水平之上，其中中农高于平均水平43.3%。富农和地主分别为平均水平的92.3%和64.6%，与全村平均水平的差距不如西大庄村大。

无地和少地的贫农和下中农中，多数人均土地达到和接近土改前中农的土地标准，为其基本生活提供了保障。土改以后直到合作社前，一般认为，是中农扩大时期，或称中农化时期。实际是原有贫农和下中农上升为中农或达到中农生活水平的时期。其结果有效地缓解了贫下中农出身者因经济条件差对其婚姻、生育造成的制约，食物短缺对其家庭人口的生存威胁得以基本消除。可见土改为多数家庭创造了生存条件，成为人口增长的重要推动力。

从庆有庄村的档案记载看，土改前大的灾荒年代（如1942年大旱）中，卖儿卖女或有人被饿死的家庭都是无地或人均占地2.75亩以下者。有逃荒经历的家庭比较复杂，其中也有个别占地4—5亩的家庭，但5亩以上家庭很少有人因荒讨饭。

经济学家阿马蒂亚·森指出：事实上，至今还没有确凿的证据表明，在某一次饥荒中，一个国家的所有阶层都遭受了饥饿；这是

---

① 1947年《中国土地法大纲》第十条（甲）项。

因为，不同社会阶层对食物的控制能力是不同的，总量短缺只不过使各阶层对食物控制能力的差异明显地暴露出来而已。[①]

土地改革对家庭的影响在于：它使绝大多数人直接与自有耕地的生产活动结合起来，维持生存的条件和能力同以前大不一样。原来靠雇工和出租土地生活的地主和其他富裕农民，不得不自己耕作。由于土地数量大大减少，他们谋生的压力提高了，因而只有辛勤劳作，才能维持生存。[②]

雇工和佃农因获得了土地，劳动积极性要比受他人雇佣时高得多。土改前的自耕农民或中农财产变动不大，他们仍需辛勤耕作，才能保持原有生活水平。

（二）土改后农民的生活

印度学者苏布拉塔·加塔克和肯·英格森特的研究指出：如果农业资源的利用与农场规模真的呈负相关，那么，土地的再分配似乎可以实现平等改善和效率提高的双重目标；然而，在某些国家，乡村人口的密度是如此之高，以至于不可能实现这样的理想，为每户农家提供足够的土地，以便他们仅依靠农业就可以生活得更好，很简单，由于土地的数量有限，不可能使所有那些在平等原则下要求得到土地的人都能分得一份土地。[③]他们由此得出结论：在人口十分稠密的国家中，依靠土地改革所腾出的土地面积也许不足于为所有的乡村家庭提供足以维持生计的手段，也就是说，仅仅依靠土地改革不可能彻底消灭乡村失业和贫困。[④]然而在中国的土改中，贫困虽不能因此消灭，但消灭失业的目标很大程度上实现了。土地的相对平均化分配使无地、少地农民能以耕垦自己的土地为生。这

---

① 阿马蒂亚·森：《贫困与饥荒》，王宇等译，商务印书馆，2001 年，第 58—59 页。

② 按照 1947 年《中国土地法大纲》：地主及其家庭，分给与农民同样的土地及财产。

③ 苏布拉塔·加塔克、肯·英格森特：《农业与经济发展》，第 235 页。

④ 同上注书，第 239 页。

实际是他们就业机会实现的标志。可以说，土地改革将农民的谋生和就业统一在一起。这使多数农民的生产积极性提高，生存条件改善。

1．土改后农民生活状况及其影响

土改后多数农民的收入水平和消费能力提高。依照 1949 年的一项调查，河北农民全年每人平均总收入折粮 619.15 斤。其中食粮占 72.3%，特用作物占 8.3%，副业及果树收入占 1.0%，工资收入占 4.5%，其他收入占 5.5%。此外，每人平均收入蔬菜 97.39 斤。全年每人总支出 620.49 斤。其中食粮占 53.1%，穿用占 10.1%（包括布、棉花、线、麻皮等，折米 62.87 斤）；日用品占 7.4%（包括食油、盐、酱、糖、火柴、灯油、针等，折米 45.64 斤），生产投资占 14.5%，折米 89.8 斤；其他支出占 4.1%，折米 25.38 斤；平均食菜 93.46 斤。总的来看，全年每人收支大体均衡，支超于收 1.34 斤。当然这样的生活水平是不高的，从自产与购买比较看，每人平均食用粮食 322.90 斤，占粮食生产量 73.9%。①

最重要的是，土地改革打破了原来农民收入的差距，占人口大多数的贫农和下中农生活得到明显甚至根本改善。因而从总体上讲，它促使农村中下层家庭生活水平上升，而原来中上层家庭生活水平下降。在产量不变或增加不多的情况下，土地资源的平均分配必然会带来这种结果。

一些与冀南邻近地区的相关调查显示：老解放区河南省林县 5 村土改前，中农占总农户数的比重为 43%，1950 年增至 86%；清丰县 4 村有 574 户中农，其中新上升的中农 296 户，占中农户数的 51.6%。两县 9 村 1833 户农户中，有余粮和够吃用的农户占 91%。其中有存粮的 690 户，占总户数的 37.6%；已够吃用的 969 户，占

---

① 中央人民政府农业部编印：《华北典型村调查（1949 年度）》，1950 年，国家图书馆藏，第 5—6 页。

总户数的 52.9%。[①]

由于经济状况好转和社会地位提高，原来处于低层的佣工不仅获得了基本的生存条件，而且婚配问题也有了解决机会。从阶级登记档案中可以看出，不少土改前大龄被雇佣农民土改后娶妻生子。另外，新婚姻观念的提倡增加了原来大龄未婚贫民的择偶机会。如一些受“守节”意识束缚的丧偶妇女再婚增加，其中有不少嫁与分得土地的贫雇农及其子弟。因此，我认为，土地改革后财富占有的相对平均化政策使贫困农民婚姻有了实现机会，婚姻人口总量因此增加，进而对农村的生育和人口增长产生了影响。

2．土改前与 1966 年调查村庄不同阶级成分家庭人口变动分析

对于这个问题，可以从下面的统计中有更具体的了解。（见表 9–10）

表 9–10　土改前与 1966 年不同成分家庭平均人口变动比较

单位：口

成分	西大庄村		庆有庄村		双寺村	
	土改前家庭规模	1966 年家庭规模	土改前家庭规模	1966 年家庭规模	土改前家庭规模	1966 年家庭规模
贫农	4.9	4.8	4.2	4.7	4.4	5.0
下中农	3.3	7.8	7.2	4.3	5.5	5.4
中农	4.8	4.7	5.6	4.4	7.0	5.4
上中农	12.6	4.7	11.0	3.9	7.4	5.2
富农	6.0	5.2	6.6	3.8	6.8	4.3
地主	4.7	4.8	5.8	2.5	6.0	3.6
合计	5.2	4.9	4.7	4.5	5.2	5.1

资料来源：同表 9–1。

土改前各个村庄不同成分家庭养育人口的能力存在着差异，即相对富裕家庭人口高于贫穷家庭。而到 1966 年家庭人口则基本上

① 王琢、许浜：《中国农村土地产权制度论》，经济管理出版社，第 28 页。

保持在相近的水平。如土改前，西大庄村家庭人口最多（上中农）比家庭人口最低（下中农）高281.8%，庆有庄村最高（上中农）比最低（贫农）高161.9%，双寺村最高（上中农）比最低（贫农）高68.2%。1966年，三个村庄最高与最低之间相差分别为64.6%、72.0%和50.0%。当然，不同成分类别的家庭人口数量还与分家水平有关。在不考虑分家因素的前提下，家庭人口的总体表现是：贫穷者家庭人口数量明显低于相对富裕者。当然也有例外，西大庄村地主家庭人口数量甚至稍低于贫农。因而，若把上中农以上富裕家庭视为一个整体，那么其家庭人口的相对高水平则更为突出。

不少国外学者也承认土改使农村人口整体生存能力提高的事实。罗兹曼认为，土地改革释放出了过去变为地租的大量剩余，把购买土地和偿还债务的资金转为穷人消费和国家投资。[①]利皮特也有同样的认识：农业潜在的剩余被统治阶级所控制，只用作奢侈性消费，而不去用作生产性投资。在这种情况下，发展只能随社会革命而产生。中国土改的经济意义是：国家通过革命，从统治阶级手中夺取了潜在剩余，部分转用于生产性投资，部分用以提高农村社会中贫穷分子的生活水平。[②]从冀南地区看，正是通过这种革命，地主、富农家庭失去了维持奢侈性消费的土地，无地、少地的贫农家庭因获得土地而增强了生存能力。

三、集体经济时代农民家庭生存方式

客观上讲，对中国农民生活影响最大、最深远的不仅仅是土地改革，土改后集体化过程及其所实行的各种制度的作用程度更显著、更持久。我们说，土改中重新分配土地对占人口多数的少地无地农民的生存状态起到重要改善作用。其后的集体经济制度尽管使

① 吉尔伯特·罗兹曼主编：《中国的现代化》，第454页。

② 黄宗智：《华北的小农经济与社会变迁》，第17—18页。

农民的生存能力提高，但却阻滞了农民生活水平进一步提高的步伐。就冀南村庄而言，一方面，集体经济时期，特别是20世纪50年代末和整个60年代，农民食物资料供给不足或粮食紧张的局面始终存在。人们一直为粮食增长、为温饱生活的实现而奋斗。而另一方面，农村人口数量却在集体经济背景下获得了较快的增长。如何解释这一悖论？这是一个复杂的问题。在此我尝试做一分析。

（一）从食物构成和占有数量变化看农民生存水平

1．红薯在集体经济前期农民生活中的作用

种植高产作物是集体经济时代缓解食物压力的重要手段。为了维持对农民基本生存资料的供给水平，从人民公社时代开始，高产粗杂粮作物品种的种植大幅度提高，以此解决食物短缺问题。比较突出的是扩大红薯种植面积，这样一来，红薯在农民食物资料中的地位大大增强。

黄宗智对华北地区近代小农经济分析时认为：人口压力是清代中期以来甘薯种植的主要推动力。他还说：甘薯在人们心目之中一向是比“粗粮”还低贱的穷人食品，只有在贫困和人口压力之下才迫不得已用甘薯代替五谷作为主食。[①] 卜凯等20世纪20年代末30年代初对中国22省的调查显示，在小麦高粱区，红薯的种植占作物总面积的1.2%，占春夏作物种植面积的2.0%；冬麦高粱区稍高，占3.9%，占春夏作物种植面积的6.9%；但属于冀南地理范围的南宫县红薯种植只有0.3%，在春夏作物种植面积中占0.37%。[②] 从作物构成上看，磁县应属于冬麦小米区。

笔者在冀南村庄访谈中了解到，土改前，至少20世纪三四十

---

① 黄宗智：《华北的小农经济与社会变迁》，第119—120页。

② John Lossing Buck, *Land Utilization in China: A Study of 16 786 Farms in 168 Localities, and 38 256 Farm Families in Twenty-two Provinces in China, 1929–1933*, pp. 194–199.

年代，有地农民很少将大块土地用来种植红薯，一般只种很小一部分以调剂食物口味。

不幸的是，农村集体经济时期，红薯被大面积种植。如果说土地改革前红薯只是穷人的食品的话，那么集体化时期农民中已无穷人、富人之分。它是全体社员的主要食品之一。

集体经济时期，不少生产队秋季作物中，约有五分之一的土地种植红薯（另外五分之四分别为玉米、杂粮，以及棉花）。红薯作为口粮分配时 5 斤折 1 斤（即 5 斤红薯折成 1 斤粮食）。社员将分得的红薯储藏在地窖中。至少从 10 月收获红薯到春节前的 3 个月中，红薯是农民的主要食品。为进一步延长食用期，农民将一部分红薯用专门的工具切成片，放在房顶晒干，存入仓中。待来年春天青黄不接之时，薯干被磨成面（俗称红薯面），做成窝头，作为春季的主食。这样算起来，红薯被农民食用的时间每年约有 4 个月。其对集体经济时期人口养育的贡献可见一斑。这种情形一直从 20 世纪 60 年代持续到 70 年代中期，至土地承包责任制实行前夕粮食产量增加后才有所改观。

我们看一下双寺村和庆有庄村的 1958 年的粮食种植构成。（见表 9–11）

表 9–11　集体经济初期作物种植品种

亩产单位：斤

作物名称	双寺村			庆有庄村		
	亩数	亩产	总产	亩数	亩产	总产
小麦	1244	187	231780	2400	30	70556
谷子	347	202	69929	1232	74	92199
玉米	170	172	29242	97	130	12525
红薯	513	158	80817	1001	140	140032
高粱	19	97	1848	95	58	55578
大豆	50	140	6992	63	114	7232
杂粮	8	44	357	566	91	51767
合计	2351	179.08	421015	5454	69.65	379869

资料来源：双寺公社 1957—1961 年各大队生产计划表，磁县档案馆藏：讲文乡档案，永久档，57 号。

表9-11中，平原的双寺村，红薯种植占粮食种植亩数的21.82%，红薯产量（按5斤折1斤计）占粮食总产量的19.20%。丘陵区庆有庄村上述两项指标分别为18.35%和36.86%。双寺村土地和产量约占总数的五分之一，庆有庄村则以不到五分之一的土地，生产出的红薯所折产量占粮食总产量的三分之一以上。

我们再看一下磁县全县集体经济时期红薯种植的变化趋向。

土改初期，磁县红薯种植面积很低。以1952年为例，全县粮食作物总面积为88.55万亩，红薯种植只占0.3%；1959年，粮食总面积约为80万亩，红薯种植上升到9.5%；1965年粮食面积为76.7万亩，红薯占7.4%；1983年粮食面积为81.1万亩，红薯为2.4%。[①]图9-1也显示出红薯种植的高比例与人民公社相始终（只有1972年一个年份例外）。可以说，人民公社时期大量种植红薯主要是为了缓解社员口粮的紧张状况。由红薯种植曲线图可见农民生存条件和生存质量的变化。

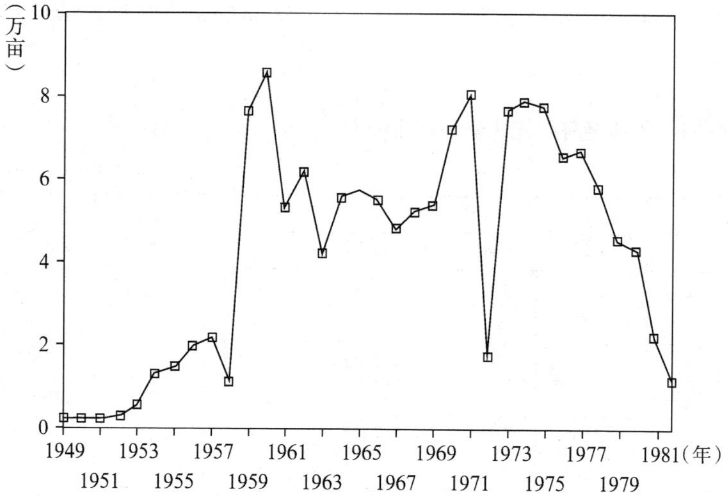

图9-1　磁县红薯种植变动曲线图

① 《磁县志》，第180页。

冀南地区其他县也有类似情形。临漳县民国时红薯只有零星种植，20世纪50年代种植面积逐步扩大，1958年增至5.06万亩，60—70年代多数年份在4万—6万亩；1974年最高为7.72万亩，在整个秋粮（玉米、大豆、高粱、谷子和红薯等）面积中红薯占14%。[①]成安县1929年（民国十八年）全县种植红薯5顷；1958年为实现粮食生产的“大跃进”，全县红薯面积猛增到7.5万亩，在该年秋季作物21.02万亩中占35.7%。[②]

集体经济时代，红薯种植增加与市场需求、公粮上交没有任何关系。它完全被作为社员的口粮，种植目的很明确。这样有限地亩中获得的高产红薯供给农民食用，其他土地所收获的大量玉米则交售给国家。

2．集体经济初期农民口粮占有状况

关于集体经济时期农民的粮食占有状况，我们可以看冀南农村几个公社的粮食分配统计。

1963年，时村公社11个村庄中，每人年均口粮210—230斤有2个队，250斤2个队，270—290斤3个队，300—310斤2个队，349斤1个队，371斤1个队。自留地所产粮食可使人均增加30—60斤。即便如此，大部分村庄农民人均占有粮食也不足350斤。另外从分配方式上看，11个村庄中，人分口粮占67%—80%，劳分口粮占18%—30%，有8个村庄还有0.8%—4.7%不等的照顾粮。具体来看，人分口粮70%有5个生产大队，80%有3个大队，67%—68%有3个大队。基本水平在70%—80%。

曲河村所在光中公社共有8个生产大队，75个小队。1964年口粮分配采用“人八劳二”的为2个小队，占2.7%；“人七劳三”的为73个小队，占97.3%。而社员口粮每天6两不足7两的有29

---

① 临漳县地方志编纂委员会编:《临漳县志》，中华书局，1999年，第181—185页。
② 《成安县志》，第140—143页。

个小队，占38.7%；7两以上不足8两的有39个小队，占52.0%；8两的以上不足9两的有7个小队，占9.3%。

上述两个公社所涉及的19个村庄绝大多数没有达到日人均1斤的口粮水平。冀南农村与全国农村相比，差距不大。1962年全国乡村人均消费粮食321斤，1965年354斤。[①]那么这个数额是否准确？它能满足农民家庭需要吗？

可以说，从生产队分配的粮食应该没有多少漏报情形。而自留地的产量统计有一定出入。据我向一些村民了解，1964年前后，西大庄村这个平原村庄自留地单产小麦为400—500斤，玉米也在这个水平。[②]即使按亩产400斤算，全年有800斤收成。每分地折合80斤，每人二分地即有160斤。从中减去种菜之地，自留地所得粮食人均在150斤左右。由此社员的实际总口粮数应为419斤，自留地所得占35.8%，超过三分之一。这表明自留地对当时村民生计的维持起到重要作用，在生产队集体经营比较差的地区更是如此。

冀南农村集体经济时代农民消费以粮食为主，缺少肉、蛋等高蛋白食物。对于成年劳动力来说，这种消费结构下，每天1斤粮食并不够。

为了农民的基本生存需要，红薯成为重要的粮食作物替代品种。一定程度上讲，它可以增加食物的供应量。

在冀南农村，粮食分配制度体现的是对人口的照顾，而不是对劳动力的倾斜。就家庭消费而言，由于粮食分配实行“人七劳三”，或“人八劳二”，年幼人口多、女性人口多的家庭，食物消费的紧张状态则低一些。20世纪60年代末和70年代初以后，粮食分配中“人八劳二”的做法在冀南农村被普遍采用。1970年上寨村所在北玉公社10个大队口粮分配均为“二八制”。[③]

---

① 国家统计局社会统计司编：《中国社会统计资料》，第76页。

② 1999年秋天在磁县西大庄村调查时获得的信息。

③ 磁县档案馆藏：1970年北玉公社全年粮食决算分配表，永久24号。

虽然劳力多的家庭可通过增加劳动量得到工值，获得货币收入，但当时这些村庄的日值多数在3—4角之间，时村公社14个村庄中有9个村庄处于这一水平，占64.3%；5角2个村，占14.3%；7.2角1个村，9.9角1个村，还有2.65角1个村。通过劳动多挣工分虽可提高分红，但却难使收入有明显增长。

根据我的了解，那些青壮年比例高的家庭，粮食缺口相对较大。家长只好通过降低食物质量来满足数量需求，即把小麦等价格高的细粮拿到集市上粜卖，再多购进价格低的粗粮，如玉米、高粱、薯干等，以增加家庭成员对食物数量的消费。

家庭人口多、劳力不足的农民从这种分配方式中得到益处。一个核心家庭只要有一到两个成年劳动力，维持五六口人的基本生存没有很大问题。当然这只能是低水平的。

3. 集体经济后期农民占有粮食状况

由于集体经济初期和中期粮食生产压力一直存在，促使政府和集体经济组织对制约粮食增产的水利设施加大兴修力度，增加肥料投入，引进优良品种，从而为粮食亩产提高创造了条件。这对改善农民20世纪60年代后期到70年代的生活水平有重要意义。

70年代实行计划生育政策后，政府对农村粮食分配方式做了调整。1978年《农村人民公社工作条例（试行草案）》第十章“收益分配”第四十四条规定：“社员口粮的分配，一般采取基本口粮和按劳动工分分配口粮相结合的办法，也可以采取按劳动工分分配口粮加照顾的办法，或者采取社员大多数决定的其他办法。口粮水平高的地方，也可以实行自报公议。如果采取前一种办法，劳动工分粮和基本口粮的比例，可以三七开或四六开。基本口粮应按人分等定量。不论采取那（哪）种办法，都应该有利于调动社员的劳动积极性，有利于计划生育。对缺粮的烈军属和困难户，要给予适当照顾。”[①]在

---

① 《农业集体化重要文件汇编（1958—1981）》，第981—982页。

冀南农村集体经济前期和中期，没有四六开的分配方式，最低为三七开。

1976年西大庄村的耕地亩产达到800斤以上，其他村庄也有相应提高。从时村公社的分配表中可以看出，14个大队中，社员人均粮食360—380斤以上者有9个，占64.3%；340—350斤有5个，占35.7%；最低的为330斤，最高的为412斤（即西大庄村）。全公社平均水平为369斤。[①]这意味着当地农民的温饱问题已经得到解决。

这一时期实现粮食增产的意义在于，20世纪50年代和60年代高生育率时代出生的人口已经逐渐成年。在60年代中叶低定量口粮分配制度下，幼儿和儿童的消费尚不会对家庭形成生存压力。进入70年代他们已长大成人，对食物的需求大大增加。若农村的粮食生产水平还停留在60年代中期前的水平，粮食危机将不可避免地产生。也许正因为这种危机的存在，政府对粮食生产的重视程度提高了，因而才有大寨等种粮先进典型的推广。不过，由此所付出的代价很大，如毁林开荒破坏了生态环境；限制多种经营不仅难于使农民真正脱贫，还降低了农业劳动生产率等。

传统私有制社会中，人口控制是家庭行为，并且多限于自然方式。不过多数家庭在婴幼儿高死亡率下不必采取人为控制人口措施。高死亡率既与医疗卫生条件落后有关，也与食物不足、营养不良密不可分。经济条件差的家庭人口增长所受限制主要是婚姻失时、将不能养活的子女送人以及采取极端的溺婴行为。集体经济期间，集体组织成为民众生活资料的提供者，保证劳动者及其子女的基本生存是集体组织的最重要职责。尽管粮食分配不足，但与土改前相比，集体经济制度下生活资料对家庭人口的硬性约束减少了，人口的生存环境改善了。集体经济时期人口的迅速增长就可说明这一点。[②]

---

① 磁县档案馆藏：1976年时庄公社各大队收益分配表。

② 关于环境与营养改善对人口增长所起作用，诺斯指出：现代人口的大幅度增长与其说是医学发明与免疫降低死亡率的成就，还不如说是营养与环境改善的结果。见道格拉斯·C.诺斯：《经济史中的结构与变迁》，第15页。

若中国是人口稀少、劳动力短缺的国家，那么土改后的休养生息机会将为经济的进一步发展提供重要的劳动力资源。实际上，自从19世纪初，中国人口总量达到4亿之后，作为农业国家，人口规模已到了应该采取人为措施加以控制的地步。只是由于内地人口向周边地区迁移，扩大了民众的谋生空间；加之19世纪中叶以后直至20世纪中叶之前，连绵不断的各种战事以及与此有关的瘟疫、饥馑等，人口死亡率上升，二者的共同作用对人口压力减轻起到了作用。土地改革和集体经济环境下，高死亡率对人口增长的抑制作用逐渐被消除，生存能力提高进一步推动人口增长。因而集体经济时代，始终没有从根本上解决人口压力。

（二）集体经济时代农业劳动力的投入与农业生产特征

1. 劳动力投入特征

集体经济期间，在冀南地区，农村劳动力被大量投入到粮食生产活动中，但这并不意味着劳动生产率提高了，而是恰恰相反。集体组织通过开垦土地、修筑水利设施，实行集约化经营等，将绝大部分男女劳动力吸纳到集体劳动之中，掩盖了劳动力的过剩问题，因而在20世纪50年代和60年代中国人口总量不断上升之时，人口控制工作未受到应有的重视。

农村集体经济时期，增产粮食、棉花一直是从中央到县、公社和大队的目标，生产队和社员为此而努力。或者说，政府对农业的重视程度之高超过了历史上任何时期，生产队对人力投入的数量之多也大大高于传统私有土地制下的农民。

以粮食为核心的农作物生产被看得如此之重，关键是粮食短缺的阴影没有摆脱。一方面，粮食亩产因作物品种改良、化肥施用增加和水利设施兴修在提高；但另一方面，不断增加的人口将粮食增量消耗掉了。至少在20世纪50年代和60年代，政府并没有摆脱18、19世纪传统王朝的思维方式：尽管强烈地感受到人口压力的存在，所采取的措施是设法寻求增加粮食生产的途径，鼓励无地、少地农民对荒芜土地开垦，却没有从人口控制角度采取有效措施。如果说，传统社会政府尚有人口增长不稳定（婴幼儿死亡率高，各种频繁发生的灾害还会导致人口大量死亡）的隐忧的话，20 世纪 50 年代后这种忧虑是多余的（1960 年初的人口死亡率上升是政策失误造成的，与自然灾害没有必然的联系）。新中国成立后我国已经将人口死亡率降到较低的水平，人口稳定增长已不存在问题。

值得注意的是：人民公社初期，由于滥用农村劳动力，政府错误地认为，人口压力问题、劳动力过剩问题已经不复存在。1958 年 12 月 10 日中共第八届中央委员会第六次全体会议通过的《关于人民公社若干问题的决议》做如此表达："过去人们经常忧愁我们的人口多，耕地少。但是一九五八年农业大丰产的事实，把这种论断推翻了。只要认真推广深耕细作、分层施肥、合理密植而获得极其大量的高额丰产的经验，耕地就不是少了，而是多了；人口就不是多了，而是感到劳动力不足了。"[①]精耕细作虽增加了对劳动力的吸纳，但劳动生产率不会因此提高。因为纯粹劳动力的投入使土地增产的潜力是有限的。

对于农业劳动生产率问题，黄宗智认为：需要分辨三种农村社会变迁。首先是单纯的密集化，产出或产值以与劳动投入相同的速率扩展；其次，过密化，总产出在以单位工作日边际报酬递减为代价的条件下扩展；最后，发展，即产出扩展快于劳动投入，带来单位工作日边际报酬的增加。换言之，劳动生产率在密集状态下保持不变，在过密化状况下边际递减，在发展状况下扩展。[②]他还说小农经济过密化的程度往往取决于其人口与可得资源间的平衡关系。相对于资源的人口密集的压力会造成过剩劳动力数量的增加以及高

① 《农业集体化重要文件汇编（1958—1981）》，第 117 页。

② 黄宗智：《中国农村的过密化与现代化：规范认识危机及出路》，上海社会科学院出版社，1992 年，第 72 页。

度的生存压力，导致极端过密的发生。与密集化和过密化相比，发展通常不会仅随着人口压力而发生，而是伴随着有效的劳动分工，增加单位劳动力的资本投入，或技术发展。[①]新中国成立后30年的经历，农业总产出扩大了三倍，而劳动生产率和人均收入几乎全然无改进。[②]

这种认识成为不少经济史学者的共识。美国学者R. H. 迈尔斯认为：1960—1980年，如同大多数工业增长一样，中国的农业增长依靠的是投入更多的生产要素，而不是依靠生产率的提高。为了追求高速度生产发展，中国在使用自然资源方面太大手大脚了。[③]

1960年11月3日中共中央《关于农村人民公社当前政策问题的紧急指示信》中指出："保证农业生产第一线有足够的劳动力，是当前保证粮食生产的中心关键。……农村中的整劳动力和半劳动力（不包括辅助劳动力），要达到农村人口的百分之四十左右，其中整劳动力占三分之二。"[④]

在集体生产和集体组织环境下，劳动力使用有了多重意义。一方面，集体经济时期为使产量增加，投入在土地上的劳动力的确增加了，因而对劳动力有更大的需求；另一方面，农业劳动效率低下，同样的工作量需要更多的劳动投入才能完成。还要看到，集体经济环境下，政府强调妇女的劳动参与；从家庭来讲，女性出工可增加工分。可见，形式上，劳动力需求和供给都增加了，但它建立在政治性制度安排之下，而不是经济市场下的供求原则所导致。

2. 粮食增产原因分析

我们说，人民公社时期农村的劳动生产率是比较低的，但这并不意味着当时的粮食亩产依然低下。从单位亩产看，集体经济时期

---

① 黄宗智：《中国农村的过密化与现代化：规范认识危机及出路》，第73页。

② 同上注。

③ 吉尔伯特·罗兹曼主编：《中国的现代化》，第407页。

④ 《农业集体化重要文件汇编（1958—1981）》，第383页。

冀南农村的粮食产量不断提高。对已经是水浇地的农村来说，粮食增产得益于以下因素：一是化肥的使用，二是作物品种的改进，另外还有复种指数的提高。[①]

① 肥料的使用出现变革。土改前冀南农村施肥以农家粗肥（即用庄稼秸秆或杂草等沤成）为主，配以饼肥（榨过油的棉花籽渣或油菜籽渣被压制成圆饼形状，将其破碎后撒到田里可大大提高土壤肥力），后者主要用作底肥。解放后，“四合一”高效堆肥在农村被推广，使有机肥成为无害肥料，提高了施肥效果。20 世纪 50 年代化肥已开始使用，但用量较少。60 年代磷肥被引入，用量也不大。70 年代以后，化肥用量逐渐增大，氮素化肥年平均用肥 29.4 公斤 / 亩。[②]

② 粮食品种改良。解放前本地农作物品种的选育方式落后，多为农家品种，品质退化严重，以致产量不高。解放后，政府设立专门机构参与良种的培育和推广工作。自 20 世纪 60 年代开始，县设种子站、乡有农技站，形成了比较完善的良种繁育推广体系。[③]

这些措施使粮食的单位面积产量提高，人均占有粮食相应增加。可以说，在冀南农村，20 世纪 60 年代中期以后，没有出现过大范围的粮荒；70 年代后，农民家庭的粮食消费需求基本上不存在问题。

我们总的认为，集体经济时代尽管有劳动力资源的浪费，存在效率低下等问题，但由于作物品种改进，化肥投入增加，灌溉设施兴建，为粮食增产创造了条件。由此满足了大量新增人口对粮食的需求，避免了生存危机的发生。

黄宗智虽然认为集体经济时代生产效率没有增加，但他也承认人均粮食占有量提高：我们不应该把人均收入的停滞错认为农业产量的停滞，人均收入确实因土地的人口压力而停滞，但农作物的单

① 《磁县志》，第 181—182 页。
② 同上注书，第 182 页。
③ 同上注书，第 184 页。

位面积产量，除了“大跃进”之后数年有所下降外，在整个集体化时期均是稳定增长的。[①]而费正清认为“集体化的农业经济没有提高农业生产”[②]，如果把“提高农业生产”等同提高农业产量的话，这一看法显然是不符合实际的。

一些研究者曾给土改前中国农业的困境解脱开过药方。马若孟在对河北、山东1890—1949年的农民经济进行研究后认为，当时农业不发展的关键问题是：“缺乏任何促使农业技术迅速进步的制度。选育良种和改变不适当的耕作方式的试验，只是以一种极为渐进的方式帮助农民能够更集约更有效地利用他们的土地。一个从事搜寻新的高产品种并研究一系列相关农业问题的结构性制度，和一个把这些发现传播给农民的推广制度所能取得的成就，是前面这种方式无法比拟的。中国的地方政府没有兴趣或能力用这种方式改变传统的农业技术，也没有由地方政府作主的财力可以通过治水、建筑灌溉设施和修筑道路来稳定农业生产。”[③]集体经济时代，政府的治国方式建立在对各种产业直接控制和领导基础之上。而为了保障非农产业的粮食需求，政府不得不花大量精力引导农业发展。但与马若孟等人的设想不同，集体经济时代政府对农业的重视是在改变产权制度的前提下实施的。因而，尽管农业服务的形式政府做到了，但缺乏激励的体制又降低了服务的成果，未能使农业和农民真正走出困境。

（三）农业自然经济特征的强化与农村社会的封闭

1. 集体经济制下自然经济特征

集体经济强化了农村自给自足的自然经济特征。这一判断和认

---

① 黄宗智：《长江三角洲小农家庭与乡村发展》，第288页。

② 费正清：《伟大的中国革命（1800—1985）》，第320页。

③ 马若孟：《中国农民经济——河北和山东的农民发展，1890—1949》，第331页。

识似乎与集体经济的性质矛盾。因为自给自足是与小农经济相联系的。土改前建立在私人所有制基础上的家庭经营方式才是自给自足自然经济的“天然”环境。

实际上，从与市场的联系范围和程度上看，集体经济时代的自然经济性质更为突出。首先从职业上看，集体经济时期，尤其在1966—1976年，集体经济强调农耕是社员的本业，工商活动受到排挤。即使在农闲季节，他们也只能从事与农业有关的活动，如积肥、整修农田设施等。按照政府要求，集体经济下农民的任务就是生产粮食，满足国家需要（上交公粮）和自身及家庭成员生活所需。工商业等非农活动则不应是农民所为。工农之间、城乡之间存在森严的就业壁垒。当然，一些地方企业也从农村招收工人，使个别贫下中农出身的农民子弟得到转化身份的机会。但绝大多数生产队社员是没有资格从事或不允许涉足工商业活动的。

从1955年开始，特别是60年代后，与集体化、市场控制和严厉的户口制度相联系的强有力的制度机制将农村居民束缚在他们出生或婚嫁后的村庄。农村获得了极不寻常的稳定，由此中断了清末至民国大部分时期民众在各个区域间，甚至向海外的迁移。这种内卷型模式也是与集体化和人口控制相联系的村庄社会趋于孤立的一个方面。①

从生活资料来源看，集体经济时期，农民吃的粮食、蔬菜、油料等，穿用的棉花全部由生产队种植。70年代之前，大部分农民仍穿自己织的土棉布。男性和婴幼儿的土布衣服不低于80%。被褥也主要由土布制作。农民家庭与市场的联系主要是购买盐、酱、醋、煤（或炭）等生产队不能生产的物品。这与传统时代自耕农民的消费来源构成没有多少区别。

如果说土改前的自然经济为“家庭自然经济”的话，那么土

---

① Mark Selden, “Family Strategies and Structures in Rural North China”, *Chinese Families in the Post-Mao Era*, 1993, p. 153.

改后或人民公社时期的经济为“集体自然经济”。相对来看，集体自然经济既将家庭收入水平平均化，也将家庭消费水平平均化。从整体上看，家庭养育其成员的成本降低。割断与市场联系的家庭感受不到物价波动对购买力所带来的变化（集体经济时代物价波动很小）。集体经济制度下以家庭人口数量为基础的粮食分配方式更将人口多家庭的抚养压力降到最低。

2．自留地在家庭生活中的作用

集体经济初期，特别是20世纪60年代初食堂解散之后，自留地在村民生活中的意义不可忽视。自留地的存在一方面满足了农民家庭对品种简单的蔬菜的基本需求，另一方面也是农民口粮的来源之一，或为集体分配之外的重要补充。

1961年后，社员自留地的使用受到政策的保护。根据规定：社员的自留地和开垦荒地生产的农产品，不算在集体分配的产量和口粮以内，国家不征收农业税，不计统购。[①]自留地一般占生产大队耕地面积的5%—7%，长期归社员家庭使用。[②]

就冀南农村来看，自留地份额和面积各村不一。西大庄村为人均2分，双寺村为1.5分，庆有庄为3.7分，曲河为1.7分。以1963年为例，西大庄村的人均耕地2.51亩，庆有庄村4.86亩，双寺村2.65亩。三个村自留地所占比重分别为8.0%、7.6%和5.7%。可见，其比例与1961年国家规定的5%—7%的标准是基本吻合的。

1963年西大庄村自留地产量人均水平为45.63斤，庆有庄村为31.98斤；而当年两村人均从集体分得粮食分别为296斤和274斤。[③]若将自留地产量加入，分别增加为341.63斤和305.98斤；自留地产量占13.4%和10.5%。这表明，7%的自留地提供的粮食超

① 《农业集体化重要文件汇编（1958—1981）》，第485页。

② 同上注。

③ 磁县档案馆藏：1963年时庄人民公社粮食产量、收入分配表。

过10%，特别在农民的小麦份额中占的比重更高。况且自留地还有一部分是用来种菜的。

正如前面所谈，对当时自留地产量的统计并不准确。20世纪60年代中期前后，一些村庄社员粮食消费中自留地产量所占份额为35.8%，超过三分之一。自留地以较小的土地面积获得较高的产量。

虽然集体经济时代名义上的自留地一直存在，但“文革”开始以后，它被视为“资本主义尾巴”，不少村庄又由生产队收回改由集体种植（时间约在1967年），生产队将收获物分给社员，农民从队中所得不及自种时的50%；对于那些自留地经营得好的家庭来说，从集体所分只及自种的三分之一。[①]不过自留地对农民生存意义最大的时期是20世纪60年代初期。在经济困难的环境中，它对缓解农民的生活压力起到积极作用。

集体经济时期，农村封闭的生活和职业环境达到中国传统社会的最高状态。与传统时代不同的是，集体经济时代的封闭完全由人为造成。传统时代农民没有在非农领域找到发展的机会，只好安于日出而作、日落而息的生活。集体经济时代的非农领域也需要农民补充进来，但它是在一个严格的秩序之下进行的，政府逐级下达招工指标。被录用者则脱离农民身份，进入另一个职业和谋生领域。可见，集体经济时代的农民（实际不仅农民）不能有复合身份和复合职业。而对于绝大多数没有机会进入非农领域的农民来说，生活和职业依然是封闭的。由于摆脱农民身份为集体经济时代多数农民所向往，并且这种机会最终落在谁的头上由大队领导层决定，因而在村内发展关系，为自己、亲属寻求机会和谋求利益具有重要意义。正像前面对村内婚所分析的，同村结姻行为的上升与农民对集体组织的依赖和建立村内亲缘网络有很大关系。

---

① 1999年秋天作者在磁县西大庄村调查时获得的信息。

（四）人口增长、土地产权与农民居住条件

在冀南农村，土改时地主的住房被没收并在贫下中农中重新分配，富农和上中农甚至中农多余的住房也被要求贡献出来进行分配，它一定程度上解决了“居者有其屋”的问题。房屋分配仅使住房的使用权发生更换，但对农民居住形式和村庄外观并没有产生影响。

可以说，土改后10多年里，农民的居住压力并不很显著。土改期间，地主、富农家庭住房的主要部分被分给贫下中农，并且其赖以增值财富的土地绝大多数分予贫下中农，因而在一个时期内他们没有新建、改建住房的能力和条件。中农家庭的住房土改时基本未动，短时期内无建房的迫切性。贫下中农在土改中分得了地主、富农等家庭最好、最大、最宽敞的房屋，并且土改前他们的家庭规模普遍较小，不少人土改后才结婚，短期内没有住房短缺之虞。因而，直到20世纪60年代中期，冀南农村建房现象很少。偶然有之，也只是对旧屋翻盖，即只限于在原址拆旧建新，尚无扩建住宅之举。

至20世纪60年代后期，土地改革之后人口的增长效应开始显露出来。前面已经谈到，土改使农村婚姻队伍扩大，它直接导致生育人口增加。医疗卫生条件的改善减少了出生人口死亡。可以说，土改之后，普遍的婚姻和生育，死亡率的降低，促使家庭人口规模不断扩大。许多家庭原有的住房已经不能容纳日益增长的人口。

笔者在磁县档案馆查阅了大量公社时期村民因住房紧张，向大队、公社写的新建、扩建房屋申请书。从年限上看，最早申请日期为1968年。这时不少村民的住房压力已经显现出来。但当时农民建房是一项很大的家庭投资，不到万不得已，他们是不会有建新房之念的。或者说，20世纪60年代末、70年代初绝大多数农民尚不具有追求新式住房样式而改建和扩建住房的经济条件。因家庭人口增加、父子和兄弟分家加速引起居住困难，迫使他们不得不考虑扩建住房，以降低多家住在一个庭院的拥挤程度。

时村公社撒麦村杨庆（贫农）在申请中说：全家10口人，父

亲（51岁）、母亲（51岁）、长子（34岁）、长媳（32岁）、次子（25岁），三子（15岁），女儿（11岁）、孙子（11岁）、孙女两个。全家共住12间房，其中两间为很旧的房子。一院住两家，长子住东屋。院子非常窄小。两家合用一个厕所。次子25岁了，若结婚就没有房子住。申请住房5间，占地2分5（被批准）。①

因住房困难、院落狭小还出现了家庭矛盾：

时村公社中七里村王得堂（贫农）的申请理由是：全家（指与父母分家前的大家）共计12口人，母亲（50岁）、兄（32岁）、嫂（27岁）、小侄（3岁）、本人（29岁）、妻子（30岁）、大儿（5岁）、小儿（3岁）、大弟（25岁）、二弟（18岁）、大妹（15岁）、小妹（8岁）。有房14间，分为三户（1963年全家分开），住在四处。母亲一家有5口人，分两处住，母亲和二弟、大妹、二妹住北房5间（上房），大弟住东房3间，很快要成家；兄一家3口住西房三间；我一家4口人住南房三间。更为困难的是，我和兄两家没有厨房和厕所，喂猪地方更没有。房外也没有空地。院内活动非常不便，家中人多互不谅解，经常闹纠纷。申请建房5间，占地0.112亩（被批准）。②

时村公社时村村民李忠国（中农出身）申请说：我与弟已分家，住一院。我家9口人：母亲（60岁）、我本人（39岁）、妻子（41岁）、长女（20岁）、长子（18岁）、次子（14岁）、二女（11岁）、三子（4岁）。院子太小，连个厕所都没有。我弟也有6个孩子。两家不和，弟妻长期在外村居住。现在我弟妻已有精神病，不能和别人在一个院住。我母亲也长期在外住别人的房子。根据居住现状，需要一户搬出居住。申请建房5间，占地2分（被批准）。③

我认为，申请书中村民对家中住房紧张程度的说明是合乎实际

---

① 磁县档案馆藏：时庄人民公社全宗，集体、个人占用土地申请表。

② 同上注。

③ 磁县档案馆藏：时庄人民公社全宗，集体、个人占用土地申请表。

的。从申请者所列举的家庭成员及其年龄不难看出，20 世纪 50 年代和 60 年代的多子女生育是其住房紧张的直接原因。进一步追溯可知，土改初期的成年者 1950 年前后普遍结婚，随后就是生育分家。50 年代和 60 年代中期之前，孩子尚未长成，四合院还可容纳多家居住。到了 60 年代末和 70 年代初，子女已长大，逐渐到了谈婚论嫁的年龄。原有住房已无法容纳两代已婚者、多个婚姻单位及其未婚子女。鉴于这种现实困难，建房者的申请一般都能得到批准。所划拨的宅基面积在 2—3 分，超过本地人均自留地标准。但最初宅基地占用耕地的现象比较少见，多是生产队的场院，村外低洼水坑或村中无主空地。村庄外延虽因个别新宅建设向外扩展，但旧宅仍是村庄形态构成的主体。

土改前，冀南农村家庭财富的首要标志是占有土地的数量，其次是房屋。解放后，特别是集体经济时期，土地成为集体财产，与家庭财富水平脱离了关系，能够显示家庭贫富差异的主要衡量对象是房屋。一般来讲，财富所能显示的方面也是人们竭力投资的方向。土改前，百姓财力有剩余时以购买土地为主，这样做除了满足自己生活需要之外，就是希望借此创造财富，即使财富增值。只有在土地积累到一定程度，特别是能维持自给自足的生活时，人们才会拿出一部分资金去修房盖屋。因为传统时代的农村，房屋主要供自己使用，而不是用来出租。

集体经济时期，社员剩余资金的投向主要是建房。集体经济初期，这种剩余基本上没有，或者非常有限。

以时村公社为例。[①]该地 1963 年高收入村庄西大庄村收入（包括从生产队分配收入和社员家庭收入）为 82.8 元（其中分配收入人均 68 元，社员家庭收入人均 14.8 元），庆有庄村 39.74 元（其中分配收入 30.74 元，社员家庭收入 9 元）。若以 6 口之家来衡量，西大庄村家庭总收入为 496.8 元，庆有庄村为 238.44 元。一家人

---

① 根据 1963 年和 1975 年时庄公社各大队收益分配表统计。

的日常开销至少要花去100元。按照20世纪60年代中期的物价水平，建一个5间房（这是60年代末和整个70年代农民普遍的建房标准）不下1000元。对于西大庄村的普通家庭来说，至少需要3—5年的积累；庆有庄村所需时间则更长。从生产队分配看，1975年，上述村庄社员尽管口粮已不存在短缺问题，但收入并无明显增加，西大庄村人均分配现金收入（不包括社员家庭收入）76元，庆有庄村43元。因而其建房能力提高有限。建新宅仍是一项需数年积累才能实现的目标。

然而，70年代后期，这种状况有了变化。如果说60年代末70年代初农村的建房高潮是家庭人口压力推动的话，那么70年代末80年代初以后则是出于改善住房、多得宅基地之念驱使下兴起的扩建住房高潮。按照当时的地方性规定，村民只要有两个儿子，就有资格申请得到一块新的宅基地，家中老宅只留一户使用。这意味着两个以上儿子的家庭可以得到更多的宅基地。计划生育政策实行后，宅基地获取上的男女平等成为正当要求。因而无儿有女家庭同样可以申请得到建房用地。

70年代末以来，村庄向外延伸的趋势已不可阻挡，大量耕地被占用。这些耕地位于村庄四周，是上好粮田。家庭联产承包责任制实行之前，村庄四周土地长年分予村民作为自留地，产量较高；或者作为生产队的菜地，方便管理。将耕地划拨为宅基地使原有村落民居紧凑的外观被改变，而呈现出扩展的面貌。

80年代以后，冀南村落农民中出现一种彻底放弃旧宅的倾向。不仅多子家庭希望在村外建新宅，独子甚至无子家庭也不甘落后。村民嫌旧宅空间狭小，建新房受左邻右舍现房的约束大；加之旧地庭院土质差，种植树木、菜蔬等不易生长等，纷纷向村外发展，由此形成了“空心村”现象。平原村庄尤其如此。

这种现象的出现由以下几个因素促成：家庭人口的迅速增长客观上使原有宅院难以容纳，即时分家行为（结婚后短期内分家）又加重了居住的紧张局面，另建宅院势所必然；无偿获得宅基地的政策（至少在80年代中期以前如此）驱使村民追求对公共资源的占用。可见，对公共土地资源管理的放松减轻了社员的居住压力，进而直接降低了多子女农民家庭的生存压力。

H. 登姆塞茨对公共资源的分析对我们观察农村集体经济时代的住房建设颇有启示：当稀缺资源的所有权是共有的时候，排他性和可让渡性都是不存在的；没有人会节约使用一种公共资源，也没有人有权将资源的所有安排给其他的人。[①]就集体土地资源来讲，它实际上是一种集体公共资源，集体中的每个社员都有使用权利。虽然它不具有可让渡性，但一旦拥有就具有永久使用权，因而社员设法获得这种使用权。尽管集体组织设定了一些限制条件，但从一个较长期的过程看，人人都有能力冲破约束。否则，若只是少数人获得占有的权利，其他人就有吃亏的感觉。

（五）农村集体经济与农民集体保障

集体经济制度保证了集体组织中每个成员基本的生存条件。土地改革实际是在原来不变或相对固定的资源条件下，通过对资源产权的变革和再分配，将多占资源的家庭从高位拉下来，将没有和缺少资源的家庭从低处提上去，使资源的占有平均化。高级社以后的集体化运动，取消以土地为核心的基本生产资料的私人占有，家庭的生产功能丧失。社员通过参加农业劳动，从集体组织获得粮食等直接生活资料。

就中国而言，集体经济下平均主义分配方式虽然不能提高民众生活的质量，但却使其生存能力得到增强。印度学者辛哈（1975年）通过对中印两国农业的比较研究，指出：由于平均主义政策，中国现在穷人的食物消费水平比20世纪30年代要高得多；同理，

---

① H. 登姆塞茨：《一个研究所有制的框架》，载R. 科斯等：《财产权利与制度变迁——产权学派与新制度学派译文集》，刘守英等译，上海三联书店，上海人民出版社，1994年，第192页。

可以说中国穷人的生活水平要高于印度，或者中国能比印度更好地承受食物短缺的影响。[①]

集体经济对人口生存条件的有利影响是：它降低了个人和单个家庭谋生的风险。社员家庭不会为购买生产资料而去借贷，更不会因出售土地失去谋生的基础。

1．集体经济下弱势群体的生活照顾

从政策上看，集体经济时期政府要求集体组织为村民提供较高的生存保障。

1956年制定的《高级农业生产合作社示范章程》第九章“文化福利事业”第五十三条规定：农业生产合作社对于缺乏劳动力或者完全丧失劳动力、生活没有依靠的老、弱、孤、寡、残疾的社员，在生产上和生活上给以适当的安排和照顾，保证他们的吃、穿和柴火的供应，保证年幼的受到教育和年老的死后安葬，使他们生养死葬都有依靠。[②]

按照1962年中共八届中央委员会第十次全体会议通过的《农村人民公社工作条例修正草案》第四章第三十六条规定：“生产队对于生活没有依靠的老、弱、孤、寡、残疾的社员，遭到不幸事故、生活发生困难的社员，经过社员大会讨论和同意，实行供给或者给以补助。对于生活有困难的烈士家属、军人家属和残废军人，应该给以适当的优待。对于家庭人口多劳动力少的社员，生产队应该根据他们的劳动能力，适当安排他们的工作，让他们能够增加收入，除此之外，经过社员大会讨论和同意，也可以给他们必要的补助。这些供给和补助的部分，从公益金内开支。对于因公负伤的社员的补助，对于因公死亡的社员的家庭的抚恤，也都从公益金内

---

① Sinha, R. P., *Chinese Agriculture: A Quantitative Look*, 转引自苏布拉塔·加塔克、肯·英格森特：《农业与经济发展》，第326—327页。

② 《农业集体化重要文件汇编（1949—1957）》，第577页。

开支。”①

此外，粮食分配保障制度更为具体。

《农村人民公社工作条例修正草案》第四章第三十四条规定：“生产队对于社员粮食的分配，应该根据本队的情况和大多数社员的意见，分别采取各种不同的办法，可以采取基本口粮和按劳动工分分配粮食相结合的办法，可以采取按劳动工分分配加照顾的办法，也可以采取其他适当的办法。不论采取那（哪）种办法，都应该做到既调动最大多数社员的劳动积极性，又确实保证烈士家属、军人家属、职工家属和劳动力少、人口多的农户能够吃到一般标准的口粮。”②

从公社期间留下的档案可以看到，集体经济时代，政府的照顾政策得到具体而有成效地贯彻。特别是烈军属、五保户、职工家属、困难户四类人获得了照顾。以西大庄村为例，1963 年照顾的户数及人口如下：

烈军属有 10 户 43 口，照顾粮在所分口粮中占 9.79%；五保户有 4 户 4 口，照顾粮占 24.98%；职工家属 40 户 183 口，照顾粮占 17.77%；困难户 66 户 344 口，照顾粮占 6.27%。烈军属和五保户实际的口粮水平都超过了当年该村人均水平（296 斤），职工家属得到照顾后的口粮标准低于平均水平 10 斤，困难户低 20 斤，可以说接近平均水平。此外，对特别困难户还有公益金补助，西大庄村当年接受补助为 3 户（18 人），其自分款为 993 元，照顾款为 54 元。当年西大庄村人口共 1336 人，在各种名目下受到照顾者有 574 人，占 47%。③

按照 1963 年统计，庆有庄村当年人口为 965 人，受照顾对象 217 人，占 22.5%。该村年人均粮食 274 斤，每天人均 0.76 斤。除

① 《农业集体化重要文献汇编（1958—1981）》，第 640 页。

② 同上注书，第 639 页。

③ 磁县档案馆藏：时庄人民公社 1963 年度基本核算单位收益分配表，时庄公社 1963 年度粮食产量和社员分配表。

困难户外，其他三类人均水平都在全村平均水平之上。

如果正确统计自留地的产量，这些被照顾者人均占有粮食将相应增加。不过，被照顾者并非青壮年人，其粮食消费能力相对较低。然而，我们在此不是看照顾对象实际占有粮食水平，而是看他们与本村平均水准相比达到的水平。实际情形是他们达到甚至超过了平均水平。

集体经济时期农民的生活保障是由生产队承担的。尽管它是低水平的，但却是有效的。或者说，这种集体保障是低水平的生存保障，但历史上任何时期难以做到这一点。集体经济时代，以生产队为基础的救济系统要好于历史上任何时期。

传统社会政府（特别是汉朝以来）在县一级，即较大的地区范围也曾设立过常平仓、养济院、恤贫院等救济机构，它对一般百姓的直接帮助非常有限；就清代来言，政府曾经设立过救济特殊人口群体的养济院、育婴堂和具有赈灾功能的常平仓等机构，其设置地点集中在县城，很难发挥普遍的功效，多数情形下只具象征性质，如养济院收留的孤老数少者不足十人，多者二三十人。[①]并且在官方吏胥的操纵之下，救济水平很低，不能一以贯之地实施下去。

集体经济下的生产队是生产、分配和救助结合在一起的组织。其效能之高和运作方式之简便，历史上任何时期都难以比拟。或者说，在平均分配原则下，保障功能（主要是生存保障）被生产队基本履行了。与此同时，国家通过调配方式对歉收和受灾生产队的社员进行粮食等物资的救助，弥补了生产队保障能力的不足。

客观地讲，集体经济时期人们的生活水平并不高。但整体上看，除 1960—1962 年的大规模饥荒外，集体经济时期并没有发生过全国性的饥荒；尽管当时人们的营养结构和水平远不如现在，但

---

① 拙著：《中国人口的盛衰与对策——中国封建社会人口政策研究》，第 389—390 页。

已具备维持基本生存和繁衍生息的条件。

就婚姻来讲，土改以后的冀南农村，因贫穷而无法完婚的男性是比较少见的。虽然这以后，村庄中仍有大龄不婚者，其原因多非经济条件限制（另有一部分阶级成分高者受到歧视，不能适时结婚），而是个人生理缺陷所致，如智商低下、呆傻、有残疾等。不过相对于过去的贫穷不婚群体，这部分人在婚姻人群中所占比例并不高。

由此我认为，土改以后，特别是集体经济时代，普遍的婚姻得以实现，具有生育条件的人口群体因此扩大，而集体组织带有平均特征的分配形式和提供基本生存保障的措施，使绝大多数家庭具有养育一定数量子女的能力。

一个不可忽视的问题是：集体经济条件下，子女的养育成本是比较低的。当然在集体经济之前的私有经济时代，子女养育成本也并不很高。但对于那些无地或少地的贫民来讲，抚养子女的压力并不轻。而集体经济时代，土地占有的不平等现象不复存在。人们所需生活资料主要来自生产队的分配。从这一点来看，集体组织中每个人的经济地位并无很大差异。所以，考察这一时期养育子女的费用时可以不考虑这一点，应主要着眼于生活费用以外的条件。

2．农村集体经济福利——理想与现实的距离

集体经济制度并不一定与平均主义画等号，但它往往带有相当大的共同生产、平均分配的理想色彩，以保持形式上的平等，避免产生两极分化。农村集体经济时期，由政府出面建立的社会保障体系是不存在的。社员中弱势群体的保障基本上由集体经济组织——生产队自己解决，当然这也是政府的要求，是政治制度安排的结果。为了显示集体经济的优越性，政府试图让集体经济组织承担起对社员的各种保障使命，特别是生活补助、贫穷救济等福利事业以及部分社会保险职能，如公费医疗等。实际上失业保险也由集体经济组织承担起来。农村生产队没有对社员行使开除或拒绝安排其参加劳动的权利，就业因此也有了保障。对多数在小农经济条件

下缺乏生活保障的农民来说，能过上一种衣食无忧的生活是梦寐以求的。因而，集体经济组织形式对一部分农民是有吸引力的。如果在集体经济组织成立初期对农民许以更多的美好承诺，那么不仅农民会踊跃加入，甚至会出现狂热拥护的情绪。

集体经济时代民众的贫穷问题并没有从根本上解决，但却基本上消除了饥荒问题（可以说除1960—1962年外，其他时期大范围的饥荒是比较少见的），从而提高了民众的生存能力，为人口增长提供了条件。诺贝尔经济奖得主阿马蒂亚·森指出：中国在人均食物数量没有明显增加的条件下消灭了饥饿，这是先消灭饥饿，而后增加人均食物数量的一个典型；饥饿的消失反映了权利制度的变迁，社会保障系统的建立以及——更为重要地——通过就业保障制度来保障人们能够挣到足以避免饥饿的工资。[①]传统时代制约人口增长的重要原因除了高死亡率外，就是生存条件的欠缺。土改和集体经济解决了这一千古难题。尽管生存条件是低水平的，但已能满足民众基本的食物需求，人口大幅度增长就是在这一背景下取得的。

四、集体经济组织解体之后的农民生活

冀南农村1981年开始实行家庭联产承包责任制。尽管它是集体所有制的延续，但建立在集体生产基础上的组织形式已不存在。农民家庭的生产功能被恢复，它成为完全的自主经济单位。

在这一新制度下，农民的劳动方式更加灵活，劳动积极性和劳动生产率提高，粮食产量增加，生存能力进一步增强。同时由于耕地有限，有效率的劳动使农民从事田间活动的时间缩短，他们有了进行非农产业活动的空闲。集体经济时期这一空闲实际也是存在的，但生产的低效率增大了对劳动力的需求，掩盖了这种空闲；即

① 阿马蒂亚·森：《贫困与饥荒》，第13页。

使有空闲，集体经济组织剥夺了社员对它的自由支配。

可以说，土地承包时期，农民的衣食不足之忧被彻底消除。按照传统思维，若仅考虑生活资料，他们有能力养育更多的家庭人口。但国家的人口政策从外部抑制了农民的高生育愿望；此外，当代农民，主要是20世纪50年代以后出生的农民，多数受过初中以上的教育，生育观念也在逐渐发生变化。

农民对居住标准的要求提高了。冀南农民积累财富的目的与集体经济组织解体之前没有实质区别，即一是建房，一是为儿子娶媳妇。大多数农民家庭这两个目的是一体的。但不同的是，80年代以后农民不再满足于有房住，而开始追求时尚样式的住房。由于建房多与子女婚姻联系在一起，所以这种时尚实际上也是外部因素的推动所形成：没有合乎现代标准的住房，儿子的婚姻将成为问题。这给不少有成年儿子农民家庭带来经济压力。

集体经济时期农民收入的相对均等导致婚姻费用、建房标准相对一致。土地承包时期，农民非农业收入差别很大，家庭经济水平出现差异。富裕农民的生活方式、居住方式对村民具有示范和引导作用。尽管富裕者是少数，但当代农村环境下农民的攀比心理很强。时尚的追求是在经济压力下实现的，经济压力使农民感受到养育子女的成本提高了，从而对农民生育意愿产生潜移默化的影响。这印证了贝克尔的生育成本和效益理论。[①]但在集体经济和家庭经济两种不同制度下，农民对生育压力的感受是不一样的。集体经济的外部性为农民家庭转嫁抚养子女成本提供了条件，多数农民主动抑制生育的愿望无从产生。只有在生育成本完全家庭化后，夫妻才能真正感受到养育负担加重。

---

① 按照贝克尔分析：孩子质量需求的提高会提高数量的成本（降低数量的价值），并且进一步降低对出生人数的需求。见加里·S.贝克尔：《家庭经济分析》，第123页。

五、结　语

本章对冀南地区农民家庭不同所有制和不同生产组织形式下养赡人口的能力做了考察。由此我们可以得出以下认识：

私有制下各个家庭生存条件差异很大，这突出表现在家庭养赡人口数量上。占家庭总数约三分之一的中农以上家庭出身者能够适时婚姻，并有条件维持直系以上的家庭结构和5人以上的家庭规模。调查村庄占总数约70%的贫下中农家庭平均规模不足平均水平，其中有相当部分生活在3人以下的残缺家庭中。由此可以推断，这一部分人生存条件的欠缺构成对区域或全国人口数量发展的重要抑制。

土地改革借助政治力量实现农村土地、房屋及其他基本生产资料的平均分配。其直接结果是富裕中农以上家庭生活水准下降，贫下中农生存条件得到根本改善，两者共同趋向中农水准。富裕中农以上家庭失去了消费相对奢侈性物品的能力；贫下中农则获得生活必需品的消费条件。土改实际上使农村具有基本生存条件的家庭增多，它为农村人口的数量增长打下了基础。但在新的土地私有制度下，家庭劳动力水平存有差异，社会福利制度尚未建立。这意味着农民之间分化的可能依然存在。

20世纪50年代中期以后集体经济制度建立，农民普遍中农化的目标从体制上被固定下来。但政府又对农民中农化的倾向表示担心。人民公社制度试图将农民意识中“私”的观念最小化，从根本上抑制其对家庭利益的追逐，阻止家庭之间分化现象的出现，使全体民众保持在一种近乎平均的生活状态下。从人口方面看，这一制度导致以下后果：①集体经济时代，农民的生存保障能力达到中国传统农业社会的最高水平。当然这种保障的质量是低水平的，并且主要限于以生活资料为主的生存保障上。它对农民来说却十分重要。集体组织有义务使其成员获得基本的生存条件，由此消除了私有制时代佃农和佣工等贫穷者无力养活家庭人口的窘境。一般情况下，一个核心家庭，夫妻两个劳动力，养活4—5个孩子基本上不存在问题。对新中国成立前的佣工和佃农来说，这是不可能的。②集体经济制度建立在平均主义原则基础上的分配办法虽使农民缺乏劳动热情，但对绝大多数农民来说，集体组织是他们唯一的生存依赖，劳动虽不积极但也不会拒绝出工。在各种监督措施之下，生产活动仍能被组织起来。正如有的学者指出的那样：集体化以生产队为形式，以满足农村自己发展的需要为方针，创造了一种集中和调动人力的新组织。[①]土改前的传统时代，农业生产是个体农民自己的事，政府只要征到"钱粮"就行了，正常情况下既不提供服务，也不施加干扰。集体经济时期，政府直接参与对农业的领导，并提供必要的服务，从引进粮食种子到指导病虫害防治，从调配化肥到兴修水利。由此，在低劳动生产率条件下集体经济组织实现了粮食产量的提高，直接增强了农民家庭抚养人口的能力。当然政府对农业生产的关注是与其对工业生产的直接管理相联系的。在对外几近封闭的环境下，非农业人口的粮食需求主要依赖本国农业，政府承担起全面供应之责。只有关注农业，稳定和增加生产，供应系统才能有效运作。③集体经济时代，农民家庭的货币收入是有限的；即使有收入，他们也无生产性投资的条件和必要。农民的收入主要用于生活消费，或在积累多年后改善居住水平。可以说，集体经济时代的农民将全部收入都用来养育人口。农村人口在土改以后的迅速增长虽与医疗卫生水平的提高有直接关系，但制度变革使大多数家庭养育人口的能力增强，这些都成为推动区域人口和全国人口增长的动力。

1980 年初期开始实行的家庭联产承包责任制仍是集体土地所有制的延续，但建立在集体生产基础上的集体组织形式已不存在，家庭的生产功能被恢复。这一制度下，农民的生产积极性提高，劳动方式更加灵活，粮食产量进一步提高，生活资料的短缺已成为历史。同时农民从事农耕劳动的时间大大缩短，他们有了进行非农产

① 吉尔伯特·罗兹曼主编：《中国的现代化》，第 454 页。

业活动的空闲。土地承包时期，农业外收入的不同使农民家庭的经济水平出现差异。少数富裕农民的生活方式、居住方式具有很大的示范和引导作用。村落环境下农民的攀比心理很强。住房标准的提高、婚姻花费的上升增加了农民的经济压力。农民切实感受到养育子女成本提高，他们的生育意愿也在发生改变。

第十章
总体认识和结论

一、不同时期农民的婚育和家庭环境特征

从生产方式上看，20 世纪 40 年代中期至 80 年代初期，中国农村经历了土地私有制下的家庭经营到土地集体所有制下的集体经营再到土地集体所有制下的家庭经营这样一个过程，可以表述为：土地私有制下的家庭经营—土地集体所有制下的集体经营—土地集体所有制下的家庭经营。从农业生产的经营方式看有循环的表现，但土地所有制形式并非如此。

农村财产所有制的变动轨迹是，由土改前的完全私有制（土地、房屋和生产工具等）到集体经济时期的私有财产（房屋和部分小型生产工具）和集体财产（土地和大型生产工具）并存再到家庭联产承包责任制时期集体财产范围的萎缩（只剩下土地）和私有财产的扩大（农民拥有土地之外的所有动产）。其变动历程可以简化为：财产完全私有—集体财产与私有财产并存—集体财产范围缩小、私有财产范围扩大。然而，这三个时期，农民以“家”为单位的生活方式没有实质变化（有一个短暂的例外是 20 世纪 50 年代末期到 60 年代初期的食堂化运动：取消家庭的生活功能，一个村形成一个或几个数十、上百人集体共爨单位），或者说，家庭仍是一个消费单位。

不同的生产方式和财产所有制形式决定着不同的家长权力和地位。①家庭生产与财产私有或私人性质表现为家长具有生产组织权

和财产监管权（只有家长能够出售、转让家产）。这种类型下，家长地位最高，同时他责无旁贷地负担着养赡家庭人口之责。[①]②一方面，土地和主要生产资料的集体所有性质和生产的集体性质是一致的，生产队队长是集体生产的组织者和集体财产的临时监管者（这是由生产队长的职责所决定的。这一职责并不永远体现在某一个人身上，因为生产队长不是终身的，而是大队委任的），传统家长的组织和管理权被剥夺了。他同妻子、兄弟和儿女等一样是生产队的劳动者。另一方面，在土地及主要生产资料集体所有制下，房屋等财产和主要生活资料的私有性质又使家长仍具有监管这部分家产的能力，同时他负有对家庭成员的供养之责。③土地为集体所有，生产组织属私人家庭，生产队长组织生产的权利被剥夺，而且其监管集体财产的权利也丧失了。与此同时，家长的生产组织权利被恢复，家庭成员的基本生活资料完全依赖家长和家内其他有劳动能力者直接提供。

从生活方式上看，尽管家庭形式一直存在下来，但生活资料来源却有差异。①在三者完全属于私有性质时期，家长负担对其成员养赡的全权。成员生存质量的高低取决于家庭占有土地数量和生产资料的多少，取决于家长组织生产的能力和家庭劳动力的数量和素质。②土地集体所有和生产集体经营时期，生活资料来源于集体组织依照以“人七劳三”为主的规则对参与生产的劳动者及其家庭成员的分配。其中既有按劳分配性质（工分制度），又有最低生活保障功能。这决定了集体组织中成员的生活资料占有虽有差异，但差异很小。家庭养育成员的成本得以部分转移到集体组织身上，表现出一定甚至较高程度的外部性。③土地集体所有和家庭生产时期，集体经济时期对弱者（除了“五保”户外）的生存照顾基本被取

---

① 民国时所修《武安县志》这样描述家长责任：家庭组织，以家长为最高地位，长子次之。家长操治家之权，负养育之责。家族坐享其成，饮食衣服，惟家长是赖。见 1940 年（民国二十九年）《武安县志》，卷九，社会志。

消。不过，口粮田的占有和责任田使用相对平均，禁止土地买卖，又使农民家庭的最低生存水平得到保障（在冀南农村，无论贫富家庭，食物资料的获得不存在问题）。

土地所有制形式及其变化对20世纪40—80年代被固着于土地上的中国农民来说具有重要的意义。就冀南农村而言，这一较长时期内，农民在农业之外缺少谋生途径。私有土地制度下，占有土地数量多少决定着农民家庭的生存水平高低；土地集体所有制下，集体生产和相对平均的分配制度既使多数农民的生存水平提高，又将他们紧紧束缚在土地上。不仅长距离，甚至村际之间谋生性流动也被禁止。这使农民的婚育和家庭行为一方面因制度变革而发生变化，另一方面又保持了传统乡土社会的某些特征。

值得注意的是，20世纪80年代初期以后农民家庭生产功能的恢复，与集体经济前，乃至土改前私有制下家庭生产的环境有了重要区别。主要表现为农业生产对农民的生存意义发生了改变。就冀南农村而言，土地承包时期的家庭生产与土改前私有制下家庭生产的最大区别是，土地对家庭人口的生存价值有高低不同。土改前，自耕农民的生活资料和收入约有80%来自其耕作的土地；土地承包时期，尽管食物资料仍主要来自土地，但货币收入却依赖非农业活动。土地可以保障农民的生存，但它不足以提高农民的生活水准。家庭贫富差异的决定因素是看其成员能否摆脱对农业生产的依赖，剩余劳动力是否能更多地进入非农业领域。这一变化的意义还在于，土改前，主要以土地为生的环境中，有地农民在家长的组织下耕垦于田野，家长的权威得以建立和维护；土地承包时期，土地耕作只占劳动时间的极小部分。为了增加收入，年轻劳动力纷纷走出田野，离开乡土，摆脱了家长控制。这一情景与西欧工业革命初期非常类似。但必须承认的是中国乡村之间经济发展水平很不平衡。不过，对大多数农民家庭来说，尽管土地种植的生存价值依然保持，但经营土地很难使财产增值。对从非农活动中取得较多收益的家庭来说，土地的生存价值也在降低。它意味着农民的家庭生活开始了更深层意义上的变革。由此可见，中国80年代初期的农村改革是对农业发展的促进，更是对农民生活领域的扩展，是对数千年婚育和家庭赖以存在的乡土社会的全面冲击。

实际上，土改前靠近比较发达城镇地区的农村也在发生着农民向非农领域的转移。但大部分内地只有个别农民及其子弟走出乡村，试图将非农业活动作为追求。总体上看，农业和农村仍是农民生产和生活的载体。集体经济制度强化了农民对土地的依赖，中断了农村劳动力向城镇的自由流动过程。

我认为，近代以来，社会的变革实际上有两种类型：体制转型和社会转型。体制转型更多的是从国家政权和所有制结构角度考虑，社会转型则基于产业发展。当然也有介乎两者之间的转型：半体制转型和半社会转型。从这一角度看，土地改革是体制转型因素突出的社会变革。集体经济制度的建立是另一次体制转型。集体经济解体则是半体制转型和比较完全的社会转型并存。当代农村社会转型的意义在于，农业已下降到只是农民维持生存所需食物的来源地，向农业之外寻求收入的增加成为必然，是当代农民的普遍选择。传统农业时代形成的意识和观念在集体经济时代已经受到体制转型力量的冲击。而在社会转型的环境中，其存在基础正在解体。

二、社会变革对农民婚育和家庭的影响

土地改革和其后的集体经济制度在中国婚育和家庭变动中究竟起到什么作用？或者说，若无集体经济过程，婚育和家庭又将处于何种状态？这里我想结合对土改前中国社会的分析来加以评价。

1. 婚姻变动特征

土地改革以后，特别是集体经济时代，女性土改前普遍早婚和男性高比例早婚行为受到抑制。这种抑制很大程度上建立在有效的行政干预基础之上（乡、村组织管理的一体化将农民完全纳入严密

的网络之中），而不是经济水平的提高和个人发展的要求导致人们放弃早婚行为。（集体经济时代尽管生存条件有所提高，但农业劳动生产率水平并无实质提高，集体自然经济取代了个体自然经济。）

我们不妨与西欧做一比较。西欧中世纪晚期至工业革命前的晚婚行为主要与家庭财产的不可分割继承（或长子或一子继承）有关。没有继承权的儿子往往走出家门，到外乡从事佣工活动。一方面以此为生，一方面以佣工所得积攒结婚费用。家长并不为其操办婚事。一个佣工要学得一门技能并出师能养家糊口之时，至少在 20 岁之后。西欧的晚婚行为和这一背景有很大关系。从中世纪末期（约 14 世纪末叶或整个 15 世纪）到工业革命前，西欧的婚姻和家庭呈现出以下特征（人口史学家称之为"西欧模型"，Western European Patten）：①男女结婚相对较晚，一般在 25 岁左右；②有一定数量男女终身不婚；③夫妇之间的年龄差距很小。[①]然而近代工业的发展冲击了这一传统婚姻体系。工资支付雇佣方式的扩展使年轻人得以脱离父亲的支配。他们能在家庭之外挣到属于自己的收入，以此打下经济独立的基础。因而他们可以决定自己的婚姻时间。其结果是，在那些建立工业的地区，婚姻年龄下降了。[②]有些学者对婚育和家庭做了阶级差异分析：工业革命前，婚姻在各种社会阶层之间有很大不同。富裕阶层中，婚姻是一个需要认真考虑的问题，因而谈婚论嫁的磋商延长，但通常比较早。有继承权的女性受到多方追逐，她在很小的时候可能已经许配与人，尽管婚礼可能会被推迟。比较贫困的社会阶层，如农民、手工业者结婚晚，他们经常要等到父亲去世，以便有足够的收入来支持家庭所需。工业革命后，特别是在 1750 年后的历史时期，工业扩大、贸易增加等为就业创造了许多新的机会，这有助于解释其后婚姻年龄的明显下降（随之

---

① G. Robina Quale, *A History of the Marriage Systems*, p. 182.

② Kevin McQuillan, "Econimic Structure, Religion and Age at Marriage: Some Evidence from Alsace", *Journal of Family History*, Volume 14, No. 4, p. 332.

家庭规模上升了）。这些都与工业革命时代密切相连。[①]

需要指出的是，西欧财产继承特征形成了晚婚模式，该区域婚龄的降低并非源自继承制度的变化，而是社会经济的发展使青年人有了更多自我发展机会，有了及时结婚的条件。这一点与我国20世纪30—90年代婚龄的变化有很大不同。

在我国集体经济时代，成年农民子弟没有就业选择，他们被禁锢于父母所属的生产队，以耕垦土地为主。其婚前收入仍由家长掌握。家长虽无传统时代法定为子女主婚之权，但却握有为其完婚的财权。应该承认，集体经济时期，家长有意推延子女结婚时间的现象是很少见的。因而，我认为，如果没有婚姻政策上硬性约束，早婚在集体经济时代还有市场。但集体经济时代与私有土地时代的差异在于，男女不仅要到政府部门登记结婚，而且要持有生产队、大队的证明信前往。只有符合条件者才能得到证明信件。婚姻登记制度是抑制早婚行为的前提，集体组织被赋予监督和制止早婚的责任，是减少和防止早婚行为的制度保证。由于集体网络的广泛存在，更在于集体组织被赋予惩处违章者的权力，所以无论从政策上还是环境上，违规早婚行为失去了存在条件。若从这一点看，集体经济组织对早婚抑制所起作用是不可忽视的，它造成了阻止早婚的基层社会环境。或者说，作为新制度直接产物的集体经济组织，负有协助、配合政府贯彻和落实婚姻法令、政策的义务，由此形成了制度和组织的紧密结合，民众的婚姻行为受到较高程度的控制。当然，这种基层约束环境在不同地区之间是有区别的，因而对早婚的抑制效果也会有不同。至少在冀南地区我们看到这一制度的刚性特征。

2. 家庭变化特征

以往有一种认识：土地改革特别是集体经济以后，核心家庭才

---

① G. E. Mingay, *A Social History of the English Countryside*, Routledge, 1990, pp. 87-88.

有可能成为占多数的家庭类型。实际上，中国历史上形成的兄弟均分家产原则最有利于核心家庭的产生。但父家长拥有或被法律赋予监管家庭财产的权力。为提高所有家庭成员（无论大小、强弱）的生存能力，有产家庭家长往往倾向维持合爨局面。然而，大家庭成员追求各自利益的意识难以泯灭，在硬性维持的气氛中矛盾不断酝酿。一旦家长去世，分家便不可避免，形成多个核心家庭。社会总家庭中，无产和少产者占多数，他们多生活在直系和核心家庭中。可以说，在同一历史时期，社会上有一定数量父家长控制下的复合家庭，但总体上所占比例不高（不排除其在个别村落占较高比例）；核心家庭虽不占绝对多数，却也是相对最多的家庭类型。

集体经济时代家长监管财产的范围缩小，其对家庭成员特别是成年家庭成员生存条件的控制能力减弱。农村生产资料的所有者主体是生产队，传统家长失去发挥作用的财产基础。子女婚后分家速度加快，复合家庭存在时间逐渐缩短，最终在 20 世纪 60 年代之后、80 年代之前从农村社会中基本消失。核心家庭成为占绝大多数的家庭类型。这些变化正是社会变革的产物。

从家庭内部成员关系上看，由私有经济到集体经济的变化表现为，家庭成员之间平等意识大大增强。虽然形式上的家长仍然存在，但他与传统时代的父家长相比，权力内容已有实质不同。可以说集体经济时代的家长更多的是一个户主，是生产队分配单位——家庭的代表者。正因为这样，妇女也可以成为户主，传统时代这是很少见的。传统复合型大家庭既是组织生产要求的产物，也是家长权威存在的结果。既然家长发挥作用的前提条件已不具备或者至少出现弱化，那么其对大家庭的硬性维持能力也随之减少。

人们不禁要问，若无像土改和集体经济制度如此巨大的社会变革，农村的婚育和家庭面貌又将是什么样子？我认为，变化肯定会有，但步伐将没有现在这么大。第一个判断的理由是：社会发展的脚步不会停止。土改前中国农村传统的一体或一元乡土社会尽管仍被保持，但近代以来它已受到正在兴起的城市文明的浸润和渗透。

经济发达地区农村人口向城镇的迁移流动已经开始，城乡市场的发育对小农经济的存在基础产生冲击。教育得到发展，新的观念形态、思维方式开始对农村有文化的年轻一代产生影响。这些都对传统农村社会起到一定分解作用。它必然会为建立在封闭环境下的传统婚育和家庭带来变化。第二个理由是：上述社会经济的变化是相对缓慢的、渐进的，甚至表现出多元特征和地区之间的不平衡性。它更多地带有自然变动性质，而非突然转变。土改后和集体经济时代婚姻状态的逻辑前提是：通过暴力手段和政治运动，建立起新的上层建筑；通过废除地主土地所有制，建立农民的土地所有制。新政权具有了存在的经济基础，进而为带有国家色彩的婚姻、生育等政策的贯彻创造了条件。

我认为，从社会趋势上看，20 世纪 40—80 年代中国社会变革的进步意义在于，婚育和家庭行为中的平等意识和个人发展权利受到鼓励。平等是全面的。不仅父母与子女之间，而且公婆与媳妇之间，还有家庭男女成员之间，都无地位的高低差异。作为一种国家政策，这些都是此前社会形态忽视的方面。或者说，土改以后各个时期婚育和家庭政策在引导民众向文明社会所要求或希冀的目标发展这一点上，有诸多值得肯定的方面。一些学者认为，1949 年后的 30 年中，中国所发生的四个重大事件都部分地推动了妇女的解放，加速了传统家长制的瓦解。第一次冲击来自 1950 年公布的《婚姻法》，这部法律促使个人摆脱传统封建制度的束缚。第二次是 1958 年开始的、以争取农业的全面丰收和谋求工业独立发展为目的的“大跃进”运动。随着人民公社建立，男子在家庭中的传统特权不复存在，妇女的平等成为可能。第三次即是 1966 年开始的“文革”。1976 年后，出现了第四次历史性转折——中国进入了社会和家庭变迁的新阶段。[①]这种划分充分肯定了制度变革对婚育和家庭的影响作用。当然实际生活中的婚育和家庭行为并非表现得如此

① 马克·赫特尔：《变动中的家庭——跨文化的透视》，第 408 页。

界限分明，相互交叉也是存在的。

但这一时期，政府对人口问题的认识也有迟钝和偏颇的一面。在人口基数已经很大的20世纪50年代，当人口死亡率明显下降，人口自然增长加速时，决策者对人口的数量控制缺乏明确的认识。

土地改革和集体经济制度在婚育和家庭方面留下了许多遗产。当然在不同地区，其表现方式和影响程度存在差异。这需要进行大量实证研究，才能认识得更清楚。

综合上述研究，我们可确立以下三种认识模式：所有制变动模式、家长权力变动模式和个人自由模式。

所有制变动模式：依照所有制模式，在传统私有制下，各个家庭占有生产和生活资料的数量有高低之别，从而不同家庭人口的生存能力不一，并在婚姻行为、人口抚养水平上表现出来，最终使人口的发展显示出较强的阶层或阶级差异。土改之后，传统时代具有雇佣生产能力的家庭已不能将其剩余用于积累和奢侈性消费，贫穷农民通过政府获得被转移来的原有“剩余”（主要载体是土地），生存能力提高。集体经济建立在落后的传统农业基础上。至少就华北地区而言，集体经济前和集体经济后（特别是联产承包责任制前）的生产力水平上没有迥然之别，劳动生产率也无明显提高，甚至下降了。尽管家庭生活仍具有私人色彩，但家庭财富水平趋于平均。虽然各个家庭的日常生活依赖家长自己的安排，但集体组织所提供的最低生活保障作用不能忽视。由此绝大多数家庭的生存能力提高，人口得以增长。概括起来就是，在私有制模式下，中等以上家庭形成高比例的男性早婚和合爨生活；中等以下家庭男性有相对高的晚婚比例，以小家庭生活单位为主。集体经济下，政府通过职能机构限制早婚，形成普遍的适时婚姻模式和特定时期的晚婚模式；没有生产职能、摆脱父家长束缚、生活功能突出的小家庭成为主流家庭形态。

家长权力变动模式：家长权力与所有制类型有直接关系。在传统农业社会，家长对成员的管束能力建立在组织家庭生产和支配家庭财产的基础上。家长权力获得了法律和社会习惯的维护。因而在生产条件较好和财富厚实的家庭，父家长常常能约束子弟的分家行为；子女的婚姻也要听命于家长。集体经济条件下，家庭的生产权转移给集体经济组织，财产权中也因土地的集体化而失去了关键内容。这就使子女脱离父家长而活动和生存的能力提高。分家行为渐趋普遍化与此有很大关系。但集体经济下，农村社会的封闭状态没有实质改变，子女婚前仍与父母生活在一起。子女的择偶权虽有所增加，但婚姻的物质条件仍依赖父母提供。因而父母对子女婚配对象的确立仍有很大的干预能力。另外，宗族势力被削弱，单个家庭失去了对传统组织的依赖。与此同时，一家之长所受家族力量掣肘不复存在。因而婚姻缔结活动中人们主要从家庭利益去考虑。由此一些家长增强了在同村发展关系的愿望，通过子女在村内联姻建立关系网络。土地承包时期尤其如此。村内婚的增加就是这一社会变革过程的产物。

个人自由模式：个人自由是相对于家长控制而言的。传统农业社会中，在私有制和建立其上的家长制下，个人自由活动空间很小。婚姻由家长安排，分家要求受到家长压制。集体经济时期，家庭成员都融入集体生产组织之中，每个成年人都是相对平等、以挣工分为生的劳动者。子女的劳动价值和对家庭的贡献显性化。父母对子女行为的约束力大大降低。多子女家庭子女婚后分家行为普遍化与这种制度环境有很大关系。

我们还可以看出，集体经济时期，政府对婚育和家庭行为的干预分为主观和客观两种。所谓主观干预为政府直接介入，如实行婚姻登记，否定家长的主婚权，生育数量的限制等。客观干预为，集体经济时代实行的一些政策措施原本并非针对婚姻和家庭行为，却在客观上对其产生了影响。如土地等财产的集体所有，共同生产，目的并非要削弱家庭成员关系，旨在防止两极分化，但其对家庭结构变动却产生了深远影响。此外，对家庭成员平等意识观念的灌输，也是对家长权威的客观限制。政府对养老制度建立的关注，对殡葬制度的改革，都对生育行为产生了影响。中国人对血胤的重视，对祖坟香火延续的重视，虽然受到宗族、宗教观念的影响，这种观念的寄托形式就是传统的埋葬方式。宗族设有祖墓，按严格的男系传承秩序埋葬，供后人祭扫。新的殡葬制度将祖坟平掉，曾祖以上先祖坟墓已无标志，无人祭扫。有的地方还设立不分宗族的公墓。这无疑使传统男系传承原则受到很大冲击。城市社会民众摆脱了这一传统乡土影响，其重男轻女观念的淡薄与此有很大关系。

马克·赫特尔曾将婚姻家庭分成以下五种类型：①根据被一个特定社会所认可的婚姻形式，可划分为一夫一妻制、一夫多妻制和一妻多夫制以及群婚制；②家庭意味着婚姻和生育子女，根据家庭中的婚姻和子女状况可分为核心家庭、扩大家庭；③根据家庭权威的结构，可分为父权家庭、母权家庭和平权家庭；④根据世系追溯方式，可以分为父系家庭、母系家庭以及双系家庭；⑤根据核心家庭的居住方式，可分为从夫居、从妻居以及新居家庭。[①]由此可见，在社会变革历程中的中国婚育和家庭，婚姻形式已变为完全的一夫一妻制，家庭结构中核心家庭由传统时代的相对多数变为绝对多数，家庭权威已进入平权状态。未发生变化的是世系或血脉延续方式中的父系制和居住方式的从夫制。可以说，传统的保留只体现在这些方面。

三、社会变革环境下的人口

观察和分析社会变革背景下的婚育和家庭，不仅要弄清它们发生了哪些变化，更在于认识这种变动对人口发展产生了哪些作用，从制度形态上了解人口数量变动所受外部因素的影响。

土改以来的社会变革对家庭人口发展的作用体现出两重性。

---

① 马克·赫特尔：《变动中的家庭——跨文化的透视》，第 7—8 页。

（一）改善农民生存条件，推动家庭人口数量增长

我所说的家庭人口生存条件主要是家庭在不同所有制和不同生产组织形式下对其成员的养赡能力。通过考察，我们可以得出以下认识：

私有制下不同财产水平的家庭生存条件有很大差异。它突出表现在家庭抚养人口数量上。占家庭总数约三分之一的中农以上出身者能够适时婚姻，并有条件维持直系以上的家庭结构和5人以上的家庭规模。而占家庭总数约70%的贫下中农平均家庭规模不足平均水平，其中有相当部分生活在3人以下的残缺家庭中。可以说，这一部分人生存条件的欠缺构成对一个区域乃至全国整体人口数量发展的重要抑制。

土地改革通过政治手段实现地权平均，结果是富裕中农以上家庭生活水准下降，贫下中农家庭则因此上升，共同趋向土改前的中农家庭。这一过程中，富裕中农以上家庭的奢侈性消费能力因收入锐减而丧失；贫下中农家庭取得生活必需品的消费能力，直接提升了其维持生存的水平。土改实际使农村具有基本生存条件的家庭增多，从而为人口总量增加创造了条件。当然，新的土地私有制度下家庭劳动力水平的差异以及社会福利的欠缺，意味着农民之间分化的可能依然存在。

20世纪50年代中期以后，集体经济制度的建立使农民普遍中农化的目标从体制上固定下来。但政府又对农民中农化的思想意识表示担心，因为它表现出自私和保守的特征。人民公社制度试图将农民"私"的意识最小化，从根本上抑制其对家庭利益的追逐，使全体民众保持一种平均水平状态的生活。当然平均水平的标准在各地之间、甚至各个村庄之间是有差别的。从人口方面看，这一制度体现出以下特征：①集体组织使其成员的生存保障能力达到中国传统农业社会的最高水平。当然与现代社会相比，这种保障又是低水平的，并且主要限于以生活资料为主的生存保障上。即使如此，对农民的生存有十分

重要的意义。集体组织有义务使家庭人口都能生存下来，由此改变了社会最贫穷群体，像私有制时代佃农和佣工等贫穷家庭那样无力供养人口的窘境。集体经济时代，一个核心家庭，夫妻两个劳动力，养活4—5个孩子并不存在很大问题。新中国成立前的佣工和佃农是不具备这一抚养能力的。集体经济制度虽然没有消灭贫穷，却将饥荒降到最低程度。其结果是农村人口获得空前增长的条件。②集体经济制度建立在平均主义基础上的分配办法一方面使农民缺乏劳动热情，但对生产队下的绝大多数农民来说，集体组织是他们唯一的生存依赖。他们虽缺乏劳动激情，但也不会拒绝出工，这是得到工分、获取生活资料的主要途径。在有效监督之下，农业生产活动仍能被组织起来。另一方面，传统时代农业活动是个体农民自己的事，政府只要征到“钱粮”就行了，正常情况下既不提供服务，也不施加干扰。而集体经济时代，政府直接参与对农业的领导，并提供必要的服务，从粮食种子调配到病虫害防治指导，从化肥供应到水利兴修。这些措施为农业的增产创造了条件，逐渐提高了农民所得口粮的水平，从而使其能养活不断增加的人口。③集体经济时代，农民的货币收入有限；即使有收入，也无进行生产性投资的条件。他们不必像父辈、祖辈那样积攒钱财购置土地。所以其收入主要用于生活消费，或积攒多年用于盖房，改善居住条件。可以说，集体经济时代的农民将全部收入都用来养育人口，从而提高了家庭成员的生存能力。

农村人口在集体经济时代迅速增长虽与医疗卫生状况的改善有直接关系，但土地改革和集体经济制度使大多数农民的生存条件提高，他们养育家庭人口的能力增强。这些都成为推动区域农村乃至全国农村人口增长的动力。正是在实行高度集体经济的20世纪70年代初期，中国人口总量登上了又一个台阶——达到8亿。

（二）集体经济后期政府控制人口增长的能力提高

计划生育政策的逐步实施是生育水平下降的重要因素。中国从古至今，政府对人口行为的干预主要表现为鼓励生育，限制性的措施可以说没有（虽然明清时代有个别学者、思想家有过限制生育的想法，但却从未成为政府的意识和行为）。中国人口在18世纪末叶即已达到4亿的水平，人口的生存压力在不少地区已经呈现出来。当时的清朝政府只是从扩大民众生存资料的角度着眼来缓解粮价上升、粮食短缺的压力，如推广红薯等高产作物，放松民众向边疆迁移谋生的限制，甚至对华北地区民众向清政府发祥之地——关外各处的迁移不再驱赶。至19世纪中叶，中国人口总数升至4.5亿。在各种社会矛盾的交织之中，民生困难程度加剧，内乱外患不断。人口的非正常死亡增加，抑制了人口总量的继续攀升。一直到1949年，中国人口增加并不大明显，由此人们对人口压力的认识变得模糊，甚至被忽视。实际上，中国人口自达到4亿的水平后，便意味着它已具备了巨大的增长潜能。我们甚至认为，这个总量是中国传统农业社会人口容量的极限。土改后，特别是新中国成立后，新政权作为代表普通民众利益的政府，把为广大工农群众提供和改善生存条件放在主要位置，把巩固政权作为当务之急，把满足民众的需要作为目标。加之长期战乱，人口损失巨大，政府不曾有控制人口的意识。而大规模战乱的消除，医疗卫生的进步，生存水平的提高，都是人口死亡率降低、人口自然增长率提高的重要条件，或者说这些条件共同成为中国人口向又一个更高的台阶攀升的推动力。全国人口总量结束约100年的相对徘徊，向5亿、6亿和7亿的水平发展。

从生育群体看，土改前结婚或新中国成立初期结婚的育龄夫妇基本上沿袭着传统的生育模式，并在计划生育政策实施之前完成了生育过程，他们成为高生育人群。计划生育意在使50年代中期以后结婚的育龄夫妇减少生育。80年代之前，生育控制政策在农村基本上处于引导阶段。由于多数夫妇在3胎的水平上就能实现儿女双全，因而这种引导对减少生育夫妇的多胎生育是有成效的。另一方面，50年代中期以后结婚夫妇绝大多数受过新式初小甚至初中教育，他们能够接受生育控制政策的引导。不过，即使如此，60年代以后结婚夫妇在80

年代初期多数已有了 4 个以上的孩子。或者说，严格的计划生育政策实行之前，拥有 2 男 2 女或 3 男 2 女仍是多数农民夫妇的生育追求。只有严格的计划生育政策实施后，这种状况才得到根本扭转。但拥有至少 1 个男孩，或有 1 男 1 女，是计划生育政策下多数农民的愿望。即政策要求与农民目标并不完全合拍。可见，从这一点看，生育政策的限定对校正农民带有传统色彩的生育目标起到了重要作用。

纵观中国社会的生育变动历程，传统时代，婴儿高死亡率使夫妇只有多育才能保有基本的子女数量，而实际活至成年的子女平均数量在 3.2 个左右，不少夫妇难以实现儿女双全的目标；加之成年后各个年龄段人口死亡水平相对都比较高，人口增长受到很大抑制。新中国成立后生存条件改善，人们以往对理想子女数量的追求变成现实，由此促使人口总量迅速上升。鉴于日益加剧的人口压力，生育控制成为史无前例的政府行为。对于农民来说，生育控制政策实行初期尚没有完全体会到过度生育给自身带来的压力，因而抵触情绪很大。直到 90 年代，农村剩余劳动力增加，纯粹农业活动难以增收，而受教育程度低的子女在农业之外又缺少发展的机会。这些现实问题使广大农民深感减少生育数量、提高子女素质的重要。中国人口控制工作进入相对良性的阶段，但巨大的人口规模仍对今后相当一个时期社会发展构成压力。

可见，集体经济体制和组织既是人口增长的推动者，又是生育控制的实施者。站在今天来看，在中国人口总量已经达到高水平的 20 世纪 50 年代初期，新制度突破了传统人口增长的瓶颈，促使人口规模迅速扩大。而对农村生育的真正控制迟至 20 世纪 80 年代以后才开始进行，尽管它是值得称道的，但实施的时间却是滞后的。

四、农民婚育和家庭行为的“不变”

我们说，在 20 世纪 40—90 年代，农村婚育和家庭的各个方面都受到社会变革的触动。无论外在的“形”，还是内在的“实”都发生了变化。相对来说，“形”的方面，如生育子女数量的变动，居住方式所引起的家庭结构变动，婚姻圈变动等，更为突出。但也要看到其“不变”的方面。

中国农村一直是传统婚育和家庭维系的沃土。农耕为主的谋生方式和私有土地制度及其建立在其上以儒家思想为核心的道德伦理是传统婚育和家庭方式得以延续的重要基础。在集体经济时代，上述三项内容中有两项受到瓦解：生产资料的集体所有制度取代了私人土地所有制度，儒家道德伦理说教基本上被具有社会主义思想的观念所代替。从形式上看，没有受到根本动摇的是农耕为主的谋生方式。集体经济组织解体之前，农民仍像其祖辈那样，世代居住在一村一庄，耕垦于土地既是他们谋生的方式，又是就业的场所。或许由于这一点，集体经济时代的婚育和家庭行为仍保留一些传统的形式。

农村家长对子女婚姻还有包办遗迹。尽管法律废除了包办婚姻，强调婚姻自主，但媒妁之言、父母之命的形式仍在很大程度上得到保留。男女婚前了解非常有限，先结婚后恋爱仍具有一定普遍性。不过，农村家长包办婚姻主要停留于婚娶费用承担上。客观上父母仍把子女婚姻是否完成视为不容推辞的责任或义务，因而努力促成子女缔结婚姻，早婚仍然有发生的条件和可能。近几年，更改户口年龄，提前结婚在农村并不是个别现象。农村青年婚前与家长生活在一起，缺乏经济上的独立，他们不得不依赖父母为自己创造结婚条件。那些走出乡村到城里上学并找到工作的农村青年经济独立已基本实现，他们完全可以自己决定婚配问题。这证明了我们对包办婚姻存在原因的分析。

传统婚姻方式中的妻从夫居制仍被恪守，招赘婚依然受到歧视——至少在冀南地区如此。招赘婚与传统时代的村际婚相联系（或者从夫居，或者从妻居）。即婚姻是以一方的地理流动为表现形式的。这种婚姻居制还与年轻男女对家产缺乏支配能力有关。新婚者只能生活在由父亲等家长控制的家庭中。城市社会中，婚姻发生在一个相对大的区域范围内，重要的是男女脱离了父母对自己生存条件的掌握。他们婚后可以拥有独立生活的空间。因而，这种婚姻与从夫居与从妻居形式已很难建立联系。在农村，只有当村落仅仅是人们的居住地，而不是生产、择业的场所时，对招赘婚的歧视才会大大降低。这种情况下，从夫与从妻的意识将大大淡化。

当代农村家庭血统延续和财产继承仍以男系和儿子为主。传统时代财产男系继承同男性对家产创造的贡献联系在一起，与婚姻从夫居基础上男性对家庭成员承担养育责任相一致。同时它也是为了避免生活资料短缺状态下财产分散造成男性养育家庭成员能力下降或不具备。财产继承的这种特征与养老责任高度相关。即继承家产的权利与承担老年长辈的赡养义务相一致。从传统法律上看，女儿没有财产继承权，也无养老义务。当然她可以从亲情角度出发，提供某种协助。这完全是自愿的。当代农村社会一个重要变化是，尽管儿子继承家产的原则没有从根本上改变，但夫妻之间在家庭财产权上享有相同的权利。这实际上是对女性财产权的补偿。

生育行为中儿子偏好意识虽不如以前强烈，但仍然存在。当代华北农村，农民生育儿子的偏好在计划生育政策环境下受到很大抑制，并且其理想子女数量也明显降低。建立在家族利益基础上的过继行为已很少见，家庭财产的处分权完全掌握在所有者个人之手。与此相关联，无子有女家庭的招赘婚呈增长之势。这就是说，尽管现今农村婚育和家庭有些方面看似未变，实际内容却在发生变化。

从本质上讲，婚育和家庭中对传统的保留与农民谋生方式没有彻底改变有关。它进一步固化了农民的居住形式和交往环境。只有使农民从传统村落中脱离出来，传统色彩才会从根本上消除。

总体来看，农村社会的婚育和家庭行为已经从传统家长制的阴影下解脱出来。但若下一代仍像其前辈那样完全生活在乡土社会，经济上不能独立，家长的影响尚难彻底摆脱。不过，随着农村社会开放程度的提高，人口流动行为的扩大，传统的影响将日益萎缩。然而，不能把当代家长作用的落后因素都归咎于传统。华北地区村内婚增加就不是传统行为的保留或扩张。这种婚姻得以缔结有家长权力遗迹，但其具体做法又不为传统时代正统观念所推崇。村内婚与家长试图利用村庄关系资源的心理和意识有关，或者说它还不完全是建立在同村男女自由恋爱基础上，但在一定程度上又迎合了男女与自己熟识的异性发展关系的愿望。

农村婚育和家庭未发生变化之处，主要是受制于农民传统的居住环境和社会交往方式。在现有发展水平下，社会变革的力量对其是难以触动的。就集体经济而言，它在许多方面强化了农村社会的自然经济功能和封闭色彩。因而婚育和家庭方面具有传统成分的一些特征有理由保持下来，随着社会经济不断发展，特别是社会转型由初步开始到基本完成，婚育、家庭中的传统因素将会进一步降低。

通过上述研究，可以得出这样的认识：

① 相对来说，在社会变革之中，婚姻行为受到新制度更为直接的影响，初婚年龄由民俗指导下的家长约定变为政府性的外部硬性约束等；而家庭类型和规模等所发生的变动则表现为制度的间接作用，即政府并未通过政策调整家庭类型，对家庭内部的分家方式等并不干预，但制度变革触动了传统家庭的存在基础，引起其发生变化。

② 在社会变革环境下，家长权力和平等观念相互消长。土改后财产占有关系变动引起生产方式改变，家庭生产转变为集体经营。建立在私有土地制度基础上的家长权威受到削弱，家庭成员的平等观念在共同劳动的集体组织环境中得以培植。这对家庭成员行为、家庭形态和建立在家庭环境基础上的婚姻行为产生了重要影响。农民的家庭行为在仍以农业经营为主的乡土社会中发生了只有在近代移民社会才会出现的变化。

③ 从 20 世纪 40 年代末到 70 年代末，华北地区的农业劳动生产率并无根本提高。通过改变财产占有方式和生活资料分配方式，提高对弱者的生活保障水平，政府使集体组织下农民的生存能力增

强。农村人口的迅速增长与这种社会和经济环境有密切关系。

④ 就当代华北农村而言，农民的婚姻行为还有家长影响的痕迹，生育行为中传统余风还有表现。而家庭行为的不少方面与城镇社会无明显不同。婚姻和生育行为的传统色彩是乡土社会环境造成的，家庭行为的现代特征则与制度变革有着密切关系。随着农民的迁移流动，传统行为将日趋衰减。

20 世纪 30—90 年代不仅是冀南农村的重要社会变革阶段，对华北乃至全国来讲，都是社会变革空前剧烈的时期。因而，我立足于冀南农村的婚育和家庭变动所做的研究，对认识华北甚至全国农村同时期的婚育和家庭变动将会有一定借鉴意义。

主要参考文献

一、资料书（以文献名拼音为序）

安阳县志编纂委员会编:《安阳县志》，中国青年出版社，1990年。

成安县地方志编纂委员会编:《成安县志》，新华出版社，1996年。

磁县地方志编纂委员会编:《磁县志》，新华出版社，2001年。

冯和法编:《中国农村经济资料》（上下册），华世出版社（台北），1978年。

广平县地方志编纂委员会编:《广平县志》，文化艺术出版社，1995年。

国家统计局人口统计司、公安部三局编:《中华人民共和国人口统计资料汇编（1949—1985）》，中国财政经济出版社，1988年。

国家统计局社会统计司编:《中国社会统计资料》，中国统计出版社，1985年。

国民政府主计处统计局编:《中国人口问题之统计分析》，华世出版社（台北），1978年。

国民政府主计处统计局编:《中国土地问题之统计分析》，华世出版社（台北），1978年。

国民政府主计处统计局编:《中国租佃制度之统计分析》，华世出版社（台北），1978年。

国务院农村发展研究中心编:《全国农村社会经济典型调查资料汇编》，第三册。

韩延龙、常兆儒编:《中国新民主主义革命时期根据地法制文献选编》，第四卷，中国社会科学出版社，1984年。

河北省地方志编纂委员会编:《河北市县概况》，内部印刷，1986年。

河北省人口普查办公室编:《河北省1990年人口普查资料》，中国统计出版社，1992年。

冀察政务委员会秘书处第三组编:《河北省磁县地方实际情况调查报告书》，村庄经济，民国年间抄本，国家图书馆藏。

梁济民、陈胜利主编:《全国生育节育抽样调查分析数据卷（二）婚姻》，中国人口出版社，1993年。

临漳县地方志编纂委员会编:《临漳县志》，中华书局，1999年。

前南京国民政府司法行政部编:《民事习惯调查报告录》（上下册），中国政法大学出版社，2000年。

实业部中国经济年鉴编纂委员会编:《中国经济年鉴》，商务印书馆，1936年。

史敬棠等编:《中国农业合作化运动史料》（上下册），生活·读书·新知三联书店，1959年。

延安农村工作调查团:《米脂县杨家沟调查》，人民出版社，1980年。

杨子慧主编:《中国历代人口统计资料研究》，改革出版社，1996年。

张志平主编:《中共中央在西柏坡文献选编》，河北教育出版社，1996年。

章有义编:《中国近代农业史资料》（第三辑），生活·读书·新知三联书店，1957年。

中国农村家庭调查组编:《当代中国农村家庭——14省（市）农村家庭协作调查资料汇编》，社会科学文献出版社，1993年。

中华人民共和国国家农业委员会办公厅编:《农业集体化重要文件汇编（1949—1957）》，中共中央党校出版社，1981年。

中华人民共和国国家农业委员会办公厅编:《农业集体化重要文件汇编（1958—1981）》，中共中央党校出版社，1985年。

中央人民政府农业部编印:《华北典型村调查（1949年度）》，1950年，国家图书馆藏。

《中国的土地改革》编辑部等编:《中国土地改革史料选编》，国防大学出版社，1988年。

1940年（民国二十九年）《武安县志》。

1941年（民国三十年）《磁县县志》。

John Lossing Buck, *Land Utilization in China: A Study of 16 786 Farms in 168 Localities, and 38 256 Farm Families in Twenty-two Provinces in China, 1929–1933*, University of Chicago Press, 1937.

二、中文论著

薄一波:《若干重大决策与事件的回顾》,中共中央党校出版社,1993 年。
曹锦清等:《当代浙北乡村的社会文化变迁》,上海远东出版社,1995 年。
曹幸穗:《旧中国苏南农家经济研究》,中央编译出版社,1996 年。
柴树藩等:《绥德、米脂土地问题初步研究》,人民出版社,1979 年。
陈长蘅:《中国人口论》,商务印书馆,1928 年。
陈振江:《近代华北社会变迁与农民群体意识》,载冯尔康、常建华主编:《中国历史上的农民》,馨园文教基金会(台北),1998 年。
陈吉元等主编:《中国农村社会经济变迁(1949—1989)》,山西经济出版社,1993 年。
陈吉元、韩俊等:《人口大国的农业增长》,上海远东出版社,1996 年。
陈翰笙、薛暮桥、冯和法合编:《解放前的中国农村》(第一、二、三辑),中国展望出版社,1985—1989 年。
陈翰笙:《陈翰笙文集》,复旦大学出版社,1985 年。
从翰香主编:《近代冀鲁豫乡村》,中国社会科学出版社,1995 年。
丁伟志、吴德春主编:《中国国情丛书——百县市经济社会调查(介休卷)》,中国大百科全书出版社,1994 年。
董志凯:《解放战争时期的土地改革》,北京大学出版社,1987 年。
杜润生:《中国农村经济改革》,中国社会科学出版社,1985 年。
段纪宪:《中国人口造势新论——中国历代人口社会与文化发展》,中国人口出版社,1999 年。
费孝通:《三论中国家庭结构的变动》,载乔健主编:《中国家庭及其变迁》,香港中文大学社会科学院暨香港亚太研究所出版,1991 年。
费孝通:《论中国家庭结构的变动》,《天津社会科学》,1982 年第 3 期。
费孝通:《江村农民生活及其变迁》,敦煌文艺出版社,1997 年再版。

费孝通:《乡土中国　生育制度》，北京大学出版社，1998 年再版。
冯尔康、常建华主编:《中国历史上的农民》，馨园文教基金会（台北），1998 年。
顾宝昌编:《社会人口学的视野》，商务印书馆，1992 年。
郭德宏:《中国近现代农民土地问题研究》，青岛出版社，1993 年。
郭志刚:《当代中国人口发展与家庭户的变迁》，中国人民大学出版社，1995 年。
郝虹生等:《北京市延庆县不同年代育龄妇女生育情况的对比分析》，《人口研究》1983 年第 2 期。
韩俊:《我国农业劳动力转移的阶段性及其特点》，《人口研究》，1990 年第 5 期。
胡燕鸣主编:《平峰村的文化转型》，中央民族大学出版社，2001 年。
［美］黄宗智:《华北的小农经济与社会变迁》，中华书局，1986 年。
［美］黄宗智:《中国农村的过密化与现代化：规范认识危机及出路》，上海社会科学院出版社，1992 年。
［美］黄宗智:《民事审判与民间调解：清代的表达与实践》，中国社会科学出版社，1998 年。
［美］黄宗智:《长江三角洲小农家庭与乡村发展》，中华书局，2000 年。
〔清〕纪晓岚:《纪晓岚文集》，河北教育出版社，1995 年。
姜涛:《中国近代人口史》，浙江人民出版社，1993 年。
姜涛:《历史与人口——中国传统人口结构研究》，人民出版社，1998 年。
蒋正华:《咸阳农村生育率变化的社会、经济、人口学原因典型调查》，《中国人口科学》，1989 年第 5 期。
雷洁琼主编:《改革以来中国农村婚姻家庭的新变化》，北京大学出版社，1994 年。
李景汉编:《定县社会概况调查》，中国人民大学出版社，1986 年。
李树茁、靳小怡、［美］费尔德曼:《中国农村婚姻形式和与父母共居时间关系研究》，《中国人口科学》，2001 年第 6 期。
李银河:《生育与中国村落文化》，牛津大学出版社（香港），1993 年。
李中清、郭松义、定宜庄编:《婚姻家庭与人口行为》，北京大学出版社，

2000年。
梁洪生:《乡村婚姻与社会文化变迁——近50年江西“同宗相婚”现象考察》,载李中清等编:《婚姻家庭与人口行为》,北京大学出版社,2000年。
林毅夫:《制度、技术与中国农业发展》,上海三联书店,1992年。
林毅夫:《再论制度、技术与中国农业发展》,北京大学出版社,2000年。
林毅夫、蔡昉、李周:《中国的奇迹:发展战略与经济改革》,上海三联书店、上海人民出版社,1999年。
刘翠溶:《明清时期家族人口与社会经济变迁》,“中央研究院”经济研究所(台北),1982年。
陆学艺主编:《改革中的农村与农民——对大寨、刘庄、华西等13个村庄的实证研究》,中共中央党校出版社,1992年。
麻国庆:《家与中国社会结构》,文物出版社,1999年。
马侠:《中国家庭户规模和家庭结构分析》,《人口研究》,1984年第3期。
马侠:《婚姻·家庭·人口》,辽宁人民出版社,1987年。
毛泽东:《毛泽东农村调查文集》,人民出版社,1982年。
潘允康:《家庭社会学》,重庆出版社,1986年。
乔健主编:《中国家庭及其变迁》,香港中文大学社会科学院暨香港亚太研究所,1991年。
乔启明:《山西清源县143农家人口调查之研究》,载《中国人口问题》,世界书局,1932年。
乔启明:《中国农村社会经济学》,商务印书馆,1946年。
乔志强主编:《近代华北农村社会变迁》,人民出版社,1998年。
瞿同祖:《中国法律与中国社会》,见《瞿同祖法学论著集》,中国政法大学出版社,1998年。
冉玉光、谢启斌:《妇女初婚初育状况简析》,载《全国千分之一人口生育率抽样调查分析》(《人口与经济》专刊),1983年。
折晓叶:《村庄的再造——一个“超级村庄”的社会变迁》,中国社会科学出版社,1997年。
田雪原:《新时期人口论》,黑龙江人民出版社,1982年。

田雪原:《田雪原文集》(一、二、三),中国经济出版社,1981年、1995年、2000年。
田雪原:《大国之难——当代中国的人口问题》,今日中国出版社,1997年。
王耕今等:《乡村三十年——凤阳农村社会经济发展实录(1949—1983年)》,农村读物出版社,1989年。
王沪宁:《当代中国村落家族文化——对中国社会现代化的一项探索》,上海人民出版社,1991年。
王铭铭:《社区的历程——溪村汉人家族的个案研究》,天津人民出版社,1997年。
王明远主编:《中国人口——河北分册》,中国财政经济出版社,1987年。
〔明〕王士性:《广志绎》,卷三,中华书局,1981年。
王崧兴:《中国人的"家"(Jia)制度与现代化》,载乔健主编:《中国家庭及其变迁》,香港中文大学社会科学院暨香港亚太研究所,1991年。
王跃生:《十八世纪中后期中国的家庭结构》,《中国社会科学》,2000年第2期。
王跃生:《清代中期婚姻行为分析》,《历史研究》,2000年第6期。
王跃生:《十八世纪中国婚姻家庭研究——建立在1781—1791年个案基础上的分析》,法律出版社,2000年。
王跃生:《清代中期分爨、分产与立嗣继产的方式与冲突》,载《清史论丛》(2000年号),中央广播电视出版社,2001年。
王跃生:《20世纪三四十年代冀南农村分家行为研究》,《近代史研究》,2002年第4期。
王跃生:《社会变革与当代中国农村婚姻家庭变动》,《中国人口科学》,2002年第4期。
王跃生:《社会变革与当代农村婚姻家庭变动研究的回顾和思考》,《当代中国史研究》,2002年第5期。
王跃生:《集体经济时代农民生存条件分析》,《中国农村观察》,2002年第5期。
王跃生:《集体经济时代农民分家行为研究》,《中国农史》,2003年第2期。

王跃生:《华北农村家庭结构变动研究——立足于冀南地区的分析》,《中国社会科学》,2003 年第 4 期。
王跃生:《华北农民家庭人口生存条件分析——对 20 世纪 30—40 年代冀南农村的考察》,《历史研究》,2003 年第 6 期。
王琢、许浜:《中国农村土地产权制度论》,经济管理出版社,1996 年。
吴承明:《中国近代农业生产力的考察》,载《中国经济史研究》,1989 年第 2 期。
夏明方:《民国时期自然灾害与乡村社会》,中华书局,2000 年。
许仕廉:《人口论纲要》,上海中华书局,1934 年(民国二十三年)。
许檀:《清代山东的家庭规模与结构》,《清史研究通讯》,1987 年第 4 期。
言心哲:《农村社会学概论》,商务印书馆,1934 年。
言心哲:《中国乡村人口问题之分析》,商务印书馆,1935 年。
[美]阎云翔:《家庭政治中的金钱与道义:北方农村分家模式的人类学分析》,《社会学研究》,1998 年第 6 期。
查瑞传、季咏华:“中国妇女生育状况分析”,《人口研究》,1984 年第 6 期。
翟振武:《中国农村人口增长的经济机制(1949—1979)》,《人口研究》,1991 年第 4 期。
赵效民主编:《中国土地改革史(1921—1949)》,人民出版社,1990 年。
赵旋主编:《全国生育节育抽样调查报告集(婚姻家庭卷)》,中国人口出版社,1993 年。
张瑞、任立忠、赵晓茂:《清光绪年间出生的妇女婚育状况——河北省 90—94 岁妇女婚育状况的回顾性调查》,《中国人口科学》,1990 年第 3 期。
张五常:《经济解释——张五常经济论文选》,商务印书馆,2000 年。
张五常:“子女和婚姻合约中的产权执行问题”,载张五常:《经济解释——张五常经济论文选》,商务印书馆,2000 年。
郑振满:《近百年闽东沿海的婚姻、家庭与生育率——连江县浦口镇官岭村调查报告》,载李中清等编:《婚姻家庭与人口行为》,北京大学出版社,2000 年。
周晓虹:《传统与变迁——江浙农民的社会心理及其近代以来的嬗变》,生活·读书·新知三联书店，1998年。
中华人民共和国农业部政策法规司编：《中国农村四十年》，中原农民出版社，1989年。
曾毅、李伟、梁志武：《中国家庭机构的现状、区域差异及变动趋势》，《中国人口科学》，1992年第2期。
曾毅、梁志武：《中国80年代以来各类核心家庭户的变动趋势》，《中国人口科学》，1993年第3期。
庄孔韶：《银翅——中国的地方社会与文化变迁》，生活·读书·新知三联书店，2000年。

三、译著（以在我国出版时间先后为序）

[德]恩格斯：《家庭、私有制和国家的起源》，载《马克思恩格斯选集》，第四卷，人民出版社，1972年。
[法]阿尔弗雷·索维：《人口通论》，查瑞传等译，商务印书馆，1982年。
[英]亚·莫·卡尔－桑德斯：《人口问题——人类进化研究》，宁嘉风译，商务印书馆，1983年。
[美]威廉·J.古德：《家庭》，魏章玲译，社会科学文献出版社，1986年。
[印度]苏布拉塔·加塔克，肯·英格森特：《农业与经济发展》，吴伟东等译，华夏出版社，1987年。
[英]马林诺夫斯基：《文化论》，费孝通等译，中国民间文艺出版社，1987年。
[美]加里·S.贝克尔：《家庭经济分析》，彭松建译，华夏出版社，1987年。
[美]马克·赫特尔：《变动中的家庭——跨文化的透视》，宋践、李茹等译，浙江人民出版社，1988年。
[美]费正清：《伟大的中国革命（1800—1985）》，刘尊棋译，国际文化出版公司，1989年。
[美]费正清、[美]罗德里克·麦克法夸尔主编：《剑桥中华人民共和国史（1949—1965）》，王建朗等译，上海人民出版社，1990年。
[美]J.罗斯·埃什尔曼：《家庭导论》，潘允康等译，中国社会科学出版

社，1991年。
［英］马尔萨斯：《人口原理》，朱泱等译，商务印书馆，1992年。
［美］道格拉斯·C. 诺思：《经济史中的结构与变迁》，陈郁、罗华平等译，上海三联书店、上海人民出版社，1994年。
［美］R. 科斯等：《财产权利与制度变迁——产权学派与新制度学派译文集》，刘守英等译，上海三联书店，上海人民出版社，1994年。
［美］约翰·邦戈茨等主编：《家庭人口学：模型及应用》，曾毅等译，北京大学出版社，1994年。
［美］杜赞奇：《文化、权利与国家——1900—1942年的华北农村》，王福明译，江苏人民出版社，1996年。
［德］马克斯·韦伯：《儒教与道教》，洪天富译，江苏人民出版社，1997年。
［德］马克斯·韦伯：《经济与社会》，林荣远译，商务印书馆，1997年。
［美］吉尔伯特·罗兹曼主编：《中国的现代化》，国家社科基金“比较现代化”课题组译，江苏人民出版社，1998年。
［法］安德烈·比尔基埃等主编：《家庭史》，袁树仁等译，生活·读书·新知三联书店，1998年。
［美］施坚雅：《中国农村的市场和社会结构》，史建云、徐秀丽译，中国社会科学出版社，1998年。
［美］道格拉斯·C. 诺斯，［美］罗伯斯·托马斯：《西方世界的兴起》，厉以平、蔡磊译，华夏出版社，1999年。
［美］西奥多·W. 舒尔茨：《改造传统农业》，梁小民译，商务印书馆，1999年。
［美］马若孟：《中国农民经济——河北和山东的农民发展，1890—1949》，史建云译，江苏人民出版社，1999年。
［美］D. 盖尔·约翰逊：《人口增长与经济财富》，陈勇译，载《中国人口科学》，2000年第5期。
李中清、王丰：《马尔萨斯模式和中国的现实——中国1700—2000年的人口体系》，纪南译，《中国人口科学》，2000年第2期。
李中清、王丰：《人类的四分之一：马尔萨斯的神话与中国的现实（1700—

2000)》，陈卫、姚远译，生活·读书·新知三联书店，2000 年。

[美] 何炳棣：《明初以降人口及其相关问题（1368—1953）》，葛剑雄译，生活·读书·新知三联书店，2000 年。

[德] 罗梅君：《北京的生育、婚姻和丧葬——19 世纪至当代的民间文化和上层文化》，王燕生等译，中华书局，2000 年。

[英] 莫里斯·弗里德曼：《中国东南的宗族组织》，刘晓春译，上海人民出版社，2000 年。

[美] 杨懋春：《一个中国村庄：山东台头》，张雄等译，江苏人民出版社，2001 年。

[印度] 阿马蒂亚·森：《贫困与饥荒》，王宇等译，商务印书馆，2001 年。

四、英文论著

Belden, Jack, *China Shakes the World*, Monthly Review Press, 1970.

Bongaarts, John, "Household Size and Composition in the Developing World in the 1990s", *Population Study* 55 (2001).

Campbell, Cameron and James Lee, "Causes and Consequences of Household Division in Northeast China, 1789—1909", 载李中清等编：《婚姻家庭与人口行为》，北京大学出版社，2000.

Davis, Deborah and Stevan Harrell, "The Impact of Post-Mao Reforms on Family Life", *Chinese Families in the Post-Mao Era*, edited by Deborah Davis and Stevan Harrell, University of California Press, 1993.

Ebrey, Patricia, "Marriages Among the Song Elite", *Chinese Historical Micro-demography*, edited by Stevan Harrell, University of California Press, 1995.

Flinn, Michael W., *The European Demographic System 1500–1820*, Harvester Press, 1981.

Gamble, Sidney D., *North China Villages: Social, Political and Economic Activities Before 1933*, University of California Press, 1963.

Gamble, Sidney D., *Ting Hsien: A North China Rural Community*, Stanford University Press, 1954.

Greenhalgh, S., "The Peasant Household in the Transition from Socialism: State Intervention and its Consequences in China", *The Economic Anthropology of the State*, University Press of America, 1994.

Hajnal, John, "Two Kinds of Pre-industrial Household Formation System", *Family Forms in Historical Europe*, edited by Richard Wall, Cambridge University Press, 1983.

Harrell, Stevan and Thomas W. Pullum, "Marriage, Mortality, and Development Cycle in Three Xiaoshan Lineages", *Chinese Historical Micro-demography*, edited by Stevan Harrell, University of California Press, 1995.

Harrell, Stevan, "Geography, Demography, and Family Composition in Three Southwestern Villages", *Chinese Families in the Post-Mao Era*, edited by Deborah Davis and Stevan Harrell, University of California Press, 1993.

Houston, R. A., *The Population History of Britain and Ireland 1500–1750*, Cambridge University Press, 1995.

Huppert, George, *After the Black Death: A Social History of Early Modern Europe*, Indiana University Press, 1986.

Janssens, Angelique, *Family and Social Change: The Household as a Process in an Industrializing Community*, Cambridge Univesity Press, 1993.

Kertzer, David I., "The Joint Family Household Revisited: Demographic Constraints and Household Complexity in the European Past", *Journal of Family History*, Volume 14, No.1 (1989).

Lang, Olga, *Chinese Family and Society*, Yale University Press, 1946.

Lee, James and Wang Feng, "Malthusian Models and Chinese Realities—The Chinese Demographic System 1700–2000", *Population and Development Review*, Volume 25, No.1 (1999).

McNicoll, Geoffrey, "Institutional Determinants of Fertility Change", *Population and Development Review*, Volume 6, No. 3 (1980).

Mingay, G. E., *A Social History of the English Countryside*, Routledge, 1990.

Quale, G. Robina, *A History of the Marriage Systems*, Green wood Press, 1988.

Parker, Stephen, *Informal Marriage, Cohabitation and the Law 1750–1989*, St. Martin's Press, 1990.

Parish, William L., *Village and Family in Contemporary China*, University of Chicago Press, 1978.

Payling, S. J., "Social Mobility Demographic Change, and Landed Society in Late Medieval England", *The Economic History Review* XLVI (1992).

Perkins, Dwight and Sbahid Yusuf, *Rural Development in China*, Johns Hopkins University Press, 1984.

Seccombe, Wally G., *A Millennium of Family Change Feudalism to Capitalism in Northwestern Europe*, Verso Books, 1992.

Selden, Mark,"Family Strategies and Structures in Rural North China", *Chinese Families in the Post-Mao Era*, edited by Deborah Davis and Stevan Harrell, University of California Press, 1993.

Sheehan, Michael M., *Marriage, Family and Law in Medieval Europe: Collected Studies,* University of Toronto Press, 1996.

Telford, Ted A., "Fertility and Population Growth in the Lineages of Tongcheng County, 1520–1661", *Chinese Historical Micro-demography*, edited by Stevan Harrel, University of California Press, 1995.

Wakefield, David, *Fenjia*: *Household Division and Inheritance in Qing and Republican China*, University of Hawaii Press, 1998.

Wolf, Arthur P., "Fertility in Prerevolutionary Rural China", *Family and Population in East Asian History*, edited by Susan B. Hanley and Arthur P. Wolf, Stanford University Press, 1985.

Wrigley, E. A., *Population and History*, McGraw-Hill, 1969.

Zhang, Weiguo, "Dynamics of Marriage Change in Chinese Rural Society in Transition: A Study of Northern Chinese Village", *Poplation Study* 54 (2000).

后　记

本书是我主持的国家社会科学基金项目“制度变迁与家庭生育变动——土改以来中国家庭、生育演变的实证分析”的结项成果，又是我2002年在职完成的博士论文的主要部分。

对我来说，将研究视野从近代之前拓展至民国乃至中华人民共和国建立之后，是近几年的事。1999年，我承担的18世纪婚姻家庭研究课题告一段落。这一研究建立在清朝刑科题本（主要是乾隆朝后期和嘉庆朝初期）婚姻家庭类档案基础上，是对众多个案所做的汇总分析。它加深了人们对民间婚姻家庭实际状况的理解，特别是对社会中下层百姓婚姻行为和家庭状态有了具体认识，矫正了正史资料记载的偏颇。同时也应看到，18世纪毕竟属于传统时代，如何将其与近现代衔接起来，探讨传统与现代婚姻家庭变动的逻辑关系，是另一项具有重要意义的课题。由此我想，若能选择若干村庄做整体性纵向观察将是一种比较好的视角。客观上讲，在村庄范围内，能将18世纪与当代社会直接联系起来的样本是很少的。因为，近代之前，村落层级的文献资料很少保留下来。那么，能否将土改前的20世纪三四十年代作为传统时期，以此为基点向后延续？通过对华北农村文献资料和所做实际调查，我认为，尽管帝制已被推翻，民国时期内地农村民众的婚姻家庭行为仍一本传统。农村婚姻家庭的真正变动始自土地改革。经过短暂的过渡，集体经济这一史无前例的政治、经济制度被建立起来。它对农民生活的影响是全方位的。不过，我们更关心在这一变革过程中，农民婚姻家庭和农民生存条件的变化。

按照历史学的断限方法，本书的研究范围对我来说是全新的：它既不属于完全的近代，也不是完全的当代。“规范的”史学研究往往回避这种题目。因而，着手此类研究是颇具挑战性的。实际上，观察变革时代人们的婚姻家庭行为是不少学者感兴趣的，但往往又是难以驾驭的。鉴于目前整体性研究不够成熟，我认为，为避免论述空泛，将分析建立在区域范围内更有意义。

以往我有一种认识：由于获取资料不易，进行古代婚姻家庭研究要难于近现代。通过这一阶段的工作，我深感，真正的学术研究没有难易之别。以现代婚姻家庭而言，要想得到更符合实际的认识，仅有文献资料是不够的。人们很容易根据自己的经历反驳建立在官方记录资料上的不足和缺陷。因而，还需做大量调研，既要有问卷调查，又要有个案访谈。问卷调查、个案访谈与收集文献资料的方式可谓大不相同。从某种意义上讲，后者的难度要高于前者。就我这几年的社会调查经历来看，没有一定的个人关系，没有官方相关机构的配合，仅凭学者的热情深入乡村，将会遭遇许多困难，轻者事倍功半，重者徒劳无功，甚至还会有意想不到的麻烦。在有些地方，社会调查往往会被认为是暴露地方阴暗面，或者会涉及地方不同利益者之间的矛盾，因而一般是不受欢迎的。真正的学术性调查因此也受到牵连，若不取得相关部门的谅解，将很难进行。

令人欣慰的是，我在冀南地区的调查尽管遇到一些困难，但总体上还是顺利的。这得益于亲朋好友的支持，得益于当地政府有关部门的支持。我出生在这块土地上，熟悉这里的方言、民风，与他们交流没有障碍，彼此有信任的基础，而这种信任是很重要的。我个人 13 年的农村生活也使我容易理解这里农民的思维方式和行为方式。1999 年和 2000 年我先后五次历时四个月回到冀南农庄，走村串户，与他们吃住在一起。我的几位亲戚给予我极大的工作和生活方便，我由衷地感谢他们。

我这里要特意提及的是，尽管我有农村生活的经历，但那很大程度上是一个儿童、少年的直观认识，并且主要限于“文革”期间。对于更早时期的农村变故，如土地改革、高级社和人民公社建立、兴办集体食堂等运动，我这个50年代末出生的人是无法获得感性认识的。

在民情调查方面，我年逾古稀的父母给予了我最大的帮助。我父亲1946年参加工作，直接经历了土地改革，以后在县、地（市）政府机关工作期间，多次受命到农村参与组建人民公社、进行“四清”等运动，因而对集体经济早期的诸多事件不仅有感性认识，也有理性思考。我的母亲长期在农村生活（1962年作为干部家属从邯郸市下放回磁县农村老家，1976年重又迁入邯郸市），对农民家庭在集体经济时期的生存状况有切身的体验。我在冀南农村调查期间，多次回到父母家中就一些疑惑问题向他们请教。结束调查在京整理资料时，我父母前来探亲。茶余饭后，谈论农村民生、民俗成为主要的话题，我从中受益良多。

我的研究得到导师田雪原研究员多方面的帮助和鼓励。在申请相关研究课题时，田老师给予了大力支持。这里向他表示衷心感谢。

中国社会科学院人口研究所蔡昉研究员、南开大学中国社会史研究中心冯尔康教授、中国社会科学院历史研究所郭松义研究员、近代史研究所姜涛研究员、中国人民大学人口研究所翟振武教授和姚远教授、北京大学社会学系杨善华教授，在研究或教学工作十分繁忙之时，拨冗审读论文、莅临论文答辩会，提出宝贵意见。我从中受益匪浅，在此向他们致以诚挚谢意。这一研究可以说带有尝试性质，是非常初步的。尽管它存有欠缺，评审和答辩专家对作者的努力总体上持肯定态度。这对我是鼓励，更是鞭策。

我还要感谢磁县档案馆和地方志办公室、邯郸县档案馆、邯郸市档案馆、河北省档案馆的工作人员。在我查阅资料时，他们提供了很多方便。

2003年8月，我得到美国哈佛—燕京基金资助，前往哈佛大学哈佛—燕京学社做为期一年的访问学者。这使我有机会在哈佛—燕京图书馆查阅到一些与本课题有关的文献，并补充到书稿之中。借此机会，向哈佛—燕京学社、哈佛—燕京图书馆表示感谢。

完稿后，我即开始联系出版。期间曾得到黄宗智先生的大力支持。黄先生长期致力于中国乡村问题研究。他关于近代以来华北、长江三角洲农民经济和社会问题的研究为本课题提供了重要借鉴，笔者从中获益甚多。借书稿出版之际，向黄先生谨致谢忱和敬意。

此次拙书稿能被列入“三联·哈佛燕京学术丛书”，深感荣幸。

郭松义研究员、姜涛研究员、夏明方博士一直关注拙书稿出版，并给予许多帮助。特向他们致谢。

对近现代中国历史人口的研究，对我来说是一个新的领域。我深知本项研究还有诸多不足，故期望得到有识者的帮助，以获得改正和改进的机会。

王跃生

2005 年 12 月

再版后记

本书是笔者1999年、2000年在冀南农村进行调查的基础上写就的。我试图将当地农民在20世纪30、40年代至90年代不同土地所有制下的婚姻、生育、家庭及生存条件等状态和变动揭示出来，进而认识社会变革、制度变迁等如何影响农民生活。整体来看，它反映的是农耕社会为主及改革开放初期的农民行为和农村面貌。

2003年完成冀南农村的研究课题后，我曾到冀中、冀东、冀西北农村做类似的专项调研。现在回过头来看，我在冀南农村调研中收获最大、感悟最多。其原因是努力利用多种资料复原当地农村社会和民众婚姻家庭生活，特别是对“四清”时期形成的阶级成分档案进行深入挖掘，我感到它是宝贵的微观家庭历史资料（此后不少学者开始注意到其价值）；多角度探求不同时期农民婚姻家庭生活实态；既注意叙事客观，又力求提炼出理论认识；较全面地呈现不同所有制下农村婚姻家庭的变动脉络和特征。应该说，这也是本书的价值所在。

2000年后，中国农村进入新的发展阶段，劳动力离村向城镇非农领域转移形成普遍之势。至2010年，社会转型初步实现，即从农耕为主导的社会向城市工商业为主导的社会转化。它有三项主要衡量指标：由农业劳动力占多数转变为第二、第三产业劳动力为主，由乡村居民占多数转变为城镇居民占多数，居住载体从以传统自然村落为主转变为现代市镇为主，当然目前尚处于社会转型的初期阶段。可以说，在中国历史上这一变革是空前的，具有不可逆转性，农村社会因此受到极大冲击。多数中青年劳动力已非短期出外务工，而是长期在外就业乃至定居下来。年轻人已不满足于村庄建房结婚，在县城购房完婚成为新的追求，当然这需要其父母付出更多。村庄常住人口的年龄结构发生了变化，更多的老年人守护于此，家庭形态的不完整性增加。农村婚姻家庭在社会转型中正经历着新的变化，同时也出现诸多问题，很值得观察和思考。

我期待着 20 年之后，重回这块乡土，对当地社会转型时代婚姻家庭的新变动再做考察。

最后，感谢三联生活书店为拙著提供再版机会。

王跃生

2019 年 3 月